元江县因远镇语言使用现状及其演变

The *Status Quo* and Evolution of Language Use in Yinyuan Town of Yuanjiang County

白碧波　主编　　许鲜明　副主编
Editor in Chief **Bai Bibo**　　Co-editor **Xu Xianming**

戴庆厦　审订
Reviewer **Dai Qingxia**

作者　白碧波　许鲜明　杨　艳　杨琼英
　　　刘　艳　陈　勰　季红丽　肖　黎
　　　白居舟　曹冰雪　石常艳　刘　洁

Authors　Bai Bibo　　Xu Xianming　Yang Yan　　Yang Qiongying
　　　　　Liu Yan　　Chen Xie　　Ji Hongli　　Xiao Li
　　　　　Bai Juzhou　Cao Bingxue　Shi Changyan　Liu Jie

商務印書館

The Commercial Press

2010 年 · 北京

图书在版编目(CIP)数据

元江县因远镇语言使用现状及其演变/白碧波主编. —北京:商务印书馆,2010
(新时期中国少数民族语言使用情况研究丛书)
ISBN 978-7-100-07052-2

Ⅰ.元… Ⅱ.白… Ⅲ.少数民族－民族语－语言调查－调查研究－元江哈尼族彝族傣族自治县 Ⅳ.H2

中国版本图书馆 CIP 数据核字(2010)第 054140 号

YUÁNJIĀNGXIÀN YĪNYUǍNZHÈN YǓYÁN SHǏYÒNG XIÀNZHUÀNG JÍQÍ YǍNBIÀN

元江县因远镇语言使用现状及其演变

白碧波 主编

商 务 印 书 馆 出 版
(北京王府井大街36号 邮政编码 100710)
商 务 印 书 馆 发 行
北 京 瑞 古 冠 中 印 刷 厂 印 刷
ISBN 978 - 7 - 100 - 07052 - 2

2010 年 6 月第 1 版　　　开本 787×1092　1/16
2010 年 6 月北京第 1 次印刷　　印张 15¾　插页 4

定价: 42.00 元

课题组部分成员在玉溪师范学院树蕙园合影

（从左到右：石常艳、陈飓、肖黎、白碧波、许鲜明、曹冰雪、杨艳、刘洁）

前　言

我国是一个多民族（56 个民族）、多语言（上百种语言）的国家。云南省又是我国少数民族交错居住的典型区域，世居的民族有汉、彝、白、哈尼、傣、蒙古、苗、拉祜族等 26 个民族，操 26 种语言，有的语言还有若干个方言或次方言。云南省少数民族呈"大片杂居、小块聚居"的分布特点，即少数民族和汉族在一起"大片杂居"，少数民族又各自"小块聚居"。在漫长的历史进程中，民族杂居、相互嵌套必然促进民族之间的联系和经济文化的交流。伴随而来的是不同民族或同一个民族内部不同地区的人的接触和交往。其结果，不但产生语言结构方面的变化，即语音、语法和词汇的演变，而且还会产生语言在社会功能方面的变化。

语言是一个民族重要的族群特征，是一个民族特有的身份认同，也是窥看民族文化的视窗。在多民族相依共存中，语言接触已成为一种行为和事实，影响到了交际中的不同语言，是语言相互影响、发生变化的一个重要起因。本书采用入户调查、问卷、访谈、语言能力测试、语言本体记录等方法，对因远镇的三个主要民族——哈尼族、白族、汉族的语言使用现状、语言活力、语言态度、语言接触、语言变化、语言演变等进行全面、深入的调查。在分析调查数据的基础上，结合不同学科知识和研究方法，呈现该镇的语言使用现状及其演变。

全书共有六章：绪论、因远镇哈尼族语言使用现状、因远镇白族语言使用现状、因远镇汉族语言使用现状、因远镇各民族的语言关系、小结。附录包括：访谈录、语音系统、哈尼语、白语、汉语 2000 词、调查日志及照片。

在调查、分析之后，编者获得以下四点认识：

一、哈尼族聚居区各年龄段的哈尼人，哈尼语的使用情况一致（除仓房外）。即哈尼人都能熟练使用哈尼语。整体而言，聚居区语言生态环境好，哈尼语保留完好，语言活力强，没有出现明显的代际性特征，年龄大小不影响哈尼语水平，属区域性强势语。但是，仓房村的哈尼族由于受语言态度的影响出现了代际语言断层或语言转用，特别是青少年母语断层现象尤为突出，母语使用者的平均年龄出现了偏高趋势。

二、杂居在白族、汉族村子里的哈尼族，大部分人是哈尼、汉双语人，少部分人是哈尼、汉、白三语人。母语的使用人数比例通常与年龄段形成剪刀差，即年龄段越低，语言转用的人数比例越高。而且，剪刀差的增大导致量变逐渐向质变转化。随着低年龄段中越来越多的人发生语言转用，最终可能出现母语代际传承链条的中断。

三、因远镇的哈尼族、白族、汉族生活在同一个区域内，语言之间的接触是直接的、自然的，是通过双语或三语展开的，属区域性语言的直接接触。此外，学校教育是哈尼族、白族习得汉语的重要条件。只要受过学校教育，他们都或多或少能够使用汉语。就语言习得及其语言使用而言，因远镇汉族习得并使用当地白语和哈尼语是在自然而然的环境中实现的，主要受经济生活的影响；而白族和哈尼族习得汉语及其使用汉语，不仅有自觉自愿、自然而然地接受汉语及其文化的一面,而且还与接受义务教育习得汉语有关。

四、就语言关系而言,白族与汉族的接触历史悠久,受汉语影响大。这种影响不仅反映在白语各个历史时期的词汇上,而且还表现在语音、语法结构上,不仅补充进了有效的表现形式和表达手段,还改变了白语的结构系统,增强了社会交际功能,从而使语言不断适应社会发展的需要。

与本书有关的调查和研究得到了国家社科基金立项资助项目"民族杂居区的语言关系研究——元江县因远镇语言使用现状及其演变(批准号 04BYY038,结题证书号 20090435)"的支持,特此致谢。

目　录

Contents

第一章 绪 论

云南是少数民族交错居住的典型区域,呈"大杂居、小聚居"的分布特点,即少数民族和汉族在一起"大片杂居",而少数民族又各自"小块聚居"。在漫长的历史进程中,民族杂居、相互嵌套必然促使民族之间彼此联系,经济文化相互交流,伴随而来的是大量的、不同民族之间的语言接触、语言影响、语言兼用和语言转用。在语言接触中,不但产生了语言之间的本体变化,即语音、语法和词汇的演变,还产生了语言在社会功能方面的变化,表现为有的语言社会交际功能强,有的语言交际功能弱。

语言是人类进化的产物,是窥看文化的视窗,也是一个民族特有的身份认同。语言的发展和变化既可能记录一个民族的历史进程,也可能描述一个民族的生存环境、社会文化系统。

语言关系是指不同语言之间在语言结构特点和语言使用功能上的相互影响和制约的关系。它包括亲属关系的语言影响和制约,也包括非亲属关系的语言影响和制约。(戴庆厦,1990)在多民族杂居的地区,有的语言使用频率高、领域广,语言活力强一些;有的语言使用频率低、范围小,语言活力弱一些。语言活力的强与弱,使得语言在使用中自然分为"强势语言"和"弱势语言"。特别是在多语社会中,由于社会历史条件、社会环境的不同,语言的活力也不均衡。有的语言相对强势,发展稳定;有的语言虽处于相对弱势,但也有一定的使用范围,不可替代;而有的语言则渐渐丧失交际功能,转为濒危语言。

本书以云南省玉溪市元江哈尼族彝族傣族自治县因远镇为例,对哈尼族、白族、汉族的语言使用现状,各民族之间的语言接触、语言影响、语言变化及其演变进行探讨。

第一节 调查设计

一、选点依据

为选出具有代表性的调查对象,课题组成员从 2007 年 1 月开始在云南省内踩点。1 月初我们到元江县羊街乡、那诺乡、因远镇、咪哩乡和羊岔街乡,了解哈尼语、彝语的使用情况。1 月下旬到玉溪市红塔区洛河乡梅冲村、灵秀村了解哈尼语、彝语的使用情况。2 月初到澜沧拉祜族自治县、西盟瓦族自治县、孟连瓦族、拉祜族自治县,了解拉祜语、毕苏语等语言的使用情况。2 月下旬前往因远镇,了解哈尼语、白语、汉语的使用情况。在广泛了解各民族语言使用情况的基础上，3 月初，课题组决定把因远镇作为调查研究的对象。因远镇民族杂居具有以下三个方面的特点：

1. 因远镇既有聚居民族的语言，如哈尼语（白宏、梭比、豪尼、碧约和西摩洛话）、白语和汉语（思普土语或思普话）①，又有杂居民族的语言，如汉语、哈尼语、彝语、傣语。

2. 既有三语兼用，如白族使用白语并兼用汉语和哈尼语，哈尼族使用哈尼语同时兼用白语和汉语，汉族使用汉语思普土语同时兼用白语和哈尼语；又有双语兼用，如居住在清水河一带的大部分哈尼族在使用哈尼语的同时兼用汉语，白族在使用白语的同时普遍兼用汉语，一部分汉族在使用汉语思普土语的同时兼用白语或哈尼语。

3. 有语言转用趋势。如白族年轻人大部分已转用汉语；与汉族杂居的哈尼人中，部分年轻人也正在转用汉语，如因远镇卡腊村、三合寨村的哈尼族青年。

结合上述特点，我们根据《2007 年因远镇文化户口册》提供的信息，2007 年 3 月走访了 9 个白族聚居村、37 个哈尼族聚居村、5 个汉族聚居村寨和 3 个哈尼族、汉族杂居村，就白语、哈尼语、汉语的使用现状进行了调查，调查点达 54 个，占全镇自然村的 85.7％。调查涉及 27329 人，占全镇总人口的 94.6％。选点如下：

1. 民族聚居村：以一个民族集中地居住在同一个村来划分，有三类：

（1）哈尼族聚居村：乌龙、哈梯、都贵下寨、罗戈冲、哈浦、余家、大归池、小归池、新寨、大甸索、大班碧、龙潭、安木垤、乌布鲁初、布孔寨、（卡腊）罗马、麻栗坪、水桶、麻栗寨、玉嘎、三〇三、新北泽、大浦、车那号、梁子、利当、车垤、落戈、独寨、咪浦、罗布、苏都嘎、半坤、浦海、浦贵、嘎俄、仓房、南扎、脚替、路同、大同浦、哈嘎替。

（2）白族聚居村：奔干、安仁、安定、补垤、马鹿村、沙浦、红安。

（3）汉族聚居村：土塘、垤嘎、都贵上寨、（都贵）罗马、小班碧。

2. 民族杂居村：以两个或两个以上民族共同居住在同一个村来划分，可分为两类：

（1）哈尼族与汉族杂居村：卡腊、三合寨、拉哩、畜牧场。

（2）哈尼族、白族、汉族杂居村：因远、北泽。

除了聚居和杂居的特点外，因远镇哈尼族、白族、汉族还有地理环境的差异。他们有的居住在坝区，有的住在半山区，有的住在边远山区。因此，我们考虑了这两方面的因素，选出 20 个村寨作为调查点，见表 1-1。

---

① 本书中的"汉语"是指"思普土语"或"思普话"，是思茅、普洱一带以及因远镇等地讲的本地通用的汉话。

表 1-1

序号	居住特点	坝区	半山区	山区
1	哈尼族聚居	乌龙	新寨、大甸索	布孔寨、浦贵
2	白族聚居	奔干、安仁、安定、补垤	马鹿村、沙浦	
3	汉族聚居	土塘	都贵上寨	小班碧
4	哈尼/汉杂居		卡腊、三合寨	拉哩、畜牧场
5	白/哈/汉杂居	因远、北泽		

课题组选出具有代表性的卡腊、三合寨、因远、北泽、马鹿村、土塘、小班碧、新寨等为个案调查点。

二、提出问题

通过调查,我们得知因远镇的语言关系十分复杂。就哈尼语而言有两个大方言,即豪白方言和碧卡方言。豪白方言包括两个次方言,即豪尼次方言和白宏次方言。白宏次方言又分白宏土语和梭比土语。碧卡方言包括两个次方言,即碧约方言和峨努次方言(西摩洛话)。

因远白族是玉溪市元江县唯一的一个讲白语的小聚居民族。这里远离族源地——大理白族聚居区数百公里,外围是哈尼族、汉族、彝族和傣族,千百年来,他们不但没有被同化,反而仍保留着自己的民风民俗、宗教信仰和民族语言。

在多民族杂居的环境中,各民族和睦相处。在语言使用方面呈现出语言的多样性,各民族既使用自己的母语,又兼用汉语或周边民族的语言。语言使用中相依共存、各尽其职、相互补充。

本书想弄清以下问题:

1. 因远镇各民族的母语、第二语言、第三语言等的使用现状如何?

2. 因远镇各民族的母语受哪些其他民族语言的影响?语言兼用、转用程度如何?

3. 因远镇各民族在长期的语言接触中,语言发生了哪些变化?

三、调查方法

本课题借鉴并吸收了多种国内外语言调查研究的方法采集数据,如入户调查、问卷、访谈、语言能力测试、语言通解能力测试(Recorded Text Test)、语言本体记录等。

1. 入户调查。(戴庆厦,2007、2008)我们根据因远镇中心小学提供的《2007年因远镇文化户口册》,将全镇63个自然村中各户的家庭信息(包括:户主、姓名、出生年月、民族、家庭成员、文化程度等)录入电脑。然后,走村串寨,请各村长或熟悉村情的村民提供各家各户成员母语、第二和第三语言的使用情况,核实后筛选出所需信息。

2. 问卷与访谈。(戴庆厦,2007、2008)为全面掌握因远镇各民族的语言态度、家庭内部、不同场合、不同对象的语言使用情况,我们到学校、机关、集市等进行问卷调查,采访了单语、双语、三语、多语者,调查对象涉及村民、村干部、公务员、教师、学生等。

3. 语言认知能力测试。为掌握因远镇各民族的实际语言能力以及语言兼用能力,我们使用"400 词测试表"(戴庆厦 2007、2008)对因远镇哈尼族、白族、汉族的母语能力以及第二、第三语言能力进行了测试。

4. 语言通解能力测试(Recorded Text Test)。因远镇哈尼语有五个次方言,有的可以互相通话,有的却难以沟通。为了解哈尼语各次方言之间的通解程度,我们以因远乌龙白宏话(400 词)和一则民间故事为语料,就哈尼语次方言(梭比、豪尼、碧约、西摩洛话)进行了测试。

5. 语言本体记录。我们对因远镇哈尼语四个次方言(白宏、梭比、豪尼、碧约)、白语、汉语、哈尼族白宏人说汉语等分别进行了近 2000 词的语言本体记音,记录词汇约达 14000 条(见附录)①。

四、调查步骤

调查步骤分为五个阶段:

1. 查阅阶段(2005 年 10 月—2007 年 1 月)

查阅元江县、因远镇文史资料和因远镇镇情资料,搜集、了解与因远镇相关的地理、历史、人口、民族分布等人文、社会概况。

2. 准备阶段(2007 年 2 月)

制定调查计划,撰写调查提纲,设计调查问卷和调查表,完成了哈尼语(白宏)、白语近 2000 词汇记音。

3. 调查阶段(2008 年 1 月—12 月)

(1)语言本体记录(2008 年 1 月—4 月)。完成了当地汉语方言、哈尼语次方言(梭比、豪尼、碧约)近 2000 词汇记音。

(2)文化户口录入(2008 年 2 月—3 月)。电脑录入全镇 9 个村民委员会,63 个自然村村民的个人档案信息,建立了数据库以备筛选信息。

(3)入户调查(2008 年 3 月—4 月)。深入因远镇调查点进行了问卷、访谈,详细了解政府、机关、学校、村民的语言使用情况,记录、收集了第一手材料。

4. 整理阶段(2008 年 4 月—5 月)

对调查、收集到的数据进行分类整理、分析,拟定写作提纲。

5. 成书阶段(2008 年 5 月—8 月)

依照写作提纲,完成初稿。同时,对欠缺的材料进行查缺补漏。统一体例、对注释、图表、标点符号等进行规范编号,并对全书进行统稿。

---

① 哈尼族支系西摩洛因分散杂居,人数少,未进行西摩洛词汇的本体记音。

第二节 因远镇概况

一、自然概况

因远镇位于中国云南省玉溪市元江哈尼族彝族傣族自治县的南部,北纬 23°24′—23°30′,东经 101°45′—101°54′,地处云南省红河中上游"元江"西岸哀牢山余脉之间。自古以来,它是通向思茅、景洪、红河及南亚、东南亚的要道,是玉溪市的南大门,也是元江哈尼族彝族傣族自治县的西南重镇。示意图见图 1-1。

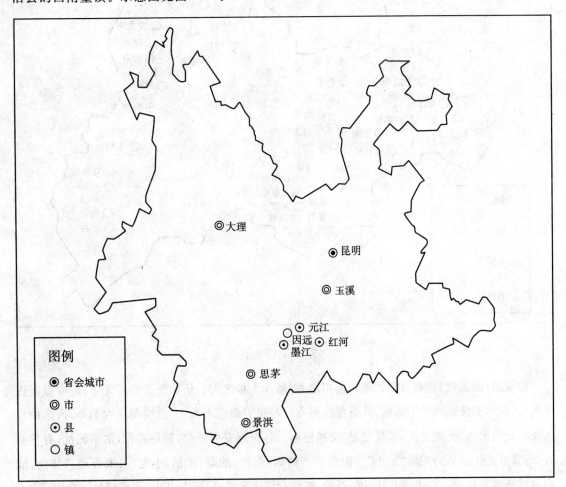

图 1-1 因远镇在云南省所处位置示意图

因远镇南与红河县垭玛乡和三村乡分界,北与咪哩乡同脉,西与墨江县龙坝、联珠两乡山水相连,东与羊街乡隔河相望。地形呈马鞍状,总面积 329.8 平方公里。总耕地面积 33914 亩,人均耕地面积 0.83 亩。最高海拔 2330 米,最低海拔 759 米,属海洋季风气候,年平均气温 16℃,年平均降雨量 1200 毫米。因远镇地处高原山间小盆地,地势南高北低,平均海拔相差 300 米①。

因远街镇政府所在地距元江县城约 40 公里。国道昆洛 323 公路穿境而过,在国道 213 昆曼高速公路未通之前是省内的南北交通要道。其行政区划见图 1-2:

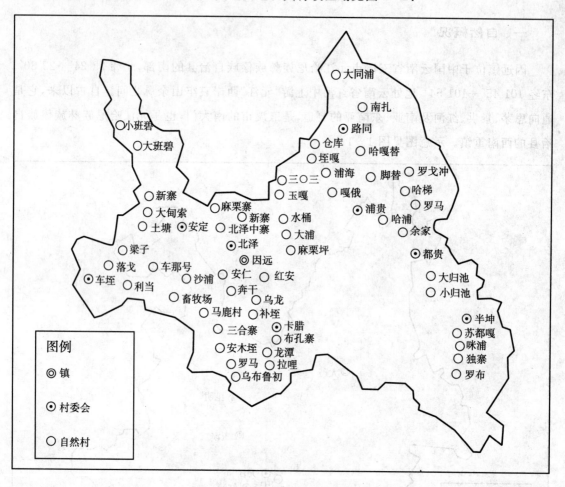

图 1-2　因远镇行政区示意图

据文献《因远赋》记载,因远"地得山川之秀,形如太极之图。历兵燹而安堵无恙;经岁歉而保聚无忧,水旱不逢兮择乐土则庶,几近瘴疠何有兮与炎方而迥不犹"。这说明从古至今,因远的自然条件比较优越,土地肥沃,雨量充足,交通便利。各民族安居乐业,勤耕善作,水旱无忧,有种有收,可算是元江府地的一块"乐土"。因远主产烤烟、茶叶、油菜、水稻、小麦、玉米等经济作物;境内自然资源丰富,有金、银、铜、铁、镍、石棉、蛇纹石等多种矿产资源,其中,镍矿储量居全国第二。

二、历史沿革

"因远"以古部族得名,《元混一方与胜览》:"蛮名惠笼甸,又谓因远部"。《寰宇通志》曰:

---

①　《云南省元江县哈尼族彝族傣族自治县地名志》元江县哈尼族彝族傣族自治县人民政府编 1983 年印。

"因远部旧名罗槃甸"。《南诏野史·南诏三十部》:"因远部总名和泥"。《清职贡图》有"南诏蒙氏称和泥为因远部"的记载。因远部大致包括今元江、红河县全境,绿春、墨江县的一部分。先秦属全国九州之一的梁州地的惠笼甸(亦称因远部)。唐代属南诏威远治地。宋代属大理国羁縻区三十七部的因远部。元代先后属元江万户府及元江路的萝盘部。明代洪武十五年(公元1382年),(本镇)首置因远罗必甸副长官司,隶属于云南布政使司,洪武十八年(1385年)升为长官司,隶属于元江军民府。明代嘉靖十二年(公元1533年)改设奉化土州仍隶属于元江军民府。清代顺治十六年(公元1659年),添设奉化营(军事机构)置参将一人镇守其地。乾隆十三年(公元1748年)五月癸卯,乾隆皇帝根据云贵总督张允随奏章,以"云南元江府因远地方夷汉错居,距府治甚远"等情,"将元江军民府知事移驻因远";乾隆十五年二月乙未(公元1750年),云贵总督图尔炳阿疏奏请皇朝照准,"铸给元江军民府分防因远知事印鉴"。乾隆三十五年改为因远巡检,隶属于元江直隶州。民国二年(公元1913年),改因远巡检为分治员。民国四年(公元1915年),改设因远县佐,先后设西南乡、第八区,隶属于元江县。民国二十八年(公元1939年),第八区辖地划分为两个县辖镇:因远镇和安定镇。新中国成立后,1950年,元江县设因远区为第三区,管辖今因远、浦贵、咪哩区范围。1958年,元江县将第三区划为因远、咪哩、都贵3个公社。1962年,元江县又将都癸、因远合并为第三区。1970年,元江县将第三区改为因远公社,辖因远、安定、车垤、卡腊、北泽5个大队。1983年,元江县恢复区、乡、社行政区管理制。1988年,元江县机构改革为乡(镇)、村公所、社。1999年,再次改为乡(镇)、村民委员会、村民小组至今,辖因远、北泽、安定、车垤、卡腊、半坤、都贵、浦贵、路同9个村民委员会,63个自然村,63个村民小组。

三、人口分布

因远镇哈尼族、白族、汉族呈"大杂居、小聚居"的分布局面,自然村与自然村之间相距不远。哈尼族以支系集中居住。如清水河一带的半坤、都贵、浦贵、路同4个村委会,聚居的是哈尼族"梭比"支系;大浦、麻栗坪、乌龙、布孔寨等聚居的是哈尼族"白宏(布孔)"支系;北泽、大甸索、新寨、大班碧等聚居的是哈尼族"豪尼(堕塔、布都、阿梭)"支系;北泽中寨、仓房聚居的是哈尼族"碧约"支系;玉嘎、水桶、新寨等聚居的是哈尼族"梭比"支系;奔干、安仁、安定、补垤等9个村寨上世纪80年代前聚居的是白族,因远、北泽现已成为白、哈尼、汉族杂居村。汉族主要聚居在土塘、垤嘎、(都贵)罗马、小班碧、车垤等。还有哈汉杂居的村寨,如三合寨、卡腊等。各民族分布情况详见图1-3。

白族、汉族和一部分哈尼族居住在坝区,其聚居区由因远、北泽、安定三个断陷盆地组成,地势南高北低,形如马鞍。大部分哈尼族居住在半山区和山区。东部地区的4个村委会,有汉族和哈尼族"梭比"支系;西部地区的5个村委会,除安定村委会的土塘和小班碧、卡腊村委会的卡腊和三合寨有汉族外,其余均为哈尼族、白族聚居。因此,因远镇各民族的分布区域比较明晰。白族定居于因远、北泽、安定3个小平坝周围、依山傍水的9个自然村;哈尼族支系"梭比"居住于因远镇东部和东南的高山峡谷地带;而哈尼族"豪尼"支系则居住于镇境西北部边缘的车埕河谷和北部的北泽中寨、麻栗寨等村寨。

图 1-3　因远镇各民族分布示意图

根据《2007 年因远镇文化户口册》的统计数据,因远镇共有 7250 户,总人口 28372 人。各民族的人口分布见表 1-2。

表 1-2

民族	调查人口	占全镇总人口比例(%)①
哈尼族	19928	70.2
白族	3890	13.7
汉族	3589	12.6
彝族	116	0.4
傣族	43	0.2
其他民族	79	0.3

① 除个别情况,本书所有百分比小数点后都四舍五入保留一位。

因远镇9个村民委员会和63个自然村的人口及其民族分布等情况见表1-3、1-4、1-5、1-6、1-7、1-8、1-9、1-10、1-11。

表1-3 因远村民委员会

序号	自然村/村民小组/机关	调查人口	调查户数	男	女	哈尼族	白族	汉族	傣族	彝族	其他民族
1	因远一组	398	84	185	213	65	201	125	4	3	0
2	因远二组	341	84	157	184	109	135	85	2	10	0
3	因远三组	285	77	126	159	48	147	88	0	2	0
4	因远四组	269	59	129	140	35	121	94	4	15	0
5	因远五组	189	57	93	96	34	83	67	1	4	0
6	因远机关	794	207	486	308	269	264	181	8	19	53
7	奔干	465	120	240	225	80	348	27	3	4	3
8	安仁一组	345	73	150	195	29	256	56	1	0	3
9	安仁二组	295	71	134	161	59	194	37	3	1	1
10	安仁三组	249	74	118	131	32	186	25	1	3	2
11	马鹿村	316	70	166	150	76	198	40	0	0	2
12	乌龙	638	132	335	303	638	0	0	0	0	0
13	补埕	235	59	116	119	22	191	18	0	4	0
14	红安	365	101	167	198	51	213	91	0	8	2

表1-4 都贵村民委员会

序号	村寨名称	调查人口	调查户数	男	女	哈尼族	白族	汉族	彝族	其他民族
1	哈梯	232	51	121	111	232	0	0	0	0
2	都贵上寨	214	43	108	106	49	0	164	0	1
3	都贵下寨	694	140	321	373	693	0	0	1	0
4	罗马	64	9	38	26	7	0	57	0	0
5	罗戈冲	113	24	58	55	113	0	0	0	0
6	哈浦	745	167	383	362	745	0	0	0	0
7	余家	282	58	138	144	280	1	1	0	0
8	大归池下寨	593	123	308	285	593	0	0	0	0
9	大归池上寨	742	162	374	368	742	0	0	0	0

表 1－5　安定村民委员会

序号	自然村/村民小组/机关	调查人口	调查户数	男	女	哈尼族	白族	汉族	傣族	彝族	其他民族
1	新寨	345	80	176	169	340	1	2	0	2	0
2	大甸索	485	116	248	237	466	0	19	0	0	0
3	安定一组	249	70	114	135	27	204	12	0	6	0
4	安定二组	225	65	102	123	23	180	20	0	2	0
5	安定三组	534	150	251	283	44	455	23	2	9	1
6	安定四组	545	135	253	292	80	431	31	1	1	1
7	小班碧	395	80	192	203	28	1	364	0	2	0
8	大班碧	758	154	426	332	758	0	0	0	0	0
9	土塘	654	150	322	332	37	81	523	3	1	9
10	沙浦/畜牧场	712	201	346	366	130	447	126	1	7	1
11	安定机关	166	73	103	63	31	90	43	1	1	0

表 1－6　卡腊村民委员会

序号	村寨名称	调查人口	调查户数	男	女	哈尼族	白族	汉族	傣族	彝族
1	龙潭	188	38	100	88	187	0	1	0	0
2	安木垤	205	40	108	97	205	0	0	0	0
3	乌布鲁初	162	32	81	81	162	0	0	0	0
4	拉哩	423	96	215	208	228	0	193	1	1
5	布孔寨	424	75	213	211	423	0	1	0	0
6	卡腊	423	98	223	200	228	0	193	1	1
7	罗马	437	87	249	188	437	0	0	0	0
8	三合寨	846	160	450	396	335	0	506	2	3

表 1－7　北泽村民委员会

序号	村寨名称	调查人口	调查户数	男	女	哈尼族	白族	汉族	傣族	彝族
1	麻栗坪	134	29	71	63	134	0	0	0	0
2	水桶	125	30	64	61	125	0	0	0	0
3	麻栗寨	210	46	127	83	210	0	0	0	0
4	北泽	550	129	275	275	177	188	177	4	4
5	玉嘎	255	73	145	110	255	0	0	0	0
6	三〇三	262	62	139	123	262	0	0	0	0
7	北泽中寨	700	174	370	330	697	1	2	0	0
8	大浦	598	134	317	281	598	0	0	0	0
9	新寨	175	41	91	84	175	0	0	0	0

表 1-8 车坉村民委员会

序号	自然村/村民小组	调查人口	调查户数	男	女	哈尼族	白族	汉族	彝族
1	车那号	131	32	73	58	131	0	0	0
2	梁子	60	17	32	28	60	0	0	0
3	利当小组	172	45	99	73	172	0	0	0
4	车坉村民小组	768	203	432	336	768	0	0	0
5	落戈村民小组	491	121	280	211	491	0	0	0

表 1-9 半坤村民委员会

序号	村寨名称	调查人口	调查户数	男	女	哈尼族	白族	汉族	彝族
1	独寨	94	20	48	46	94	0	0	0
2	咪浦	146	34	76	70	146	0	0	0
3	罗布	167	39	95	72	167	0	0	0
4	苏都嘎	387	98	203	184	387	0	0	0
5	小归池	780	178	405	375	780	0	0	0
6	半坤	1131	276	599	532	1131	0	0	0

表 1-10 浦贵村民委员会

序号	村寨名称	调查人口	调查户数	男	女	哈尼族	白族	汉族	彝族
1	浦海	441	111	235	206	441	0	0	0
2	浦贵	824	201	444	380	823	0	0	1
3	坉嘎	229	58	111	118	32	0	197	0
4	嘎俄	225	57	111	114	224	0	0	1
5	仓房	152	34	66	86	152	0	0	0

表 1-11 路同村民委员会

序号	村寨名称	调查人口	调查户数	男	女	哈尼族	白族	汉族	彝族
1	南扎	338	85	191	147	338	0	0	0
2	脚替	290	66	150	140	290	0	0	0
3	路同	579	142	306	273	579	0	0	0
4	大同浦	460	100	239	221	460	0	0	0
5	哈嘎替	459	114	243	216	459	0	0	0

四、经济状况

因远镇各民族的经济条件和发展情况很不平衡,大体可分为三种类型:

1. 以白族为主间杂哈尼族白宏和豪尼支系,居住在高山平坝地区。他们除从事传统农业外,还种植一些经济作物和农作物,如烤烟、油菜、茶叶、蔬菜、水果等。此外,他们还拥有自己的家庭作坊,加工面条、米线、卷粉(米干)、菜籽油、豆腐、咸菜、酿酒等。这部分人的生活比较富裕。

2. 另一部分居住位置较好,如在国道沿线、乡道沿线交通比较便利的安定、北泽、因远等村村民,自 20 世纪 80 年代后期以来,部分村民已弃农经商。他们把自家的田地出租给他人,以经营饭店、旅店、杂货店或小买卖维持生计。这部分人的生活相对比较富裕。

3. 哈尼族支系"白宏""梭比"间杂部分汉族聚居在高山峡谷,他们种植山地农作物,过着日出而作、日落而息的生活,经济来源主要靠饲养猪、鸡、鸭、鹅等家禽换点零钱。这部分村民的生活不太富裕。

近年来,因远镇政府非常重视对农业的投入,实施了"工业因远""农业因远""生态因远""开放因远""人文因远"五大战略,帮助当地农民走"科技兴农"的道路,积极开展烤烟、茶叶等种植技术培训,加强农田水利建设和农业技术的改造工作,改善了生产条件,加快了科技成果转化为生产力的步伐。镇政府还指导农民用科学发展观,有计划地开发并合理利用当地土地资源、自然资源,开发了西隅金厂梁子、石门坎、大甸索、土塘后山东侧金、镍、石棉等矿产,提高了就业率,帮助农民脱了贫,致了富。据统计,2007 年,全镇工农业总产值达 45422.27 万元,比 2001 年的 7212.75 万元增长了 38209.52 万元。农民年人均纯收入达 3200 元。各民族的生活水平有了显著提高,促进了社会主义新农村建设。此外,政府投资为边远山区的哈尼族修建公路,通车率达到了 100%。

五、学校教育

因远镇办学历史悠久,素来被誉为"重文之乡"和"文化之乡"。据史料记载,清初雍正十三年(公元 1735 年),由元江军民府知府胡永麟在今因远小学校址创办因远义学。同治四年(公元 1865 年)设沙浦私塾,同治五年(公元 1866 年)创办甸索(安定)义学馆,光绪十九年(公元 1893 年)创办安仁私塾,光绪二十六年(公元 1900 年)设麻栗坪私塾。光绪三十一年(公元 1905 年)元江开始废科举办学堂,一向热心教育事业的乡贤、元江劝学所总董张思谨倡设"因远初等小学堂"。次年(公元 1906 年)升为"因远高等小学堂"。新中国成立后,因远镇的教育得到了迅速的发展,特别是 20 世纪 70 年代,贯彻多种形式办学,出现了村村办学的局面,全镇63 个自然村,除个别村点外,都设立了小学教学点。高峰期在校学生达 4356 人,教职工达 258人。1997 年,因远镇普及了六年制义务教育,1999 年通过了扫盲验收。近年来,镇政府始终坚持科教兴镇战略,强化政府行为,加大教育投入,改善办学条件,教学设施不断更新完善,农村义务教育经费保障,"三免一补"政策得到贯彻落实,2000 年通过"普九""普实"验收。学校破旧立新,现代钢筋砖混建筑结构取代了寺庙、仓库和土木茅草房,校园文化建设、办学环境都得到了改善。目前,学校合理配置教学资源,集中办学,办学水平不断提升。"普九""普实"成果进一步得到巩固,教育、教学质量稳定提高,幼儿教育独具民族特色,成人教育与当地实际相结合,推动了全镇社会经济的发展。

在历史文化及教育环境的熏陶下,因远镇各民族勤耕好学。特别是白族,与汉族接触历史悠久,元、明、清时期就有接受汉文化教育的历史记载。《元江州志》曰:"僰人:性朴素,勤劳耕作,语言服色、大小节庆、婚丧礼节多与汉人同。男不衣帛,女不饰金,迩来多知向学;虽单寒之家亦勉力延师训子;多有游泮者……"。因此,因远镇千百年来,人才辈出,为地方发展作出了巨大贡献。

如今,因远镇有两所中学(一中、二中),9 所小学,24 个教学点,中心小学已辐射全镇 9 个村民委员会。据 2006 年统计,全镇共有 3309 名学生,学前班 13 个,在幼儿园、学前班就学的儿童共计 318 人,教职工 220 人。全镇小学校园面积 75908 平方米,建筑面积 22048 平方米。因远镇中心小学是因远镇基础教育的"窗口学校",先后荣获"省级文明单位""绿化美化甲级学校""玉溪市文明学校"等荣誉称号。

值得一提的是,因远镇中心小学的幼儿教育,重视《农村乡土文化》教材的开发。教师们利用因远镇得天独厚的白族文化资源,收集白族童谣、儿歌、民间故事、农事活动等,将其纳入幼儿教学中,进行文化传承。目的是让幼儿从小认识自己的家乡、了解白族的文化、热爱家乡,增强保护民族文化的意识。

第三节　因远镇各民族语言使用概述

根据《2007 年因远镇文化户口册》中提供的数据以及我们在实际调查中获得的信息,因远镇的语言活力(language vitality)主要表现在哈尼语、汉语和白语三种语言上。现分述如下:

一、哈尼语

哈尼语是哈尼人的本族语,或称母语。在因远镇不同支系的哈尼族操不同的哈尼语次方言或土语:白宏、梭比、豪尼、碧约和西摩洛话。

因远镇的哈尼语各次方言或土语的使用情况大致可划为五个区域:

1. 居住在因远镇东部、东北部清水河一带的半坤、都贵、浦贵、路同 4 个村民委员会的哈尼族和居住在北部国道昆曼公路 213 沿线的哈尼族。他们讲的是哈尼语豪白方言白宏次方言"梭比土语",或称"梭比话",约 10230 人。

2. 居住在因远村周边的乌龙、大浦、麻栗坪、布孔寨、龙潭、安木埖、乌布鲁初、卡腊村中的一部分人和聚居在(卡腊)罗马等村寨的哈尼族属"白宏(布孔)"支系。他们讲的是哈尼语豪白方言白宏次方言的白宏土语,约 3222 人。

3. 居住在北泽村附近的北泽中寨、大甸索、新寨、大班碧、车埖、落戈、利当、车那号、梁子、安定附近等村寨的哈尼族属"豪尼（堕塔、布都、阿梭）"支系。他们讲的是哈尼语豪尼方言"阿梭土语"，或称"阿梭话"，约 3929 人。

4. 居住在北泽、仓房两个村子的哈尼族属"碧约"支系。他们讲的是哈尼语碧卡方言"碧约"次方言，或称"碧约话"，约 327 人。

5. 卡腊村，与汉族杂居的哈尼族，一部分是"西摩洛"支系。他们讲的是哈尼语碧卡方言峨努次方言的"西摩洛土语"，或称"西摩洛话"和汉语。由于他们的民族成分都填写为哈尼族，所以无法统计准确的数字。但据村长讲，卡腊村的西摩洛人很少，约 228 人。

除此之外，长期与哈尼人接触的一部分白族、汉族、彝族、傣族等，多为乡镇干部、小学教师、商人、工匠、建筑工人、农业技术人员等都能讲一定程度的哈尼语。但是，在 400 词测试中，我们发现，他们所讲的哈尼语夹杂着各次方言的语音和词汇。如"钱"，有的白族说 tsy^{31} pa^{31}，有的说 tɕi^{31} pa^{31}，有的说 fv^{55} tsʅ^{31}。这是语言接触中哈尼语次方言或土语不同导致的。在调查中，我们发现了哈尼语方言之间的这种差异。例如"钱"，白宏话说 tsy^{31} pa^{31}，梭比话说 tɕi^{31} pa^{31}，豪尼次方言安定新寨话说 fv^{55} tsʅ^{31}，碧卡方言碧约次方言仓房碧约话则直接借用当地汉话 tɕhiə^{31} 或者 phiə^{55} tsʅ^{31}。

尽管哈尼语次方言或土语都归属于哈尼语，但次方言与次方言之间仍存在着一些差异。在因远镇，哈尼语是使用人数最多的语言，其范围大多在哈尼族社区和本族人之间，外族讲哈尼语的人数并不多。

二、白语

因远镇的白族讲白语，但不是所有的白族都能讲白语。能讲白语的人大多是因远、补垤、奔干、安仁、红安、马鹿、北泽、安定、沙浦等村的白族家庭。他们在家庭内、白族社区内都用白语进行交流。

长期从事民族工作，经常与白族接触的哈尼族、汉族、彝族、傣族等也能不同程度地使用白语，如乡镇干部、小学教师、商人、工匠、建筑工人、农业技术人员等。

此外，生长在因远白族家庭，但在元江、玉溪、昆明等地工作的白族子女，与本民族见面时也讲白语。

白语在因远镇境内是三种主体语言中使用人数最少的语言，其语言活力仅限于白族的聚居村或白族家庭。

三、汉语

汉语（思普话）是因远镇汉族的母语，属于西南官话云南方言的一个土语。在因远镇境内，汉语作为第一语言的人数并不多，主要是在畜牧场、土塘、垤嘎、（都贵）罗马、三合寨、小班碧、卡腊等村的汉族使用。他们出生后就说"思普话"，在家庭内、社区内几乎都用汉语交流。

因远镇受过学校教育的哈尼族、白族、彝族、傣族等，如乡镇干部、小学教师、商人、工匠、建筑工人、农业技术人员、学生都能熟练地讲汉语。作为第二语言,汉语是使用人数最多,语言活力最强的语言。

四、兼用白语、汉语或兼用哈尼语、汉语

使用白、汉双语的大多是白族。因远镇的白族,接触汉文化较早,受汉文化教育多。男女老少几乎都能讲汉语。据统计,因远镇 90% 以上白族都讲汉语。他们大多数人是白、汉双语人。但是,白语仅用于本族人之间,而汉语用于本族人和外族人之间。在多民族相聚的场合,如汉族、哈尼族、彝族、傣族在一起时,各民族都会选择汉语进行交流。

哈尼、汉双语人大多是受过教育的哈尼人。随着现代教育的普及,哈尼人中受教育的人数不断增多。一般情况下,只要读到 3 年级或小学,就能熟练讲汉语。此外,杂居在因远、北泽、卡腊的哈尼族,大部分人是哈、汉双语人。在日常生活中,汉语已成为哈尼人与外界沟通交流、进行商品交易的重要语言。

五、哈尼、白、汉三语兼用

居住在因远街、公路沿线、坝区的一部分白族、汉族、哈尼族,在集市、学校、机关等公共场所,通常兼用三语(哈尼语、白语、汉语)进行交流、沟通,完成商品交易。

长期居住在因远镇一带的乡镇干部、小学教师、商人、工匠、建筑工人、农业技术人员,他们与不同民族频繁交往,生活中学会了各民族的语言。因此,他们兼用三语。

少部分年龄在 60 岁以上的白族、哈尼族、汉族,经历过集体劳动时期,也能交替使用三语。但这部分人语音不纯正,尤其是白族,讲哈尼语时,带有白宏话、梭比话的音;讲汉语时也是"南腔北调"的,夹杂着"思普话""石建话(石屏、建水话)"的语音。总之,语言使用中有一些差异。

根据陈章太的《语言资源价值评价指标》,因远镇的"强势语言"是汉语。它使用的人口多,应用领域、使用范围广,规范程度高,语言活力强;语言在社会中的地位、声望高,影响广泛,使用人口及其年龄结构分布均匀,是具有记录文献和承载信息功能的语言。

"亚强势语言"是哈尼语,使用人口多,有文字,但语言规范程度低,文献资料少,语言使用范围与应用领域相对较窄,语言活力、语言的使用功能明显减弱,语言使用人口的年龄结构分布不均匀。

次强势语言是白语。语言活力和语言资源价值评价指标都低于汉语和哈尼语。

因远镇的彝语、傣语等,虽然在元江县属主体民族语,但在因远镇使用领域很小,属于"弱势语言"。

第二章 因远镇哈尼族语言使用现状

元江县因远镇的哈尼族是该镇的世居民族,也是三大主要民族之一。根据因远镇 2007 年统计数据,总人口为 28824 人,其中哈尼族人口为 20446 人,占全镇总人口的 70.9%。分布在因远、北泽、安定、车垤、卡腊、半坤、都贵、浦贵、路同等 9 个村民委员会,见图 2-1。

图 2-1 因远镇哈尼族分布示意图

从整体看,哈尼族呈"大片聚居、小块杂居"的分布状态。哈尼族聚居村、杂居村的人口分布情况见表 2-1 和表 2-2。

表 2-1　哈尼族聚居村人口分布统计表

序号	村委会	村寨名称	调查人口	调查户数	哈尼族	哈尼族比例（%）	支系
1	半坤（黑梭比）	半坤	1131	276	1131	100	黑梭比
2		苏都嘎	387	98	387	100	黑梭比
3		咪浦	146	34	146	100	黑梭比
4		罗布	167	39	167	100	黑梭比
5		独寨	94	20	94	100	黑梭比
6		小归池	780	178	780	100	黑梭比
7	都贵（黑梭比）	都贵下寨	694	140	693	99.9	黑梭比
8		大归池上寨	742	162	742	100	黑梭比
9		大归池下寨	593	123	593	100	黑梭比
10		哈浦	745	167	745	100	黑梭比
11		余家	282	58	280	99.3	黑梭比
12		哈梯	232	51	232	100	黑梭比
13		罗戈冲	113	24	113	100	黑梭比
14	浦贵（青梭比及碧约）	浦贵	824	201	823	99.9	青梭比
15		嘎俄	225	57	224	99.6	青梭比
16		浦海	441	111	441	100	青梭比
17		仓房	152	34	152	100	碧约
18	路同（黑梭比）	路同	579	142	579	100	黑梭比
19		哈嘎替	459	114	459	100	黑梭比
20		脚替	290	66	290	100	黑梭比
21		南扎	338	85	338	100	黑梭比
22		大同浦	460	100	460	100	黑梭比
23	车垤（豪尼）	车垤	768	203	768	100	豪尼
24		洛戈	491	121	491	100	豪尼
25		梁子	60	17	60	100	豪尼
26		车那号	131	32	131	100	豪尼
27		利当	172	45	172	100	豪尼
28	卡腊（白宏）	布孔寨	424	76	423	99.8	白宏
29		龙潭	188	38	187	99.5	白宏
30		安木垤	205	40	205	100	白宏
31		乌布鲁初	162	32	162	100	白宏
32		罗马	437	87	437	100	白宏
33	因远	乌龙	638	132	638	100	白宏

34		北泽中寨	700	174	697	99.6	豪尼
35	北泽	新寨	175	41	175	100	碧约
36	(豪尼、白	大浦	598	134	598	100	白宏
37	宏、梭比	麻栗寨	210	46	210	100	白宏
38	及碧约)	水桶	125	30	125	100	梭比
39		三〇三	133	34	133	100	梭比
40		玉嘎	255	73	255	100	梭比
41		麻栗坪	134	29	134	100	白宏
42	安定	大甸索	485	116	466	96.1	豪尼
43	(豪尼)	新寨	345	80	340	98.6	豪尼
44		大班碧	758	154	758	100	豪尼
45		小寨	46	10	46	100	豪尼
合计			17514	4024	17480	99.8	

表 2-2　哈尼族杂居村人口分布统计表

序号	村委会	村寨名称	调查人口	调查户数	哈尼族	哈尼族比例（%）	主要居住民族
1		因远	1482	361	291	19.6	白/哈/汉/彝
2		红安	365	101	51	14	白/汉/哈/彝
3	因远	安仁	889	218	120	13.5	白/哈/汉
4		奔干	465	120	80	17.2	白/哈/汉
5		补垤	235	59	22	9.4	白/哈/汉
6		马鹿村	316	70	76	24.1	白/哈/汉
7	北泽	北泽	550	129	177	32.2	白/哈/汉
8		安定	1553	420	174	11.2	白/哈/汉
9		畜牧场	104	23	39	37.5	哈/汉
10	安定	沙浦	608	178	91	15	白/哈/汉
11		土塘	654	150	37	5.7	汉/哈
12		小班碧	395	80	28	7.1	汉/哈
13	都贵	都贵上寨	214	43	49	22.9	汉/哈
14		罗马	64	9	7	11	汉/哈
15	浦贵	垤嘎	229	58	32	14	汉/哈
16		卡腊	423	98	228	53.9	西摩洛/汉
17	卡腊	三合寨	846	160	335	39.6	哈/汉
18		拉哩	423	96	228	53.9	白宏
合计			9815	2373	2065	22.3	

　　表 2-1 和表 2-2 显示：全镇 63 个自然村中，有 45 个自然村哈尼族人口比例占该村总人口的 96.1% 以上，是哈尼族人口高度集中的村寨。我们把这些村寨划为哈尼族聚居村，哈尼族聚居村占自然村总数的 71.4%。有 18 个自然村的哈尼族人口比例在 5.7%—53.7% 之间。我们把这些村寨划为哈尼族杂居村，占自然村总数的 28.6%。

　　因远镇的哈尼族各支系统称为哈尼族，但实际上有白宏、梭比、豪尼、碧约、西摩洛五个支系。其自称、他称见表2-3。

表2-3 因远镇哈尼族自称、他称一览表

哈尼族支系	聚居人口	自称	他称
白宏	3222	白宏	布孔
梭比	10230	哈尼	梭比
豪尼	3929	豪尼	阿梭、布都、多塔
碧约	327	碧约	碧约
西摩洛	228	西摩洛	西摩洛
合计	17936		

　　表2-3显示:因远镇哈尼族五个支系中,其自称和他称有一定的差异。从人口数量来说,梭比支系人口最多,豪尼和白宏次之,碧约和西摩洛最少。碧约人仅聚居在仓房和北泽中寨两个村中。西摩洛人与汉族杂居于卡腊村,他们几乎已融入汉族和周边的白宏人群中。

　　因远镇哈尼语属汉藏语系藏缅语族彝语支。中国语言学家将中国的哈尼语划为三大次方言:哈雅方言、豪白方言和碧卡方言。各次方言又分若干个土语。因远镇哈尼语的系属划分见图2-2。

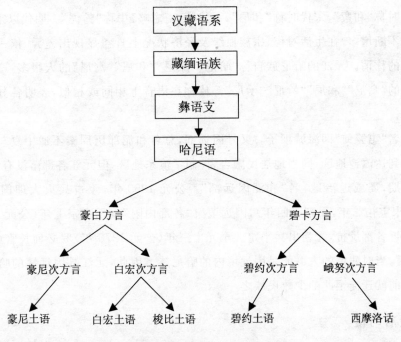

图2-2 因远镇哈尼语系属树型图

　　图2-2显示:因远镇哈尼族操豪白方言和碧卡方言。豪白方言内又分为豪尼次方言和白宏次方言,白宏次方言中又分为白宏土语和梭比土语。碧卡方言中有碧约次方言和峨努次方言。支系内部语言基本相同,习俗相近。豪白方言内部或碧卡方言内部容易沟通,豪白方言与

碧卡方言之间难以沟通。

第一节　因远镇哈尼族概况

一、历史源流

　　哈尼族在漫长的历史发展过程中,由于种种复杂的社会原因,本民族内部形成若干繁杂的称谓,其自称有哈尼、卡多、豪尼、碧约、白宏等;他称有糯比、阿梭、布孔、西摩洛、布都、堕塔等。

　　据《云南各族古代史略》及《云南民族史》记载,在春秋战国时期,由于受中原战乱的影响,青藏高原上的氐羌游牧部落群南下至大渡河、金沙江流域,与当地原有的羌族汇合并逐步南迁,形成了现代汉藏语系藏缅语族彝语支各民族的先民。据史诗记载,今元江、新平县一带的哈尼族中流传其祖先曾游牧于北方草原的一个名叫"努玛阿美"的地方,意为哈尼人诞生之地。西汉初年,氐羌迁徙到滇池的东北与西北部,成为云南分布较广的"昆明人"。魏晋南北朝时期,云南境内民族大迁徙、大分化,至唐前已从"昆明人"中分化出"和蛮"。"和蛮"逐渐再南迁,滞留于元江、新平一带,成为今玉溪辖区及其他地区的哈尼族先民。据史书记载,元江县的哈尼族在唐代时称"和蛮",宋代时称"和尼",元代《云南志略》中称"斡泥"。明代以来随着各地哈尼族人口的不断增多,在生活习俗、宗族血缘及经济状况上日益显现出差异,依一定的地域而形成了众多的称谓。元江的哈尼族自称"哈尼""豪尼""和尼""窝尼"的人很多,这些现代称谓同史籍记载的"窝尼""和尼""斡尼""禾尼"等族称在语音上相同或相似,表明各分支同属于一个古老民族。

　　元江古名"惠笼甸"即海城坝子,"又号因远,总名和泥部历周秦不通中夏"。战国时期,楚庄跃率军到达滇池地区,同当地居民融合,控制了滇东地区,但元江各部落没有内附的记载。宋大理国时期,属威远治地,名"和泥因远部"。公元1253年,蒙古兵灭大理国,次年(公元1254年,南宋宝祐二年,元宪宗四年),因远萝槃"各部内附"。元宪宗七年(公元1257年),因远部联合附近各部反抗,元朝出兵平定。至元十三年(公元1276年)罗必甸长官(酋长)"和泥阿禾必招降",当时残留的人群便是因远境内的哈尼族。因此,元江县因远镇的哈尼族至少是两千多年以前就迁徙至此的少数民族之一。

二、生活习俗

　　因远镇哈尼族常年以米饭为主食,辅之以糯米、玉米、荞麦、高粱等,特别钟爱糯米。糯米是哈尼人维系亲朋关系、进行社交活动的馈赠礼品。逢年过节吃糯米饭和糯米粑粑是哈尼族的习俗。

　　哈尼族喜欢大块食肉,肉一般整块水煮,捞起切开,放入盐巴、辣子、豆豉等调成的家常蘸水中蘸食。平时食用较多的是猪肉、羊肉、鸡肉、鸭肉等。蔬菜多食青菜、白菜、韭菜、苤菜、南瓜、黄瓜、丰收瓜、老鼠豆、黄豆、蚕豆、豌豆、四季豆、腰子豆,还喜欢采食长在山里、地里、梯田里的蕨菜、竹笋、香菇、木耳、白生、鱼腥草、水芹菜、苦刺花、羊奶菜、细芽菜、山芋头、灰条菜、马蹄叶、糖梨花、甜菜、鸡棕、蘑菇等。也喜欢食鱼、黄鳝、泥鳅、螺蛳、青蛙、蝌蚪、虾巴虫、土狗、蚂蚱等。擅长腌制腊肉、牛肉干巴、腌酸酢肉、酸酢鱼、酸竹笋、树头菜和青黄豆米等。喜食一道名叫"剁生"的菜。水果常吃柿子、桃、李、多依果等。

哈尼族的服饰因支系、性别、年龄、社交场合的不同而不同。有的支系穿戴"包头""衣裳(两件或三件套)""裤子"(包括一条黑色腰带);有的只戴绣有方块形彩图、缀有红色彩穗的黑布包头;有的穿大襟青蓝色上衣,衣长及膝,衣裙一体,腰带绣满月亮花、狗牙花的蓝布带,或配银腰带;有的上衣缀有数十甚至上百颗银泡,衣角四周绣满花草图案,穿窄管青蓝长裤,小腿缠绑腿布。"男人环耳跣足,妇人衣花布衫,以红白绵绳辫发数绺,海贝杂珠盘旋为螺髻,穿青黄珠垂胸为络"[①]。

哈尼族是尚黑的民族,自古以来主要是以黑色和青色为主色调,哈尼族服饰经弹棉、纺线、拉线、织布、染布、裁缝、刺绣等繁杂的多种工序制成。青年女子着低领镶花边、半袖间套绣花窄袖长袍,佩云肩,穿镶边大管裤等。成年男子上穿青色或蓝色有领对襟短衣或无领左衽短衣,袖长及腕而窄,用别致的布钮和发光的银币作扣,衣服下摆的左右端,或背部正中处,都留有"V"形剪口,使后翼整块部分如同檐子,翻翘而起,下穿肥大的扭裆青色长裤,裤带缝成一长形布袋,布袋口呈鸭嘴状,用红绿丝线锁边,裤带后面系着一串银币。节庆期间,青年男子在青色或蓝色短衣之下配一件白内衣,在袖口、领口和边摆处均匀地露出一道白边。喜戴银铃、银泡、银花、银币、银链等银饰品,有的为适应山地劳作也穿短衣窄袖,半臂无领直襟,劈开四缝而扣合的简易服。

因远哈尼族山寨一般建在朝阳、开阔、凉爽并有泉水的半山腰,往往依山建寨,村寨规模从十几户到数百户不等,寨子周围种植棕榈、竹、梨、李、桃、柿等。山坡种有灌木丛林或竹林,村前一般是层层梯田,崎岖山路纵横交错。哈尼族的住房分地面建筑、干栏型建筑、"封火楼"建筑三类。建筑材料多用茅草、土掌、瓦等。住房一般是土木结构的楼房,土墙木屋顶,有平顶、双斜面和四斜面几种。经济条件好的地区也建有钢筋混合泥房。

哈尼族人认为,生育、婚姻、丧葬是人生中最重要的三件大事。出生意味着一个人来到了世间,从此成了天地之间芸芸众生中有别于他人的一员;就父母、家族而言,新生命的诞生,表明本家族的血脉得已延续。因此,哈尼族有父子连名的习俗,即父亲名字的末尾一个字或末尾两个字作为儿子名字的头一个或头两个字。结婚是人生的第二站,它标志着人的成熟,意味着一个完整的人终于找到了属于自己的位置。这个位置是神专门为他(她)设定的,是开始完美的人生、培育后代的起点。婚姻有恋爱、求婚、结婚等过程,但其过程与汉族及其他民族区别很

---

① 《古今图书集成》第 1517 卷《云南总部·窝泥考》。

大。丧葬则是人生的终点站,随着生命的终结,一种生命转向另一种生命。葬礼有备寿衣、接气、浴尸、报丧、备丧、哭丧、纳棺、办丧、送魂(指路)、吊丧、出殡、择墓地、埋葬、清屋、叫魂、守灵等习俗。

三、节日礼仪

因远哈尼族节日繁多,一年中有许多大大小小的节日,可以说季季有节,月月有节。但近半个世纪以来,由于受汉文化和周边民族文化的影响,有的节日已经淡化,有的已经放弃。目前还保留的哈尼族传统节日有十月年、祭寨神、黄饭节、栽秧节、苦扎扎、新米节。其中,十月年、祭寨神、苦扎扎节还能感到民族节日的气氛;黄饭节、栽秧节、新米节却已经感受不到民族节日的气氛了。

1. 十月年　十月是哈尼历法之岁首,是新年的开始。哈尼人把一年分为三季,即冷季、暖季、热季;每季分为四个月,即冷季有十月(猪月)、冬月(鼠月)、腊月(牛月)、正月(虎月);暖季有二月(兔月)、三月(龙月)、四月(蛇月)、五月(马月);热季有六月(羊月)、七月(猴月)、八月(鸡月)、九月(狗月);每月30天,年末加5天,每逢闰年加6天。一年为365天,闰年为366天。

十月是哈尼人经过一年的辛勤劳作,大小谷物进仓,收获结束的时节;是哈尼人满怀丰收的喜悦,杀猪宰鸡,烹制各种美味佳肴,酒足饭饱后,敲响芒锣,跳起欢快的棕扇舞,感谢大自然一年来赋予庄稼风调雨顺、人畜平安、庆祝丰收的时节;也是哈尼族一年中延续时间最长(历时5-6天),内容极为丰富,最重要、最隆重的节日。除夕,通宵点油灯,节日第一天,各家杀猪或一只公鸡,将猪头或整只鸡供放在"帮勾"(类似汉族的供桌)上,整个家族成员(包括出嫁、外出工作的都要回家),在家中长者的带领下共同跪拜祖先神灵,以求神灵保佑家人平平安安、五谷丰登、六畜兴旺。

2. 祭寨神　哈尼语称"昂玛吐""阿玛拖""阿皮吐"等,是哈尼族充满神秘宗教色彩的祭祀活动,是节日庆典与宗教祭祀融为一体,隆重、盛大和庄严的节日。寨神节充分表现了哈尼族对自然、神灵的崇拜。哈尼人认为,高山、密林、大河以及五谷和牲畜等自然界中的万事万物都有相应的专职神灵主宰,其中,"寨神"(树)是人的保护神,是水之源,生命之源。无树则无本,无本则无源。它是一个神圣不可侵犯的地方。哈尼人认为村寨的繁盛衰败,人丁的兴旺与否,五谷六畜的丰产歉收都取决于"寨神"的意志。因此,哈尼族无论搬到何地,无论村寨大小,都有自己的"寨神树"或"寨神树林"。而且,每年"十月年"过后的初春时节,各村寨都要杀牲虔诚地祭献"寨神"。其目的是想通过人与神的沟通、对话和协调,获得庄稼最大限度的丰收。

3. 黄饭节　也叫"染黄粑粑节",是哈尼人对布谷鸟报春的虔诚敬献。布谷鸟是哈尼人心中最喜爱、最崇拜的一种鸟。传说,古时候哈尼人不会分辨四季,种庄稼不知节令,一年辛辛苦苦,还是颗粒无收。天神看到哈尼人很苦,非常同情,就派遣"阿波摩玛"神来帮助哈尼人。"阿波摩玛"神化成布谷鸟克服千辛万苦来到哈尼山寨,唤醒哈尼人播种、劳作与收获。自此哈尼人能分四季、节令,懂得春耕、夏锄、秋收、冬藏,过上了富裕的生活。哈尼人为了感恩,约定一个属羊的日子,过"黄饭节"。届时,家家户户备好美味佳肴,用染饭花汁浸泡糯米,蒸出金黄色的糯米饭,煮出数十个红鸡蛋,虔诚敬献给催耕的使者——布谷鸟。期间,哈尼人只要听到第一声布谷鸟叫,都会及时应答:"我听到了!"以此表示对布谷鸟的尊敬。

4. 栽秧节　也叫"开秧门",是以家庭或村寨为单位庆祝的节日。一般在属猴、龙、狗、马日举行。届时,家家户户做汤圆,献天地,祈祷"天也不要翻,地也不要动",避免天灾,五谷丰登。栽秧节这天,各户主将备好祭品,如糯米饭、煮熟的鸡蛋、鸭蛋、蒿枝做成的筷子等,放在自家水田的出水口处,在田中间插入三把秧,然后用簸箕盖住,围着田地快跑一圈,以示栽秧顺利。其目的是避免火灾、水灾、虫灾,庄稼风调雨顺。

5. 苦扎扎　是哈尼人一年中仅次于十月年、寨神节的传统节日。农历五月间,繁忙的春耕栽种刚刚结束,禾苗一片碧绿,人们有了短暂的小憩。此时青黄不接,人们强烈希望得到神灵和祖宗的保佑,保护禾苗顺利生长,确保五谷进仓。因此,苦扎扎节是一个祈求祖先、神灵保佑庄稼丰收、预祝五谷丰登,兼有社交娱乐活动的节日。典型的娱乐活动是撵磨秋。撵磨秋源于古老的传说,各支系的传说区别很大,但最普遍的传说是在远古的时候,哈尼人学会了开田种地,人们在开垦梯田中,得罪了生活在田里的泥鳅、黄鳝、蚯蚓、蚂蚁等。它们联合起来一起到天神处告状,请求天神惩罚哈尼人,否则,就要使哈尼人的庄稼颗粒无收。但是,天神不忍心伤害哈尼人,为了安抚泥鳅、黄鳝、蚯蚓、蚂蚁们,就承诺在每年栽种完成后,把哈尼人一个个抛到半空中,放鞭炮把他们的肚子炸开,以此惩罚他们。从此,哈尼人就要在苦扎扎节撵磨秋、荡秋千、放鞭炮。

6. 新米节　也叫尝新节,是新谷子打苞成熟,稻谷渐渐变黄时,哈尼人想通过"尝新"祭祖,祈求祖先保佑,祈求粮食顺利进仓的节日。各村寨、各家各户过新米节的时间不一致,一般是根据稻谷早熟、晚熟及收割时间而定。过新米节时要蒸一甑米饭(新米撒在老米上)祭祖,表示老米接新米,年年有余。节日期间,家家户户杀鸡,相互邀请,共尝新谷,齐庆丰收。

四、宗教信仰

因远哈尼族虔诚笃信以万物有灵为核心的原始宗教,崇拜自然、祖先、神灵。同时,受西方传教士的影响,北泽中寨的部分哈尼族也信仰基督教。其宗教信仰的表现形式、内容和特征分述如下:

1. 自然崇拜

哈尼族长期以来居住在高山峡谷、崇山峻岭、深沟大箐之中,交通不便,与外界接触较少。在千变万化的大自然面前,人力比较弱小,于是,哈尼族把自然万物神化,让鬼神与人之间的媒介"摩批"虔诚祈祷祭祀,以求风调雨顺、人畜平安。

在自然崇拜中,哈尼人认为山有山灵,水有水灵,树有树灵,日月星辰、风雨雷电也有神灵,形成了山、水、树、日、月、星辰、风雨、雷电、岩等的自然崇拜。这种自然崇拜在农业祭祀中尤为突出。其原因是农业是哈尼族赖以生存的物质基础。

哈尼族认为世界是天界、地界、人界构成的空间。天神至高无上,司管着天、地、日、月、星辰、风、雷、水、火等。人生活在天地之间,与神有亲缘关系。神与人既有主次和主奴的关系,又有互动的关系。神帮人,人要感谢神。因此,哈尼族有祭山神、祭水神的宗教祭祀活动。

2. 祖先崇拜

祖先崇拜主要表现在哈尼族认为辞世祖先是永存不泯的,认为人死后灵魂脱离躯体,变成鬼或神在另一个世界——阴间生活,魂魄不灭。这种观念在哈尼"摩批"的意识中尤为突出,他们认为魂和鬼是有明显区别的,每个人都有魂附体,魂像正常人一样参加一切社会活动。人一旦死后,魂即离开躯体变成无影无踪的鬼或神存在。因此,哈尼成年人死后,都要请"摩批"按死者生前的身份、地位,举行不同等级的丧葬仪式,其目的是为死者指路,将亡灵带入世代亡故祖灵的居住地。然后,逢年过节请同祖回家,让他们在本祖的供台上享用美味佳肴。哈尼族虽对祖先神无比虔诚,但无牌位供奉。仅设"勾玛",即大供台,祭祀正常死亡的祖先神;还设"勾然",即小供台,祭祀非正常死亡的祖先神以及经过叫魂仪式补办丧礼的祖先神;另设"尼佐",即屋外供祖台,祭祀财产神、五谷神。

3. 神灵崇拜

神灵崇拜其实是自然崇拜的延伸,是"万物有灵"原始宗教观念发展到一定时期的产物。哈尼族的神灵崇拜和自然崇拜之间没有明显的界线,经常杂糅在一起。但无论在神灵崇拜还是自然崇拜中,自始至终贯穿着一条"灵魂永远不泯"的主线,只不过是从一个世界转到另一个世界而已。

鬼、魂、神是哈尼族原始"摩批"信仰的核心。哈尼族几乎全民信仰以鬼、魂、神为核心,万物有灵为基础,自然崇拜、多神崇拜为形式的原始宗教。在哈尼族的神灵观念中,天上居住着威力无比、至高无上的天神"摩米",地上住着各种自然神灵:地神、山神、水神、岩神、寨神、火神等诸神,充满邪恶的各种妖、怪、鬼住在地下。招魂求安、驱鬼除魔和求神保佑是哈尼族"摩批"祭祀活动的中心内容,其目的是为了保护人丁兴旺、五谷丰登、六畜平安。

4. 基督教

基督教是犹太教中的一个教派。它以崇拜神为主要内容,耶稣是神的儿子,是神的化身。基督教有自己一系列的宗教礼仪、风俗和教会制度。《圣经》是它的主要教义。因远哈尼族地区的基督教是 20 世纪 20 年代,随着民族交往的扩大由基督教信徒传入的。北泽中寨村的部分哈尼族受白族和墨江哈尼族碧约人的影响,信了基督教。在调查中我们发现元江县因远镇北泽有一个基督教教堂,基督教信徒大多是北泽中寨村的哈尼族妇女和因远、安定、沙浦、北泽村等白族妇女。据了解,北泽的基督教是由墨江德国传教士传入的。因远北泽有 110 多个基督教徒,其中大部分是哈尼族。他们每周日都到教堂里学习《圣经》,听讲教义,每月举行一次圣餐,每年4月4日过复活节,12月25日过圣诞节,吟唱赞美诗,反省自己的言行。所遵循的教规有10条:除上帝以外不可有别的神;不可拜偶像;不可妄称上帝的名;当纪念安息日,守为圣日;当孝敬父母;不可杀人;不可奸淫;不可偷盗;不可作假见证陷害人;不可贪恋别人的一切。同时主张:向神祷告,祈求平安,互敬互爱,自立自养。

五、道德规范

哈尼族的道德规范是哈尼人自觉遵奉的行为规范和准则,表现为一种非暴力的、非强制性的个人、社区的自我调节。这种调节包括人与人之间、人与社区之间、村寨与村寨之间、民族与民族之间交往时,主动遵守的行为准则,即道德规范。具体表现为文明礼貌、热情豪爽、尊老爱幼、助人为乐、热爱和平、追求自由、勤劳勇敢、公平正直、扬善抑恶、忠厚老实、开拓创新、坚韧不拔等。

在哈尼山乡,民风比较纯朴,无论是否相识,见面都会行礼问安、让路、让座。若有客人从远方而来,在屋外总是要喊:"来家里抽一支烟休息一会儿。"客人若真进家,就以烟、水相待,吃饭时间就会以美酒佳肴相待。在家庭中,尊老爱幼、助人为乐是哈尼族的美德。餐桌上,老者最尊,必留上席座位;斟酒时从长至幼;有鸡头、鸡肝先敬老人的习俗。特别是哈尼族妇女任劳任怨,下地干活、上山背柴,起早贪黑、艰辛劳作,负责全家的吃穿,吃饭时,还不得与男人一起用餐,体现了默默无闻的奉献精神。

此外,哈尼族人信奉善有善报、恶有恶报,积德必有后福,作恶必遭灾祸的信条。在日常生活中,哈尼族把从善作为自己的行为准则,视恶为滔天罪行,信奉"相帮相助是朋友,勾勾搭搭不光彩"的格言。在哈尼族地区,常有自觉地为群众修桥补路,不取任何报酬的行为。而那些偷窃、破坏公共事物的人常遭唾骂。

哈尼人忠厚老实,提倡踏踏实实做人的处世原则。在社会交往中他们爱讲真话,敢于直言,一是一、二是二,不隐瞒自己的真实思想感情,不说谎话,不欺骗别人,不阿谀奉承。在分配形式上体现出平均主义的原始道德,如狩猎的收获或节日的赠品,只要是村寨的人,从初生婴儿到长者,人人有份,没有例外,体现了浓厚的民族特色。

第二节　聚居村的语言使用情况

一、哈尼语使用情况

在因远镇45个哈尼族高度聚居的村寨中,我们按坝区、半山区、山区,分别从9个村委会中选择了11个村寨进行语言使用情况调查。调查人数达6332人,占哈尼族总人数20446人的31%。哈尼族聚居区村的哈尼语使用情况,见表2-4。

表 2 - 4

村寨名称	调查人数	熟练		一般		略懂		不会	
		人口	百分比	人口	百分比	人口	百分比	人口	百分比
半坤	1130	1124	99.5	0	0	0	0	6	0.5
大归池上寨	742	742	100	0	0	0	0	0	0
大归池下寨	597	597	100	0	0	0	0	0	0
浦贵	824	824	100	0	0	0	0	0	0
仓房	152	120	78.9	17	11.2	2	1.3	13	8.6
路同	579	577	99.7	2	0.3	0	0	0	0
梁子	61	58	95.1	0	0	3	4.9	0	0
布孔	424	424	100	0	0	0	0	0	0
乌龙	638	638	100	0	0	0	0	0	0
北泽中寨	700	696	99.4	0	0	4	0.6	0	0
大甸索	485	466	96.1	19	3.9	0	0	0	0
合计	6332	6266	99	38	0.6	9	0.1	19	0.3

表 2 - 4 显示:聚居村的哈尼语使用分为四个层次:1. 是 100% 的人哈尼语熟练,如大归池上寨、大归池下寨、浦贵、布孔和乌龙。2. 是 98% 以上的人哈尼语熟练,如半坤、路同、北泽中寨。3. 是 95%—96% 的人哈尼语熟练,如梁子、大甸索。4. 是 78% 的人哈尼语熟练,如仓房。以上数据说明了哈尼族聚居村的母语使用有不同程度的衰退。有的村寨出现了轻度衰退,有的村寨衰退程度略重。但总体而言,聚居村寨哈尼族语言生态环境好,活力强,语言保存完好,尚未出现母语濒危危机。

为描述哈尼族聚居村的语言生活全貌,笔者根据其语言使用特点分成三个年龄段:6—19岁、20—59 岁和 60 岁以上。因为不同年龄段之间的语言使用状况对于观察语言的活力或衰退有着重要意义。特别是在双语或多语共处并用的情况下,人们根据社会交际的需要,自然地选用交际功能不同的语言。对语言的留存和发展来说,每个年龄段都有着特定的意义:儿童和青少年处于家庭语言学习的阶段,本族语能否继承和延续要看儿童和青少年的语言使用现状。他们对本族语的继承、使用人口的持续增长、语言的正常延续都起着非常重要的作用。青壮年是受教育、接受主流文化和异质文化的重要时期,是面临多种语言选择、职业和婚姻选择、建立家庭适应生存环境的阶段。他们的语言的选择既要适应家庭,也要适应社会。成年人肩负着赡养老人、生儿育女、抚养后代的任务,他们的语言选择决定了下一代人是否有机会和条件学习本族语,是本族语能否留存的重要领域。(徐世璇,2005)表 2 - 5 反映的是 6—19 岁的哈尼族哈尼语使用情况。

表 2－5

村寨名称	调查人数	熟练		一般		略懂		不会	
		人口	百分比	人口	百分比	人口	百分比	人口	百分比
半坤	315	314	99.7	0	0	0	0	1	0.3
大归池上寨	181	181	100	0	0	0	0	0	0
大归池下寨	161	160	99.4	1	0.6	0	0	0	0
浦贵	201	201	100	0	0	0	0	0	0
仓房	33	17	51.5	12	36.4	1	3	3	9.1
路同	155	155	100	0	0	0	0	0	0
梁子	15	13	86.7	0	0	2	13.3	0	0
布孔	115	115	100	0	0	0	0	0	0
乌龙	182	182	100	0	0	0	0	0	0
北泽中寨	179	179	100	0	0	0	0	0	0
大甸索	105	105	100	0	0	0	0	0	0
合计	1642	1622	98.8	13	0.8	3	0.2	4	0.2

数据显示:大归池上寨、浦贵、路同、布孔、乌龙、北泽中寨和大甸索的青少年哈尼语熟练;半坤和大归池下寨的青少年只是个别人不熟练;梁子村的青少年有少数人不熟练;仓房村的青少年近半数的人不能熟练地讲自己的母语,出现了不同程度的母语丢失、转用汉语的现象。表2-6是20—59岁的哈尼族哈尼语使用情况。

表 2－6

村寨名称	调查人数	熟练		一般		略懂		不会	
		人口	百分比	人口	百分比	人口	百分比	人口	百分比
半坤	608	608	100	0	0	0	0	0	0
大归池上寨	418	418	100	0	0	0	0	0	0
大归池下寨	314	314	100	0	0	0	0	0	0
浦贵	481	481	100	0	0	0	0	0	0
仓房	85	81	95.3	3	3.5	1	1.2	0	0
路同	341	341	100	0	0	0	0	0	0
梁子	39	39	100	0	0	0	0	0	0
布孔	240	240	100	0	0	0	0	0	0
乌龙	356	353	99.2	0	0	1	0.3	2	0.6
北泽中寨	410	410	100	0	0	0	0	0	0
大甸索	269	269	100	0	0	0	0	0	0
合计	3561	3554	99.8	3	0.1	2	0.1	2	0.1

表 2-6 显示:20—59 岁年龄段的人哈尼语熟练,语言使用稳定。仓房村 20—59 岁年龄

段的哈尼人也未出现母语明显减弱的现象。表2-7是60岁以上的哈尼族哈尼语使用情况。

表 2 - 7

村寨名称	调查人数	熟练		一般		略懂		不会	
		人口	百分比	人口	百分比	人口	百分比	人口	百分比
半坤	109	109	100	0	0	0	0	0	0
大归池上寨	81	81	100	0	0	0	0	0	0
大归池下寨	58	58	100	0	0	0	0	0	0
浦贵	76	76	100	0	0	0	0	0	0
仓房	17	17	100	0	0	0	0	0	0
路同	52	52	100	0	0	0	0	0	0
梁子	2	2	100	0	0	0	0	0	0
布孔	31	31	100	0	0	0	0	0	0
乌龙	44	43	97.7	0	0	0	0	1	2.3
北泽中寨	51	51	100	0	0	0	0	0	0
大甸索	53	53	100	0	0	0	0	0	0
合计	574	573	99.8	0	0	0	0	1	0.2

表2-7显示:60岁以上年龄段的哈尼人母语熟练。他们在生产生活中几乎都用哈尼语交流。哈尼语是他们重要的交流工具。

二、汉语使用情况

表2-8是6—19岁的哈尼族汉语使用情况。

表 2 - 8

村寨名称	调查人数	熟练		一般		略懂		不会	
		人口	百分比	人口	百分比	人口	百分比	人口	百分比
半坤	314	52	16.6	51	16.2	101	32.2	110	35
大归池上寨	181	74	40.9	34	18.8	49	27.1	24	13.3
大归池下寨	260	64	24.6	37	14.2	41	15.8	118	45.4
浦贵	201	73	36.3	78	38.8	13	6.5	37	18.4
仓房	33	33	100	0	0	0	0	0	0
路同	155	66	42.6	43	27.7	26	16.8	20	12.9
梁子	15	3	20	6	40	6	40	0	0
布孔	115	70	60.9	31	27	0	0	14	12.2
乌龙	182	121	66.5	34	18.7	22	12.1	5	2.7
北泽中寨	179	177	98.9	2	1.1	0	0	0	0
大甸索	105	105	100	0	0	0	0	0	0
合计	1740	838	48.2	316	18.2	258	14.8	328	18.9

表2-8显示:仓房、大甸索、北泽中寨三个聚居村6—19岁青少年哈尼族汉语熟练。仓房、大甸索汉语熟练人数达到了100%,北泽中寨达到了98.9%。其他村寨6—19岁青少年的汉语熟练程度却参差不齐。布孔、乌龙两村分别达到了60.9%、66.5%,大归池上寨、路同、浦贵4村只达到了40%左右;半坤、大归池下寨、梁子三村只达到20%左右。汉语使用的熟练程度,显示出地域差异。在坝区、公路沿线的乌龙、北泽中寨、大甸索,青少年的汉语水平都比在山区和半山区的半坤、梁子等村高。这说明生活在山区和半山区的青少年,他们平时与哈尼人打交道,讲哈尼语的机会要比汉语多。

由此可见,仓房、大甸索、北泽中寨村的青少年是哈汉双语人;布孔、乌龙村中,60%的青少年也是哈汉双语人。其余村寨哈尼语单语人要比哈汉双语人多。表2-9是20—59岁的哈尼族汉语使用情况。

表 2 - 9

村寨名称	调查人数	熟练		一般		略懂		不会	
		人口	百分比	人口	百分比	人口	百分比	人口	百分比
半坤	608	122	20.1	116	19.1	47	7.7	323	53.1
大归池上寨	418	88	21.1	114	27.3	44	10.5	172	41.1
大归池下寨	314	61	19.4	103	32.8	41	13.1	109	34.7
浦贵	481	191	39.7	149	31	24	5	117	24.3
仓房	84	82	97.6	1	1.2	0	0	1	1.2
路同	341	118	34.6	122	35.8	11	3.2	90	26.4
梁子	39	20	51.3	15	38.5	4	10.3	0	0
布孔	239	161	67.4	52	21.8	23	9.6	3	1.3
乌龙	356	242	68	76	21.3	30	8.4	8	2.2
北泽中寨	410	398	97.1	11	2.7	0	0	1	0.2
大甸索	270	243	90	25	9.3	1	0.4	1	0.4
合计	3560	1726	48.5	784	22	225	6.3	825	23.2

表2-9显示:20—59岁年龄段中,仓房、北泽中寨、大甸索的哈尼族汉语熟练,熟练人数达到了90%以上。布孔和乌龙村达到了67%以上,其余村寨的汉语使用熟练人数相对较少。这与他们的周边语言环境有关,如北泽中寨、北泽、因远、安定相距不远,大甸索与土塘村只有一步之遥,他们受汉语的影响大。边远偏僻地区的哈尼人的汉语熟练人数较少,如半坤、大归池上寨、大归池下寨的成年人,80%左右的哈尼人是单语人,他们只讲自己的母语,不会汉语。表2-10是60岁以上的哈尼族汉语使用情况。

表 2－10

村寨名称	调查人数	熟练		一般		略懂		不会	
		人口	百分比	人口	百分比	人口	百分比	人口	百分比
半坤	109	2	1.8	2	1.8	2	1.8	103	94.5
大归池上寨	81	0	0	0	0	0	0	81	100
大归池下寨	58	0	0	0	0	6	10.3	52	89.7
浦贵	76	16	21.1	11	14.5	3	3.9	46	60.5
仓房	17	17	100	0	0	0	0	0	0
路同	52	0	0	0	0	2	3.8	50	96.2
梁子	2	0	0	0	0	2	100	0	0
布孔	31	4	12.9	10	32.3	12	38.7	5	16.1
乌龙	44	10	22.7	15	34.1	4	9.1	15	34.1
北泽中寨	51	47	92.2	3	5.9	0	0	1	2
大甸索	53	29	54.7	21	39.6	3	5.7	0	0
合计	574	125	21.8	62	10.8	34	5.9	353	61.5

表 2－10 显示：仓房、北泽中寨 60 岁以上的哈尼人汉语熟练，分别达到了 100% 和 92.2%；大甸索达到了 54.7%；大归池上寨、大归池下寨、路同、梁子 4 个村子则为 0。入寨调查时，我们用汉语与哈尼族老人们打招呼，他们只会点头或微笑，不能用汉语和我们交流。半坤村的陈玉清老人说："Ngal qiqssil Haqniqdoq maqngeel maq taol, Pulniuldoq qiq doq kaq maq gee kiq。"（我一辈子只讲哈尼话，汉话一句也不会说）。据了解，在边远山区，60 岁以上的老人只能用哈尼语，不会汉语，他们是哈尼语单语人。因为这一年龄段的人，受教育程度低，有的甚至是文盲，加上他们很少外出，没有接触汉语的机会，汉语水平不高，有的甚至完全不会。

综上所述，不同年龄段的哈尼人语言使用具有以下特点：

1. 除仓房外，各年龄段的母语使用情况比较一致，哈尼语熟练的人数高。这说明哈尼族聚居村哈尼语保留完好，语言活力强。

2. 从整体看，聚居村哈尼语的使用未出现明显的代际性差异特征。年龄大小不影响哈尼语水平的高低。在聚居村内，从老年人到儿童都能熟练使用哈尼语，老年人与青少年儿童的语言能力没有太大的差别，不同的是青少年比老年人用汉语借词多一些。因远镇中心小学陈磊老师告诉我们："在因远镇哈尼族村寨，老老少少都讲哈尼话，老年人讲哈尼话和青少年儿童讲哈尼话所使用的基本词汇没有多少差异，有差异的是中老年人的母语词汇量大，讲哈尼话时汉语借词用得少，青少年母语词汇量小，讲哈尼话时汉语借词用得多，儿童尚处于不稳定阶段。"

3. 聚居村基本上是族内通姻。小孩在父母的语言环境中长大。因此，儿童学习语言的天然环境是单语的。

4. 仓房村的成年人普遍讲哈尼碧约话和汉话，有的甚至为了适应学校汉语教学，有意教孩子说汉语。因此，出现了青少年母语断层的现象。其他靠近公路沿线、镇政府经济文化中心、机关、学校的村寨,也出现了青少年母语水平减弱的现象。

5. 汉语在偏僻的山区,如大归池上寨、大归池下寨、路同、梁子等村,使用的熟练程度非常低,出现了平均年龄上升的趋势。这说明哈尼人中还有相当一部分人,特别是中老年人,主要使用哈尼语。汉语熟练的人大多是受过汉文化教育的人,或四处奔波与汉族接触较多的人。

6. 仓房村的哈尼碧约人,其汉语水平普遍高于其他哈尼族聚居村。其主要原因是受语言态度的影响,仓房村的成年人普遍达成一种共识:学好汉话可以促进汉语教育。因此,孩子出生后大部分父母先教他们学汉话。他们认为母语可以在日后与社区同龄人的接触交往中自然获得。

三、哈尼语 400 词测试

词汇量的大小是评估一个人语言能力的参数之一。为考查哈尼人认知词汇的量,我们从不同年龄段随机抽了 7 人,进行哈尼语 400 词测试。以下是被测试者的个人信息。

李孙文,男,9 岁,哈尼族梭比人,路同完小二年级学生,路同村委会南扎村人。

王草依,女,13 岁,哈尼族白宏人,因远镇中心小学六年级学生,因远村委会乌龙村人。

李虹,女,23 岁,哈尼族豪尼人,云南交通职业技术学校学生,车坭村委会车坭村人,中专。

陆金发,男,29 岁,哈尼族碧约人,因远镇浦贵村委会仓房村民小组组长,初中文化。

李建华,男,37 岁,哈尼族梭比人,因远镇半坤村委会主任,半坤村委会半坤村人,初中文化。

杨绍文,男,55 岁,哈尼族豪尼人,因远镇北泽村委会北泽村民,文盲。

陈玉清,男,70 岁,哈尼族梭比人,因远镇浦贵村委会浦贵村民,文盲。

哈尼语 400 词测试结果,见表 2 - 11。

表 2 - 11

姓名	年龄	熟练	百分比	一般	百分比	略懂	百分比	不会	百分比
李孙文	9	277	69.3	33	8.3	61	15.3	29	7.3
王草依	13	271	67.8	43	10.8	79	19.8	7	1.7
李 虹	23	389	97.3	3	0.8	6	1.5	2	0.5
陆金发	29	380	95	11	2.8	5	1.3	4	1
李建华	37	395	98.8	2	0.5	3	0.8	0	0
杨绍文	55	397	99.3	1	0.3	2	0.5	0	0
陈玉清	70	398	99.5	2	0.5	0	0	0	0

数据显示:20 岁以上的被测试者,哈尼语词汇稳定,词汇熟练程度都在 95% 以上。成年人中词汇量平衡。6—19 岁年龄段的李孙文和王草依,词汇量稍小,只达到了 69.3%、67.8%。我们认为这是正常的。因为李孙文和王草依尚处于语言习得的关键期。随着年龄的增长,在天然的哈尼语环境中,他们的词汇量会不断增大。

四、不同场合语言使用情况

我们还对 11 个哈尼族聚居村的哈尼族进行了不同场合的语言使用情况调查,结果综述如下。

1. 家庭内部

11 个哈尼族聚居村在家庭内部使用的语言均为哈尼语。无论是长辈与晚辈(祖父母辈与父母辈、父母辈与子女辈以及祖父辈与孙子、孙女辈等)之间的交流或不同辈分人之间的对话(祖父母之间、父母之间以及子女之间)都是哈尼语。父母在给儿女们传授生产经验、生活常识时用哈尼语;家里人聊天、解决家庭事务等,也使用哈尼语。一些哈尼族年轻人到外地打工或求学与家人打电话时也用哈尼语。长期在外地工作、生活的子女回家探亲,也用哈尼语与父老乡亲们交谈。因远镇民政助理膂永发告诉我们:"我有两个孩子,一个在元江县城工作,一个在电站上班。他们回到家或者往家里打电话时都是说哈尼语。哈尼话是他们从小说习惯的语言,难改口。"

2. 学校

因远镇建有较完善的九年制义务教育体系,包括学前教育(幼儿园、学前班)、小学教育和初中教育。但是,全镇 9 个村委会的办学水平却因受地理位置的影响而有明显的差异:一是地处国道 323 沿线的北泽和安定小学、因远中心小学地理位置优越、经济文化发达、办学历史悠久,学生的汉语水平较高;二是距镇政府 10 公里左右的半山区,如卡腊小学和车垤小学,学生的汉语水平一般;三是在边远偏僻的山区,如半坤、都贵、浦贵和路同 4 所小学,学生的汉语水平较弱。汉语水平较高和一般的哈尼族学生,在课内、课外都能熟练使用汉语。他们只是在家庭、村子里才使用哈尼语。汉语水平较弱的哈尼族学生,刚入学时也只能讲哈尼语。因此,担任学前或小学低年级教学的老师,必须使用哈尼语进行辅助教学。否则,学生就无法理解教学内容。

因远镇中心小学六年级学生王草依告诉我们:"在课堂上我们与老师、同学讲汉语,回答老师的提问也说汉话。课后与哈尼族同学、朋友打招呼、开玩笑、聊天都用哈尼语。"都贵小学四年级的学生孙靖告诉我们:"我们班有 42 个同学,有 4 个是汉族,下课后跟哈尼族同学在一起玩就讲哈尼话,因为哈尼族学生不会说汉话。"

在聚居村教书的老师,有汉族、哈尼族、白族、彝族、傣族等。他们说:老师之间的交流一般是汉话,但本民族老师之间还是用本族话,这样亲切一些。他们告诉我们:在哈尼族地区教书,特别是低年级教学,不会哈尼语,教学搞不好,得考虑安排双语老师教学。

3. 机关单位

因远镇机关总人口 794 人,哈尼族有 269 人,占总数的 33.9%。哈尼族干部之间使用哈尼语交谈。在我们入住的因远镇政府,看到因远镇书记赵德福、人大主席陈总、副镇长张颖仙等哈尼族。他们见面打招呼、工作中的交谈以及与其他哈尼族干部的交谈都用哈尼语。因远镇文化站站长张强告诉我们:"哈尼族是因远镇的主要民族,哈尼语在因远镇的使用范围很广。在因远镇,哈尼族人口占到了总人口的 70% 以上,在哈尼族聚居村村委会召开会议,如果都是本民族干部,我们都是用哈尼语开会。"

在调查中,我们面对面地与多位村委会主任、村长和烤烟辅导员进行了广泛的接触,看到他们用哈尼语与村民交流。半坤村副村长王哈者告诉我们:"我们村里有一半以上的人听不懂汉语,我们和村子里的人都说哈尼话。基层干部和乡级干部交流时,使用的语言要看对方的民族成分而选择不同的语言。如果哈尼族干部到村里检查工作,我们多用哈尼话;汉族干部到村里时,我们就用汉话。但是,宣传上级文件、政策时,必须使用汉语。因为有些东西哈尼话没法说。如果老百姓听不明白,我们还得用哈尼语作解释,开会讨论时几乎都说哈尼语。"车垤村委会的主任金伟说:"村子里用汉语广播是读文件的时候。但通知一些具体的事情,我们非得用哈尼语,否则,老百姓就听不懂。"

4．集市、商店

因远镇政府坐落在因远坝因远村,交通便利,红河县垤玛乡、三村乡至元江县的公路从因远镇政府驻地穿过,镇政府周围有数十家商店和十多家饭店,是整个因远镇商品交易的中心。因远镇每逢3、6、9日赶集。赶集日人口流动大,不同村寨、不同民族的商贩都会到此经商交易,摆摊设点。镇政府附近,建有一个农贸市场,主要销售蔬菜、水果、鸡鸭、鱼肉、粮油、服装以及当地的土特产,如茶叶、木耳、竹笋等。集市一般早晨8点开始,中午12点左右最为热闹,下午3点左右基本结束。赶集当天,当地村民都会带上自己的农产品进行买卖。销售蔬菜的大多是哈尼族妇女,大多在35—45岁之间。她们的汉语水平不高,但能听懂简单的集市用语,比如多少钱一斤,多少斤,多少钱。当外地商人或汉族人与她们交流时,这些腼腆的哈尼族女子就请汉语水平稍高的同乡人来做翻译。语言虽然不算流畅,但足以做成买卖。集市上用哈尼语洽谈买卖的现象随处可见,会说哈尼话的生意人做起买卖更加方便,因为赶集人中大多是哈尼人。一位买肉的大妈是四川内江人,她告诉我们:"20年前我家就到这里落户经商,我女儿和儿子都在这里长大。他们与当地的白族和哈尼族在一起玩耍,学会了一些白族话和哈尼话。由于长期在这里做生意,长期与哈尼族打交道,我也会一点哈尼话,现在越说越熟了。"

第三节　杂居村的语言使用情况

根据因远镇哈尼族杂居的特点,我们选出了卡腊、三合寨、北泽、因远4个村和1个机关作为调查点,进行哈尼语、汉语、白语熟练程度的调查和家庭内部、不同对象、不同场合语言使用情况的调查。调查结果分述如下。

一、基本情况

1.卡腊村

"卡腊",是哈尼语"gallavq / ka^{55}la^{31}"的音译,是"岔路"或"岔路口"之意,是元江县因远镇通往红河县、墨江县的三岔路口。卡腊村隶属于卡腊村委会,位于卡腊河北侧缓坡上,海拔1608米,距因远镇镇政府因远街8公里,是元江因远一带通往红河县垤玛乡和三村乡的交通要道,是哈尼族西摩洛、白宏支系和汉族杂居的村寨。全村共有98户,人口有423人,其中哈尼族228人,汉族193人,彝族1人,傣族1人。卡腊周边是龙潭、安木垤、乌布鲁初、拉哩、布孔寨、(卡腊)罗马、三合寨等7个自然村,居住着哈尼族白宏支系。主产稻谷、玉米、荞子、茶叶、烤烟等。

2. 三合寨

"三合寨",因位于三个山梁形成的山谷内而得名。三合寨隶属于卡腊村委会,位于卡腊村西北3公里的山谷内,海拔1581米,距因远镇镇政府因远街10公里,也是一个哈尼族、汉族杂居的村寨。全村有160户,846人。其中,哈尼族335人,汉族506人,彝族3人,傣族2人。三合寨周边是卡腊、龙潭、安木垤、乌布鲁初、拉哩、布孔寨、(卡腊)罗马7个哈尼(白宏)村。主产稻谷、玉米、荞子、茶叶、烤烟等。

3. 北泽村

"北泽"的"北"是指位于因远村之北,"泽"是指沼泽,村原位于沼泽内而得名,即北面的沼泽。北泽分为北泽和北泽中寨,隶属于北泽村委会。北泽中寨主要居住的是哈尼族(碧约支系),因在原北泽之后建村而得名。北泽位于北泽坝东部边沿,海拔1604米,距因远镇镇政府因远街3公里,是一个哈尼族、汉族、白族杂居的村寨。全村共有129户,总人口550人,其中哈尼族177人,白族188人,汉族177人,彝族4人,傣族4人。北泽周边是北泽中寨、玉嘎、大浦等自然村,居住着哈尼族阿梭、梭比、白宏、碧约支系。主产稻谷、玉米、麦子、茶叶、烤烟等。

4. 因远村

因远,别名为"三甲街""遵化村",是镇政府、村委会驻地,位于因远坝北部,太平山南麓,海拔1600米,是一个多民族(哈尼族、汉族、白族、彝族、傣族等)的杂居村。全村共有361户,总人口1486人,其中哈尼族291人,白族687人,汉族459人,彝族34人,傣族11人。周边有安仁、红安、奔干、补垤、乌龙等自然村,居住着白族和哈尼族梭比、阿梭、白宏、碧约支系。主产稻谷、玉米、麦子、茶叶、烤烟等。

5. 因远机关

因远村驻有粮管所、税务所、工商所、营业所、邮电所、卫生院、中学、小学等机关事业单位。居民多是公务员、医生、教师等工作人员,总人口794人,其中哈尼族269人,白族264人,汉族181人,彝族19人,傣族19人。

二、语言使用情况

卡腊、三合寨、北泽、因远4个杂居村和1个机关的语言使用情况分述如下。

（一）哈尼族的哈尼语使用情况

因远镇的哈尼族哈尼语的使用情况,我们按照三个年龄段(6—19岁,20—59岁,60岁以上)进行入户调查,结果见表2-12。

表 2 - 12

年龄段	村寨/机关	调查人数	熟练		一般		略懂		不会	
			人口	百分比	人口	百分比	人口	百分比	人口	百分比
6—19岁	卡腊	56	26	46.4	5	8.9	8	14.3	17	30.4
	三合寨	85	66	77.6	9	10.6	9	10.6	1	1.2
	北泽	37	4	10.8	0	0	0	0	33	89.2
	因远	72	0	0	0	0	2	2.8	70	97.2
	机关	27	5	18.5	2	7.4	1	3.7	19	70.4
20—59岁	卡腊	137	125	91.2	8	5.8	3	2.2	1	0.7
	三合寨	202	194	96	1	0.5	6	3	1	0.5
	北泽	112	71	63.4	0	0	0	0	41	36.6
	因远	172	120	69.8	4	2.3	11	6.4	37	21.5
	机关	197	185	93.9	6	3.1	3	1.5	3	1.5
60岁以上	卡腊	23	23	100	0	0	0	0	0	0
	三合寨	21	21	100	0	0	0	0	0	0
	北泽	14	12	85.7	0	0	0	0	2	14.3
	因远	22	21	95.5	1	4.5	0	0	0	0
	机关	36	36	100	0	0	0	0	0	0
合计		1213	909	74.9	36	3	43	3.5	225	18.5

数据显示:60岁以上的哈尼人,除北泽村哈尼人哈尼语有明显衰退外,卡腊、三合寨、因远村的哈尼族母语稳定。卡腊、三合寨20—59岁年龄段的哈尼族母语能力都出现了不同程度的衰退。因远、北泽两村中,20—59岁年龄段的哈尼族母语熟练人数只分别为69.8%和63.4%。因远6—19岁年龄段的哈尼人中,哈尼语熟练人数为0,北泽为10.8%,卡腊不到一半(46.4%),三合寨为77.6%。因远机关6—19岁年龄段的哈尼族中,母语能力低,哈尼语断层现象严重,大部分人已转用汉语。据了解,哈尼语出现断层的青少年,父母是哈尼族,他们会讲哈尼话,但在家庭内部不讲哈尼话,只讲汉话。这是导致青少年哈尼语能力减弱的主要原因。

（二）哈尼族的汉语使用情况

哈尼族汉语使用情况的入户调查结果,见表2-13。

表 2 - 13

年龄段	村寨/机关	调查人数	熟练		一般		略懂		不会	
			人口	百分比	人口	百分比	人口	百分比	人口	百分比
6—19岁	卡腊	56	52	92.9	4	7.1	0	0	0	0
	三合寨	85	81	95.3	4	4.7	0	0	0	0
	北泽	37	35	94.6	2	5.4	0	0	0	0
	因远	72	62	86.1	9	12.5	1	1.4	0	0
	机关	27	24	88.9	3	11.1	0	0	0	0
20—59岁	卡腊	137	129	94.2	4	2.9	3	2.2	1	0.7
	三合寨	202	170	84.2	22	10.9	10	5	0	0
	北泽	112	112	100	0	0	0	0	0	0
	因远	172	155	90.1	16	9.3	1	0.6	0	0
	机关	197	197	100	0	0	0	0	0	0
60岁以上	卡腊	23	23	100	0	0	0	0	0	0
	三合寨	21	14	66.6	5	23.8	1	4.8	1	4.8
	北泽	14	13	92.9	1	7.1	0	0	0	0
	因远	22	19	86.4	3	13.6	0	0	0	0
	机关	36	26	72.2	10	27.8	0	0	0	0
合计		1213	1112	91.7	83	6.8	16	1.4	2	0.1

表 2-13 显示:4 个杂居村和因远机关人员的汉语能力都很强。6—19 岁的哈尼人中,汉语熟练人数都在 86% 以上;20—59 岁的哈尼人,北泽和因远机关 100% 的人汉语熟练,三合寨稍低(84.2%),其余都在 90% 以上;60 岁以上的哈尼人中,汉语熟练程度因地域不同而有所不同。三合寨的汉语熟练程度在 66.6%,卡腊达到 100%。因远机关为 72.2%。这说明因远机关中,有一部分人的汉语能力只在"一般"水平。据了解,这部分人主要是哈尼族的护林、护水人员。他们成年累月守在深山老林中,很少与外界接触,因此,汉语能力较弱。

(三) 哈尼族的白语使用情况

哈尼族白语使用情况的入户调查结果见表 2-14。

表 2 - 14

年龄段	村寨/机关	调查人数	熟练		一般		略懂		不会	
			人口	百分比	人口	百分比	人口	百分比	人口	百分比
6—19岁	卡腊	56	0	0	0	0	0	0	56	100
	三合寨	85	0	0	0	0	0	0	85	100
	北泽	37	1	2.7	0	0	2	5.4	34	91.9
	因远	72	14	19.4	5	6.9	10	13.9	43	59.7
	机关	27	1	3.7	1	3.7	5	18.5	20	74.1

	卡腊	137	0	0	0	0	0	0	137	100
	三合寨	202	0	0	0	0	0	0	202	100
20—59岁	北泽	112	20	17.8	0	0	3	2.7	89	79.5
	因远	172	41	23.8	50	29.1	68	39.5	13	7.6
	机关	197	9	4.6	33	16.8	81	41.1	74	37.5
	卡腊	23	0	0	0	0	0	0	23	100
	三合寨	21	0	0	0	0	0	0	21	100
60岁以上	北泽	14	1	7.1	0	0	1	7.1	12	85.7
	因远	22	14	63.6	6	27.3	1	4.5	1	4.5
	机关	36	7	19.4	10	27.8	10	27.8	9	25
合计		1213	108	8.9	105	8.7	181	14.9	819	67.5

表2-14显示:卡腊、三合寨的哈尼族不会白语。北泽、因远、因远机关的哈尼族,白语的熟练人数与年龄段相关,即年龄段越高白语的熟练人数越多。其中,因远60岁以上年龄段的哈尼族,尤为突出,因远村的哈尼族白语熟练人数为63.6%。其原因是因远村白族人口多,听白语、讲白语的机会多。

此外,我们还从4个杂居村分别抽出8户族内婚姻家庭、12户族际婚姻家庭进行家庭语言使用情况调查,了解他们面对不同对象、在不同场合的语言使用情况。结果显示,哈尼族家庭使用哈尼语,不使用汉语。族际婚家庭,血脉之间、同族之间,如父母与儿子、同辈之间、本族人之间使用哈尼语。非血缘之间,如公婆对儿媳、儿子与儿媳之间则用汉语。在家庭外部,一般都使用汉语,有的哈尼族也偶尔使用白语与白族交流。我们还发现,哈尼语已在部分家庭内部消失,家庭成员之间全部转用汉语。

三、哈尼语、汉语400词测试

为考查4个杂居村不同年龄段的哈尼人认知词汇的数量,我们进行了哈尼语、汉语400词测试。哈尼语400词测试结果见表2-15。

表2-15

序号	姓名	民族	年龄	文化	性别	哈尼语			
						熟练	一般	略懂	不会
1	李斌	哈尼族	14	初中	男	109	5	3	283
2	李普美	哈尼族	16	初中	女	98	2	1	299
3	周云山	哈尼族	12	小学	男	353	13	4	30
4	李春丽	哈尼族	17	高中	女	388	3	3	6
5	李克努	哈尼族	26	初中	女	345	11	6	38
6	周羊顺	哈尼族	43	小学	男	390	2	0	8

7	李茂努	哈尼族	24	小学	女	390	1	0	9
8	李阿三	哈尼族	38	小学	男	396	2	0	2
9	周阿三	哈尼族	62	初中	男	395	1	0	4
10	杨美英	哈尼族	65	文盲	女	391	4	0	5
11	李常生	哈尼族	61	小学	男	395	5	0	0
12	李羊文	哈尼族	70	小学	男	387	13	0	0

汉语400词测试结果见表2-16。

表 2-16

序号	姓名	民族	年龄	文化	性别	汉语			
						熟练	一般	略懂	不会
1	李　斌	哈尼族	14	初中	男	400	0	0	0
2	李普美	哈尼族	16	初中	女	398	2	0	0
3	周云山	哈尼族	12	小学	男	345	16	4	35
4	李春丽	哈尼族	17	高中	女	388	8	0	4
5	李克努	哈尼族	26	初中	女	400	0	0	0
6	周羊顺	哈尼族	43	小学	男	400	0	0	0
7	李茂努	哈尼族	24	小学	女	321	20	8	51
8	李阿三	哈尼族	38	小学	男	339	7	5	49
9	周阿三	哈尼族	62	初中	男	362	4	2	32
10	杨美英	哈尼族	65	文盲	女	224	18	16	142
11	李常生	哈尼族	61	小学	男	386	4	0	10
12	李羊文	哈尼族	70	小学	男	213	8	0	179

结果显示：6—19岁被测试的哈尼族青少年，哈尼语能力弱，汉语能力强。20—59岁的哈尼人，哈尼语、汉语能力基本平衡。60岁以上的哈尼人，汉语能力弱，哈尼语能力强。

第四节　语言使用特点

分析各方面的数据和信息，我们认为，因远镇哈尼族的语言使用具有以下特点：

1. 从整体而言，聚居村哈尼语使用未呈现明显的代际性特征，即年龄大小不影响哈尼语水平的高低。在聚居村内，从老年人到儿童都能熟练地使用哈尼语，语言能力强。不同的是青少年哈尼语词汇量小，汉语借词多。主要原因是青少年大多接受汉文化教育，学校教育使他们获得了接触汉语、习得汉语的机会；而哈尼族的中老年人，他们很少有时间和机会外出，他们成年累月生活在本族社区中，使用的语言基本上是母语。生产、生活中，母语词汇量就可能越积越多。

2. 除仓房外，各年龄段的母语使用情况比较一致，熟练使用哈尼语的比例都很高。哈尼族聚居村,哈尼语保留完好,语言生态环境好,语言活力强。语言的传承渠道主要为家庭代代相传、社区同伴习得完成。传承方式自然和谐。如半坤、都贵、浦贵、路同等地的哈尼族,远离公路、集市、乡镇经济文化中心,受汉语的影响较小。因此,他们,特别是中老年人,还有相当一部分不会讲汉语,是只使用哈尼语的单语人。

3. 聚居村的哈尼族,基本上族内通婚。杂居区的哈尼族,族际婚姻要多一些。通婚的民族主要是汉族、白族、彝族、傣族等。族内通婚,传承的是父母的语言。族际通婚,传承的要么是父亲的语言,要么是母亲的语言,要么完全放弃父母的语言,使用第三种语言;往往会听一点父亲的语言,或会说一点母亲的语言。总之,族内通婚有助于母语的传承。族际联姻则加速父亲或母亲语言的消失。

4. 杂居村的大多数哈尼族通常使用双语或三语。这是语言接触的必然结果。杂居村哈尼族长期与白族、汉族频繁交往,很少有机会使用自己的母语。在杂居村,哈尼族人口数量往往处于劣势,常常被人口数量处于优势的民族语言包围,使人口数量少的哈尼族长期浸泡在人口数量多的民族语言环境中,如白语、汉语。最初,他们无意地使用别的民族的语言,以达到信息交流的目的。后来,在熟练掌握别的民族语言的过程中,本民族语言在渐渐减弱。最终,由于没有母语环境,只好放弃自己的母语,转用其他民族的语言,如卡腊、三合寨、北泽、因远等村的部分哈尼族。

5. 经济、文化、交通、教育等基础条件的改善,加速了语言影响的进程。调查数据显示,同样与汉族杂居的卡腊村和三合寨的哈尼族,他们受汉语的影响程度并不相同。三合寨村的哈尼族受汉语的影响要比卡腊村小一些。原因有三:第一,三合寨交通闭塞,村民的出行主要靠通往村子的唯一条乡村公路或步行;而卡腊村则交通方便,有一条元江县因远镇通往红河县的国防路穿村而过,村民们乘车非常方便。第二,三合寨没有完小,汉语对本族语言的影响不很大,母语使用是在自然和谐的状态下进行;而卡腊村建有完小,周边的哈尼族村寨,包括三合寨在内的小孩都到卡腊上学,家长接触汉语的机会多。第三,卡腊村是村委会驻地,人口流动量要比三合寨大,村民接触汉语的机会远远比三合寨的哈尼族多;而三合寨人口流动量小,他们接触汉语的机会也少。

6. 学校教育是哈尼族习得汉语的主要渠道。20 世纪 50 年代以前,哈尼族整体汉语水平都不高,因为那时接受汉文化教育的人数比较少。半个多世纪以来,哈尼族受教育的人数大幅增多,文盲的数量在不断减少。同时,学校教育是以汉语言为主的教育。汉语已成为接受教育的一种语言工具。

7. 语言态度可以改变语言传承和使用的方向。仓房村的哈尼族成年人,特别是身为父母的人普遍认为,孩子从小讲哈尼话会影响到今后的汉语学习。因此,孩子出生后,大部分父母有意地回避碧约话,教孩子讲汉话。结果,青少年一代的母语断层现象比较严重。6—19 岁年龄段的 33 人中,只有 17 人母语熟练,而汉语熟练的却达到了 100%,课题组成员都有点惊讶,但仔细分析了他们对待语言的态度以及"望子成龙"的心情后,我们觉得也在情理之中。

第三章　因远镇白族语言使用现状

　　因远镇白族人口为 4795 人,占全镇总人口的 16.6%,集中居住在海拔 1700 米的因远、安仁、红安、奔干、补垤、马鹿、沙浦、安定、北泽 9 个自然村中,呈"小分散、大聚居"的分布特点。20 世纪 50 年代以前,除因远、北泽有少数汉族、哈尼族外,其余 7 个村是白族人口高度集中的白族聚居村。因远镇白族分布示意图见图 3-1。

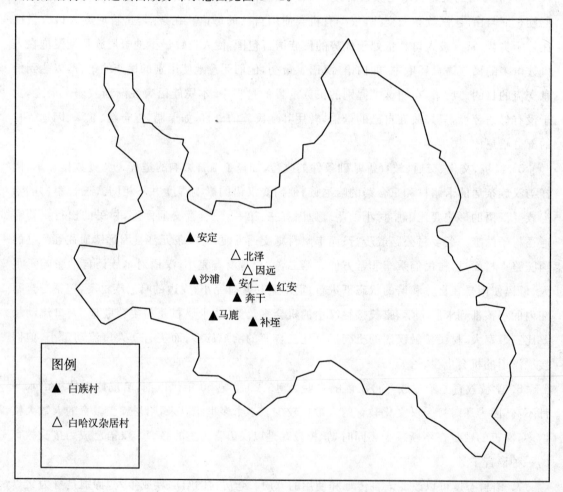

图 3-1　因远镇白族分布示意图

　　因远镇各自然村的白族人口统计,见表 3-1。

表 3 - 1

序号	村寨/机关名称	调查人数	调查户数	男	女	哈尼族	白族	汉族	彝族	其他民族
1	因远村	1486	361	690	796	291	687	459	34	15
2	马鹿村	316	70	166	150	76	198	40	2	0
3	红安村	365	101	167	198	51	213	91	8	2
4	沙浦村	608	178	306	302	91	445	70	1	1
5	北泽村	550	129	275	275	177	188	177	4	4
6	奔干村	465	120	240	225	80	348	27	4	6
7	安仁村	889	218	402	487	120	636	118	4	11
8	补垤村	235	59	116	119	22	191	18	4	0
9	安定村	1550	420	720	830	174	1270	86	18	2
10	因远机关	794	207	486	308	269	264	181	19	61
11	安定机关	166	73	103	63	31	90	43	1	1
	合计	7424	1936	3671	3753	1382	4530	1310	99	103

　　表 3 - 1 显示:绝对纯粹的白族聚居村已经不存在了,相对的聚居还是存在的。为便于统计和分析,我们将白族人口占 70%(含 70%)以上的村寨定为本次调查中的白族聚居村①,白族人口低于 70%的村寨定为本次调查中的白族杂居村。各村的白族人口比例统计,见表 3 - 2。

表 3 - 2

序号	村寨/机关名称	调查人数	调查户数	白族	白族人口所占百分比
1	因远村	1486	361	687	46.2
2	马鹿村	316	70	198	62.7
3	红安村	365	101	213	58.4
4	沙浦村	608	178	445	73.2
5	北泽村	550	129	188	34.2
6	奔干村	465	120	348	74.8
7	安仁村	889	218	636	71.5
8	补垤村	235	59	191	81.3
9	安定村	1550	420	1270	81.9
10	因远机关	794	207	264	33.2
11	安定机关	166	73	90	54.2
	合计	7424	1936	4530	61

---

① 参见表 3 - 2 中铺底处。

第一节　因远镇白族概况

云南省玉溪市元江县因远镇白族与滇西大理白族的称谓相同,自称"白子""白尼"或"白伙"。"子""尼""伙"在白语中意为"人"或"人们",即"白人"。在历史文献中,不同时期称为"滇僰""叟""爨""白蛮""阿僰"等,近代称为"民家"。因远镇的哈尼族称因远白族为"腊白"。

因远白族使用白语,通用汉语文。元明时期曾使用过"僰文(白文)",即所谓"汉字白读"。如今因远白族的民间艺人、小学教师等仍用此方法记录白族小调、童谣等。

一、历史源流

因远白族是玉溪市较古老的民族,是因远一带最早的开发者之一,也是接受汉文化较早、吸收汉文化最多的民族。据史书记载和出土文物验证,位于滇中的玉溪市在历史上曾是白族先民的主要活动区域之一。元代以前,玉溪市各县坝区都曾有大量的白族居民分布。如今玉溪市红塔区的春和镇新村、大水塘和北城镇的椒园还有白族聚居。

白族很早就与汉族接触。先秦时期,玉溪为滇国的一部分,白族先民"僰"是滇国的主要民族之一。《史记·货殖列传》有战国末年,秦国商人即经由蜀而"南贾滇僰僮"的记载。到了汉代,汉武帝于元封二年(公元前209年)降滇国,在滇国之地设益州郡二十四县,在今玉溪市有俞元、建伶、胜休三县,其中胜休县即包括今元江地区。西晋末年,兴古晋西部分设梁水郡,胜休县即先后为兴古郡和梁水郡所属。白族先民接受了中原文化,与早期进入云南的汉族交融发展,出现了汉族白化和白族汉化的现象。到了南北朝时期,玉溪的"僰人"称为"白蛮"。隋朝与唐朝前期(公元584—754年)在玉溪设置黎州、钩州、求州等羁縻州,分布在这些羁縻州的白族先民史称"西爨白蛮"。唐天宝末年,滇中地区为南诏所有。南诏在统一洱海地区之后,继而征服了东西爨,并用武力强迫迁徙"白蛮"20户于永昌(泛指滇西大理)。

唐天宝年间(公元742—756年),南诏蒙氏曾在元江甘庄筑城,随之迁来卫戍守土者为苏、段、张、周等十姓"白蛮",他们卫戍守土,并开"威远睒",分封周围山岭"五岳"。宋大理时,景东银生节度段氏"掠地至此"并"驻师牧马",今因远坝的"南岳庙古柏""系马桩""倒栽树"等古迹,相传即当时白族官兵"驻师牧马"所遗留。而后定居于因远坝的段氏官兵中的"僰人"是最早迁入元江境内的白族。他们留恋因远坝山水清幽,土质丰饶,便定居于此繁衍生息。据安仁村《王氏宗祠序谱》石碑记载,王氏先祖曾寄寓于丽江府,为逃避战乱,其子孙流寓临安(建水)、新兴(玉溪),明万历年间(公元1573—1620年)迁至元江因远坝定居。始祖王小用、王小才、王受、王隆四人的子孙,蔽居于延庆(今红安)、马鹿村、沙浦、猪街等地。李、杨、陈姓及其他姓氏,自唐南诏开始从大理、剑川等地陆续迁来。现今居住在元江县的白族,大部分是明末清初以来因经商、做工或战事而不断由剑川经喜洲、大理、凤仪,再经玉溪、石屏等地西迁而来的滇西白族后裔。李姓始祖墓志铭载:"李公相,原籍江宁府人,其先世于明洪武年随颖川侯傅友德、西平侯沐英统兵十余万众镇守云南,继因土贼沙定乱,避居剑川,相传数代,至明末万历年间,由剑川经商至因远,遂家焉。"

从史料看,因远坝的白族不是该地区最早的民族。元明至清初,因远坝一直为傣族土司那姓所统辖,明永乐三年(公元1405年),元江府升为元江军民府,土司那荣被授以"元江军民府印信",并领因远"罗必甸"长官司副指挥举兵抗清,失败后自焚,因远一带的傣族纷纷南迁思普车里,留下来的白族、哈尼族、汉族便成了因远坝的主要民族。

二、生活习俗

因远白族以大米为主食,辅之以米干(卷粉)、米线、面条等,他们制作的米干远近闻名。蔬菜以青菜、白菜和各类瓜豆为主,肉食多为猪、鸡、鸭、鹅等,一般忌食狗肉和鳝鱼。白族妇女善于腌制各种咸菜,如卤腐、面酱、豆瓣酱、萝卜丝、扒萝卜等。白族人喜欢饮茶,并有用煳米茶待客的习俗,部分妇女还有嚼食槟榔的习惯。

因远白族老一代的服饰还保持着"清浆白洗"的审美取向。男子裹白色长毛巾为头帕,上穿漂白对襟衬衣,外套青、黑色领褂,下穿宽裆青、蓝色长裤,着毛边底布鞋或麻线编织的凉鞋。中年妇女头包一条青白相间、横向交叉的布巾,让白的部分露在前方,上戴一顶用四块青色布拼叠的夹层,叫"鱼尾帽",也称"毡帽子",并以银泡为扣饰。身着土布大襟、圆领、过膝、粉蓝细布卷袖开大叉的长衣,胸扣均以大小银泡作饰,脚着"凤头鞋",又称"勾头鞋"。

因远白族的宅居建筑基本上与滇西白族相同。布局为三间两耳一侧座的四合院或三间两耳一照壁的三合院,多为砖木瓦顶结构,近年来多建成钢筋水泥房。庭院中喜欢栽培竹、菊、梅、兰、山茶、牡丹、桂花等花草。

因远白族严格实行"一夫一妻"婚姻制度。婚姻遵守"水不倒流、上不嫁下"的原则。过去白族一般不与外族通婚。现在随着与外部交往、联系的扩大,与外族通婚联姻的也逐渐增多。

因远白族丧葬有鸣铜炮枪报丧的习俗,文人绅士也发讣告。妇女死后,要待家人看过死者形象和装束后才能入殓钉棺。出殡前夜,凡有钱人家都要请人弹洞经,由主祭者念完祭文后,弹奏《报恩经》,为死者超度亡灵。若死者是女性,则由生前亲友备上糖果,插上香花五色瓶,来灵柩前献花告别。死者女儿以糖茶、蒸糕待客,并由"清净道师"敲打木鱼铜磬,领唱《散花歌》,以示缅怀和悼念。出殡抬灵柩称"抬龙";抬灵柩的木架称"龙杠"。孝子孝女要披麻戴孝向抬龙者叩谢。出殡前夕,"抬龙"者将孝子二至三人放在龙架上,吹吹打打,放声大哭沿村环绕一周,称为"踩龙"。"踩龙"之后,村里的人知道,次日清晨就要出殡,就会主动前来帮助,祭奠送葬。

三、节日礼仪

因远白族的传统节日有春节、三月三、三月会、立夏、栽插、火把节等。春节时间与汉族相同,但在节庆礼仪方面,有自己的民族特点。如侄女向舅舅、姨妈拜年;订了婚的男青年到女方家向未来的岳父、岳母拜年。拜年形式别具一格。如侄女去舅舅、姨妈家拜年时,常用红盘托一斤米、一把米干;舅舅、姨妈则以带"六"字钱数回赠,如六元、六角,意为"禄禄有福"。春节期间,还有许多娱乐活动,如"荡秋千""耍龙",结拜"干姊妹""干兄弟",女孩玩"请七姑娘"的游戏等。

1. 三月三　是男女青年朝山对歌、采摘鲜花、谈情说爱的节日。许多白族男女青年往往在此活动中找到自己的心上人,缔结百年姻缘。因此,白族民谣唱到:"三月三,去朝山,郎和小妹来商量,白鹤商量为成对,郎妹商量为成双。"

2. 三月会　又称为"天子会",是因远白族比较隆重的传统节日之一,时间在农历三月十六日至二十四日。节日期间,村村寨寨举行"耍狮子""龙灯""蚌壳灯""妆八仙"等娱乐活动。旧时要举行通宵达旦的迎神、祭神(南岳天子)活动,并演奏传统的洞经音乐。节日的最后一天,宰杀肥猪,分"祭肉",积功德,以此增强白族的凝聚力。

3. 火把节　也是白族的传统节日,时间在农历六月二十五日。但与其他节日相比,火把节不是很隆重,一般就是全村杀一头牛。

四、宗教信仰

因远白族以信仰本主教为主,兼信多元宗教,如佛教、儒教、道教、基督教、自然崇拜等。其宗教信仰的表现形式、内容和特征分述如下:

1. 本主教

本主教是以敬仰民族英雄、历史人物、文化教育名人和为民族发展作出杰出贡献的人物为核心的一种宗教膜拜。在白族人的心目中,这些人是最值得尊敬和崇拜的神。因此,在因远白族安仁村附近建有"天子庙"。每年农历三月十六日至二十四日,村民们就会以村为单位,轮流举办"三月会"。"三月会"又称"天子会"或"团圆会"。届时,白族村民身着节日盛装,纷纷加入到节日的庆典中来。"天子会"的相关仪式或表演有:长号"金栾"仪仗队、彩旗、古兵器、弹洞经音乐、高台、妆八仙、龙灯、狮灯、蚌壳灯、花棍灯等。村民载歌载舞到"天子庙"用轿子接本主,即"天子神"。然后在村内"行宫"里供奉3天,再送回"天子庙"。内容有诵经拜忏、妆"八仙"或"请水"领祭肉、迎神仪式等。其中,内容极为丰富的是迎神仪式。它以"迎高台""迎神辇"(神轿)为主题,形式为一男扮女装的神化人物,诸如观音、何仙姑;还有"唐僧取经""嫦娥奔月"等组合的游行。还有庙会安排的礼炮、吹鼓手、洞经音乐、龙灯、狮灯、蚌壳灯、花棍灯等组成的列队,为节日增辉。当地白族和周边的少数民族都会不约而同地来参加这一盛会。

另外,因远还有曹王庙和那、周、李、白、王、胥、张等姓氏家族庙。还有为纪念民族英雄"刀岱斩蛟"修建的刀岱祠。这些都集中反映了白族本主教的文化特征。

2. 佛教

因远白族曾有过信仰以释迦牟尼为宗主的大乘佛教。始建于元朝的因远妙莲寺(俗称大佛殿)就是历史遗迹。到了清朝嘉庆年间,还有住持、和尚或尼姑在寺中礼佛。到了民国时期,人去楼空,"文革"期间遭到了破坏,后来得到修复,恢复了原貌。

此外,因远白族也广泛信仰小乘佛教。因远9个白族村中,有6个村建有6座观音阁、7个"观音佛堂"。入佛堂的"持斋"教徒以女性居多。大多数居家老人,以农历初一、十五两天"戒荤吃素"烧香拜佛,表示对观音菩萨的信仰与崇拜。

3. 儒教

儒教也是因远白族的宗教信仰之一。在因远太平山上建有文庙一座,由正殿、祭孔台、乡贤祠、名宦祠,以及入口处的"居仁""由义"两座牌坊组成。此外,白族私塾、乡村学校礼堂及黎民百姓的"经堂"(堂屋)中,均设立着"大成至圣先师孔子(像)用神位"。当白族儿童"发蒙"入学读书时,父母都要和子女一起面对孔子神位敬香叩拜,期望子女遵循孔子的遗教,苦学成才,出人头地。这从另一个侧面反映出因远白族信仰儒教的广泛性和虔诚的追求。

4. 道教

因远白族也有一部分人信仰东汉张道陵创立的道教。因远太平山文庙左侧,原有供奉太乙元始天尊的老君庙。后火灾使古庙神像俱毁。民国时期,由白族善男信女捐资,请工匠在文庙正殿东侧复立太上老君神像,以供民众朝拜。又据原红安村、沙浦村内的宝庆寺和兴福寺两座庙碑记载,两座古寺始建于明朝,重修于清初。这些都是因远白族信仰道教的历史遗迹和载体。

5. 基督教

因远白族地区历史上没有基督教堂和教徒。20世纪30—40年代,美、法、德等国的传教士曾深入到因远白族地区传教。他们利用墨江县境内已经入教的哈尼族"碧约"支系牧师,在因远的白族聚居区播放无声电影,为白族幼儿种牛痘,广泛地向白族人民传播福音,动员白族入教。20世纪80年代,通过"三自"革新,我国的基督教神父、牧师组织动员,在哈尼族"碧约"支系居住的北泽中寨基督教会点建立了第一个教堂。入教的大多是哈尼族碧约人,白族入教的人数较少,且多半为中老年妇女。

6. 自然崇拜

因远白族几乎全民崇拜自然,包括风、雨、雷、电、云,植物、动物、山石、谷物等。"倒栽树""石柱""乡规神树""风雨坛""龙树""谷神"等都是白族崇拜自然的历史见证。每年,人们都会根据自己的心理需求,到相应的地点,进行祈祷活动,以求风调雨顺,人畜安康,庄稼丰收。这也从一个侧面反映了因远白族对农耕活动及生活的美好愿望和精神寄托。

透过白族的多元宗教,可以看出因远白族是一个开放的民族。早在秦汉时期,白族先民就接受了中原文化,后来又吸收了大量的儒家、道家文化和思想。到了唐朝天宝年间,白族先民被派到元江甘庄"筑城""卫戍守土",在开发"因远和泥"部落疆域、"驻师牧马"的过程中就与哈尼族、傣族、汉族处于一个阡陌交通、鸡犬相闻的地域中,各民族接触和交往很密切。这些不仅反映在语言的发展变化上,也反映在白族的宗教信仰中。

五、道德规范

因远白族的传统伦理道德和价值观念在当地的社会生活中起着重要的作用。在白族村寨，尊老爱幼、团结互助已蔚然成风。许多村寨集资组织老年协会，开办托儿所，做到老有所养、幼有所托。逢年过节慰问老人，主动为孤寡老人办理丧事。

因远白族人吃苦耐劳、勤俭持家。过去，因远白族男子常"下坝子"出远门经商，到山区少数民族村寨甚至东南亚各国去做小本生意，而妇女在家起早睡晚操持家务、料理农活。如今，在党的富民政策感召下，他们率先勤劳致富，取得了不菲的成绩。

因远白族还以简朴著称，对铺张浪费、大讲排场十分厌恶。1921 年，村民们刻石立碑，制定乡规民约，对婚丧的贺礼、吊礼金额均作出严格规定。如今仍然保持这一美德。到了白族人家，主人热情好客但不讲排场，饭菜丰盛而不奢侈。

因远白族尊师重教、好学上进为历代志书所称赞。如"开元文之先声"的李介、李卓兄弟是元江少数民族中最早的举人，"穷年力学，远近负笈相从成就者多"的乡村塾师杨斌等；还有清贫寡妇帮工贷款，供子女读书的事例。因此，白族大中专毕业生按人口比例居因远各民族之首。村民们对严格管教学生的教师也非常爱戴和崇敬。青年人参加工作，也以担任教师为荣。在外出工作的人当中，教师比例高于其他职业。

因远白族热心公益事业，爱护山林水源、保护环境。他们对修桥铺路、挖沟引水、集资办学、救灾济穷等公益之事非常热心。对山林水源，他们精心保护，如被称为"因远第一泉"的红安"延庆井"，数百年修建亭子加以保护。对南岳庙的千年古柏也集资保护。因此，白族村前村后绿树成荫，清水长流。家家户户庭院中栽花种草，别具一格。

第二节　聚居村的语言使用情况

白语是白族的语言，是白族最重要的民族特征之一。白语的系属问题比较复杂，学术界存在着争议，目前有三种观点：1.白语属藏缅语族彝语支；2.白语属藏缅语族，自成一语支，即白语支；3.白语不属于藏缅语，而属于汉语族，是汉白语族的一支独立语言。鉴于此，关于元江县白语的系属问题，本书不作定论。使用因远白语方言的人口主要聚居在因远、安仁、红安、奔干、补垤、马鹿、北泽、安定、沙浦等 9 个自然村，人口有 4795 人（2007 年统计），占因远镇总人口的 16.6%。

按白族人口占 70%（含 70%）以上的村寨定为白族聚居村，白族人口低于 70% 的村寨定为白族杂居村，9 个白族村寨中，奔干、安仁、补垤、安定和沙浦为白族聚居村，其余为白族杂居村，聚居村白族人口比例见表 3－3。

表 3 - 3

序号	村寨名称		调查人数	总户数	白族人口	白族人口所占百分比
	村委会	村寨				
1	因远	奔干	465	120	348	74.8
2		安仁	889	218	636	71.5
3		补垤	235	59	191	81.3
4	安定	安定	1550	420	1270	81.9
5		沙浦	608	178	445	73.2

一、基本情况

我们在 5 个聚居村中选了 4 个村作为调查点,各村基本情况分述如下:

1. 奔干村

"奔干"因村子南部有一溪流向北绕村而下,似"彩虹","虹"俗称"干"而得名。奔干村位于因远坝镇政府驻地因远村南部 2 公里处,奔干山北麓,海拔 1633 米。全村有 120 户,465 人,其中白族 348 人,哈尼族 80 人,汉族 27 人,彝族 4 人,傣族 3 人。元江县通往红河县的公路穿村而过,交通、商品交流都非常方便。主产稻谷、玉米、小麦和茶叶。近年来,全村大种烤烟、油菜,大力发展林、茶业、养殖、经商等;还有村民外出打工,是当地小有名气的"致富村"。

2. 安仁村

安仁村距因远镇政府所在地因远村 1 公里,隶属于因远村委会。全村共有 218 户,889 人,其中白族 636 人,哈尼族 120 人,汉族 118 人,彝族 4 人,傣族 4 人,瑶族 6 人,拉祜族 1 人。安仁村交通便利,离国道 323 线仅 3 公里。主产水稻、烤烟、蔬菜、油菜、茶叶、水果等,拥有丰富的森林资源和镍矿、蛇纹石等矿产资源,素有"鱼米之乡"之美称。居民建筑为瓦木结构式建筑和现代型(砖混)结构建筑相结合,村居布局较为分散。公共建筑有文化室、老年协会、小学校等。

3. 补垤村

"补垤"村名是汉、白的混合语。"补"为"增加"之意,"垤"是"田、地"的意思,两字合在一起是"增加种田人"的意思。补垤村位于因远镇政府驻地因远村东南 3 公里处,因远坝南端山冲中,海拔 1629 米。有 59 户,235 人,其中白族 191 人,哈尼族 22 人,汉族 18 人,彝族 4 人。主产稻谷、茶叶、烤烟等。部分村民擅长石器加工,雕石刻碑。

4. 安定村

"安定"原名为"小甸索",同治三年(公元 1864 年)杜文秀起义,普洱镇总兵田仲兴因战失利,退守他郎,屡向元江索粮被拒而怒,遂派部将舒世泰攻打元江。行至河彼岸,在大雾中,见河对岸似有旌旗招展,草木皆兵。舒世泰于是未敢过桥,改道甘岔老林,安定幸免兵灾,后此桥被改为"安定桥"。1925 年本村人将"小甸索"更名为"安定村"。后来,哈尼族寨子"小甸索"(10 户,50 人)划归为安定村。

安定曾是因远乡政府的驻地,位于山间小盆地,海拔 1509 米。有 420 户,1550 人,其中白族 1270 人,哈尼族 174 人,汉族 86 人,彝族 18 人,傣族 2 人。主产稻谷、玉米、烤烟和茶叶。驻有元江镍矿、黄金公司、中心小学、国营饭店、供销社、粮店、公安派出所及昆洛公路第九道班等。

二、语言使用情况

奔干、安仁、补埂、安定 4 个白族聚居村的白语、汉语、哈尼语使用情况分述如下。

(一)白族聚居村的白语使用情况

奔干、安仁、补埂、安定 4 个白族聚居村的白语使用入户调查结果见表 3-4。

表 3-4

年龄段	村寨名称	调查人数	熟练		一般		略懂		不会	
			人口	百分比	人口	百分比	人口	百分比	人口	百分比
6—19 岁	奔干	73	72	98.6	0	0	0	0	1	1.4
	安仁	141	127	90.1	7	5	2	1.4	5	3.5
	补埂	43	34	79.1	6	14	0	0	3	7
	安定	297	286	96.3	7	2.4	4	1.3	0	0
20—59 岁	奔干	179	179	100	0	0	0	0	0	0
	安仁	330	311	94.2	3	0.9	3	0.9	13	3.9
	补埂	111	104	93.7	2	1.8	1	0.9	4	3.6
	安定	708	706	99.7	0	0	1	0.1	1	0.1
60 岁以上	奔干	68	68	100	0	0	0	0	0	0
	安仁	121	119	98.3	0	0	0	0	2	1.7
	补埂	23	23	100	0	0	0	0	0	0
	安定	185	184	99.5	1	0.5	0	0	0	0
合计		2279	2213	97.1	26	1.1	11	0.5	29	1.3

表 3-4 显示:聚居村 20 岁以上的白族,白语稳定,白语熟练人数比例高,白语保持较好。但是,补埂村的青少年,白语熟练人数比例有下降的趋势(79.1%)。

(二)白族聚居村的汉语使用情况

奔干、安仁、补埂、安定 4 个白族聚居村的汉语使用入户调查结果见表 3-5。

表 3 - 5

年龄段	村寨名称	调查人数	熟练		一般		略懂		不会	
			人口	百分比	人口	百分比	人口	百分比	人口	百分比
6—19岁	奔干	73	73	100	0	0	0	0	0	0
	安仁	141	140	99.3	1	0.7	0	0	0	0
	补垤	43	43	100	0	0	0	0	0	0
	安定	297	291	98	6	2	0	0	0	0
20—59岁	奔干	179	179	100	0	0	0	0	0	0
	安仁	330	330	100	0	0	0	0	0	0
	补垤	111	111	100	0	0	0	0	0	0
	安定	708	707	99.9	0	0	1	0.1	0	0
60岁以上	奔干	68	68	100	0	0	0	0	0	0
	安仁	121	121	100	0	0	0	0	0	0
	补垤	23	22	95.7	1	4.3	0	0	0	0
	安定	185	183	98.9	2	1.1	0	0	0	0
合计		2279	2268	99.5	10	0.4	1	0.04	0	0

表 3 - 5 显示：聚居村的白族汉语熟练，汉语能力强。95% 以上的人是白、汉双语人。

（三）白族聚居村的哈尼语使用情况

奔干、安仁、补垤、安定 4 个白族聚居村的哈尼语使用入户调查结果见表 3 - 6。

表 3 - 6

年龄段	村寨名称	调查人数	熟练		一般		略懂		不会	
			人口	百分比	人口	百分比	人口	百分比	人口	百分比
6—19岁	奔干	73	1	1.4	0	0	1	1.4	71	97.3
	安仁	141	4	2.8	1	0.7	0	0	136	96.5
	补垤	43	0	0	1	2.3	0	0	42	97.7
	安定	297	1	0.3	0	0	2	0.7	294	99
20—59岁	奔干	179	12	6.7	17	9.5	67	37.4	83	46.4
	安仁	330	45	13.6	57	17.3	10	3	218	66.1
	补垤	111	13	11.7	6	5.4	12	10.8	80	72.1
	安定	708	5	0.7	1	0.1	7	1	695	98.2
60岁以上	奔干	68	37	54.4	9	13.2	19	27.9	3	4.4
	安仁	121	30	24.8	23	19	5	4.1	63	52.1
	补垤	23	11	47.8	1	4.3	4	17.4	7	30.5
	安定	185	0	0	3	1.6	5	2.7	177	95.7
合计		2279	159	7.1	119	5.2	132	5.8	1869	82

　　表 3-6 显示：聚居村的白族只有少部分人会讲哈尼语，而且哈尼语熟练人数最多的是 60 岁以上的人。其中，奔干最多，达到了 54.4%；补垤次之，达到了 47.8%；安仁 24.8%。但是，20—59 岁年龄段中，安仁村哈尼语熟练的人数要比补垤村的略高一点。6—19 岁年龄段的人，会讲哈尼语的人很少。这说明 60 岁以上的人，近 30%—50% 人是白、汉、哈三语人。

　　综合以上数据，我们认为白族聚居村的语言使用具有以下特点：

　　1. 白族聚居村，6 岁以上（除聋哑、智障者外）的白族，白语、汉语熟练，甚至汉语水平略高于白语水平。从整体看，白语使用未呈现明显的代际性特征。年龄大小不影响白语水平的高低，从老年人到儿童都能熟练地使用白语。但是，母语能力不平衡。补垤和安仁村，6—19 岁的人中，白语能力有下降趋势。这说明有一部分人多讲汉语少讲白语，白语的使用范围在渐渐缩小。

　　2. 从家庭内部语言使用情况看，四代同堂的家庭，家庭语言主要是父亲的语言（白语），常用于父系亲属和父系同族成员中。但是，有的家庭也使用母亲或儿媳的语言，如哈尼语，以示对母亲或儿媳的尊重。当家庭成员中有外族媳妇，如哈尼族、彝族、傣族时，白语已不能满足家庭内部交流时，就使用汉语，直到外族家庭成员学会白语，整个家庭才会自然恢复使用白语。因此，大多数白族的家庭，白语、汉语是他们的主要交流工具；少数家庭也使用白、汉、哈三种语言。

　　3. 从不同场合语言使用情况看，大多数白族与本族人见面打招呼、聊天、生产劳动、买卖、节日集会等场合都说白语。但在族际婚姻家庭中，特别是家有外族媳妇，公婆与儿媳之间、夫妻之间几乎用汉语交流。安定村李翔均老人告诉我们，外族媳妇嫁入白族家庭后，大约半年或一年左右就能熟练使用白语。此外，白族家庭中若有哈尼族打工仔，他们在家庭内部、生产生活中，也讲哈尼语，以表示对哈尼族的尊敬。

　　4. 在社区不同场合，面对不同对象，有一部分白族视对象三语（白、汉、哈）兼用。但在开会、传达上级指示、公务用语、广播用语、课堂等场合，大多使用汉语。

　　5. 奔干、补垤、安仁村的白族，哈尼语使用情况大体一致。分别有 54.4%、47.8%、24.8% 的人能熟练使用哈尼语。因为奔干、补垤、安仁村距哈尼族乌龙村较近，与他们的接触频繁。由此可见，哈尼语的使用与周边的语言环境有关。

　　6. 白语和汉语是聚居白族使用频率最高的语言，哈尼语则限于与哈尼人的交往中使用。因此，聚居村白族大部分人是双语人，少数人是三语人。

第三节　杂居村的语言使用情况

　　哈尼族、汉族和白族是元江县因远镇的三大主要民族。据《元江府志》推断，哈尼族是最早迁徙至此的少数民族之一，白族在哈尼族之后。白族自迁徙到因远一带后，白族与哈尼族、汉族的频繁交往就已开始。三个民族在生息繁衍中,经济上都以农业生产为主,地域上的分布格局和民族经济上的共性,使三个民族产生了较为密切的民族交流和大量的语言接触。据白族老人李光玺、李清文、陈魁元等介绍,1949 年以前,奔干、补垤、安仁、因远、马鹿村、红安、沙浦、安定和北泽 9 个村都是白族聚居村,村民中 80%—90% 的人都是白族。但是,新中国成立后,随着外族不断嫁入或迁入,白族人口比例开始下降。如今因远、马鹿村、红安、北泽村的白族人口比例都低于 70%,已变成了杂居村。而且,因远机关、安定机关是白、汉、哈三个民族人口最多的单位。杂居村和两个机关的人口统计见表 3-7。

表 3-7

序号	村寨名称	调查人数	白族		哈尼族		汉族		彝族		其他	
			人口	百分比	人口	百分比	人口	百分比	人口	百分比	人口	百分比
1	因远	148	687	46.2	291	19.6	459	31.9	34	2.3	15	1
2	马鹿	316	198	62.7	76	24.1	40	12.7	2	0.6	0	0
3	红安	365	213	58.4	51	14	91	24.9	8	2.2	2	0.5
4	北泽	550	188	34.2	177	32.2	177	32.2	4	0.7	4	0.7
5	因远机关	794	264	33.2	269	33.9	181	22.8	19	2.4	61	7.7
6	安定机关	166	90	54.2	31	18.7	43	25.9	1	0.6	1	0.6

表 3-7 显示:因远、红安村和安定机关白族人口数量占优势,其次是汉族,再次是哈尼族、彝族和其他民族;马鹿村白族人口数量也占优势,其次是哈尼族,再次是汉族;北泽村的白族、汉族、哈尼族的人口数量相对平衡。因远机关哈尼族和白族的人口数量比较均匀。我们选出因远、北泽、马鹿村作为个案调查点,调查结果分述如下。

一、基本情况

1. 因远

据史料记载,因远部蛮语"惠笼甸",总名"和泥"。唐南诏、宋大理时期为东方 37 部蛮之一。因远村别名为"三甲街"或"遵化村",位于因远坝北,太平山南麓,海拔 1600 米,是因远镇政府、因远村委会驻地。主产稻谷、茶叶、烤烟。驻有粮管所、税务所、工商所、营业所、邮电所、医院、供销社、缝纫社、农具厂、因远镇一中等机关、单位。

2. 北泽

北泽位于北泽坝东部边沿,离镇政府驻地因远村 1 公里左右,海拔 1604 米。旧北泽原来是一片沼泽地,候鸟衍生。后来水渐渐干涸,村民开始在此建房,逐渐形成村落。哈尼族碧约支系在其附近 1 公里处的公路边又建起了新房,称为北泽中寨。北泽虽有新旧北泽之分,但相隔不远。主产稻谷、玉米、小麦、茶叶和烤烟。公路边有食馆、供销社、小卖部、北泽小学,还有一个基督教堂。星期天,周边的白族、汉族、哈尼族等教徒会到教堂做礼拜。

3. 马鹿村

马鹿村位于镇政府驻地西南 8 公里的山间土墩上，属于半山区，海拔 1621 米。有 70 户，316 人。其中白族 54 户，198 人；汉族 6 户，40 人；哈尼族 10 户，76 人；彝族 2 人。主产稻谷、玉米、小麦、茶叶和石棉矿。

二、语言使用情况

因远、北泽、马鹿村主要居住着白族、汉族和哈尼族。村民们互通往来，在长期的民族接触和语言接触中，白族除了使用白语、汉语外，还使用哈尼语。他们的语言使用情况，分述如下。

（一）杂居白族的白语使用情况

杂居白族的白语使用入户调查结果见表 3-8。

表 3-8

年龄段	村寨名称	调查人数	熟练		一般		略懂		不会	
			人口	百分比	人口	百分比	人口	百分比	人口	百分比
6—19 岁	因远	132	34	25.8	0	0	1	0.8	97	73.5
	北泽	48	16	33.3	3	6.3	4	8.3	25	52.1
	马鹿村	37	31	83.8	6	16.2	0	0	0	0
20—59 岁	因远	395	211	53.4	9	2.3	33	8.4	142	35.9
	北泽	109	94	86.2	1	0.9	4	3.7	10	9.2
	马鹿村	109	109	100	0	0	0	0	0	0
60 岁以上	因远	108	95	88	5	4.6	1	0.9	7	6.5
	北泽	22	22	100	0	0	0	0	0	0
	马鹿村	35	35	100	0	0	0	0	0	0
合计		995	647	65	24	2.4	43	4.3	281	28.2

表 3-8 显示：因远、北泽 6—19 岁的白族中，母语减弱现象略重。青少年母语熟练人数分别只是该年龄段的 25.8%、33.3%，不会的人数分别高达 73.4%、52.1%。换言之，一半和三分之二的人已经不再使用白语。马鹿村出现了轻度的衰退。20—59 岁年龄段的白族，也出现了母语衰退的迹象。因远村的白族，白语熟练的人数只是 53.4%，不会的人数有 35.9%；北泽村的白族，白语熟练的人数有 86.2%，不会的人数占 9.2%。60 岁以上的白族，因远有母语减弱现象；北泽和马鹿村的白族，母语稳定，保持良好。其原因是，因远村是镇政府驻地，是因远政治、经济、文化的中心，汉语是各民族的交流语，汉语对白语的影响很大。马鹿村位于半山区，距因远镇 8 公里，白族使用白语的机会比汉语多。

（二）杂居白族的汉语使用情况

杂居白族的汉语使用入户调查结果见表 3-9。

表 3 - 9

年龄段	村寨名称	调查人数	熟练		一般		略懂		不会	
			人口	百分比	人口	百分比	人口	百分比	人口	百分比
6—19岁	因远	132	132	100	0	0	0	0	0	0
	北泽	48	46	95.8	2	4.2	0	0	0	0
	马鹿村	37	32	86.5	3	8.1	2	5.4	0	0
20—59岁	因远	395	395	100	0	0	0	0	0	0
	北泽	109	109	100	0	0	0	0	0	0
	马鹿村	109	109	100	0	0	0	0	0	0
60岁以上	因远	108	108	100	0	0	0	0	0	0
	北泽	22	22	100	0	0	0	0	0	0
	马鹿村	35	35	100	0	0	0	0	0	0
合计		995	988	99.3	5	0.5	2	0.2	0	0

表 3 - 9 显示:因远、北泽、马鹿村中 20 岁以上的白族,使用母语,兼用汉语,汉语能力强。但是,6—19 岁年龄段的白族中,马鹿村的汉语熟练人数为 86.5%,北泽村是 95.8%,因远村为 100%。这说明地域差异和语言环境也影响到了他们的汉语使用水平。因远村的青少年,第一语言是汉语或白、汉双语,因为在因远村纯白语的家庭已经很少了。马鹿村的青少年,第一语言是白语,在家庭、族群内部、在社区里,他们的语言环境大多是白语;汉语大多是通过学校教育习得的,是他们的第二语言。

(三) 杂居白族的哈尼语使用情况

杂居白族的哈尼语使用入户调查结果见表 3 - 10。

表 3 - 10

年龄段	村寨名称	调查人数	熟练		一般		略懂		不会	
			人口	百分比	人口	百分比	人口	百分比	人口	百分比
6—19岁	因远	132	0	0	1	0.8	0	0	131	99.2
	北泽	48	0	0	0	0	0	0	48	100
	马鹿村	37	0	0	0	0	4	10.8	33	89.2
20—59岁	因远	395	13	3.3	11	2.8	30	7.6	341	86.3
	北泽	109	2	1.8	0	0	0	0	107	98.2
	马鹿村	109	5	4.6	0	0	46	42.2	58	53.2
60岁以上	因远	108	16	14.8	11	10.2	26	24.1	55	50.9
	北泽	22	0	0	0	0	0	0	22	100
	马鹿村	35	6	17.1	1	2.9	8	22.9	20	57.1
合计		995	42	4.2	24	2.4	114	11.5	815	81.9

表 3-10 显示:因远、北泽、马鹿村 6—19 岁的白族,哈尼语几乎不会。20—59 岁年龄段的人中,因远、北泽、马鹿村有一小部分人会讲哈尼语,马鹿村的大多数人哈尼语处于"略懂"水平。60 岁以上的白族中,北泽村的白族,也不会哈尼语。因远和马鹿村有少数人哈尼语处于熟练水平,有 20%、55% 的人不会,其余的人处于一般或略懂水平。

从家庭内部语言使用、面对不同对象、在不同场合语言使用调查结果看,白族人在家庭和族群内多用白语,兼用汉语,几乎都是白、汉双语兼用者。不同的是,年轻人在语言的选择上更喜欢使用汉语。但是,公务用语、学校用语、广播用语无论有无外族和本族人,都使用汉语。白族人中只有少数人与哈尼族交流时才使用哈尼语。

第四节　白族母语维持和衰退的成因

为了深入了解白族使用白语的情况,我们还对 9 个白族村和两个机关的人员进行了语言使用调查。6 岁以上白族人的白语使用情况见表 3-11。

表 3-11

调查点	调查人数	熟练		一般		略懂		不会	
		人口	百分比	人口	百分比	人口	百分比	人口	百分比
因远	635	340	53.5	14	2.2	35	5.5	246	38.7
马鹿	182	176	96.7	6	3.3	0	0	0	0
红安	197	177	89.8	2	1	11	5.6	7	3.6
沙浦	410	410	100	0	0	0	0	0	0
北泽	179	132	73.7	4	2.2	8	4.5	35	19.6
奔干	320	319	99.7	0	0	0	0	1	0.3
安仁	592	557	94.1	10	1.7	5	0.8	20	3.4
补垤	177	161	91	4.5	1	0.6	7	4
安定	1190	1176	98.8	8	0.7	5	0.4	1	0.1
因远机关	254	226	89	5	2	15	5.9	8	3.1
安定机关	90	89	98.9	0	0	1	1.1	0	0

表 3-11 显示:白语的使用分为四个层次:一是 100% 的熟练,如沙浦村;二是 96.7%—99.7% 的熟练,如马鹿、安定、安定机关、奔干;三是 73.7%—89.8% 的熟练,如北泽、红安;四是 53.5% 的熟练。为什么有的村白语稳定,有的村白语出现了严重的衰退?经过调查、观察,我们认为白语得以维持以及导致衰退的原因有以下四个方面:

一、相对聚居是白语得以维持的重要条件

因远镇白族人口有 4795 人,集中居住在方圆 10 公里的 9 个自然村中。其中,除因远、北泽村有较大比例的汉族和哈尼族人口外，其余都是以白族为主体民族的村寨。外族人口比例少，家庭内部、公共场所、生产生活、节日庆典、红白喜事等场合，白语的使用频率特别高，语言活力强，语言生态环境好。

走访中，我们在镇政府、中心小学，小卖部、卫生所，在田间地角以及集镇的其他公共场所，都可以听到白语、汉语和哈尼语。白语使用频率仅次于汉语。地理环境相对集中，是白语得以维持的重要条件。

二、自信心和自豪感是白语得以维持的内因

数百年来，因远白族虽然远离族源大理白族千余里，生活在哈尼族、汉语、彝族、傣族等民族中间。然而，他们没有被同化，相反，他们仍独树一帜，保留着本民族的风俗习惯、宗教信仰、语言特征等。而且，在长期的历史发展进程中，他们勤耕善读，不断吸收优秀的汉文化和周边民族的文化，造就了一代又一代的能工巧匠、艺术家和知识分子。经济上的相对富裕，尤其是在生产技术方面，白族引领着因远镇先进的生产力和先进文化的发展方向，生产生活中又善于合理安排各种农事，具有自强不息的精神，增强了白族的自信心。马鹿村的杨德忠老人说，白族就要讲白语，这样才能与其他民族区别开来。不说白语，白族的特色就没有了。因此，强烈的民族自信心和自豪感是白语得以维持的内因。

三、自我传承意识是白语得以维持的动因

语言不仅是族群的重要标志，而且还具有对内认同、对外分界的功能。白族的民族认同和分界也是靠白语识别的。白族对母语不仅具有深厚的、特殊的感情，而且母语认同感也很强。特别是在异国他乡，无论在任何场所、任何时候，只要听到白语，就感到非常亲切，容易拉近彼此的感情。它具有对内认同，对外分界的功能。民族的自尊心、自豪感、自信心、自强自立的观念即由此升华而来。在因远的白族中，民族的自我意识是比较鲜明的。无论在任何场所、任何时候，均不会隐瞒自己的民族成分。即使与其他地区的白族萍水相逢，他们都会说自己是"白子"。民族的认同感和亲切感便油然而生。有些长期出门在外的白族，即使官高位尊，回到家乡若不用白语和父老乡亲攀谈，便会受到同胞的非议和责难，被视为"忘本"或"不孝"。因而，民族自我意识是因远白族维系本民族成员的一条牢固的精神纽带，这是因远白族没被其他民族同化的向心力和凝聚力。

从古至今，白族能够保持自己的风俗习惯、宗教信仰，甚至主动探索了解本民族的历史文化、服饰、语言传承等。1993 年 3 月，因远白族成立了白族学会，召集白族学者和白族文化爱好者，致力于探索白族源流、研究白族宗教信仰、保护因远的风物古迹，对白族学者遗著进行搜集和整理，讨论白语的保持和传承等。同时，对新时期的能工巧匠、艺术家、文明风尚进行宣传。白族教育工作者也注重立足本土文化，提出了"挖掘乡土文化教育资源，弘扬传承民族民间文化"的教育理念。他们认为，随着城市化进程的推进，白族长期与汉族、哈尼族生活在一

起,汉化程度越来越大,一些白族也学会了哈尼语。现在,白族后代对本民族历史文化了解甚少,知之甚微,有必要结合白族文化对幼儿进行教育,让幼儿了解因远白族的历史、服饰、饮食文化,传承尊师重教、勤耕善读的良好风尚。因此,在因远小学,白族老师主动组织收集、整理白族民间文化,记录、整理、编写校园本土文化课本,引导学生学习白语民间歌谣,组织游戏,培养幼儿的白语能力。因远白族也积极支持这一活动。他们看到,由于外出读书、工作或拓展工商业,客居国内外的白族子孙逐渐被汉化。他们认为应该让孩子了解白族的历史文化,使孩子成为具有本民族传统文化、传统美德的新一代。一些学者们还提出科学开创和运用白族文字、保留和传承白语的建议。这些都说明,因远白族本民族文化的传承意识很强。这对白语的保护与维持起到了促进作用。

四、语言保护态度是白语得以维持的另一原因

为了解因远白族使用语言的态度,我们对 9 个自然村的 54 人进行了语言使用态度调查,结果如下。

1. 您怎么看待白族掌握汉语文的作用?

　　A 很有用　　　B 有些用　　　C 没有用

　　结果:54 人选 A

2. 您认为学好汉语最主要的目的是什么?

　　A 找到好的工作,得到更多的收入　　　B 升学的需要

　　C 便于与外族人交流　　　D 了解汉族文化

　　结果:35 人选 A;12 人选 B;4 人选 C;3 人选 D

3. 您怎么看待白族掌握哈尼语的作用?

　　A 很有用　　　B 有些用　　　C 没有用

　　结果:14 人选 A;25 人选 B;5 人选 C

4. 您认为掌握白语最重要的目的是什么?

　　A 找到好的工作,得到更多的收入　　　B 便于与本族人交流

　　C 了解和传承本族的历史传统文化

　　结果:4 人选 A;26 人选 B;24 人选 C

5. 您对白族人都成为白语、汉语双语人的态度是什么?

　　A 迫切希望　　　B 顺其自然　　　C 无所谓　　　D 不希望

结果:39 人选 A;11 人选 B;4 人选 C

6. 如果白族人成为汉语单语人,您的态度是什么?

　　A 迫切希望　　B 顺其自然　　C 无所谓　　D 不希望

　　结果:0 人选 A;8 人选 B;6 人选 C;30 人选 D

7. 如果有人在外地学习或工作几年后回到家乡,不再说白语,您如何看待?

　　A 可以理解　　B 反感　　C 听着别扭　　D 不习惯　　E 无所谓

　　结果:7 人选 A;41 人选 B;3 人选 C;3 人选 D;0 人选 E

8. 您希望子女最好会说什么语言?

　　A 普通话　　B 白语　　C 当地汉语方言　　D 普通话和白语　　E 无所谓

　　结果:5 人选 A;3 人选 B;0 人选 C;49 人选 D;0 人选 E

9. 您愿意把子女送到什么学校学习?

　　A 用汉语授课的学校　　B 用汉语和英语授课的学校

　　C 用汉语和白语授课的学校

　　结果:4 人选 A;47 人选 B;3 人选 C

10. 您希望本地广播站使用什么语言播音?

　　A 白语　　B 普通话和白语　　C 当地汉语方言　　D 无所谓

　　结果:54 人选 B

11. 你是否希望掌握白语文字?

　　A 希望　　B 无所谓　　C 不希望

　　结果:52 人选 A;2 人选 B

12. 如果家里的孩子不会说白语,你的态度是什么?

　　A 同意　　B 无所谓　　C 反对

　　结果:6 人选 A;48 人选 C

13. 如果你家里的孩子不肯说哈尼语,你的态度是什么?

　　A 同意　　B 无所谓　　C 反对

　　结果:8 人选 A;7 人选 B;34 人选 C

14. 你家的孩子学说话时,你最先教给他的是哪种语言?

　　A 汉语普通话　　B 白语　　C 当地方言

　　结果:0 人选 A;37 人选 B;17 人选 C

15. 干部在开会发言时,你希望他们说什么语言?

　　A 汉语普通话　　B 白语　　C 当地汉语方言

　　结果:0 人选 A;23 人选 B;31 人选 C

　　结果显示:因远白族非常重视本民族的语言文化,有强烈的本民族语言文化传承和保护意识。他们不希望后代丢失本民族的语言文化,渴望学习白族文字。杨德忠老人说:"白语有文字的话,我们就可以学习,白族话就不会失传了。"事实上,白族文字自 20 世纪 50 年代就已创制,但是因远白族知道有文字的人不多。

　　此外,他们对本族人不讲白语特别反感。他们认为白语才是本族群的身份特征。忘掉白语就是忘本。但是,他们也认为应面对现实,顺应社会的发展,希望自己的孩子学习汉语普通话。聚居村的白族不担心自己的小孩不会说白语,他们认为只要和小伙伴在一起玩耍就能自然学会白语。杂居村的白族担心在过一两代后,子孙们就不会白语了。因此,白族中有保护白语的呼声。总之,因远白族的语言使用是开放的,他们会根据自己的需要选择和使用语言。

第五节　白族兼语的成因

　　因远白族除使用白语外,全民兼用汉语,少数人还兼用哈尼语。下面我们就白族兼用汉语、哈尼语的成因进行分析。

一、白族兼用汉语的成因

1. 白族与汉语的历时接触

　　白族很早就与汉族接触。先秦时期,玉溪一带为滇国的一部分,白族先民"僰"是滇国的主体民族之一。《史记·货殖列传》就有战国末年,秦国商人经由蜀而"南贾滇僰僮"的记载。到了汉代,汉武帝元封二年(公元前 209 年),降滇国,在滇国之地设益州郡二十四县,在今玉溪市有俞元、建伶、胜休三县,其中胜休县即包括今元江地区。西晋末年,兴古晋西部分设梁水郡,胜休县即先后为兴古郡和梁水郡所属。《汉书·地理志》有"胜休,莽曰胜堤"的记载。三国两晋时期到西晋末年,白族先民接受了中原先进文化,与早期进入云南的汉族交融发展,出现了汉族白化和白族汉化的现象。因此,白语受到汉语的影响非常大。一些白族学者考证白语时往往发现,有的话乍听起来好像是生僻的少数民族语言,但仔细推敲,几乎全是汉语,甚至是古代汉语。尤其是名词中的器物、辈份、农事活动……等称谓。李崇隆先生列举过诸如此类的例子,如:在"辈份称呼"中,白语称呼他人用"伊"以示尊敬,用"侬"直呼他人;白语称"学生"为"学子",汉语里有"莘莘学子";称父亲为"褒"(上声),《玉篇》中有"褒谓父也"。在器物称谓上,白语"箸"指"筷子",《史记·留侯世家》:"请借箸为君筹之"。在动词和动词短语方面白语"砍薪"指"砍柴";白语"遗矢"指"解大便",《史记》中有"廉将军一饭三遗矢";白语"溲溲"指"解小便",《汉书》有"遗矢溲叟",因远白语有"溲溲遗矢"表示"撒尿屙屎";白语"北"指汉语中的"走",在《汉书》中,有"项羽追北",古汉语中有"败北"。因远白语中类似的例子也不胜枚举。从元江白族习俗与汉族习俗的多处相似、从对因远始祖墓碑的考证、从白语与汉语的融合渗透等方面来看,白族与汉族有非常深厚的渊源,白族能熟练使用汉语也在情理之中。

2. 白族与汉语的共时接触

中国是一个以汉族为主要民族的国家。在城市化的进程中,无论是大、中、小城市还是偏僻的乡村,汉语是各民族的通用语言,也是学校教育的语言工具。因此,白族与汉语的接触既有直接接触,又有间接接触。直接接触通常发生在交通便利、经济文化较发达的城镇中心,发生在商场、菜市场以及同一社区内部的不同民族之间。如因远、北泽村的白族,他们在日常生活、生产劳动、走亲戚中,都要面对面地与讲汉语的人交流,汉语是无法回避的语言。此外,因远白族历来重视汉文化教育,有"男不衣帛,女不饰金,迩来多知向学"的传统观念。白族中上学人数多,都从幼儿园、学前班学习汉语文,小学、中学、高中到大学,无时无刻不与汉语、汉字打交道,汉语言文字是无法回避的。

各种形式的媒体天天都在用汉语文传递着源源不断的信息,即使是完成学业或中途辍学者,他们也会通过阅读报纸、杂志,收听广播、收看电视等获取信息。汉语言文字是他们了解国家大事、学习科学文化的重要工具。

3. 开放的语言态度

语言态度指对某种语言的主观认同或抵触态度,是语言选择和学习的趋向和动因。因远白族不仅与汉族有着密切的关系,在学习汉语言文化方面一直抱着开放态度。清道光年间,安定白族就开办义学馆和私塾,大多数男性都受到了汉文化教育;白族著名学者,清朝道光四年(公元1824年)出生的张保岐先生于光绪乙亥年(公元1875年)进京会试,中第79名举人,历任大理府训导、升镇沅厅教授。退休回籍后,任元江澧江书院主讲,并捐献学堂。他生平著作丰富,现存《红杏山房诗抄》收藏于云南省图书馆历史文献部。民国时期红安村人杨升荣虽然家庭困难,经济十分拮据,但兄弟三人同时在昆明就读。民国三十六年(公元1947年),他23岁时,于五月十五日在《元江学会会刊·论坛》第四期刊登了《元江改进的刍议》一文,关注家乡弊病,同情"夷胞"疾苦,洞察当时元江腐败没落的政治及其社会。直至今日,他的文章对于藏往知来、鉴古观今,仍有重要意义。新中国成立后,特别是恢复高考之后,白族子弟考取大学的人数比其他少数民族多,受教育程度高,大多数白族都受过不同程度的汉文化教育。

白族迫切希望子女学好汉语,也希望子女不忘白语。他们认为白语是白族的根,汉语是中华民族的书。汉语根深叶茂,有五千多年的历史,是中华民族的精髓,有许多优秀的东西值得借鉴。因此,因远白族中,有"不求金玉重重贵,但愿儿孙个个贤"的价值取向。

二、白族使用哈尼语的现状及成因

白族除了与汉族接触外,还与周边的哈尼族接触。因此,少部分白族能够兼用白、汉、哈三语。6岁以上白族哈尼语使用情况见表3-12。

表 3 - 12

调查点	调查人数	熟练		一般		略懂		不会	
		人口	百分比	人口	百分比	人口	百分比	人口	百分比
因远	635	29	4.6	23	3.6	56	8.8	527	83
马鹿	182	8	4.4	0	0	58	31.9	116	63.7
红安	197	0	0	2	1	8	4.1	187	94.9
沙浦	412	2	0.5	2	0.5	0	0	408	99
北泽	179	2	1.1	0	0	0	0	177	98.9
奔干	320	50	15.6	26	8.1	87	27.2	157	49.1
安仁	592	79	13.4	81	13.3	15	2.5	417	70.4
补垤	177	24	13.6	8	4.5	16	9	129	72.9
安定	1190	6	0.5	4	0.3	14	1.2	1166	98
因远机关	254	24	9.4	31	12.2	85	33.5	114	44.9
安定机关	90	1	1.1	0	0	0	0	89	98.9

表3-12显示:白族中有少部分人哈尼语熟练,其原因分析如下。

1. 集体劳动创造了语言接触的机会

从因远镇白族使用哈尼语的情况看,能熟练使用哈尼语的白族大多在60岁左右。这部分人出生在20世纪三、四十年代,他们青少年或中年时期,常常各民族聚在一起,共同参加集体劳动。他们与哈尼人同吃同住同劳动。这种密切的个人接触导致语言的接触。况且,20世纪五、六十年代,各民族的汉语水平都不高。当白族与哈尼族接触时,他们听哈尼人说哈尼语,耳濡目染,学习了一些哈尼语。要与哈尼人沟通,也不得不现学现用,否则,在劳动中无法协商合作。补垤村的白族李开利和奔干村白族李祖和先生的生活经历,是白族学习哈尼语的案例①。

2. 商品交流创造了语言接触的机会

从20世纪50到80年代,白族中有一部分人因生存的需要,经常深入哈尼族村寨销售烟、酒、糖、火柴、肥皂等生活必需品。为了增加收入,有的白族长期住在哈尼族村子中打铁、盖房子、烧砖瓦等。其间,他们与哈尼族同吃同住,少则半年,多则十几年。由于大多数哈尼族不会

---

① 参见附录一李开利、李祖和的访谈录。

讲汉活,白族手工艺人不得不用生硬的哈尼语与哈尼人交流。天长日久,他们不仅结交了哈尼族朋友,而且还学会了他们的语言。但是,这部分人虽然能用流利的哈尼语进行交际,但他们的哈尼语中常常有各种哈尼语次方言的音和词汇。改革开放以后,商品流通,各民族之间的交往更加频繁,哈尼人中外出做生意的也越来越多。他们经常将自给有余的产品拿到集市上销售,如鸡、猪、鸭、鹅、蔬菜、野菜、柴火、香菇、木耳、笋子等。白族在购买哈尼族的商品时,避免不了讲哈尼语,因为,大部分卖东西的哈尼人是中年妇女,她们的汉语不流利。因此,会讲哈尼语容易与哈尼人做买卖。频繁的交易使白族中的一部分人学会了哈尼语。

3. 劳动资源互补创造了语言接触的机会

改革开放以来,村村寨寨实行联产承包责任制,集体劳动转换为个体劳动。生产劳动模式以家庭为单位进行。这样有的家庭劳动力不足,特别是有子女外出读书、工作的家庭,农忙季节,不得不请人帮忙。于是,经济不发达地区的剩余劳动力就会朝着经济发达的地区流动。白族家庭通常会请哈尼人帮忙。打工群体中,大多数哈尼人既不会白语,也不会汉语。为了交流,白族不得不与他们讲哈尼语。补垤村的白族李翠莲告诉我们,会说哈尼语,与哈尼族沟通更容易,安排农活也不费力气。如果他们清楚当天要做的活计,生产效率就高。白族家庭中,类似的情况也不少。白族人中虽然使用哈尼语的人数并不多,场合也十分有限,但是,他们的哈尼语还是比较熟练的。

第四章 因远镇汉族语言使用现状

第一节 因远镇汉族概况

汉族历史源远流长,早有"庄蹻入滇"的记载。在汉代和南北朝时期,入滇的汉族人口较少,遂居"僰地",习"僰俗",为"僰人",与当地少数民族融合,出现了汉代落籍滇中"夷化"汉族后裔。元代,有中原汉族随忽必烈、赛典赤军队入滇的记载。明代开始,大量的汉族以"军屯""民屯""商屯"三种形式迁入玉溪定居,其后裔便与其他民族通婚互市,融合于坝区的白族或彝族。还有一部分以"戎地固定、屯田自给"定居下来,便成为聚居的汉族。

汉族在中国人口众多,但在因远镇是人口最少的民族,有 3376 人,占全镇总人口的 11.7%,其分布见图 4-1。

图 4-1 因远镇汉族分布示意图

因远镇汉族集中居住的 11 个自然村和两个机关中，汉族人口统计见表 4－1。

表 4－1

序号	村寨/机关名称	调查人数	总户数	男	女	哈尼族	白族	汉族	傣族	彝族
1	因远	1480	364	690	790	289	687	459	11	34
2	小班碧	397	80	194	203	29	1	365	0	2
3	土塘	656	153	324	332	27	4	620	2	3
4	北泽	550	129	274	276	173	191	175	4	7
5	卡腊	399	99	203	196	217	1	178	1	2
6	三合寨	845	158	448	397	334	1	505	2	3
7	都贵罗马	64	9	38	26	7	0	57	0	0
8	都贵上寨	213	43	108	105	49	0	164	0	0
9	埕嘎	229	58	119	110	32	0	197	0	0
10	拉哩	423	96	235	188	228	0	193	1	1
11	安定	1715	420	720	995	174	843	676	3	19
12	安定机关	167	73	103	64	31	90	43	2	1
13	因远机关	794	202	482	312	269	264	181	19	61
	合计	7932	1884	3938	3994	1859	2089	3813	26	133

表 4－1 显示：小班碧、土塘、埕嘎、都贵罗马和都贵上寨 5 个自然村是汉族聚居村。安定、北泽、因远、三合寨、卡腊、拉哩 6 个自然村是杂居村。三合寨、卡腊和拉哩与哈尼族杂居，因远、北泽与白族、哈尼族杂居。安定机关、因远机关中有汉族、哈尼族、白族、彝族等多个民族。有的村子在公路沿线，交通非常方便；有的在坝区，自然条件相对较好，如土塘、北泽、因远。有的居住在半山区或山区，交通不便，自然条件相对较差，如小班碧、埕嘎、都贵罗马、都贵上寨、三合寨、卡腊、拉哩。我们根据聚居和杂居、交通、坝区、半山区和山区的特点，选出了汉族聚居村两个，即土塘和小班碧；汉族杂居村（机关）5 个，即三合寨、卡腊、北泽、因远和因远机关。其语言使用分述如下。

第二节　聚居村语言使用情况

一、基本情况

土塘和小班碧村是因远镇汉族聚居村。土塘地处坝区，隶属于安定村委会。位于距安定村委会驻地西北 1.5 公里山间谷地、国道昆洛公路 323 线旁，距镇政府驻地因远镇 6 公里，海拔 1533 米。有 153 户，人口 656 人，其中汉族 620 人，哈尼族 27 人，白族 4 人，彝族 3 人，傣族 2 人。主产稻谷、玉米、茶叶、烤烟等。国道昆洛公路 323 线改道（2004 年）之前，村民们除从事农耕外，还经营小杂货店、饭店、旅店等。改道后由于生意萧条，有的村民重操旧业，继续农耕；

有的则到安定镍矿、金矿打工。

土塘，"土"指土司制，塘是明代设在交通要道上的军事设施，受土弁、土目的管理，"土塘"由此而得名。村民主要由四大家族（李氏、钟氏、周氏、陈氏）组成。据土塘李氏家谱记载，土塘李家来自石屏大水，本宗族系成吉思汗及元开国皇帝（成洁思汗的孙子）忽必烈的后裔。在石屏大水定居至十二代时，即清康熙年间，因涉命案，先逃至元江县咪哩乡大歇场村定居，后又迁至因远土塘，繁衍生息至今。钟氏、周氏、陈氏家族由于没有详细的家谱记载，无法考证。此外，段家来自大理，他们原是白族，后融入汉族。

土塘与安定（白族村）、大甸索（哈尼族豪尼支系）、新寨（哈尼族尼支系）等村寨几乎连成一片，村与村之间距离不超过1公里。

小班碧，也称为"小板壁"。"板壁"是汉语，山间平坦的地块之意，故得名。小班碧村地处山区，距因远镇镇政府所在地因远街约15公里，距安定村委会约12公里，坐落在山冲小河边，相对偏僻，海拔1694米。虽有乡村公路延伸至村，但过往车辆不多，交通不太方便。因此，因远人将其称为因远镇的"西伯利亚"。从文化户口统计和入户调查的数据来看，小班碧村有80户，人口有397，汉族有365人，哈尼族29人，白族1人，彝族2人。该村主要以种植农业为主，出产稻谷、玉米、茶叶等。2006年以来，由于镍矿重新恢复生产，占用了大部分农用田地，因此，大部分强壮劳动力，被安排到矿山打工。

二、语言使用情况

我们按三个年龄段，对土塘、小班碧进行了入户调查，结果分述如下。

（一）聚居汉族汉语使用情况

聚居汉族的汉语使用入户调查结果见表4-2。

表4-2

年龄段	村寨名称	调查人数	熟练		一般		略懂		不会	
			人口	百分比	人口	百分比	人口	百分比	人口	百分比
6—19岁	土塘	145	145	100	0	0	0	0	0	0
	小班碧	105	105	100	0	0	0	0	0	0
20—59岁	土塘	359	359	100	0	0	0	0	0	0
	小班碧	85	85	100	0	0	0	0	0	0
60岁以上	土塘	91	91	100	0	0	0	0	0	0
	小班碧	39	39	100	0	0	0	0	0	0
合计		824	824	100	0	0	0	0	0	0

数据显示：土塘、小班碧村的汉族，汉语都十分熟练。

（二）聚居汉族哈尼语使用情况

聚居汉族的哈尼语使用入户调查结果见表4-3。

表 4 - 3

年龄段	村寨名称	调查人数	熟练		一般		略懂		不会	
			人口	百分比	人口	百分比	人口	百分比	人口	百分比
6—19岁	土塘	145	0	0	0	0	0	0	100	100
	小班碧	105	0	0	0	0	0	0	105	100
20—59岁	土塘	359	0	0	0	0	0	0	100	100
	小班碧	85	0	0	1	1.2	0	0	84	98.8
60岁以上	土塘	91	0	0	0	0	0	0	100	100
	小班碧	39	0	0	0	0	0	0	39	100
合计		824	0	0	1	0.1	0	0	528	64

表4-3显示:聚居汉族都不会哈尼语。

（三）聚居汉族白语使用情况

聚居汉族的白语使用入户调查结果见表4-4。

表 4 - 4

年龄段	村寨名称	调查人数	熟练		一般		略懂		不会	
			人口	百分比	人口	百分比	人口	百分比	人口	百分比
6—19岁	土塘	145	0	0	0	0	0	0	145	100
	小班碧	105	0	0	0	0	0	0	105	100
20—59岁	土塘	359	0	0	0	0	0	0	359	100
	小班碧	85	0	0	0	0	0	0	85	100
60岁以上	土塘	91	1	1.1	0	0	0	0	90	98.9
	小班碧	39	0	0	0	0	0	0	39	100
合计		824	1	0.1	0	0	0	0	823	99.9

土塘村60岁的人中,有1人会讲白语,其余是汉语单语人。令人不可理解的是,土塘村与安定、沙浦白族村、大甸索哈尼族村只有一步之遥,鸡犬相闻。为何土塘村人没有学会白语和哈尼语?带着这个问题,我们走访了土塘村的部分村民。访谈记录如下。

采访个案（一）采访土塘村村民钟老五的录音记录

问:阿叔,你今年多大了?

答:57岁了。

问:有几个小娃。

答:有3个。两个儿子,一个姑娘。

问:都成家了吗?

答:成了。一个媳妇是汉族,一个是哈尼族。

问:那你们在家里讲什么话?

答:汉话。

问:你们村距离白族村安定、沙浦非常近,距哈尼族村大甸索、新寨也比较近,你们经常和他们打交道吗?

答:打。

问:你们和他们打交道时,你们跟他们讲什么话?

答:汉话。

问:他们和你们讲什么话?

答:也是汉话。

问:既然你们经常和白族、哈尼族打交道,那么你们村子里的人应该会说一点白语和哈尼语。

答:我们很少听到村里人讲白语和哈尼语。

问:你们经常和他们在一起,他们和本族人讲白语、哈尼语,难道说你们一点也没有听会吗?

答:我们和他们在一起时,他们很少讲他们的民族话。

问:为哪样?

答:可能是这样做不礼貌,最主要的是不想让外族人产生猜疑。讲他们的民族话,外族人听不懂,以为是在说他们的坏话。

问:哦,那他们都讲汉话,不讲本民族话?

答:是的。

问:如果他们中有不懂汉话的,那你们咋个办?

答:很少碰到不懂汉话的人。有时偶然碰到了七、八十岁的哈尼族老大妈,儿子会帮着翻译的。

问:谢谢!

答:不用谢!

　　原来土塘村的汉族只讲汉话、没学会其他少数民族语的主要原因,是周边白族、哈尼族的汉语能力强,各民族都用汉语交流。

第三节　杂居村语言使用情况

　　我们根据汉族杂居特点,选出卡腊、三合寨、北泽、因远、因远机关作为个案调查点,对他们的语言使用情况进行调查。调查结果分述如下。

一、语言使用情况

（一）杂居汉族的汉语使用情况

汉族杂居村卡腊、三合寨、北泽、因远、因远机关的汉族汉语使用入户调查结果见表 4-5。

表 4-5

年龄段	村寨/机关	调查人数	熟练		一般		略懂		不会	
			人口	百分比	人口	百分比	人口	百分比	人口	百分比
6—19 岁	卡腊	51	51	100	0	0	0	0	0	0
	三合寨	131	131	100	0	0	0	0	0	0
	北泽	38	38	100	0	0	0	0	0	0
	因远	96	96	100	0	0	0	0	0	0
	因远机关	20	20	100	0	0	0	0	0	0
20—59 岁	卡腊	105	105	100	0	0	0	0	0	0
	三合寨	293	293	100	0	0	0	0	0	0
	北泽	110	110	100	0	0	0	0	0	0
	因远	255	255	100	0	0	0	0	0	0
	因远机关	135	135	100	0	0	0	0	0	0
60 岁以上	卡腊	22	22	100	0	0	0	0	0	0
	三合寨	50	50	100	0	0	0	0	0	0
	北泽	18	18	100	0	0	0	0	0	0
	因远	89	89	100	0	0	0	0	0	0
	因远机关	20	20	100	0	0	0	0	0	0
合计		1433	1433	100	0	0	0	0	0	0

表 4-5 显示：杂居汉族的汉语熟练。

（二）杂居汉族的哈尼语使用情况

汉族杂居村卡腊、三合寨、北泽、因远、因远机关的汉族哈尼语使用入户调查结果见表 4-6。

表 4-6

年龄段	村寨/机关	调查人数	熟练		一般		略懂		不会	
			人口	百分比	人口	百分比	人口	百分比	人口	百分比
6—19 岁	卡腊	51	1	2	2	3.9	12	23.5	36	70.6
	三合寨	131	1	0.8	19	14.5	42	32.1	69	52.6
	北泽	38	0	0	0	0	0	0	38	100
	因远	96	0	0	0	0	0	0	96	100
	因远机关	20	0	0	1	5	1	5	18	90

年龄段	村寨/机关	调查人数	熟练 人口	百分比	一般 人口	百分比	略懂 人口	百分比	不会 人口	百分比
	卡腊	105	22	20.9	3	2.9	23	21.9	57	54.3
	三合寨	293	14	4.8	43	14.7	172	58.7	64	21.8
20—59岁	北泽	110	2	1.8	0	0	0	0	108	98.2
	因远	255	3	1.2	2	0.8	9	3.5	241	94.5
	因远机关	135	7	5.2	19	14.1	39	28.9	70	51.8
	卡腊	22	15	68.2	1	4.5	3	13.6	3	13.6
	三合寨	50	12	24	13	26	17	34	8	16
60岁以上	北泽	18	0	0	0	0	0	0	18	100
	因远	89	8	9	2	2.2	10	11.2	69	77.5
	因远机关	20	4	20	7	35	3	15	6	30
合计		1433	89	6.2	112	7.8	331	23	901	62.9

表4-6显示：杂居村的汉族哈尼语能力受周围杂居民族语言的影响较大，而且6—19岁、20—59岁年龄段的汉族中，大多数人不会哈尼语。

（三）杂居汉族的白语使用情况

汉族杂居村卡腊、三合寨、北泽、因远、因远机关的汉族白语使用入户调查结果见表4-7。

表 4-7

年龄段	村寨/机关	调查人数	熟练		一般		略懂		不会	
			人口	百分比	人口	百分比	人口	百分比	人口	百分比
	卡腊	51	0	0	0	0	0	0	51	100
	三合寨	131	0	0	0	0	0	0	131	100
6—19岁	北泽	38	3	7.9	0	0	0	0	35	92.1
	因远	96	12	12.5	4	4.2	5	5.2	75	78.1
	因远机关	20	0	0	2	10	5	25	13	65
	卡腊	105	0	0	0	0	0	0	105	100
	三合寨	293	0	0	0	0	0	0	293	100
20—59岁	北泽	110	34	30.9	6	5.5	7	6.4	63	57.2
	因远	255	80	31.4	12	4.7	22	8.6	141	55.3
	因远机关	135	13	9.6	17	12.6	36	26.7	69	51.1
	卡腊	22	0	0	0	0	0	0	22	100
	三合寨	50	0	0	0	0	0	0	50	100
60岁以上	北泽	18	8	44.4	1	5.6	2	11.1	7	38.9
	因远	89	36	40.4	4	4.5	14	15.7	35	39.3
	因远机关	20	7	35	6	30	5	25	2	10
合计		1433	193	13.5	52	3.6	96	6.7	1092	76.2

杂居汉族的白语能力受周围杂居民族语言的影响也比较大。生活在北泽、因远、因远机关的汉族,6—19岁、20—59岁年龄段的会讲一点白语。而且,年龄段越高,白语熟练的人数就越多。北泽村白语熟练的人大多在60岁以上。在北泽、因远村,汉、白双语人,20—59岁的人中分别占到了30.9%、31.4%。60岁以上的人中分别占到了44.4%、40.4%。因远机关占到了35%。这说明北泽、因远村的汉族,杂居在白族、哈尼族中,白语对他们的影响比哈尼语大。

卡腊、三合寨是哈尼族、汉族的杂居村。村民们不会讲白语是正常的。从汉族兼用哈尼语的情况看,6—19岁的人,只有1人;20—59岁的人中,卡腊占20.9%,三合寨占4.8%;60岁以上的人中,卡腊占68.2%,三合寨占24%。这说明卡腊村的老年人中有近三分之二的汉、哈双语人。

二、哈尼语、白语 400 词测试

为了解汉族掌握哈尼语的情况,我们从三个年龄段抽出了10位哈尼语达到"熟练"或"一般"的村民,进行哈尼语400词测试。结果见表4-8。

表 4-8

序号	姓名	民族	年龄	文化	性别	哈尼语			
						熟练	一般	略懂	不会
1	李院转	汉族	18	初中	女	330	12	5	53
2	柳春琼	汉族	14	初中	女	245	18	6	131
3	杨玉平	汉族	36	小学	女	391	1	0	8
4	丁阿仙	汉族	46	小学	女	389	3	0	8
5	丁永华	汉族	60	小学	女	396	4	0	0
6	丁阿华	汉族	65	小学	男	394	4	0	2
7	李石聪	汉族	25	初中	男	345	18	3	34
8	张树清	汉族	54	小学	男	329	14	7	50
9	杨强华	汉族	65	小学	男	323	29	12	36
10	郑丙全	汉族	73	文盲	男	377	14	0	9

表4-8显示:年龄最小的柳春琼熟练的哈尼词词汇量相对较少;其余的被测试者,熟练的哈尼语词汇量都较多。这说明随着年龄的增长,有机会接触哈尼语,汉族习得哈尼语并不困难。

为了解汉族掌握白语的认知水平,我们抽出了11人进行了白语400词测试。结果见表4-9。

表 4-9

序号	姓名	民族	年龄	文化	性别	白语			
						熟练	一般	略懂	不会
1	姚瑶	汉族	13	初中	女	392	3	0	5
2	刘文超	汉族	17	初中	男	381	6	2	11

3	刘云洁	汉族	12	小学	女	335	3	1	61
4	黄胜春	汉族	35	初中	男	391	1	0	8
5	闵建国	汉族	51	小学	男	388	3	0	9
6	周　毅	汉族	33	初中	男	369	4	0	27
7	杨美华	汉族	36	初中	女	374	0	0	26
8	余金凤	汉族	61	文盲	女	385	0	0	15
9	李开明	汉族	67	脱盲	男	390	6	0	4
10	杨正金	汉族	61	小学	男	388	3	2	7
11	白会珍	汉族	68	小学	女	394	0	0	6

表4-9显示：被测试者的白语能力很强。在400词测试中，正确率都在83%以上。我们还走访了因远镇政府、中心小学、因远一中、卫生所、粮食局、文化站、卡腊小学、安定小学、三合一小学等，仔细询问了这些机关单位汉族的语言使用情况。总体而言，大多数汉族使用汉语，少数人兼用白语和哈尼语。汉族中兼用白语的人数多于哈尼语，在因远、北泽村尤其突出。我们发现因远村汉族在经济、文化方面受白族的影响大，语言也不例外。

第四节　语言使用特点

经过调查、分析和综合，我们认为因远镇汉族的语言使用，具有以下特点：

1. 因远镇汉族有聚居和杂居村寨，都以汉语为交流工具，与周边的白族、哈尼族交往、沟通，交流中没有语言障碍。其原因是周边白族、哈尼族的汉语能力强（参见本书第二章、第三章），汉族没有必要学习哈尼语、白语。

2. 杂居区的多数汉族使用汉语。但部分汉族长期与白族、哈尼族频繁来往、共事深交，在家庭、社区自然习得了白语、哈尼语。有的因特殊的经历，与白族和哈尼族合作劳动，有更多的机会接触白语或哈尼语，如卡腊、三合寨、北泽、因远等村的汉族，有的汉族是汉、哈双语人，有的是汉、哈、白三语人。

3. 无论汉族使用白语还是哈尼语，都与该民族的经济、文化、交通、教育有密切的关系。杂居于卡腊、三合寨的汉族，他们受到的哈尼语的影响不一样。卡腊村的汉族受哈尼语的影响要比三合寨的汉族大。主要原因是：第一，卡腊村是村委会驻地，设有完小，是一个小型的经济、文化、教育中心。平时，到卡腊村购买生活用品的都是周边的哈尼族，人流量远远比三合寨大。因此，卡腊村的汉族与哈尼族接触机会比三合寨多，受哈尼语的影响大。第二，三合寨的哈尼族汉语程度越来越高，用汉语与哈尼族交流已经没有语言障碍，所以汉族没有必要去学习哈尼语。

4. 从人口数量而言，白族人数只是哈尼族人数的四分之一。但是，人口占优势的哈尼族对汉族的影响并不大。相反，人口数量少的白族对汉族的影响要大一些。汉族中白语熟练的人数比哈尼语熟练的人数多。主要原因是：

（1）聚居民族是本民族语言使用的大本营，对杂居民族的语言使用形成包围态势，使人口数量少的杂居民族长期浸泡在人口多的语言环境中。汉族与白族、哈尼族杂居相处，是汉族兼用白语或哈尼语的重要条件。但是，从因远镇各村寨、各民族的实地考查看，白族集中地居住在因远镇镇政府附近方圆6公里的范围内，形成一个聚居的群体。20世纪五、六十年代，白族的汉语程度并不高，白族在本族区域里使用白语。受过教育的白族，与外族人交往时才使用汉语。这样杂居在白族社区的汉族，长期浸泡在白语的环境中，自然习得白语。杂居在哈尼族村的汉族，他们习得哈尼语的情况大致相同。

（2）族际婚姻是语言使用发生变化的一个重要因素。20世纪50年代以前，汉族与白族、哈尼族通婚较少。各民族在家庭、社区内使用本民族语言，语言的变化不大。然而，随着社会的进步，生产力的发展，乡村差距的不断缩小，异族之间的通婚越来越多。如今，一个家庭可能有多个民族，其语言关系、家庭关系也就变得复杂起来。小到家庭，大到社区，人们就会优先选择适应家庭、亲属、社区的语言。在语言使用中，语言兼用有了存在的条件。

（3）社会交际功能上的互补。汉族与白族、哈尼族杂居，相依共存中，汉族兼用白语或哈尼语，是社会交际的需要。在与白族或哈尼族交往时，汉族会主动使用对方的语言，以表示对交流对象的一种尊敬，以弥补社会交际功能的不足。

（4）语言交际功能上的互补。在与多民族交往的现实中，商品流通需要语言的协商来完成。如果交流双方只能使用一种语言，那么，就会容易导致交流中断。这时，对话的一方就会选择对方熟练的语言，进行有效地补充，以保证语言不断适应实际生活交流的需要。同时，弥补本族语言的不足。

（5）经济、文化、教育的发展是汉族兼用白语的重要原因。因远白族受汉文化影响早、吸收汉文化多；勤耕善读，生活中善于计划；勤俭持家，善于经商，远走到东南亚各国；尊师重教，追求知识；"不求金玉重重贵，但愿儿孙个个贤"的传统观念和价值取向深入人心，受教育程度大大高于其他民族。从古至今，因远白族涌现出了许多名人、工匠、艺人、书画家等，代表着该地区经济、文化、教育的发展方向。

（6）和谐平等的民族关系是部分汉族兼用白语、哈尼语的原因之一。因远白族温文尔雅，哈尼族纯朴踏实，长期以来相互尊重、和谐相处，从未发生过民族之间的暴力流血冲突事件。另外，由于历史的原因，60岁左右的汉族，他们经历过农村的集体劳动时期，当时，各民族在一起，创造了许多语言学习的机会。自从农村"包产到户"后，民族接触、语言接触的机会也减少了。年青一代汉族会讲白语、哈尼语的人数也在减少。

（7）从全镇来看，哈尼族人口比例大，数量上占一定的优势，而且大部分聚居在偏僻的山区，因此族群内有机会使用自己的语言。而杂居的哈尼族，人口数量小，是一个小群体。他们很少有机会在社区使用自己的语言。为了与其他民族交流，他们不得不选择其他民族的语言。因此，哈尼语对汉族的影响不大。

第五章 因远镇各民族的语言关系

第一节 语言接触

语言接触(language contact)是指不同语言由于使用功能的接触而出现的结构特点和功能特点的变化。长期以来,因远镇的哈尼族、白族、汉族混杂而居,和睦相处,关系融洽。相依共存中,人与人之间的接触与交往主要通过语言实现。新中国成立后,党和政府制定了各民族平等、团结互助的政策以及边疆民族优惠政策,拉近了民族之间的和谐关系,促进了各民族的共同进步、繁荣和发展。尤其是改革开放以来,政府引领各族人民,以经济建设为中心、物质文明和精神文明并举,建设社会主义新农村,为各族人民的频繁交往提供了更多的机会,民族交融和语言接触的机会越来越多,已成为一种事实。

因远镇各民族的语言接触既有直接接触也有间接接触。直接接触指使用不同语言的人直接进行口头语言交际;间接接触指使用不同语言的人通过书面或现代通讯媒介进行的间接交际。具体表现在以下几个方面。

一、学校教育

学校教育是白族、哈尼族习得汉语的重要途径,是通过口头语和书面语的接触实现的。为准确把握白族、哈尼族、汉族受教育的程度,我们按文盲、小学、初中、高中(职中)、中专、大学等的完整学历进行了统计[①],因远镇因远村委会白族、哈尼族、汉族的受教育情况,见表5-1。

表5-1

村寨名称	民族	调查人数	文盲	小学	初中	高中	中专
因远村	白族	687	26	121	193	84	23
	汉族	459	36	112	129	37	5
	哈尼族	291	18	63	69	16	2
奔干	白族	348	25	23	105	36	19
	汉族	27	0	4	14	8	0
	哈尼族	80	10	5	24	11	7

---

① 本统计数据只包括完整学历,中途辍学者未统计在内。此外,大学以上学历的人因毕业后一般不回本村,没列入统计中。

村寨名称	民族	调查人数	文盲	小学	初中	高中	中专
安仁	白族	636	24	119	203	83	24
	汉族	118	5	24	35	15	7
	哈尼族	120	8	26	32	13	5
马鹿	白族	198	15	36	59	16	6
	汉族	40	2	10	9	3	0
	哈尼族	76	6	16	29	4	0
补垤	白族	191	7	19	62	15	7
	哈尼族	22	2	2	8	0	0
红安	白族	213	14	35	57	33	4
	汉族	91	3	20	22	8	2
	哈尼族	51	3	16	13	2	0
因远机关	白族	264	3	12	52	29	47
	汉族	181	3	16	18	18	25
	哈尼族	269	6	23	45	36	46

都贵村委会哈尼族、汉族的受教育情况见表5-2。

表 5-2

村寨名称	民族	调查人数	文盲	小学	初中	高中	中专
哈梯	哈尼族	232	18	19	43	3	3
都贵上寨	汉族	164	19	17	49	11	1
	哈尼族	49	5	2	11	2	1
都贵下寨	哈尼族	693	58	56	117	19	4
罗马	汉族	57	5	12	16	6	0
	哈尼族	7	1	2	3	0	0
罗戈冲	哈尼族	113	8	3	19	1	0
哈浦	哈尼族	745	62	71	112	19	7
余家	哈尼族	280	17	33	59	13	4
大归池下寨	哈尼族	593	42	47	81	14	3
大归池上寨	哈尼族	742	78	41	103	17	4

安定村委会白族、哈尼族、汉族的受教育情况见表5-3。

表 5-3

村寨名称	民族	调查人数	文盲	小学	初中	高中	中专
新寨	哈尼族	340	38	87	98	14	5
大甸索	哈尼族	466	50	87	123	18	0
	汉族	19	2	2	6	3	0

村寨名称	民族	调查人数	文盲	小学	初中	高中	中专
安定	白族	1270	50	289	358	99	28
	汉族	86	2	13	31	6	0
	哈尼族	174	11	59	54	10	0
小班碧	汉族	364	30	53	102	26	0
	哈尼族	28	0	3	14	0	0
大班碧	哈尼族	758	12	124	182	29	6
土塘	汉族	523	33	173	192	15	14
	白族	81	0	2	2	25	16
	哈尼族	37	3	9	11	0	0
沙浦	白族	445	20	64	155	35	9
	汉族	70	5	8	7	3	2
	哈尼族	91	1	7	13	1	0
安定机关	白族	90	10	18	24	6	22
	汉族	43	3	9	7	6	8
	哈尼族	31	2	3	8	7	5

卡腊村委会哈尼族、汉族的受教育情况见表5-4。

表 5-4

村寨名称	民族	调查人数	文盲	小学	初中	高中	中专
龙潭	哈尼族	187	18	24	29	12	0
安木垤	哈尼族	205	17	12	29	9	3
乌布鲁初	哈尼族	162	9	25	36	7	1
拉哩	哈尼族	228	17	37	56	14	2
	汉族	193	10	27	50	15	4
布孔寨	哈尼族	423	30	75	97	30	5
卡腊	哈尼族	228	17	37	56	14	2
	汉族	193	10	27	50	15	5
罗马	哈尼族	437	30	60	59	24	6
三合寨	哈尼族	335	17	55	77	33	3
	汉族	506	22	72	101	71	16

北泽村委会白族、哈尼族、汉族的受教育情况见表5-5。

表 5-5

村寨名称	民族	调查人数	文盲	小学	初中	高中	中专
麻栗坪	哈尼族	134	10	18	27	7	0
水桶	哈尼族	125	11	16	49	12	1

麻栗寨	哈尼族	210	18	42	74	21	0
北泽	哈尼族	177	11	20	55	24	2
	白族	188	17	31	58	24	7
	汉族	177	7	17	62	26	3
玉嘎	哈尼族	255	44	30	43	3	2
三〇三	哈尼族	262	12	37	54	11	2
新北泽	哈尼族	697	47	143	186	37	6
大浦	哈尼族	598	32	78	16	19	0
北泽中寨	哈尼族	175	16	28	39	22	3

车埂村委会哈尼族的受教育情况见表5-6。

表5-6

村寨名称	民族	调查人数	文盲	小学	初中	高中	中专
车那号	哈尼族	131	8	13	29	3	0
梁子	哈尼族	60	3	1	21	0	0
利当	哈尼族	172	18	16	58	2	1
车埂	哈尼族	768	52	0	249	59	11
落戈	哈尼族	491	29	22	138	16	4

半坤村委会哈尼族的受教育情况见表5-7。

表5-7

村寨名称	民族	调查人数	文盲	小学	初中	高中	中专
半坤	哈尼族	1131	110	87	178	26	4
独寨	哈尼族	94	14	3	12	5	0
罗布	哈尼族	167	21	6	13	4	0
咪浦	哈尼族	146	16	9	25	7	0
苏都嘎	哈尼族	387	29	31	57	10	0
小归池	哈尼族	780	57	77	144	47	1

浦贵村委会哈尼族、汉族的受教育情况见表5-8。

表5-8

村寨名称	民族	调查人数	文盲	小学	初中	高中	中专
浦海	哈尼族	441	54	90	82	30	2
浦贵	哈尼族	823	87	210	173	25	5
埂嘎	哈尼族	32	21	52	47	10	1
	汉族	197	1	7	12	3	0
嘎俄	哈尼族	224	20	41	67	12	3
仓房	哈尼族	152	15	35	46	9	3

路同村委会哈尼族的受教育情况见表5-9。

表 5 - 9

村寨名称	民族	调查人数	文盲	小学	初中	高中	中专
南扎	哈尼族	338	26	146	81	6	0
脚替	哈尼族	290	17	28	28	16	1
路同	哈尼族	579	60	73	94	30	2
大同浦	哈尼族	460	24	29	81	15	8
哈嘎替	哈尼族	459	43	38	86	13	1

因远镇白族、哈尼族、汉族的受教育情况见表 5 - 10。

表 5 - 10

民族 文化程度	哈尼族		白族		汉族	
	调查人数 （共 19561 人）	百分比	调查人数 （共 4611 人）	百分比	调查人数 （共 3508 人）	百分比
文盲	1545	7.9	211	4.6	198	5.6
小学	2548	13	769	16.7	623	17.8
初中	3742	19.1	1328	28.9	912	26
高中	893	4.6	485	10.5	295	8.4
中专	184	0.9	198	4.3	67	1.9

上表显示，因远镇白族、汉族、哈尼族的受教育程度都不低。其中，初中毕业人数最多，分别达到了 28.8%、26% 和 19.1%。文盲分别占本民族人口的 4.6%、5.6%、7.9%。因此，汉语的普及率不算低。白族和哈尼族进入学前班和小学后，就开始接触汉语普通话或思普话[①]。在正常情况下，只要读完小学，白族和哈尼族就能熟练地讲汉语，汉语成为他们的第二语言。因远小学的张校长告诉我们：汉语教育越来越受到社会各界的重视，各民族的教育意识也在不断增强。特别是农村义务教育经费实行了"三免一补"以来，各民族积极送子女入学。哈尼族的入学率达到了 98%，白族、汉族达到了 100%。由此可见，学校教育已成为白族和哈尼族习得汉语的重要途径。

二、大众传媒

大众传媒（广播、电视、报纸、网络、手机等）是白族、哈尼族加速提高和保持汉语能力的另一个重要途径。在当前的社会主义新农村建设中，农村的基础设施建设不断完善，广播电视、通讯网络几乎遍及村村寨寨。电话、广播、电视、手机等现代化的信息传播手段已成为村与村之间、村民与村民之间、家庭、社区与外界之间沟通的重要手段。在我们到过的村子里，大部分家庭都有电视、收音机、手机。傍晚，家庭成员或邻居都聚在电视机旁观看新闻联播和其他精

---

① 有一部分老师普通话不熟练，上课时用当地汉语思普话进行教学。

彩的电视节目,有的边放牛边听收音机,实现了大众传媒的社会化。村里通知要事,就用广播,加快了信息传播速度,减轻了村干部的劳动量。科技兴农,已达成共识。在我们到过的村子里,几乎都有一两份农业科技报,他们依靠农业科技提高生产力。他们以汉语为媒介,提倡新文化、新价值。大众传媒的影响是超血缘、超村落的,是无形的、不可阻挡的。

三、优势互补

从民族接触开始,各民族都要互相学会对方的语言,才能达到民族经济生活的互补。因远镇的白族、哈尼族、汉族,经济上虽都以农业为主,但各民族都有自己的生产劳动技术和资源优势。相依共存中,具有较高汉文化并成为当地先进民族的白族和汉族,除了从事农耕活动外,还有一部分人经商。他们把外地商品引入本地,如盐、食用油、煤油、烟酒、斧、锄、镰刀等生活必需品和劳动工具,卖给哈尼族。哈尼族则擅长种植、养殖和采集。他们将自销有余的农产品,如米、菜、鸡、猪、鸭、鹅、牛、马等,还有天然绿色产品,如木材、柴火、野菜、野生菌、野味等,卖给汉族和白族,换取生活中的必需品。

地理上特殊的分布格局和民族经济上的特点,使各民族在生息繁衍中频繁交往。在长期的农耕活动中,各民族都掌握了一定的农业耕作技术,积累了一些经验。特别是在种植水稻方面,哈尼族开垦梯田,种植水稻的历史要比白族和汉族悠久。在白族、汉族种植水稻的过程中,由于技术和劳动力的不足,需要请哈尼族的剩余劳动力帮忙,完成一系列的农耕活动,如犁田、耙田、栽秧、薅秧、收割、采茶等。到白族、汉族村帮忙的哈尼族剩余劳动力,与白族、汉族同吃同住同劳动,创造了许多语言学习的机会。长此以往,有的白族、汉族学会了哈尼语,哈尼族也学会了白语和汉语[①]。此外,哈尼族也从白族、汉族那儿学会了种植蔬菜、水果、烤烟等技术。白族、汉族、哈尼族之间的交往既互相弥补了生活用品、劳动工具和劳动力资源和农业生产劳动技术等的不足,也创造了大量语言接触的机会,加速了习得对方民族语言的进程。

四、文化合流

文化合流(acculturation)是"一种逐渐适应新文化的过程。"(Brown,1980)在长期的民族接触中,无论是哈尼族、白族还是汉族,他们都有自己的传统文化和民族节日。如哈尼族节日有十月年、黄饭节、栽秧节、苦扎扎节、新米节等。节日期间,男女老少身着盛装,杀鸡宰鸭,敲锣打鼓,荡秋千,走亲戚。届时,哈尼族都会邀请白族、汉族朋友一同过节。白族也有自己的节日,如春节、三月三、三月会、祭龙(鸡师邦)、清明节、端午节、叫魂节(农历六月二十四日)、中秋节(农历八月十五日)、过冬等。过节期间,白族村寨热闹非凡,有荡秋千、耍龙、耍狮子、耍龙灯、请七姑娘等娱乐活动。届时,白族也会邀请汉族、哈尼族朋友到家中一起玩儿。各民族饮酒交流,谈家事、农事,共谋农业经济的发展之道。汉族的节日主要有春节、元宵节、清明节、端

---

① 参见附录一李开利的访谈录。

午节、鬼节(农历七月十五日)、中秋节、重阳节等。节日期间,汉族也会邀请白族、哈尼族与他们共同过节,一起品尝汉族的美味佳肴。这种长期的频繁的节日走访、文化分享与交流,提供了大量的语言接触机会。各民族不仅学会了对方的语言,而且还吸收了对方的文化,实现了语言文化的相互影响。

五、族际通婚

族际通婚分为三个历史层次:20 世纪 50 年代前,异族婚姻不普遍。虽然哈尼族、白族、汉族长期混杂而居,他们之间的商品交流、农事合作、节日走访都很频繁,但是,族际之间基本上不通婚。特别是白族,一般不与外族联姻。20 世纪 50 年代以后,有许多集体劳动,建立了友谊、信任和理解,加上政府大力宣传民族团结、民族平等,出现了少量的异族通婚家庭。20 世纪 80 年代后,改革开放,思想大解放,各民族冲破了传统婚姻观念的束缚,理解了族际婚姻家庭的优势性,族际婚逐渐增多。据统计,因远镇的村村寨寨,几乎都有族际联婚家庭。在现实生活中,组成家庭,须经过谈情说爱、谈婚论嫁等过程。而这些过程的实现,语言的沟通是必不可少的。

族际通婚,为习得男女双方的语言提供了大量的机会。特别是女方嫁入男方后,想融入男方的家庭生活和社会群体中,首先就要过语言关。调查中我们发现,哈尼族姑娘嫁到白族村子后,半年左右就能听懂白族话,一年后就能用白语交流,生养一两个孩子后,白语就能达到熟练水平。

第二节　汉语对白语的影响

白语是白族的民族语言,是白族最重要的民族特征之一。白语的系属问题尚存在争议,学术界主要有三种观点:1.白语属藏缅语族彝语支;2.白语属藏缅语族,自成一语支,即白语支;3.白语不属于藏缅语,而属于汉白语族,是汉白语族的一支独立语言。总之,白语和汉语的关系问题,早在 20 世纪三、四十年代就有白族学者作了探讨。如赵式铭和张海秋等对白语中的古汉语词作了考证,进而认为白语是汉语的一种方言变体。20 世纪 50 年代的白族起源争论中,张海秋等又进一步认为白语和汉语是同一系属的语言,白语是在古代楚方言的基础上,又掺杂了部分古代蜀语发展而成。1999 年,郑张尚芳在研究汉语的过程中,把汉语和汉藏语系的其他少数民族语言材料进行了相互参照,提出了"汉白语族说",并在其《白语是汉白语族的一支独立语言》一文中,为白语的 100 核心词找到了相对应的汉语关系词。他宣称:《白汉词典》中的白语词汇,他都可以为其列出对应的汉语关系词。不可否认,作为我国汉语音韵学的重要代表人物,他所列出的一些关系词很有说服力。但迄今学术界仍然无法确定这些词是从共同的母语发展而来的同源词,还是早期的借词。因为白语和汉语接触的时间很早。而区分同源词和借词,则是汉藏语系语言研究的共同难题。考虑到这一困难,本节只通过因远白语与古代汉语语音、词汇、语义的比较,分析白语与汉语之间的语言现象,不探讨同源词与早期的借词的区别。

一、白语与古汉语的音义比较

因远白族离开大理数百年后,其语言还保留哪些特征?这是我们在因远白语研究中想弄清的问题之一。在因远白语 2000 词汇的记录整理过程中,我们发现了一些白语词汇与古汉语读音、语义相同或相近,通过对照《古今字音对照手册》的汉语词汇,我们发现因远白语词汇中的读音与汉语中古音有明显的对应规律,见表 5-11。

表 5-11

白语词	古汉字	反切	声母	韵母	声调
kɔ̃^{55}	江	古双切	见母	江韵	平声
kɔŋ^{55}	姜	居良切	见母	阳韵	平声
ke^{55}	鸡	古奚切	见母	齐韵	平声
ka^{55}	教	古肴切	见母	肴韵	平声
kə^{55}	叫	古弔切	见母	啸韵	去声
kua^{33}	骨	古忽切	见母	没韵	入声
ko^{313}	谷	古禄切	见母	屋韵	入声
kɛ^{31}	见	古点切	见母	散韵	去声
kɛ^{55}	街	古膎切	见母	佳韵	平声
phɔŋ^{55}	蜜蜂	敷容切	敷母	锺韵	平声
phɔŋ^{31}	捧	敷奉切	敷母	锺韵	上声
pi̯^{55}	分	府文切	非母	文韵	平声
pu^{55}	飞	莆微切	非母	微韵	平声
pi̯^{55}	风	方戎切	非母	东韵	平声
pi^{31}	不	分勿切	非母	物韵	入声
pu^{33} tə^{33}	腹	方六切	非母	屋韵	入声
tɔ^{31}	大	唐佐切	定母	个韵	去声
ti^{53}	田地	徒四切	定母	至韵	去声
tə^{33}	得	多则切	端母	德韵	入声
tər^{53}	打	德冷切	端母	梗韵	上声
ŋi^{313}	银	语巾切	疑母	真韵	平声
ŋɔ^{31}	我	五可切	疑母	哿韵	上声
ŋə^{33}	五	疑古切	疑母	姥韵	上声
ŋua^{33}	月	鱼厥切	疑母	月韵	入声
ʑyi^{31}	胃	于贵切	云母	未韵	去声
ʑyn^{313}	云	王分切	云母	文韵	平声
ʑyi^{33}	雨	王矩切	云母	麌韵	上声

根据王力先生《汉语语音史》(第 110—111 页)的论述,魏晋南北朝时期的语音构拟,汉语

见母字的声母构拟为 k,在白语中,"江""姜""鸡""教""叫""骨""谷""见""街"等词,声母都念 k;敷母构拟为 ph 的汉字,在因远白语中,"蜂""捧",声母都念 ph;非母字和帮母字互混切,构拟为 p,在白语中,"分""飞""风""不""腹"等,声母都念 p;定母构拟为浊音 d,在白语中,"大""田""地"等字,演变为清音,声母念 t;端母构拟为 t,如白语的"打""得"等字,声母都念 t;疑母构拟为 ŋ,在白语中,"银、我""五""月"等字,声母念 ŋ;云母属于影类声母,构拟为喉塞音 ʔ,在白语中,如"胃""云""雨"等字,声母都念 ɀ。

白语的声母 k, ph, p, t, ŋ, ɀ 等与中古时期汉语的 k, ph, p, t, ŋ, ʔ 声母相对应,说明了白语和汉语在魏晋之前就有了相当密切的关系。经过千百年的演变,白语词汇系统中仍保留着中古时期汉语的一些语音元素和痕迹。

当然,以上例词中的韵母变化是复杂的。不可否认,古入声韵尾 p, t, k 在白语词汇中已全部脱落,但白语的韵母与古汉语的韵母基本还保持一致,如"蜂""捧"的韵母都是 əŋ,与古音"锺韵"对应。声调方面,虽然不能与中古时期汉语的声调一一对应,但古汉语平声字在今白语中仍都读55调,例词参见表5-12;去声字大多读31调;入声字大多归入阳平,少部分归入其他调,见表5-14白语与汉语古入声字对应表。下面分析因远白语与古汉语韵母的对应关系,见表5-12。

表 5 - 12

白语词	古汉字	反切	声母	韵母	声调	韵摄	开合	等韵
təm31	洞	徒弄切	定母	送韵	去声	通摄	合口	一等
thəm31	桶	他孔切	透母	董韵	上声	通摄	合口	一等
tʂəm33	种	之陇切	章母	腫韵	上声	通摄	合口	三等
pia33	八	博拔切	帮母	黠韵	入声	山摄	开口	二等
pia31	拔	蒲八切	並母	黠韵	入声	山摄	开口	二等
mər33	马	莫下切	明母	马韵	上声	假摄	开口	二等
mər55	骂	莫驾切	明母	禡韵	去声	假摄	开口	二等

通过比较我们发现,列举的白语词汇韵母具有古汉语"韵摄""开合""等韵"等特征,而且能够找到对应的规律,如"洞""桶""种"与白语词的韵母相对应,都念 əm。以广韵所代表的中古语音中,这三个字都属于通摄,都是合口,其中"洞""桶"为一等韵,"种"为三等韵。它们的韵腹一致。只是在白语中,古汉语的三等字的介音与声母的演变有一定的关系,声母 tʂ 后面的介音消失已脱落。此外,"八""拔"在白语中韵母相同,都念 ia,中古时期这两个字的韵母都属于山摄,都是开口二等。这两个字的语音演变对应规律比较复杂,其介音的产生与声母清浊合并变成清音有一定的关系,入声韵尾脱落有一定的关系。"马""骂"在白语中韵母相同,都念 ər,而中古时期这两个字都属于假摄,开口二等。这说明白语中的有些词汇同古汉语具有密切关系。

此外,汉语词汇经过千百年的演变,有的读音上前后形成了较大的差异,有的语义上发生了很大的变化,有的甚至在口语中已经完全消失。这些词汇在现行白语中不仅仍然保留,而且与古汉语读音、语义基本相同,并且已经固化在白语的基本词汇中,成为白语日常生活中使用频率较高的词,如"箸""薪""甘""斫""子""剖""酸""暑""矢""脂"等。这些词的白语和汉语音义比较分析见表5-13。

表 5 – 13

例词	因远白语	词义	古汉语	词义	例句
箸	tʂu³¹	筷子	箸	筷子	例1:"饭黍毋以箸。"(《礼记·曲礼》) 例2:"纣为象箸,而箕子唏。"(《史记·诸侯年表》)
薪	sin⁵⁵	柴	薪	柴	例1:"季月之冬,收秩薪柴。"(《礼记·月令》) 例2:"大者可析谓之薪,小者合束谓之柴。"(郑玄注《礼记·月令》) 例3:"是负薪而救火也。"(《韩非子·有度》) 例4:"以地事秦,犹抱薪救火,薪不尽,火不灭。"(苏洵《六国论》)
甘	ka⁵⁵	甜	甘	甜	例1:"谁谓荼苦,其甘如荠。"(《诗经·邶风·谷风》) 例2:"币重而言甘。"(《左传·昭公十一年》) 例3:"口辨咸酸甘苦。"(《荀子·荣辰》)
斫	tʂɔʔ³³	砍	斫	本义大锄,引申为砍。	例1:"斫朝涉之胫。"(《尚书·秦誓下》) 例2:"工人斫木而为器。"(《荀子·性恶》)
子	tsɿ³³	儿子	子	儿子	例1:"子又生孙,孙又生子。"(《列子·汤问》) 例2:"立子亮为太子。"(《三国志·吴书·吴主传》)
剖	phəɿ³³	破开	剖	破开	例1:"剖冰济水,不惮艰难。"(《吴子·料敌》) 例2:"凿石索玉,剖蚌求珠。"(《三国志·蜀志·秦必传》)
酸	sua⁵⁵	酸,醋的味道	酸	酸,醋的味道	例:"凡和,春多酸,夏多苦,秋多辛,冬多咸。"(《周礼·天官·食医》)
暑	ʂu⁵⁵	炎热	暑	炎热	例1:"日月运行,一寒一暑。"(《周易·系辞上》) 例2:"暑,热也。"(许慎《说文解字》) 例3:"其性能暑。"(晁错《言守边备塞疏》)
矢	ʂɿ³³	粪便	矢	粪便	例1:"杀而埋之马矢之中。"(《左传·文公十八年》) 例2:"顷之,三遗矢也。"(《史记·廉颇蔺相如列传》) 例3:"矢溺皆闭其中。"(方苞《狱中杂记》)
脂	tʂɿ⁵⁵	动植物油	脂	泛指动植物油	例:"肤如凝脂。"(《诗经·卫风·硕人》)

白族和汉族虽然是两个不同的民族,分别使用各自的语言,但很多语素音节却惊人地相似,其中很大一部分完全相同。据不完全统计,在汉语的415个语素音节当中,与白语相同的有319个,高达76.9%。其中,163个词的音义基本相同,只有细微的差异,比例为51.4%。由此说明白语和汉语的关系由来已久,源远流长。

二、白语与古汉语入声字比较

根据胡安顺《音韵学通论》(第 104—184 页),汉语古入声字与白语词汇的对应规律见表 5 - 14。

表 5 - 14

白语	入声	中古音	声母	韵母	韵摄	开合	等韵
pər^{53}	白	bɐk	並母	陌韵	梗摄	开口	二等
pər^{33}	百	bɐk	帮母	陌韵	梗摄	开口	二等
pər^{53}	柏	bɐk	帮母	陌韵	梗摄	开口	二等
pɔ^{31}	薄	bɑk	並母	铎韵	宕摄	开口	一等
pa^{33}	别	pjet	並母	薛韵	三摄	开口	三等
paʔ^{33}	钵	puɑt	帮母	末韵	三摄	合口	一等
ȥiaʔ^{33}	压	ʔap	影母	狎韵	咸摄	开口	二等
aʔ^{33}	鸭	ʔap	影母	狎韵	咸摄	开口	二等
tə^{33}	得	tək	端母	德韵	曾摄	开口	一等
ta^{55}	答	tʌp	端母	合韵	咸摄	开口	一等
tuʔ^{31}	读	dok	定母	屋韵	通摄	合口	一等
tɣ^{313}	毒	duk	定母	沃韵	通摄	合口	一等
ko^{31}	国	kuək	见母	德韵	曾摄	合口	一等
kua^{33}	骨	khuət	见母	没韵	臻摄	合口	一等
ku^{33}	角	luk	见母	觉韵	江摄	开口	二等
kɔ^{33}	脚	kiak	见母	药韵	宕摄	开口	三等
tʂu^{33}	竹	ȴiuk	知母	屋韵	通摄	合口	三等
tʂər^{33}	窄	tʃɐk	庄母	陌韵	梗摄	开口	二等
thɛ^{33}	铁	thet	透母	屑韵	三摄	开口	四等
thi^{31}	贴	thep	透母	帖韵	咸摄	开口	四等

上表显示:白语与汉语古入声字虽不能一一对应,但仍有一些对应规律。

三、白语的构词特点

白语的词汇结构绝大多数同汉语相似,但也有一些独有的特点,分述如下:

1. 前加类别泛指成分

白语在表示泛指的事物名称前通常加前缀 pe^{55}。pe^{55} 的原意是"它的""其",表示事物的类别和性质,也指说话和听话者之间明白的事或物。当它附加在名词前作为前缀时,已失去原义,成为"类别泛指",例词见表 5 - 15。

表 5 – 15

汉义	白语	说明
洞	pe^{55} tɔm^{31}	泛指洞
蒸汽	pe^{55} tɕhi^{33}	泛指蒸汽
泡沫	pe^{55} phu^{55}	泛指泡沫
声音	pe^{55} tʂhəɹ^{55}	泛指声音
种子	pe^{55} tʂɔm^{33}	泛指种子
水果	pe^{55} kho^{33}	泛指水果
台阶	pe^{55} thɛ^{313}	泛指台阶
公公	pe^{55} zie^{313}	泛指老公公
婆婆	pe^{55} ne^{33}	泛指老婆婆
底下	pe^{55} ti^{33}	泛指底下
百万	pe^{55} pəɹ^{33} wua^{33}	泛指数量
千万	pe^{55} tɕhin^{55} wua^{33}	泛指数量
亿	pe^{55} mi^{31}	泛指数量
裂缝	pe^{55} pəɹ^{55}	泛指裂缝

　　当上述的词根词素前加修饰性词素构成复合名词时，pe^{55}便脱落，其位置被修饰成分替代，例词见表 5 – 16。

表 5 – 16

白语泛指	汉义	白语	汉语	白语	汉语
pe^{55} sɛ^{31} tɔm^{31}	洞	i^{55} tɔm^{31}	衣服洞	sɛ̃^{55} tɔm^{31}	山洞
pe^{55} sɛ^{31} tɕhi^{33}	气	a^{55} zi^{33} tɕhi^{33}	蒸饭的气	xɛ̃^{55} tɕhi^{33}	天气
pe^{55} sɛ^{31}	蛋	ke^{55} sɛ^{31}	鸡蛋	aʔ^{33} sɛ^{31}	鸭蛋
pe^{55} ma^{313}	毛	ʔɔŋ^{313} ma^{313}	鹅毛	ke^{55} ma^{313}	鸡毛
pe^{55} ko^{33}	爪	lɔ^{313} ko^{33}	虎爪	paŋ^{31} tsɿ^{33} ko^{33}	豹子爪
pe^{55} ku^{33}	角	ziɔŋ^{313} ku^{33}	羊角	ŋə^{313} tɔŋ^{55} ku^{33}	公牛角
pe^{55} ziə^{33}	翅膀	ko^{31} tsɿ^{33} ziə^{33}	鸽子翅膀	tʂɔ^{33} ziə^{33}	鸟翅膀
pe^{55} kua^{33}	茎	ta^{31} tʂə^{31} kua^{33}	桃树茎	ɔ^{31} tɔ^{313} kua^{33}	核桃茎
pe^{55} kua^{55}	根	ta^{31} tʂə^{31} kua^{55}	桃树根	ɔ^{31} tɔ^{313} kua^{55}	核桃根
pe^{55} mi^{33}	尾巴	ke^{55} mi^{33}	鸡尾巴	tɛ^{53} mi^{33}	猪尾巴

　　2. 修饰成分后置

　　白语的偏正结构复合词以修饰成分后置为主要的结构类型，即中心词素＋修饰性词素，例词见表 5 – 17。

表 5-17

白语	汉语	白语	汉语
ε³³ xə̃³³ 看 好	好看	so³¹ xə̃³³ 笑 好	好笑
ziə³³ xə̃³³ 吃 好	好吃	mi⁵⁵ tsə³¹ tsʅ³³ 勺　子	小勺子(调羹)
sin⁵⁵ se³¹ 心 小	小心眼	tɕi⁵⁵ tsʅ³³ 簸箕 小	小簸箕
ko³³ pa³¹ tsʅ³³ 脚　　小	小腿	ke⁵⁵ pu³³ 鸡 公	公鸡
ke⁵⁵ mo³³ 鸡 母	母鸡	ke⁵⁵ se³¹ 鸡 小	小鸡
ŋə³¹³ toŋ⁵⁵ 牛 公	公牛	ŋə³¹³ mo³³ 牛 母	母牛

　　但是,在因远白语中有一些偏正结构复合词与汉语的结构一致,即修饰性词素＋中心词素,例词见表 5-18。

表 5-18

白语	汉语	白语	汉语
tɔ³¹ tsə³¹ 大 贼	强盗	tɔ³³ tʂɔŋ³¹³ 大 肠	大肠
xɯ̃⁵⁵ ʂʅ⁵⁵ ȵi³³ 仇　人	仇人	pəɻ³¹ ʂʅ⁵⁵ ȵi³³ 病　人	病人
se³³ tʂɔŋ³¹³ 小 肠	小肠	se³³ xo⁵⁵ 小 人/家	孩子
tɕhiəɻ³³ ʂo⁵⁵ tɔ³¹³ 红　砂糖	红糖	xa⁵⁵ ŋə³¹ po⁵⁵ 看 牛 人	放牛人
ɔ³³ lɔ³³ po⁵⁵ 富　人	富人	phəɻ⁵⁵ zu³¹ 软　煮稀的米	粥
mə³³ tɕiɔŋ³¹ 木 匠	木匠	tsə³¹ ku³¹ tɕiɔŋ³¹ 石　匠	石匠

3.汉白合璧

　　在白语中,有很多复合词是用本族语的固有形式与汉语形式共同构成的汉白合璧词,即汉语语音或语义＋白语语音或语义构成。这类词大部分是双音节合成词,少部分是多音节词,有两种类型:一类是部分汉语词素＋部分白语词素,有的汉语词素置于白语词素之前,有的置于之后。例词见表 5-19。

表 5 - 19

词义	白语 +	汉语 +	白语	词义	汉语 +	白语
露水	koŋ³¹ 露	ɕyi³³ 水		丑	na³¹ 难	ɛ³³ 看
天气	xɛ̃⁵⁵ 天	tɕhi³³ 气		死人	si³³ 死	ʂ̩⁵⁵ n̠i³³ 人
冷水	kɯ⁵⁵ 冷	ɕyi³³ 水		麻袋	ma³¹ pu⁵⁵ 麻布	nɔ³¹³ 袋
一样	a³¹ 一	ziɔ³¹ 样		指甲	ʂə³³ 手	tsʅ³³ 指	kər³³ 甲
一包	a³¹ 一	pɔ³³ 包		手臂	ʂə³³ 手		kua³³ 杆
鱼腥草	khuaŋ³³ 狗	ɕiər⁵⁵ 腥	tshə³³ 草	手背	ʂə³³ 手		toŋ³¹ 背

另一类是汉语语音、语义＋概念转换为白语语音、语义＋概念,有明显的汉白合璧构词的痕迹。白族长者通常使用这种构词,例词见表 5 - 20。

表 5 - 20

白语	汉语	白语	汉语
pu⁵⁵ ke⁵⁵ 飞 鸡	飞的鸡 = 飞机	xui³³ tsho⁵⁵ 火 车	有火的车 = 火车
mə³¹ kɔ̃⁵⁵ 墨 江	墨的江 = 墨江	pi⁵⁵ kɔ̃⁵⁵ 盐 江	有盐的江 = 元江
kɛ³¹ ɕyi³³ 见 水	见到水 = 建水	tsɔ³¹ ku³³ pər³³ 石头 平	平平的石头 = 石屏
tsɔ⁵⁵ kə³¹ 搁 旧	搁或放旧 = 个旧	khə⁵⁵ tsuɛ³³ 开 远	开得远远地 = 开远

4. 借词

区别同源词与早期借词并不是件容易的事。但是区别带有近现代文化特征汉语借词并不十分困难。例词见表 5 - 21。

表 5 - 21

汉语	白语	汉语	白语
干部	ka⁵⁵ pu⁵⁵	团员	thua³¹ ʑie³¹
老师	lɔ³³ sʅ⁵⁵	医生	ʑi⁵⁵ sər⁵⁵
县长	ɕɛ⁵⁵ tʂa³¹	书记	ʂu³³ tɕi⁵⁵
牛奶	n̠ie³¹ nɛ³³	面条	mie⁵⁵ thiɔ³¹

豆腐	tə^{31} fu^{33}	香油	ɕiɔŋ^{55} ʑiə^{313}
苹果	phi^{31} ko^{33}	葡萄	phu^{31} thɔ^{55}
化肥	xua^{55} xui^{31}	尿素	sui^{55} su^{55}
敌杀死	ti^{31} sa^{31} sʅ^{33}	普钙	phu^{33} ke^{55}
医院	ʑi^{33} ʑiɛ^{55}	烟叶站	ʑɛ^{55} ʑɛ^{31} tsa^{55}
计生站	tɕi^{55} sɛ^{33} tsa^{55}	信用社	ɕin^{55} ʑiɔŋ^{55} ʂə^{55}
肥皂	fe^{31} tsɔ^{55}	油漆	tɕhi^{53}
玻璃	po^{55} li^{313}	锅铲	ko^{55} tsha^{33}
电视机	tiɛ^{55} ʂʅ^{55} tɕi^{55}	电灯	tie^{55} tɛ^{33}
电话	tiɛ^{55} xua^{55}	手机	ʂə^{33} tɕi^{55}
VCD	we^{55} si^{55} ti^{55}	汽车	tɕhi^{55} tʂhə^{33}
星期一	ɕiŋ^{55} tɕhi^{55} ʑi^{31}	星期二	ɕiŋ^{55} tɕhi^{55} ər^{313}
星期三	ɕiŋ^{55} tɕhi^{55} san^{55}	星期四	ɕiŋ^{55} tɕhi^{55} si^{313}

　　白语不仅受汉语口语的影响,而且受汉语书面语的影响,也出现了汉语的一些连接词。例词见表5-22。

表 5-22

汉语	白语	汉语	白语
恰恰	tɕhia^{31} tɕhia^{31}	越…越…	ʑi^{31} … ʑi^{31} …
可以	kho^{33} ʑi^{33}	又…又…	ʑiə^{55}
大约	ta^{55} khɛ^{55}	如果	zu^{31} ko^{33}
即使	tɕi^{31} ʂʅ^{33}	因为	ʑin^{33} wui^{55}
不过	pi^{31} ko^{31}	所以	so^{33} ʑi^{33}
实在	ʂʅ^{31} tsɛ^{313}	但是	ta^{55} ʂʅ^{55}
究竟	tɕiə^{55} tɕi^{55}		

　　为量化因远白语中的汉语词素,我们对记录的2000个白语词作了白语与汉语语音、语义基本相同、部分相同词汇的数量统计。结果见表5-23。

表 5-23

语音 ＼ 白语词汇	2000 词	百分比
基本相同	714	35.7
部分相同	228	11.4
完全不同	1048	52.4

　　上表显示:白语2000词汇中与汉语语音、语义相同或基本相同的词汇约占一半。这说明白语与汉语的关系十分密切,由来已久。此外,白族地区长期以来白、汉双语共存,白语虽然在

语言结构上受汉语影响,但它作为一种独立的语言一直使用至今,白族并没有抛弃本民族语言转用汉语。

四、白语的语法特点

语法是一个民族为表达思想而形成的基本固定的语言模式和结构框架,在语言中相对稳定。白语的语法特点分述如下:

1. 动宾结构

白语的动宾结构与汉语动宾结构一致,即动词在前名词在后,例词见表5-24。

表 5 - 24

白语	汉语	白语	汉语
xua^{55} ziɔ^{55} 熬　药	熬药	tʂo^{33} ɣɛ^{313} 穿　鞋	穿鞋
pia^{31} tshə^{33} 拔　草	拔草	tʂhuɛ^{55} tʂʅ^{55} 穿　针	穿针
tʂoŋ^{31} tʂuaŋ^{55} tɕia^{55} 种　庄　稼	种庄稼	phə^{55} xo^{55} 吹　喇叭	吹喇叭
paŋ^{55} tɕia^{55} 搬　家	搬家	tə̃r^{53} tʂʅ^{55} 打　针	打针
ɣər^{31} ŋə^{31} pɛ^{313} 剥　牛　皮	剥牛皮	ta^{55} ɕyi^{33} 打　水	打水
khə^{55} tsho^{55} 开　车	开车	khə^{55} tie^{55} ʂʅ^{55} tɕi^{55} 放　电　视　机	放电视

但是,白语中也有一些动词、名词同形,但语法功能不同的动宾结构。例词见表5-25。

表 5 - 25

因远白语	汉义	因远白语动、名词同形		汉义
ʂo^{55}	尿	ʂo^{55} 尿(动)	ʂo^{55} 尿(名)	撒尿
phi^{31}	屁	phi^{31} 屁(动)	phi^{31} 屁(名)	放屁
mə^{31}	梦	mə^{31} 梦(动)	mə^{31} 梦(名)	做梦
miər^{55}	名	miər^{55} 名(动)	miər^{55} 名(名)	命名
xua^{55}	画	xua^{33} 画(动)	xua^{55} 画(名)	画画

2. 动补结构

白语中有动词在前,补语在后的动补结构,做补语的有形容词、动词、数量词等。例词见表 5-26。

表 5-26

白语	汉语	白语	汉语
piəɾ³¹³ tɔ³¹ 变　大	变大	piəɾ³¹ se³³ 变　小	变小
piəɾ³¹³ xəʔ³³ 变　黑	变黑	piəɾ³¹³ tɕhiəɾ³³ 变　红	变红
ziaʔ³³ phi³³ 压　扁	压扁	paŋ⁵⁵ khə⁵⁵ 压　扁	掰开
tʂha⁵⁵ kɔ̄³³ tsin⁵⁵ 差　两　斤	差两斤	tə̄ɾ⁵³ khə⁵⁵ 打　开	打开
pia³¹ tʂʅ³³ 抽　出	抽出	xə̄ɾ⁵⁵ tʂʅ³³ 嫁　出	出嫁
ziə³³ pə³³ 吃　饱	吃饱	tə̄ɾ⁵³ tʂɔ⁵³ 打　中	打中
tə̄ɾ⁵³ sa³¹ 打　散	打散	tə̄ɾ⁵³ kuɛ³¹ 打　倒	打倒

3. 数量词修饰名词结构

白语中有一些与汉语结构一致的数量词修饰名词的结构,例词见表 5-27。

表 5-27

白语	汉语
a³¹ ɕiəɾ³¹ nɔ³¹ thə³³ 一　天　的　路程	一天的路程
san⁵⁵ thɛ³¹³ ti⁵³ 三　台　田/地	三台梯田/地
i⁵⁵ ɕiɔ³³ ʂʅ³¹ 一　小　时	一小时
a³¹ ta³¹ tsʅ³³ 一　下　子	一会儿
a³¹ tɛ³¹ ʂʅ⁵⁵ ȵi³³ 一　代　人	一代人
a³¹ tsin⁵⁵ paʔ³¹ me³³ 一　斤　半　米	一斤半米

| a³¹ ʂə³³ tʂ̩³³ tə³¹³ khuaŋ⁵⁵
一　手指头　　宽 | 一指宽 |
| a³¹ tʂə³¹ tʂɔŋ³¹³
一　肘　长 | 一肘长 |

4. 主谓结构

白语中表示自然现象的句子,通常是主谓结构。如:

例1:白语:xo⁵⁵ khə⁵⁵ khə³³ lə³³.

　　字译:花　开　着　了

　　汉译:花开了。

例2:白语:kə⁵⁵ ɕiə³³ xɛ̃⁵⁵ tɕhi³³ xə³³.

　　字译:今　天　天　气　好

　　汉译:今天天晴。

例3:白语:pi̍⁵⁵ pər⁵⁵ khə³³ lə³³.

　　字译:风　刮　起　来

　　汉译:风刮起来了。

5. 主谓宾结构

白语的基本次序是主语＋谓语＋宾语(SVO),与汉语句子结构相同。如:

例1:白语:ŋɔ³¹ ʑiə³³ a⁵⁵ ʑi³¹.

　　字译:我　吃　饭

　　汉译:我(正在)吃饭。

例2:白语:nɔ³¹ ʑiə³³ ke⁵⁵ kər³¹³.

　　字译:你　吃　鸡　肉

　　汉译:你(正在)吃鸡肉。

例3:白语:pɔ³¹ ɔŋ³³ xua³³ ɕyi³³.

　　字译:他　喝　开　水

　　汉译:他喝开水。

6. 主谓宾定(补)结构

白语中也有主语＋谓语＋宾语＋定语/补语的结构。与汉语不同的是,白语中数量词组做定语也要后置。例句见表5-28。

表 5 - 28

白语	汉语
pɔ³¹ taŋ⁵⁵ ɕyi³³ kɔ̃⁵⁵ taŋ⁵⁵. 他 挑 水 两 挑	他挑两挑水。
ŋɔ³¹ ziə³³ a⁵⁵ zi³³ kɔ̃³³ paʔ³³. 我 吃 饭 两 碗	我吃两碗饭。
pi³¹ kɔ³¹ sɔ³³ khuaŋ³³ si³³ tə³¹³. 他 们 养 狗 四 只	他们养四只狗。
nɔ⁵⁵ kɔ³¹ ɕia³³ ke⁵⁵ ŋə³³ tə³¹³. 你 们 杀 鸡 五 只	你们杀五只鸡。
ŋɔ³¹ niər³¹³ zi⁵⁵ ziɛ³³ a³¹ piɛ³¹. 我 去 因远 一 趟	我去一趟因远。
nɔ³¹ tər⁵³ pɔ³¹ san⁵⁵ tər³¹. 你 打 他 三 下	你打他三下。

通过将白语与古代汉语的音义、入声字对比,我们发现因远白语词汇的声母、韵母与汉语中古音和古汉语韵母有一定的对应关系;通过对白语偏正结构、动宾、动补、数量词修饰名词、主谓、主谓宾、主谓宾定(补)结构、修饰后置、汉白合璧或白汉合璧词等语法和构词特点的分析,我们发现因远白语词汇既有独特的构词方式,也有与汉语相似的构词方式。这说明白语和汉语的关系由来已久,源远流长。

第三节   汉语对哈尼语的影响

因远镇哈尼语属于豪白方言的豪尼次方言豪尼话,白宏次方言白宏话、梭比话和碧卡方言碧约次方言碧约话。从语言使用情况看,汉语是因远镇的强势语;从使用范围看,对哈尼语的影响也很大;从语言影响看,主要表现在语音、词汇、声调、音节和语法结构上。

语音方面出现了声母塞音和塞擦音浊音大部分清化,元音松紧对立基本上不完整。比如:白宏话增加了声母 w,加固了声母 v 的音位。梭比话则增加了浊辅音声母 v,加固了辅音声母 w;豪尼话通过汉语借词增加了 w 和浊辅音声母 v;碧约话通过汉语借词增加了 w。哈尼语普遍增加了复合元音韵母、鼻韵母,从而使韵母系统更加丰富。

词汇方面,哈尼语的词汇中出现了大量的汉语新词术语的借入。

声调方面,除了白宏话和豪尼话有三个声调外(高平⁵⁵、中平³³、中降³¹),梭比话出现了中升调(调值²⁴)。这是受汉语影响后增加的,因此十分稳定。中升调²⁴的汉语借词通常也可以说成高平⁵⁵调。碧约话有 5 个声调:高平⁵⁵、中平³³、低降³¹、低降升³¹⁴和高降⁵³,其中低降升³¹⁴和高降^{53}是通过汉语借词增加的。

音节结构方面,随着大量汉语借词的借入,哈尼语从原有的 3—4 种音节结构,发展到了 6 种音节结构。

语法结构方面,受汉语的影响,出现了与汉语一致的数量＋名词的结构,形成了汉语数量＋名词结构与哈尼语固有名词＋数量词两种结构共存的现象。但是,宾动结构,主宾谓结构仍然十分稳定。

下面以哈尼语豪白方言白宏次方言因远白宏话为主、其他几个次方言为辅,分析汉语对哈尼语的影响。

一、语音

哈尼语中借入了大量汉语词汇后,致使哈尼语语音系统发生了一些变化。在声母方面,塞音和塞擦音的浊音已经演变成清音,增加了一个辅音声母 w,巩固了声母 v 的地位。在韵母方面,大部分紧元音松化,现只有 ɣ, u, ɛ, a 4 个紧元音韵母,增加了复合元音韵母 9 个:ei,ui,iɛ, iə,ia,io,iɔ,ue,ua,又增加了鼻化元音韵母 5 个:iŋ,ɛŋ,aŋ,iaŋ,uaŋ。主要表现在以下几方面。

1. 由于大量汉语词汇的借用,哈尼语语音中增加了声母 w,巩固了声母 v 的地位,例词见表 5 - 29。

表 5 - 29

白宏话	汉语	白宏话	汉语
la^{31} wui^{33}	阑尾	ko^{31} wa^{31}	国王
wa^{33} tshu^{31}	佤族	tshui^{55} wui^{31} xui^{55}	村委会
wei^{55} ɕi^{55} ti^{55}	VCD	va^{31} pa^{33}	网吧
ʑin^{33} wei^{55}	因为	vei^{31} xua^{55}	文化
tsa^{55} va^{33}	渔网		

在哈尼族中,有辅音声母 f,例如,a^{31} fv^{31}(姑母),fɣ^{55}(炒),fɣ^{33}(看)等,辅音声母 v 只出现在几个助词 va^{55}(了),ve^{55}(了)等中。然而,随着现代汉语借词 va^{31} pa^{33}(网吧),tsa^{55} va^{33}(渔网)等词汇的借入,巩固了辅音声母 v 的地位。

2. 声母 ȵ 在年轻人中很不稳定,正转向声母 n,例词见表 5 - 30。

表 5 - 30

白宏话	汉语	白宏话	汉语
ȵi^{31} → ni^{31}	二	ȵi^{55} → ni^{55}	红
a^{31} ȵi^{55} → a^{31} ni^{55}	弟妹	nm^{31} ȵi^{55} →nm^{31} ni^{55}	黄牛
ȵi^{31} thɛ^{31} →ni^{31} thɛ^{31}	扶		

3. 前鼻音韵尾脱落。汉语借词的前鼻音韵尾脱落,没有明显的鼻化韵现象,例词见表5 - 31。

表 5 - 31

白宏话	汉语	白宏话	汉语
thua³¹ ʑue³¹	团员	tiɛ⁵⁵ xua⁵⁵	电话
ɕue⁵⁵ tshua³¹	宣传	piɛ⁵⁵ ʑa³¹ tɕhi⁵⁵	变压器
tiɛ⁵⁵ xa⁵⁵ xa⁵⁵	电焊	ʑi⁵⁵ ʑiɛ³³	因远
tshua³¹ tsɿ³³	橡子	miɛ⁵⁵ thiɔ³¹	面条

4. 出现了复合元音韵母 ei，ui，iɛ，iə，ia，io，iɔ 等，例词见表 5 - 32。

表 5 - 32

白宏话	汉语	白宏话	汉语
pei⁵⁵	碑	pei⁵⁵ ko⁵⁵	弓背
fei³¹ tsɔ⁵⁵	肥皂	tsha³¹ pei³³	杯子
ʃui³¹ khɣ⁵⁵	水库	xua⁵⁵ fei³¹	化肥
la³¹ tshui³¹	拳	lui³¹	铝
xui³¹ tshu³¹	回族	ta⁵⁵ lia³¹	大梁
tɕia⁵⁵ tɕhiɛ³¹	价钱	lia³³ tɕiɔ³¹	两角
ta⁵⁵ tɕia³³	大家	tɕiɔ³³ xua³¹	狡猾
ŋa³¹ sa³¹ tiɔ⁵⁵	钓鱼	thiɔ⁵⁵ ɣ̩³¹ thiɔ⁵⁵	跳舞
ɕio³¹ ɕio⁵⁵	学校	ɣo⁵⁵ sue³¹	莴笋
ta⁵⁵ tiɛ³³	大伯	tɕiɔ⁵⁵ ʑiɛ³¹ tɕi³¹	教育局
ɕiɔ³³ mei³¹ fa⁵⁵ tiɛ⁵⁵	晓梅饭店	ʑiɛ³³ tiɛ³¹	优点
liə⁵⁵ tshe³¹ lɣ³¹	六层楼	ɕiɔ³³ ɕio³¹	小学
tshue⁵⁵	寸	ʑi⁵⁵ kue³¹	一元
thua³¹ ʑue³¹	团员	sue⁵⁵ tɕi⁵⁵	阉鸡
xua³¹	滑	fa³¹ khua³³	罚款
kɔ⁵⁵ tsua⁵⁵	告状	kua³¹	管

5. 增加了 5 个鼻韵母：iŋ，ɛŋ，aŋ，iaŋ，uaŋ，固有词中只发现 m̩，ɔŋ 两个鼻音韵母。例词见表 5 - 33。

表 5 - 33

白宏话	汉语	白宏话	汉语
phɔ³¹ tɣ³¹ piŋ³³ kaŋ⁵⁵	饼干	tɛŋ³³ ɕiŋ³³	灯芯
thiɛ⁵⁵ tɕiŋ³¹	天井，院子	ɕiŋ⁵⁵	信
sɛŋ⁵⁵	升（量器）	sɛŋ³¹	省
la³¹ xo⁵⁵ paŋ³³	搬家	taŋ⁵⁵ piŋ⁵⁵ khɛ⁵⁵	当兵
ɕaŋ³³ tsm⁵⁵	香	phaŋ³¹ tsɿ³³	盘子
paŋ³¹ ɕaŋ³³	箱子	kaŋ⁵⁵ ʑa³¹	旱鸭

lian⁵⁵	亮	san³³ lian³³	商量
lian³¹	量	khuan³³ pɤ³¹	聊天
tsuan⁵⁵ tshu³¹	壮族	sui³³ kuan³³ tsan⁵⁵	水管站

（表格续上，对应正文第6点）

6. 增加了音节结构

白宏、梭比、豪尼、碧约话都有6种音节结构：元音、辅音、辅音＋元音、辅音＋元音＋辅音、辅音＋元音＋元音、辅音＋元音＋元音＋辅音，例词见表5－34。从语料分析中我们发现，汉语借词一般不出现在第二种，即辅音自成音节的结构中。第三种，即辅音＋元音是哈尼语的主要音节结构，既包括固有词，也包括汉语借词。而第四、五、六种音节结构，即辅音＋元音＋辅音、辅音＋元音＋元音、辅音＋元音＋元音＋辅音的音节结构是借用汉语词汇后增加的。

表 5 - 34

序号	音节结构	白宏话	梭比话	豪尼话	汉语
1	元音	a⁵⁵ ta³³	a⁵⁵ ta³³	a⁵⁵ pa³¹	父亲
2	辅音	ɣ̩³³	ɣ̩³³	ɣ̩³³	孵
3	辅音＋元音	nɔ³³	nɔ³³	nɔ³³	剪
4	辅音＋元音＋辅音	tie⁵⁵ zin³¹	tie²⁴ zin³³	tie⁵⁵ zin³³	电影
5	辅音＋元音＋ 元音	sua³¹ tsu³³	sua³¹ tsɿ³³	sua³¹ tsɿ³³	刷子
6	辅音＋元音＋ 元音 ＋ 辅音	tsuan⁵⁵ tshu³¹	tsuan⁵⁵ tshv³¹	tʂuan⁵⁵ tshv³¹	壮族

总之，汉语对哈尼语语音的影响主要表现在前鼻音韵尾脱落，复合元音韵母 ei，ui，iɛ，iə，ia，io，iɔ 等的增加，5 个鼻韵母 in，ɛn，an，ian，uan 的增加和多音节结构的出现等。

二、词汇

词汇是语言接触中最为敏感的部分，涵盖了社会文化生活的方方面面。哈尼语中的汉语借词主要有以下四种类型①。

1. 整体借用

固有词中没有、在现代社会发展中涌现出来的事物词语，哈尼语会整体借用汉语词，例词见表5－35。

表 5 - 35

白宏话	汉语	白宏话	汉语
fv³³ tɔ⁵⁵ zɛ³¹	辅导员	ko³¹ tɕia³³	国家
ɕio³¹ ɕiɔ⁵⁵	学校	te⁵⁵ ɕiɔ³³ khɛ³³	商店
lɔ³¹ sɿ³³	老师	zi⁵⁵ zɛ⁵⁵	医院
tsy⁵⁵ tsa³¹	社长	zi⁵⁵ sɛn⁵⁵	医生

---

① 本文哈尼语借词以乌龙白宏话为例。

phɛ⁵⁵ tshu³¹ so³¹	派出所	khɛ⁵⁵ xui⁵⁵ khɛ³³	开会
ɕue⁵⁵ tshua³¹	宣传	sɤ³³ tɕi⁵⁵	手机
wei⁵⁵ ɕi⁵⁵ ti⁵⁵	VCD	va³¹ pa³³	网络
thɔŋ³¹ lue⁵⁵	讨论	ɕue³³ tɕy³³	选举
zɔŋ⁵⁵ fɣ⁵⁵	拥护	piɔ³³ zaŋ³¹	表扬
kɛ³¹ fa⁵⁵	解放	fa³¹ tui⁵⁵	反对
tsha⁵⁵ ko³³ tsha⁵⁵	唱歌	thiɔ⁵⁵ ɣ³³ thiɔ⁵⁵	跳舞
tiɛ⁵⁵ xaŋ⁵⁵ xaŋ⁵⁵	电焊	tsɔ³³ ɕa⁵⁵ tsɔ⁵⁵	照相

2. 哈汉合璧

哈尼语中出现了哈尼语词素＋汉语词素构成的哈汉合璧词，其中有复合名词（含专名）和复合动词等。例词见表5-36。

表 5-36

白宏话	汉语	白宏话	汉语
ta⁵⁵ lia³¹ xɔŋ⁵⁵ py³³ 大梁　脊梁	梁	mo³¹ ɣa³³ 马　鞍子	马鞍
sɿ³¹ lɛ³¹ a⁵⁵ phɛ⁵⁵ 果梨　涩	梨	ti³¹ ʑiŋ³¹ 打　赢	胜利
mo³¹ tui⁵⁵ tsa³³ tɕho⁵⁵ za³¹ 矛　盾　有　人	仇人	tɕa³¹ thɛ³¹ 夹　住	卡住
su³¹ ɣa³³ tɣ³¹ za³¹ 书　读　人	学生	tɕɛ³¹ ka³³ 减　下	减
tɕɣ⁵⁵ ta³³ 救　上	救	kua³³ lɔ⁵⁵ 关　圈	关闭
tɕa⁵⁵ ta³³ 加　上	加	kho³¹ lɔ⁵⁵ 关　圈	关（牛羊）
tɔŋ⁵⁵ miɛ³¹ khɛ³³ 冬　眠　做	冬眠	kho³¹ thɛ³¹ 关　闩	关（门）
tsa⁵⁵ xɔ³¹ tɔ³¹ ti³¹ 战壕　打	打仗	ze³¹ thɛ³¹ 忍　住	忍耐
ʑi⁵⁵ tsɔŋ³¹ mɛ⁵⁵ 一　总　地	全部	tsɿ⁵⁵ tɕho³³ 字　写	写
tsy³¹ pa³¹ tsha³³ 钱　差	欠	su³¹ ɣa³¹ tɣ³¹ 书　读	读
ʑia³³ xo³¹ 烟火烟	烟卷	mɣ³¹ tɣ³¹ a⁵⁵ tsha³³ 墨斗　　线	墨线

ɣo³³ xɛ³¹ ta⁵⁵ mɛ³¹ 门　大　门	大门	a³¹ mo³¹ lo³¹ tsʐ³³ 马　　骡子	骡子
a³¹ mo³¹ mo⁵⁵ ly⁵⁵ 马　　毛驴	驴	a³¹ mo³¹ lo⁵⁵ tho³¹ 马　　骆驼	骆驼
ŋa³³ tho³¹ pɛ³¹ tɕa³³ 我　家　本家	本家	ɯ⁵⁵ thm̩³¹ 水　桶	水桶
tɛ³³ ɣa⁵⁵ pa⁵⁵ tsʐ³¹ 平　　坝子	坝子	a⁵⁵ po⁵⁵ sʐ³³ fv³³ 树　师傅	木匠
ma³³ tɕɛ⁵⁵ tshe⁵⁵ thɔ³³ 刀　　菜刀	菜刀	tsy³¹ pa³¹ tɕa⁵⁵ tɕhɛ³¹ 钱　价钱	价钱

3. 借汉重组

哈尼语白宏话不仅整体借用了汉语的动宾结构,同时又按照本族的固有结构类型进行了改造,将动宾结构中的动词重组,组成动＋宾＋动的构词方式,产生了汉语词素按照哈尼语序构成的借汉重组。(徐世璇,2007)例词见表5-37。

表 5 - 37

白宏话	汉语	白宏话	汉语
taŋ⁵⁵ piŋ⁵⁵ khe⁵⁵ 当　兵　当	当兵	tiŋ⁵⁵ tsʐ³³ ti³¹ 钉　子　钉	钉钉子
khe⁵⁵ xui⁵⁵ khe³³ 开　会　开	开会	tsha⁵⁵ ko³³ tsha⁵⁵ 唱歌　唱	唱歌
thiɔ⁵⁵ ɣ³³ thiɔ⁵⁵ 跳　舞　跳	跳舞	tie⁵⁵ xaŋ⁵⁵ xaŋ⁵⁵ 电　焊　焊	电焊
tsɔ³³ ɕa⁵⁵ tsɔ⁵⁵ 照　相　照	照相		

4. 仿汉新造

随着社会的发展,越来越多的新事物和新概念进入哈尼族社会中。为方便交流,哈尼人在理解汉语词义的基础上,用本族语固有词素将新事物和新概念的汉语语义表达出来,形成仿汉新创的哈尼语词,使抽象概念具体化,达到通俗易懂的目的。例词见表5-38。

表 5 - 38

汉语	白宏话	汉语	白宏话
厕所	ɛ³¹ khi³¹ pɛ³³ zɔŋ⁵⁵ 屎　拉　房子	价钱	tsy³¹ pa³¹ tɕa⁵⁵ tɕhɛ³¹ 钱　价钱
工钱	ɣa³¹ xa⁵⁵ m⁵⁵ phy³¹ 力气　做　价钱	斗	tɕhɛ⁵⁵ thɔŋ³³ xa³³ tɕhɤ³¹ 谷　量　箩筐

松香	a³¹ ta⁵⁵ su³¹ tsʅ³¹ 松树　树脂	仇人	mo³¹ tui⁵⁵ tsa³³ tɕho⁵⁵ ʑa³¹ 矛盾　有　人
木匠	a⁵⁵ po⁵⁵ sʅ³³ fv³³ 　树　师傅	铁匠	sm⁵⁵ ti³¹ la³¹ khi³¹ 打铁　手艺人
石匠	xa³¹ lu³³ la³¹ khi³¹ 石头　手艺人	船夫	xo³¹ xɤ³³ tsa³¹ tsho⁵⁵ ʑa³¹ 船　划 吃　人
裁缝	a⁵⁵ xɔŋ³¹ kv³¹ tsa³¹ la³¹ khi³¹ 衣服　缝 吃 手艺人	猎人	sa³¹ ɣa³³ tsa³¹ tɕho⁵⁵ ʑa³¹ 猎物 狩吃　人
学生	su³¹ ɣa³³ tv³¹ ʑa³¹ 　书　读人		

上述构词完全使用哈尼语固有词素,从表面上看,似乎看不出汉语的痕迹。但是,从构词理据分析,构词方式始终是以汉语语义为基础,用哈尼语对新事物和新概念的内涵进行说明、解释,使抽象的概念具体化。

三、语法

语法系统受汉语的影响虽然小于词汇系统,但也发生了一些明显的变化,突出地表现在数量词组与其名词中心语组成的偏正结构上。

量词是汉语独具特色的词类,汉语量词对很多民族语言都产生了强烈的影响,哈尼语也同样从汉语中借进了相当数量的量词,这些量词在与数词"一"构成数量词组时带进了基数词"一",构成完全由汉语借词组合的数量词组,例如:ʑi⁵⁵ pɔ³³ 一包、ʑi³¹ tshua⁵⁵ 一串、ʑi⁵⁵ xo³¹ 一盒、ʑi⁵⁵ thɔm³¹ 一桶。

由汉语借词组成的数量词组在修饰名词时,出现了两种语序:一种是名词＋修饰语的固有语序,一种是修饰语＋名词的新语序。新语序是在汉语影响下产生的。下面分别陈述。

当汉借的数量词组修饰哈尼语固有的名词时,组成凸显哈尼语结构特征的正偏结构,即名词＋数量词组。例子见表5－39。

表 5 - 39

白宏话	汉语	白宏话	汉语
mu³¹ ku³¹ ʑi⁵⁵ pɔ³³ 东　西　一 包	一包东西	ɕi³³ ʑi⁵⁵ fɛ³¹ ʑi⁵⁵ pɔ³³ 洗衣粉　一 包	一包洗衣粉
na³³ tshʅ³¹ ʑi³¹ fv⁵⁵ 药　　一　服	一服药	v⁵⁵ tshv³¹ ʑi⁵⁵ thɔm³¹ 水　　一 桶	一桶水
na³³ tshʅ³¹ ʑi⁵⁵ xo³¹ 药　　一　盒	一盒药	so³¹ ɣa³¹ ʑi⁵⁵ tsaŋ³³ 纸　　一　张	一张纸

| tshy⁵⁵ ny⁵⁵ a⁵⁵ sꭩ³¹ zi³¹ tshua⁵⁵
珠　　子　一　串 | 一串珠子 | za³³ xo³¹ zi⁵⁵ thiɔ³¹
烟　　一　条 | 一条烟 |
| tɤ³¹ xu³³ lia³³ thɛi³¹
豆腐　　两　条 | 两条豆腐 | la³¹ xo⁵⁵ zi⁵⁵ phɛ³¹
房子　一　排 | 一排房子 |

当汉借的数量词组修饰从汉语借进的名词时,数量词组和名词中心语不再按照哈尼语固有的语序组成正偏结构,而是按照汉语的语序形成数量词组在前、名词中心语在后的偏正结构,显示出汉语借词在语法结构和语序中所引起的连锁反应。例子见表5-40。

表 5 – 40

白宏话	汉语	白宏话	汉语
zi³¹ ko⁵⁵ tsɔŋ⁵⁵ thɤ³¹ 一　个　钟　头	一小时	zi⁵⁵ kue³¹ tɕhɛ³¹ 一　块　钱	一元钱
liə⁵⁵ tshɛ³¹ lə³¹ 六　层　楼	六层楼	lia³³ tɕio³¹ tɕhɛ³¹ 两　角　钱	两角钱

从以上的分析可以看出,汉语对哈尼语的影响在语音、词汇、语法三个方面表现出了程度不等的变化。受汉语影响语音中增加了一些音位,丰富了哈尼语的语音系统;在词汇方面,哈尼语不仅整体借用汉语词汇,而且还根据本族语的构词规律,形成哈汉合璧、仿汉新造、借汉重组等新的构词方式,扩展和补充了哈尼语的词汇,丰富了哈尼语的表达功能;在语法方面,哈尼语不仅接纳了汉语的数量词组,同时在汉语借词的连锁影响下还出现了新的语序结构。相对来说,语法系统受汉语的影响较小,哈尼语基本的句型和主要语序仍然保持主宾谓的原貌,其固有语法特征稳定。

第六章　小　结

不同民族相互杂居、相互嵌套必然促进民族之间的彼此联系以及经济文化方面的相互交流,伴随而来的是语言接触、语言影响、语言变化、语言演变、语言兼用和转用现象。这是一种共识。在一年多的实地调查中,我们除了共识外,也获得了来自第一线的感性认识。

一、因远镇的语言使用类型

根据联合国教科文组织(UNESCO)提出的鉴别濒危语言濒危程度的 9 条标准:(1)代与代之间的语言传递情况;(2)语言使用者的绝对数目;(3)该语言的使用者在总人口中的比例;(4)该语言使用领域的趋向;(5)该语言对新语域和媒体的反应情况;(6)语言和识字教育的资料状况;(7)政府及机构的语言态度和政策,其中包括语言的正式地位和使用情况;(8)社区成员对他们自己的语言的态度;(9)用文献的数量和质量进行衡量。再对照联合国教科文组织(UNESCO)的"濒危语言红皮书"对濒危语言的划分标准:(1)已经灭绝的语言:已没有人使用的语言;(2)可能灭绝的语言:已没有可靠的信息证明还有人讲这种语言;(3)接近灭绝的语言:最多只有 10 个人讲这种语言,而且全是老人;(4)严重濒危的语言:虽然还有不少人讲,但其中已没有孩子;(5)濒危语言:有一些孩子在说,但数量呈递减态势;(6)潜在的濒危语言:有许多孩子在讲,但没有官方地位;(7)非濒危语言:具有安全的代际语言传递。在综合因远镇语言使用现状调查结果的基础上,我们认为因远镇的语言使用具有以下三种类型:

1. 安全稳定型

聚居村的哈尼族,特别是居住在边远山区,如半坤、路同、都贵、浦贵等村的哈尼族,由于与汉语接触少,大多数人是哈尼语单语人。他们在家庭、社区主要用哈尼语交流。语言生态环境好,代与代之间的语言传递顺畅,语言活力强,短时间内语言不容易丢失,属安全稳定型或非濒危语言。

聚居村的白族,全民使用汉语,接触汉语的机会多,白语汉化的程度越来越高。但是,居住在马鹿村、沙浦、奔干、安仁、补垇村的白族,白族人口比例较高,接触汉语的机会相对要少一些。虽然有一些孩子在说白语,但数量呈递减态势,已呈现出濒危语言特征。

聚居或杂居的汉族,汉语既是本族语,也是通用语,具有安全的代际语言传递,也是最安全、最稳定的语言,不是濒危语言。

2. 双语、三语兼用型

语言接触的结果产生语言兼用。语言兼用叫双语现象,是指不同的语言使用者发生接触后,使用者某一方总会感到有必要使用对方语言进行交际,从而自觉不自觉地学会了另一种民族语言,并且根据不同场合进行交替使用。(袁焱,2001)从白族和哈尼族兼用汉语的范围上分,可分为全民型和局部型。白族兼用汉语是全民的;而哈尼人兼用汉语的人数相对较少,是局部的。从白族兼用哈尼语,哈尼族兼用白语的范围上看,也是局部型。从白族和哈尼族语言兼用程度上分,可为熟练型和半熟练型。白族和部分哈尼族兼用汉语属熟练型。但是,部分白族、哈尼族兼用哈尼语、白语只能算是半熟练型。一般情况下,他们只能使用一些生活用语。从白族和哈尼族语言兼用的数量上分,可分为二语型和三语型。白族全民使用白、汉双语,部分白族兼用三种语言,即白语、汉语和哈尼语;部分哈尼族也兼用哈、汉双语,极少部分哈尼族是哈、汉、白三语人。

因此,因远白族是典型的双语兼用型。部分白族,特别是年长者,由于他们有接触哈尼语的经历,他们除了兼用汉语外,还兼用哈尼语,是三语兼用型。

总之,白族使用汉语的范围比哈尼族使用汉语的范围广,程度高。长期以来因远白族白、汉双语共存,在语言结构上受汉语的影响大,他们并没有抛弃本民族语言转用汉语。白语作为一种独立的语言一直在这个语言"孤岛"上使用,形成了"健康的双语"。

3. 全民转用型

生活在杂居村的白族、哈尼族,其母语的正常使用受到了干扰,通行范围在不断缩小,使用人数渐渐减少,社会功能越来越弱,使用者的平均年龄不断升高,现阶段只有中老年人会讲自己的母语。在很多场合,年轻人选择使用汉语,因远村、北泽村的白族和哈尼族尤其突出。而且,仓房村哈尼语的代际传承断层非常严重,大多数年轻人已经放弃母语转用汉语。语言是靠族群成员代代相传不断延续的,一旦在本族群人口中出现了一定比例的语言传承代际中断,或传承链条的脱节,母语就面临失传的危险。因此,杂居村的母语使用已呈现出濒危语言的特征:有一些孩子在说,但数量呈递减态势。有的杂居村的母语则呈现出潜在的濒危语言特征。

二、借词是语言影响中最突出的要素

语言接触分为直接接触和间接接触。直接接触是指使用不同语言的人直接进行口头语言交际;间接接触指使用不同语言的人没有直接的口头语言交际,而是通过书面语或现代通讯媒体进行的间接交际。在因远镇三大主要民族的语言接触中,除了汉语既有直接接触,也有间接接触外;哈尼语和白语只有口头语言的直接接触。

语言接触产生的语言影响,首先反映在借词上。基本词汇和语法是最稳固的,借词往往是一些表示本民族语言中没有的异文化的事物和概论的词语。两种不同语言的混合或融合不可能产生第三种独立的语言,而只可能一种语言战胜另一种语言,战胜的语言保留着自己的基本词汇和语法结构,战胜的语言中可能保留着一些战败语言的词汇,这就是所谓的底层现象(substratum phenomenon)。因此,借词是语言接触中最敏感的现象,而借词数量大,借词中的非本族语的音位可能融入本族语言之中,使本民族语言的音位系统中增加新音位。这些新音位也只能在借词的语音结构中找到。分析哈尼语的词汇,哈尼语中的汉语借用层次(borrowability hierarchies)不仅十分明显,而且还根据本族语的构词规律,形成整体借用、哈汉合璧、仿汉新造、借汉重组等新的构词方式,扩展和补充了哈尼语的词汇,丰富了哈尼语的表达功能。在语法方面,哈尼语不仅接纳了汉语的数量词组,同时在汉语借词的连锁影响下出现了与汉语一致的新的结构语序,引起了哈尼语的重建固有结构(restructuring an already existing system)的语言现象。

分析白语词汇,尽管我们从语料中找到一些语音、语义与不同时期汉语相同或相近的词,但是,由于白语和汉语接触时间早,要区分同源词和借词,不仅是我们的难题,也是汉藏语系语言研究的共同的难题。因此,本书只着重考察白语的语言现象和变化规律,区分近现代的汉语借词。

三、白族、哈尼族兼用汉语是未来的趋势

从因远镇白族、哈尼族、汉族三个主要民族的语言使用现状调查结果看,汉语使用人口多,应用地域广,使用领域广,规范程度高,语言活力最强,语言在社会中的地位和声望高,影响广泛,使用人口及其年龄结构分布均匀,具有记录文献和承载信息的功能,是强势语言。哈尼语虽在因远镇使用人口多,但语言使用范围与应用领域相对较窄,仅限于哈尼族社区或本族人之间。语言活力、语言的使用功能明显减弱,语言使用人口的年龄结构分布也不均匀,是亚强势语言。在聚居村,白语语言活力强,但由于全民兼用汉语,其语言资源价值评价指标次于强势语言和亚强势语言,属次强势语言。此外,同语言族群的人口数量少,不到 5000 人,居住地域小,仅限于因远等 9 个自然村,周围被哈尼族、汉族包围,似沧海中的孤岛,母语的保护和维持将越来越难。特别是在当今经济全球化的趋势下,民族之间的交往日益频繁,文化之间的融合逐渐深入,白族、哈尼族兼用汉语是未来的发展趋势。

附　录

一　访谈录

（一）李茂林镇长访谈录

访谈对象：李茂林，男，40岁，白族，大学本科，现任元江县因远镇镇长。

访谈时间：2008年4月29日

访谈地点：因远镇人民政府镇长办公室

访谈人：白居舟

问：李镇长您好，请您简要介绍一下因远镇的基本情况。

答：因远镇位于云南省南部，红河中上游，元江西岸哀牢山余脉之间，玉溪市元江县、思茅市墨江县和红河州红河县两市一州三县的结合部，堪称玉溪南大门，是元江哈尼族彝族傣族自治县的西南重镇。国道 323 线横穿而过，镇政府驻地因远集镇距国道 323 线两公里，距元江县城 40 公里，地理坐标北纬 23°24′，东经 101°49′，最高海拔 2330 米，最低海拔 759 米，年平均降雨量在 1300 毫米，年平均气温 16℃。南与红河县的垤马、三村两乡分界，北与元江县咪哩乡同脉，西与墨江县的龙坝、联珠两乡镇山水相连，东与元江羊街乡隔河相望，东北至鸡街梁子与羊街乡和澧江镇的莫郎接壤。镇境东面的元江干流清水河，自南向北纵贯本镇的半坤、都贵、浦贵、路同 4 个村委会的山麓至三板桥向东流入元江。镇境内蕴藏金、银、镍、铁、石棉、蛇纹石等丰富的矿产资源，其中，镍矿储量位居全国第二。主产水稻、玉米、小麦、烤烟、茶叶、油菜等粮食作物和经济作物。

全镇共辖因远、北泽、安定、车垤、卡腊、半坤、都贵、浦贵、路同 9 个村委会，63 个村民小组（63 个自然村）。到 2007 年末，全镇有 7405 户，总人口为 29400 人，其中，农业人口 28014 人，非农业人口 1386 人；男性 15007 人，女性 14393 人。我镇是一个以哈尼族、白族、汉族为主居民族的山区镇。其中,哈尼族有20841人,占总人口的71%;白族4849人,占总人口的16%;汉族3449人,占总人口的12%;其他民族261人,占总人口的0.9%。人口自然增长率为6.59‰;人口密度为每平方公里89人。

全镇的经济发展、农民增收、财政增长主要靠烤烟、茶叶、粮食、蔬菜、油菜、畜牧业、饮食业、工商业、矿业等工农业生产。2007年,全镇农村社会总产值(现价)51820.27万元。工农业总产值(现价)45422.27万元,其中,工业总产值33581万元,农业总产值11841.27万元。地方财政收入1172万元,社会商品零售总额3217万元,集市贸易成交额5264万元,年末各项存款余额5488万元,人均存款1867万元,农民人均占有粮食216公斤,农民人均纯收入达3200元。

问:请您介绍一下因远镇的民族分布情况。

答:因远镇的民族主要有哈尼族、白族、汉族三个主体民族,分布情况为:半坤、路同、车垤3个村委会为哈尼族集居的村委会,卡腊、都贵、浦贵3个村委会为哈尼族、汉族杂居村委会,因远、北泽、安定3个村委会为哈尼族、白族、汉族杂居的的村委会。从居住的地理情况来看,大体可分为两片,哈尼族大部分居住在边远偏僻的山区,白族、汉族大部分居住在坝区,特别是白族基本上居住在交通方便、自然条件好的坝区。

问:因远镇各民族长期以来团结和睦,文化互补,语言互用,各民族历来有互相学习民族语言的传统,请您概述一下哈尼族、白族和汉族互相学习语言的基本情况。

答:哈尼族、白族、汉族互相学习语言基本可分为以下三种情况:第一,各民族学习汉语,正规的是在学校读书时学的;没有读过书的老一辈是在从事社会活动中学会的;第二,哈尼语和白族语的学习基本上是在共同生产生活,共同开展社会活动,长期相处时进行的;第三,两种民族通婚后互相来往,长期在一起生活,互相交流中学习对方的语言。

问:普及义务教育提高了全民的综合素质,也提高了各民族的汉语水平,汉语水平的提高,是否会降低民族语言的应用能力,您认为怎样做才能妥善处理好说汉语与传承民族语之间的关系?

答:普及义务教育,提高全民的综合素质,只是提高了各民族的汉语水平能力,实际上不影响各民族对民族语言的应用,因为他们从小就已经学会了自己的语言。大部分学生在高中以前在本地读书,和本族同学在一起;还有一部分和自己的父母姐妹吃住在一起,平时的交流联系都用本民族语言;只有少部分人从小就生长在外,本族语言用得很少,就不会本民族语了。为保护民族语言文化,近年来成立了各种民族学会,开展了很多民族文化、民族语言等方面的学术研究活动。在学好汉语的同时,保护、传承本民族语言文化。

问:您是白族,在什么场合讲白族话?现在白族说白族话跟过去有什么区别?

答:我在家、在自己的村子里或者在其他白族村寨里讲白族话。另外,在工作单位或在外和自己的本民族交谈时,特别是与老一辈的白族交谈时,讲白族话。我认为过去的白族话和现在的白族话没有太大的区别。

问:因远镇有相当丰富的民族语言文化资源,镇政府为继承和发展民族语言文化做过哪些事情,开展过一些什么样的活动?

答:因远镇政府对继承和发展民族语言文化做了大量的工作,如:大力支持各民族成立研究学会,开展学术研讨,对研究成果给予出版作好语言文化保护和传承,政府出面恢复了白族节日"三月会·米干节"、彝族节日"火把节"。近年来,组织开展了各种民族特色的文体活动,如龙灯队、古乐队、洞经队等,曾到大理、昆明、玉溪、红河、墨江进行演出,学习交流。同时,邀请县、市、大理等地的专家教授进行指导培训,在镇文化中心开办舞蹈、书法等方面的培训班。总之,镇政府做了很多努力,也做了很多扎实有效的工作。

问:在汉语越来越普及的今天,维持民族语言的意义在哪里?

答:在汉语越来越普及的今天,维持民族语言的意义在于传承和保护本民族语言文化,促进各民族团结和谐,走共同繁荣发展的道路。做好民族工作,落实民族政策,有利于发展民族地区的各项事业,促进民族地区的经济、文化建设和社会稳定,确保民族语言文化的保存和使用。再说,语言是文化的载体,只有保护好语言,才能保护好文化。

问:您对今后因远镇各民族语言的维持和发展有什么样的预测?

答:我认为因远各民族的语言,是因远各民族祖先传承下来的文化财富,作为各民族子孙都想维持好、保护好、使用好,并一代接一代的传承下去。但是,随着学校教育、广播电视等传媒的普及,将会对民族语言的使用产生一定的影响。特别是杂居区的民族,汉语使用率高,民族语言使用率低,这些地方的民族语可能会慢慢丢失。聚居区不存在这个问题,因为聚居区人口相对占优势,族群之间自然使用本民族语言。

问:李镇长,对不起,耽搁了您许多宝贵的时间,谢谢!

答:不用客气。

（二）补坞村白族李开利访谈录

访谈对象:李开利,男,68岁,白族,小学四年文化,因远镇因远村委会补坞村村民,擅长于铁匠、木匠、砖瓦匠、篾匠、石匠等手艺,现以雕刻墓碑和种地为生。

访谈时间:2008年3月21日

访谈地点:因远镇因远村委会补坞村李开利家

访谈人:白居舟

问:阿叔,您好!今年多大岁数了?

答:68岁。

问:您是白族,会不会讲白族话?

答：会。

问：除了白族话和汉话，您还会讲什么话吗？

答：还会讲哈尼话。

问：您的汉话和哈尼话是怎么学会的？

答：汉话是在学校读书时学会的。哈尼话是跟哈尼族小伙伴在一起玩儿、劳动，后来又跟哈尼族打交道，接触多了也就慢慢会了。

问：请您讲一讲学哈尼话的经过，可以吗？

答：可以。我们寨子和哈尼族乌龙村很近，只有 5 分钟的路。小时候跟附近乌龙村哈尼族小伙伴在一起玩儿时学了一些。1957 年，堵乌龙水库时跟哈尼民工学了一些，学木匠活时跟哈尼族在一起，又学了一些，大炼钢铁时我和哈尼族民工到甘庄一起劳动又学了一些。后来我参加了区副业队，管理乌龙、补垤和奔干 3 个村的副业队，队里有哈尼族，我们又互相学习，又学会了一些。1973 年我们的副业队到红河县垤玛乡布嘎村委会坝兰村打铁，那里的哈尼族都不会讲汉话，我们只好跟他们讲哈尼话。在那里，哪家需要打铁具，我们就住到他家，挨家挨户打了几个月的铁，哈尼话就更熟练了。在哈尼族村寨里，我们还学会唱一些哈尼族山歌。除了旮旮旯旯的那些哈尼话不会以外，其他的基本上都会听会讲了，大概会 80% 吧。

问：红河县过来的哈尼民工跟你们学白族话吗？

答：他们不用学白族话，因为我们会讲哈尼话。但是，在我们村子住得时间长的哈尼族，也会一些白族话。

问：乌龙村的哈尼族有没有会说白族话的？

答：他们会讲一些，会听一些，但发音不是很准。

问：会讲哈尼话对您有没有什么帮助？

答：有帮助。1981 年包交提留到户后，我家人多分得 8 亩水田，当时还不栽烤烟，专门栽谷子，我们干不过来，就请红河县的哈尼民工帮我们犁田、耙田、打谷子。我们一起劳动、一起吃饭。他们汉语不熟，交流起来有些困难。所以，我们就跟他们讲哈尼话。哈尼话拉近了我们之间的距离，沟通了我们的思想。为了消除哈尼民工的顾虑，避免一些不该有的误会，在哈尼民工面前，我和老伴都说哈尼话，让他们清楚我们在说什么。这样，互相之间就没有什么猜疑，生产生活中的矛盾就会少一些。后来我家开茶地、采茶叶需要民工都是请哈尼族。哈尼话可以帮助我们沟通生产，建立感情。

问：这几天，我们看到白族基本都是讲白语和汉语，今后白族话会不会被汉话取代？

答：我想在很长时间内不会被取代。

问：为什么呢？

答：因为白族大多数集中居住，就住在 9 个村子里。我们白族人见面都要讲白语，不然会被同族耻笑。因此，讲白族话的机会还是很多的，短期内不会被汉话取代。

问：您有几个子女？他们会讲什么话？

答:我有5个子女,3个女儿、两个儿子,他们都会讲白族话和汉话。

问:孩子学说话的时候您教什么话?

答:教白族话。

问:孩子们现在都长大成家了吧?成家的都跟什么民族通婚?

答:4个已成家。3个女儿有两个嫁了白族,1个嫁了汉族,大儿子娶了白族媳妇,小儿子当兵回来后在甘庄镍厂当工人,还没有成家。孩子们都在外各有各的工作,只有我们两个老人留在村里,家里的农活还得请哈尼族民工帮忙。

问:孩子们过年过节会回来吗?

答:会回来的。

问:回来时跟你们讲什么话?

答:主要讲白族话。汉族姑爷不会讲白族话,他来时就讲汉话。

问:如果孩子们回来不跟您讲白族话,跟您讲汉话,您能接受吗?

答:不能接受!但我的孩子不会这样做。父母的语言他们是不会忘记的。

问:您的孙子孙女们会讲白族话吗?

答:会听一点儿,但不会讲。因为他们不经常回来。

问:您希望白族话世世代代传下去吗?

答:当然希望!白族的传统文化不能丢。我们的祖先是从大理过来的,白族的风俗习惯我们不能改变,我们希望一直能保持下去。

问:你们的第三代已基本不会讲白族话了,您担心吗?

答:担心,但是没有办法。

问:今天就问到这里吧,谢谢阿叔!

答:不用谢。

(三)奔干村白族李祖和访谈录

访谈对象:李祖和,男,白族,1943年6月出生,小学毕业,白语、汉语、哈尼语熟练。因远镇因远村委会奔干村村民。做过裁缝、篾匠、石匠,现经营墓碑雕刻生意,手艺精良,远近闻名。吃苦耐劳,踏踏实实,与左右邻居和哈尼族朋友有深厚的友谊。

访谈时间:2008年3月22日

访谈地点:奔干村

访谈人:白居舟

问:阿舅(李祖和先生是许鲜明老师的舅舅,按照习俗也叫他阿舅),您好!您白语、汉语、哈尼语都很熟练,请您谈谈您是怎样学会这三种语言的。

答:白语是我的母语,天然学得。汉语是主流语言,在学校和与外界相处中、日积月累学会的。学哈尼语我也有比较好的条件,我爱人是哈尼族,娶了她之后,跟哈尼族的交往也就更多了,哈尼语水平也提高得更快,现在我跟哈尼族亲友可以用哈尼语熟练交谈。

问:请给我们讲一讲您习得哈尼语的经历,好吗?

答:好的。小时候在因远街读书时就接触了哈尼族同学,在嬉戏打闹当中,有时候讲一句哈尼语,讲一句汉语,讲一句白语,对各民族语言就有了一些印象和记忆。再说,我们奔干村离哈尼族乌龙村和卡腊村很近。哈尼族过年早,大人领我们到哈尼族地区过年。哈尼族老人拿出椎栗和山梨果招待我们。哈尼老人都讲哈尼话,当时我们年轻,记忆好,不知不觉当中就学会了一些哈尼话。

我爱人是墨江的阿梭族,也叫布都族(当地人习惯把民族支系说成族),是哈尼族的一个支系,那边的哈尼族亲友来这边赶街,晚上会落脚在我家过夜,在交谈时,我爱人跟他们都说哈尼话,我在旁边听就听会一些。

在生产生活中,跟哈尼人交往,哈尼人个性强,性格比较耿直,如果会讲哈尼话就更容易相处,更容易解决一些山林水利等纠纷。

我学哈尼话的经历还有一个很重要的时期,那就是上世纪60年代初,我大姐李秀莲在绿春县大黑山嘎处村教书。我在那里谋生了5年。当时,大黑山开挖绿春至江城的公路,我学会了裁剪,为民工缝补衣服,给哈尼人做裁缝,量身高尺寸当中跟他们讲哈尼话。那时候年轻,喜欢讲话,跟哈尼族青年男女学得了不少生动活泼的哈尼族语言。

问:请介绍一下奔干村的历史,好吗?

答:好的。远古历史无从考证。我是做墓碑的,通过考证墓碑,我们始祖李宰相是明代洪武年间来因远的,系江苏金陵应天府人士。明朝时候来戍边的多,就相当于新疆生产建设兵团一样,有战事时作战,无战事时搞生产。奔干开始时住着三家人,就叫三家寨,是宗姓、杨姓和尚姓,我们李氏祠堂(毁于"文革")建在一甲,开始落脚在一甲,后来从一甲搬来奔干。

奔干村张姓善于经营,家庭富裕。李家则重视文化,出文人官员。我父亲在民国时期毕业于云南政法大学,任过区长,四叔毕业于昆华大学,二叔毕业于云南财政大学。全村人口李家占60%以上,来得早的"三家"反而人口不多,其中杨家招了个哈尼族吹号手做上门姑爷。奔干的哈尼族,有几户过去当长工,新中国成立后分地主的田地落户下来的。过去认为哈尼族落后,白族与哈尼族较少通婚,只有找不到本民族媳妇的才找哈尼族媳妇。

明末清初,奔干男人纷纷下坝子到缅甸老挝经商,有的因为赌博赌输了,没有脸面回来流落在外,有的在外找了小老婆不回来。为了"三纲五常",有的媳妇终身"守寡"。

新中国成立初期奔干只有200多人,现在翻了一倍多,另有100多人在外安家落户。集体合作化时代经济普遍落后,改革开放后政策宽松,人们努力,奔干人扎扎实实,受老一辈优良传统影响,吃苦耐劳,贫富均衡,被评为省级文明村。

问：您爱人是哈尼族，平时你们用什么语言交谈？

答：她是奔干长大的哈尼族，从小会讲白族话，我们之间平时都讲白族话。

问：您有几个子女？您先教他们讲什么语言？他们会讲几种语言？

答：有4个，两男两女，他们都在外面工作。他们都会讲白语和汉语。

问：学会哈尼话对您有没有什么帮助？

答：当然有帮助，而且帮助非常大。过去我们到哈尼族地方收购豆腐渣果（哈尼话叫Haqleil aqpul pulsiq），用来做化工原料。我们跟哈尼族作收购动员和谈价钱时都得讲哈尼话。一方面，他们汉话不熟；另一方面，为了让他们放宽心，讲哈尼话，也能打消思想顾虑，沟通感情。这样事情就好办一些。有一次到大黑山嘎处村，途中需要在一个叫嘎老嘎萨的村子借宿过夜。开始他们以为我们是坏人，不让入住家中。后来我用哈尼话跟他们交谈，掏出香烟给他们抽。这样他们不仅给我们住，还煮饭煮腊肉给我们吃。

问：现在各民族都在普及汉语，您认为维持和保护民族语言有什么作用？

答：民族语言都不是空洞的语言。里面有许多优秀的传统文化。这些文化的流传还得靠民族语言来继承发扬光大。比如一种习俗，一服药方，可能用汉语就不能完整的解释和传授，用民族语言就可以很好地保护和传承，而且很多民族的东西只有用民族语言才能凸显其特点和特色。比如哈尼族传统歌谣，山歌、情歌、酒歌、祭词以及幽默笑话等，用其他语言是很难传神的。

问：白族的汉化程度高，今后白族语言能不能世代相传？

答：作为白族人，从内心希望白族语言能够世代相传。但从因远镇政府驻地因远村的情况看来，因为汉语普及的进程明显加快，年轻一代白族人已经出现母语断层现象，白族语言面临危机，到了应该采取措施加以保护的紧要关头了。

问：与白族语言相比，哈尼语的情况又怎么样呢？

答：哈尼语的情况比较好。因远哈尼族人口多，占全镇总人口的70%以上，村寨分布广，聚居多于杂居，汉文化还没有全面普及。50岁以上的哈尼族老人，尤其是妇女，多数都还不会讲汉语。母语的天然条件还比较好，应该说还能够维持相当长的历史时期。当然哈尼语的维持也不是没有忧虑的，比如奔干附近的卡腊村哈尼族西摩洛支系，年轻人就多趋向于讲汉语。地理偏僻的浦贵村委会仓房村的哈尼族碧约支系，少年儿童也全部转用汉语，还有哈尼族青少年讲的哈尼语的汉语成分越来越多了。

问：听说您有一个相处40多年一直很好的哈尼族老朋友，是吗？

答：是的。他叫龙哈斗，是上世纪60年代在绿春县大黑山认识的。当时，他在那里挖公路，后来回到红河县三村乡车同村老家务农，逢年过节都互相往来。现在我们通过打电话交流，通知对方来过节，商谈事情，都讲哈尼话。我喝的酒基本上都是他烤的哈尼小锅酒。常言说"人无千日好"，可我们却相处了40多年，而且依然友好如初。我们的友情就像哈尼小锅酒一样浓郁甘甜，越陈越香。

问：谢谢阿舅接受我的采访，祝阿舅身体健康，阖家幸福美满！

答：不用客气。祝您事业有成，家庭美满幸福！

（四）因远镇中心小学、幼儿园部分教师访谈录

访谈对象：

张美兰，女，哈尼族，祖籍墨江，生长于因远马鹿村，玉溪师范学校毕业，任语文老师兼因远镇中心小学校长。

李家云，女，白族，生长于安仁村，玉溪师范学校毕业，任语文老师兼因远镇中心小学教务主任。

李莹，女，彝族，云南艺术学院舞蹈系毕业，任音乐老师兼白鹭艺术团负责人。

陈垒，男，哈尼族，生长于安定村委会新寨村，玉溪师范学校毕业，任语文老师。

张海琴，女，汉族，生长于元江那诺乡，玉溪师范学校毕业，任语文老师。

王雪云，女，哈尼族，生长于因远奔干村，玉溪师范学校毕业，任数学老师。

吴凤英，女，白族，生长于因远，任因远镇幼儿园园长。

访谈时间：2008 年 3 月 20 日

访谈地点：因远镇中心小学办公室

访谈人：许鲜明、白居舟、杨艳

　　问：首先，请张校长介绍一下学校的教学情况。

　　答：因远的小学教育有百年历史了。目前，因远中心小学辐射了因远村委会 7 个自然村。除乌龙是哈尼族村子外，其余 6 个自然村都是白族村。近几年，我们除了搞好汉语教学外，还重点挖掘白族民间传统歌谣和儿童游戏，开发乌龙哈尼族民间舞蹈，并整理出一些乡土教材，供幼儿教学。在乌龙校点没有撤并以前，我们尽量安排会哈尼族语言的老师任教，开展双语教学。在有些民族地区，汉语程度不高，只有通过双语教育，学生才能接受新知识。我们学校，哈尼族、白族学生比较多。哈尼族学生数学好，语文在低年级还是受到本族语的一些影响，特别是作文，句子写不通。但是，到了五、六年级，汉语文水平就有明显的提高了。

　　问：请吴凤英园长给我们谈谈应用乡土教材进行教育幼儿的情况。

　　答：因远镇驻地是具有悠久历史和优秀传统文化的白族聚居地。从 2001 年幼儿园教学新大纲出来以后，我们注重开发民族民间文化资源，重点挖掘白族传统儿歌、游戏、传说故事。我们走村串寨收集了《马鹿村的传说》、《因远的由来》、《八宝树天子庙的传说》、《龙池的传说》、《该里该里花花》等。我们将这些资料编成幼儿乡土教材，从小班开始进行双语教学。白族的歌谣、游戏全部用白族语言来说，然后再用汉语普通话教学，并让孩子们表演和玩乐，既开发了

孩子们的语言能力,又学到了一些民族的语言文化。

问:李家云老师,请您介绍一下因远小学各民族学生比例以及学生们实际生活中的语言使用情况。

答:我校现有 554 个学生,少数民族学生有 329 人,占学生总数的 65.7%,其中白族 175 人,哈尼族 182 人,彝族 6 人,苗族 1 人。现在学校都提倡讲普通话,写规范字,做文明人。课堂用语以汉语普通话为主,校园内师生之间都讲普通话。乌龙村合并进来的哈尼族一年级学生第一学期需要适当的哈尼语辅助教学,第二学期大多数都会适应汉语教学。哈尼族和白族学生,大多数会讲本民族语言。乌龙的哈尼族同学之间课后都讲哈尼话,跟白族、汉族和其他民族讲当地汉语。他们回到乌龙村子都讲哈尼话。跟白族村子杂居的哈尼族学生的情况就比较复杂。因远村子里的哈尼族学生普遍转用汉语,其他跟白族杂居的各村哈尼族学生有的会讲白族话和汉话,有的只会讲汉语。大多数白族学生人只会讲汉语,白语只是偶尔在家里使用。6 个彝族和 1 个苗族学生都讲汉语。

问:李莹老师是教音乐的,您在课堂上教不教当地的传统民族歌谣呢?

答:课堂上一般选教课本上的歌曲,有时也找一些民族歌曲来教。比如白族歌曲《采蘑菇的小姑娘》,哈尼族歌曲《火红的妥底玛依》等,但是学生们更喜欢唱现代流行歌曲,觉得唱民族歌曲有点好笑。

问:王雪云老师是奔干白族村生长的哈尼族,您会不会说哈尼语?

答:很遗憾我已经不会说哈尼话了。我只会说白族语和汉语。我的爷爷是从墨江来奔干定居的哈尼族,我父亲和爷爷都会说哈尼语和汉语,母亲是白族,会说白族语和汉语。我现在嫁到因远村,我公公是四川的汉族,婆婆是彝族,算得上是四种民族组合的大家庭。可是我的孩子现在只会说汉语了,2 加 2 最后只等于 1 了。

问:请张海琴老师说说您的语言使用情况。

答:我生长在哈尼族聚居的那诺乡,小时候还会讲哈尼语,现在我上语文课,经常使用汉语普通话教学,哈尼语已经很生疏了。我爱人是因远村的白族,平时公公婆婆和我爱人为了照顾我都跟我讲汉语,所以我和我的孩子都只会讲汉语了。

问:陈垒老师是安定村委会新寨的哈尼族,曾经在清水河一带偏僻的哈尼族地区教过书,请您谈一谈那边的学生语言使用情况跟因远小学学生有什么区别?

答:因远村委会是白族为主多民族杂居的坝区,各民族之间可以用汉语交流,学生们普遍会讲汉语;清水河一带浦贵、都贵、半坤以及路同 4 个村委会都是哈尼族聚居的山区,那边的哈尼族学生入学前普遍不会讲汉语,有的直到读完小学还不会讲熟练的汉语。平时的交往都是哈尼族,课后都讲哈尼语。封闭的环境,单一的母语,使得清水河一带哈尼族学生的汉语能力受到极大的限制。在课堂上,老师不得不时常使用哈尼语辅助教学,尤其在低年级,如果不采用双语教学,学生们很难听懂教学内容。

问:各位老师,哈尼族学生在学习上有没有什么特点呢?

答:有一个突出的特点,就是哈尼族学生的数学成绩普遍比语文成绩要好。因为数理思维一般不受语言差别的影响。语文却不同,哈尼族学生学汉语文课,不仅要学会讲汉语,还要学会写汉字,加上哈尼语的语法和汉语语法存在明显差别。汉语是主谓宾句型,哈尼语是主宾谓句型,如汉语说"我吃饭",哈尼语说"我饭吃";汉语说"我走路",哈尼语说"我路走"。还有数量词、动词和名词的搭配,汉语是动词在前,数量词次之,名词在后;哈尼语是名词在前,数量词次之,动词在后,如汉语说"有 13 只鸟",哈尼语说"鸟 13 只有"。诸如此类的语言差别,使哈尼族学生在用汉语写作时常出现语无伦次、颠三倒四、表达不清等毛病。

问:这种情况是否表明在不通汉语的哈尼族地区应该大力提倡双语教学呢?

答:应该如此。在不通汉语的少数民族地区,用双语教学,找出语言之间的规律,可以提高教学效果。

问:还有一个问题,我们刚才听说老师们在收集整理白族传统儿歌、游戏和传说故事。你们记录白族语言时,采用什么记录工具?

答:一般用汉字记录白语,碰到没有恰当的汉字时,就用汉语拼音。因为我们都不懂国际音标。

问:今天耽误大家的时间了,谢谢大家!

答:不客气。

(五)因远镇中心小学学生王草依、宗沙努访谈录

访谈对象:

王草依,女,12 岁,哈尼族,乌龙村村民,因远中心小学五年级学生。

宗沙努,女,10 岁,哈尼族,乌龙村村民,因远中心小学四年级学生。

访谈时间:2008 年 4 月 18 日

访谈地点:乌龙村

访谈人:白居舟

问:小朋友,你好,你叫什么名字?

答:(汉语方言加哈尼语回答)王草依(leil)。

问:你现在读几年级了?

答:(汉语方言加哈尼语)六年级 al(了)。

问:在哪里读书呢?

答:(用哈尼语)laqbeq a(在腊白)。

问:腊白是哪里?

答:(汉语方言)因远。

问:因远中心小学吗?

答:(用哈尼语)Eeq(是)。

问:这位小朋友,你叫什么名字?

答:宗沙努。

问:今年几岁了?

答:十岁。

问:读几年级了?

答:四年级。

问:在哪里读书?

答:因远小学。

问:你们两个小朋友平时在一起说什么话呢?

答:(不约而同地用哈尼话回答)Haqniq niqdoq(哈尼话)。

问:不说汉话吗?

答:(不约而同地用汉语方言)不会说。

问:为什么呢?

答:(不约而同地用汉语方言)汉话不教那。

问:教什么话呢?

答:普通话。

问:课堂上用什么话回答老师的提问?

答:普通话。

问:下课后说什么话?

答:(王草依用哈尼话)Haqniq niqdoq(哈尼话)/(宗沙努用普通话)普通话。

问:跟哈尼族同学说什么话?

答:(不约而同地用哈尼话)Haqniq niqdoq(哈尼话)。

问:跟哈尼族同学从来不说汉话吗?

答:(王草依用汉语方言说)有时候说。

问:什么时候说呢?

答:(不约而同地用汉语普通话说)问作业的时候。

问:你们说汉语困难吗?

答:(不约而同地用汉语普通话说)不困难。

问:你们刚上学的时候是在哪里?

答:在乌龙小学。

问:上到几年级。

答:小学二年级。

问:刚上学的时候老师讲哈尼话吗?

答:(王草依用汉语方言回答)有时说。

问:你们读书跟得上汉族同学吗?

答:(不约而同地用汉语普通话)跟得上。

问:你们希望哈尼族都会说汉语吗?

答:(不约而同地用汉语普通话说)希望。

问:你们希望哈尼族都会说哈尼语吗?

答:(不约而同地用汉语普通话说)希望。

问:哈尼话以后会不会消失?

答:(不约而同地用汉语普通话)不会。

问:为什么?

答:(宗沙努用汉语普通话)因为不会读书的人多。

答:(王草依用汉语普通话)哈尼族也是一个族。

问:平时跟父母说什么话?

答:(不约而同地用汉语普通话)哈尼话。

问:父母跟你们说什么话?

答:(不约而同地用汉语普通话)哈尼话。

问:父母有时候跟你们说汉话吗?

答:(王草依用汉语普通话)有时候会的。

问:你们将来长大希望做什么?

答:(宗沙努用汉语普通话)当老师。

答:(王草依用汉语普通话)当警察。

问:好好读书,祝你们心想事成!

二　语音系统

（一）乌龙白宏话语音系统①

　　乌龙村是哈尼族白宏人的聚居村,隶属于因远村委会。位于因远镇政府驻地、因远村村委会驻地东南 2.5 公里处。据考证,"乌龙"一词源于汉语,传说其村后山龙潭里有一条乌龙。白族称该村为"工德(kɔ⁵⁵tə³¹)",白语意为"箐沟头、河水源头"。据发音合作人王忠茂讲,乌龙村的哈尼族是从红河县垤玛乡曼培寨子一带搬迁过来的,已有数百年历史。当他们搬到因远坝时只有一甲(今安仁)、二甲(今红安)和三甲(今因远),还没有奔干和补垤两个寨子。乌龙村现有王、宗、朱、李等姓家族,132 户,总人口 637 人,其中男 335 人,女 302 人。该村的哈尼族自称"白宏",他称"布孔",讲哈尼语豪白方言白宏次方言。白宏次方言内部差异不大。乌龙白宏话与周边卡腊村委会的龙潭、安木垤、乌布鲁初、拉哩、罗马等村的白宏话相同,与北泽村委会的大浦和马栗坪村的白宏话能通话,与半坤村委会的罗布、独寨的白宏话能通话,与红河县和墨江县等地的白宏话也能通话。选择乌龙白宏话为语言调查点,不仅因为乌龙是哈尼族聚居村,语言具有一定的代表性,还因为乌龙村距镇政府、村委会非常近,与周边的白族和汉族相邻而居,交往密切,其语言文化受汉语、白语的影响可能要比其他哈尼族村大。下面是乌龙白宏话的语音系统。

一、声母

　　乌龙白宏话的声母共有 24 个。主要特点:(1) 塞音、擦音和塞擦音分清浊、清音送气和不送气对立;(2) 唇齿音 f 和 v 清浊对立;(3) 由于受汉语借词的影响,增加了 w;(4) 无腭化声母,也无复辅音声母。列表如下:

表 1

p	ph	m	f	v
t	th	n	l	
ts	tsh	s	z	

---

① 乌龙白宏话发音合作人之一王忠茂,男,初中文化,1972 年 8 月生。白宏话是他的第一语言(母语)。他从小在该村长大,上学后开始学习汉语,当地汉语方言熟练,是哈尼、汉双语使用者。乌龙白宏话发音合作人之二宗福斗,男,小学毕业,1966 年 5 月生。白宏话是他的第一语言(母语)。他从小在该村长大,上学后开始学习汉语,当地汉语方言熟练,是哈尼、汉双语使用者。

tɕ	tɕh	ɳ	ɕ	ʑ
k	kh	ŋ	x	ɣ
w				

声母例词:

表 2

声母	白宏话	汉语	白宏话	汉语
p	pu³³	生(孩子)	pu³¹	(耳朵)聋
ph	pha³³	裂开	pha³¹	发高烧
m	mɯ³³	(头)晕	mɯ³¹	好
f	fɤ⁵⁵	炒	fɤ³³	看
v	va⁵⁵	了	va³¹ pa³³	网吧
t	ta³³	上	ta³¹	接
th	tho³³	啄	tho³¹	应(声)
n	na³³	肯	na³¹	休息
l	lo³³	够	lo³¹	懂
ts	tsa³³	合适	tsa³¹	吃
tsh	a³¹ tsha⁵⁵	阳光	tsha³¹	煮
s	sa⁵⁵	舒服	sa³¹	悲伤
z	zɤ⁵⁵	流水	zɿ⁵⁵	(一)辈
tɕ	tɕɤ⁵⁵	相信	tɕɤ³¹	甩
tɕh	tɕhe⁵⁵	谷子	tɕhe³¹	冷
ɳ	ɳi³¹	闪电	ɳa³¹	两个人
ɕ	ɕy⁵⁵ly⁵⁵	石灰	ɕy³³	搓(绳子)
ʑ	ʑɛ⁵⁵	下(雨)	ʑɛ³¹	切、割
k	ka³³	落下	ka³¹	疼爱
kh	kha⁵⁵	庄稼	kha³¹	挖
ŋ	ŋɛ⁵⁵	霜	ŋɛ³³	瞌睡
x	xa³³	鸡	xa³¹	雪
ɣ	ɣa³³	得到	ɣa³¹	可以
w	wa³³ tshu³¹	佤族	wei⁵⁵ɕi⁵⁵ti⁵⁵	VCD

声母说明:

1. 随着大量汉语词汇的借入,哈尼语音系中增加了声母 w。

2. 声母 v 在所调查的固有词中,只出现在部分虚词中。但由于借用了大量汉语词汇,巩固了声母 v 的地位。

3. 在部分年轻人的口语中,声母 ɳ 不十分稳定,正转向声母 n。例如:ɳi³¹→ni³¹ "二",ɳi⁵⁵→ ni⁵⁵ "红"等。

4. 舌尖前辅音声母 ts, tsh 等与元音韵母 o 相拼时,有些人读作 tɕ,tɕh 等辅音声母。例如：tso⁵⁵读作 tɕio⁵⁵"坐、居住"，tsho⁵⁵ʐa³¹读作 tɕhio⁵⁵ʐa³¹"人"等。

二、韵母

白宏话韵母比较丰富，共有 34 个，分为单元音韵母、复合元音韵母和鼻韵母。单元音韵母又分为松元音韵母和紧元音韵母。

表 3

单元音	松元音	ɿ i y e ɛ a ə ɤ ɣ u o ɔ				
(16 个)	紧元音	ɣ̠ u̠ ɛ̠ a̠				
复合元音(11 个)		ei ia iɛ iə iu oi ɤi ue ui ua				
鼻韵母(7 个)		m̩ iŋ ɤŋ uŋ aŋ iɔŋ uaŋ				

（一）单元音韵母

单元音韵母及例词：

表 4

单元音韵母	白宏话	汉语	白宏话	汉语
ɿ	sɿ⁵⁵	死	sɿ³¹	还
i	ti³¹	打	zi³³	花开
y	zy³¹	四	sy⁵⁵zy³¹	烧菜锅
e	fe⁵⁵	分	za³¹ze³³	鸦片
ɛ	phɛ⁵⁵	涩	xɛ³¹	八
a	pa³³	白	pa³¹	薄
ə	ə⁵⁵	二	ə³¹tɕhi³³	而且
ɤ	tɕhɤ³³	重	xɤ³¹	剥（花生）
ɣ	sɣ³³	抽（烟）	ɣ̩³¹tɣ³¹	头
u	mu³¹	冰	mu⁵⁵xu³³	瓦
o	o³¹xa³³	鸭子	o³³xa⁵⁵	嗓子
ɔ	ɔ⁵⁵ɣa⁵⁵	瓶子	phɔ³¹tɣ³¹	糖
ɣ̠	lɣ̠³³	卷布		
ɛ̠	mɛ̠³¹	饿	a⁵⁵ŋɛ̠³¹	空
a̠	na̠³¹	深、早	na̠³³	黑
u̠	lu̠³³	齐全	xu̠³¹	放牧

单元音韵母说明：

1. 元音韵母 ɿ 只能跟舌尖前擦音 s、z 和塞擦音 ts、tsh 相拼，不与其他声母相拼，例如：sɿ⁵⁵"灭"，a⁵⁵sɿ³¹sɿ³¹"结果子"，thi³¹zɿ⁵⁵"一辈子"，tshɿ⁵⁵ku³¹"葛根藤"，tsɿ³¹"骑"等。

2. 元音 ɣ 与 u 对立，发元音 ɣ 时，有明显的唇齿摩擦音；发 u 时，双唇明显突出。例如：

pu³¹ 方向 pʏ̩³¹ 臭

a⁵⁵pu⁵⁵ 树 na³¹pʏ̩⁵⁵ 耳朵

3. 哈尼语其他方言中的紧元音韵母,在白宏次方言中大多演变成松元音韵母,现存只有 ɛ,a,u,ʏ 等 4 个紧元音,其中韵母 ʏ 只发现一个例词 lʏ³³"卷布"。

4. 汉语借词中增加了单元音韵母 ə,例如:kɔŋ³³sə⁵⁵"公社",ti⁵⁵ə⁵⁵"第二"等。

(二)复合元音韵母

复合元音韵母及例词:

表 5

复合元音韵母	白宏话	汉语	白宏话	汉语
ui	ɣui⁵⁵	喜爱、笑	a³¹ɣui³³	舅舅
ei	vei³¹xua⁵⁵	文化	ɕɔ³³mei³¹	晓梅
iə	liə⁵⁵	六	tɕiə⁵⁵tɕin⁵⁵	究竟
ia	ta⁵⁵lia³¹	梁	lia³³tɕio³¹	两角钱
iɛ	tiɛ⁵⁵	电	piɛ⁵⁵	变
iu	ziu³¹ɣɔŋ⁵⁵	身体	liu³¹tshɛ³¹lə³¹	六层楼
io	tɕio³¹	角(钱)	o⁵⁵tɕhio³¹	别人
iʏ	ɕiʏ³³	和	tɕiʏ³³	掐
iɔ	miɛ⁵⁵thiɔ³¹	面条	thiɔ⁵⁵ʏ³³thiɔ⁵⁵	跳舞
ue	khue³¹	元/块	sue⁵⁵tɕi⁵⁵	阉鸡
ua	tsua⁵⁵pha³¹	轮子	tiɛ⁵⁵xua⁵⁵	电话

复合元音韵母说明:

1. 固有词汇中,复合元音韵母只出现 ui,与其他方言的 ø 韵母对应,如:

表 6

汉语	乌龙白宏话	羊街哈尼话
九	ɣui³¹	ɣø⁵⁵
舅父	a³¹ɣui³³	ɑ³¹ɣø³¹
蒸汽	sa³¹xui³¹	sa⁵⁵xø³¹
鸽子	xui³¹xui³¹	xɑŋ⁵⁵xø³¹

复合元音韵母 ui 还出现在许多汉语借词上,例如:lui³³"铝",la³¹wui³³"阑尾",thui⁵⁵pɔ⁵⁵"刨子",mo³¹tui⁵⁵tsa³³tsho⁵⁵za³¹"仇人(有矛盾的人)",sui⁵⁵su⁵⁵"尿素"等。

2. 复合元音韵母 ei,ia,iɛ,iə,io,iɔ,iu,ue,ua 等出现在汉语借词中,增加了复合元音的数量。例如:tiɛ⁵⁵fei⁵⁵"电费",tiɛ⁵⁵xua⁵⁵"电话",piɛ⁵⁵zia³¹tɕhi⁵⁵"变压器",ta⁵⁵ɕio³¹"大学",tɕio⁵⁵ziʏ³¹tɕy³¹"教育局",lia³³tɕio³¹"两角",thiɔ⁵⁵ʏ³³thiɔ⁵⁵"跳舞",ɕue⁵⁵tshua³¹"宣传"等。

（三）鼻韵母

鼻韵母及例词：

表 7

鼻韵母	白宏话	汉语	白宏话	汉语
m̩	m̩⁵⁵	做	m̩³¹ tm̩⁵⁵	云
iŋ	phiŋ³¹	平	ɕiŋ⁵⁵	信
ɛŋ	tsɛŋ⁵⁵ ʐy⁵⁵	正月	tiɛ⁵⁵ tɛŋ³³	电灯
ɔŋ	a⁵⁵ tɔŋ⁵⁵	翅膀	ɣɔŋ³¹ khy⁵⁵	犄角
aŋ	paŋ³¹ ɕaŋ³³	箱子	ɕɛ⁵⁵ tsaŋ³¹	县长
iaŋ	liaŋ⁵⁵	亮	saŋ³³ liaŋ³³	商量
uaŋ	khuaŋ³³ pɣ³¹	聊天	tsuaŋ⁵⁵ tshu³¹	壮族

鼻韵母说明：

1. 固有词汇中，鼻韵母有两个：m̩、ɔŋ。m̩能自成音节，与其他声母相结合时，m̩的实际读音为 um。如：a⁵⁵ nm̩⁵⁵→a⁵⁵ num⁵⁵ "穗"，m̩³¹ tm̩⁵⁵→um³¹ tum⁵⁵ "云"，xa⁵⁵ tshm̩⁵⁵→xa⁵⁵ tshum⁵⁵ "棚子"；又如：mɛ³¹ pɔŋ³¹ "嘴"，sɔŋ³¹ phy⁵⁵ "野鸡"，a⁵⁵ khɔŋ³¹ "茎"等。

2. 分析所调查的汉语借词，增加的鼻音韵尾主要是后鼻韵尾。有的汉语词是带后鼻音韵尾的，有的不一定是带后鼻音韵尾的，但是在白宏话里都被读为后鼻音韵尾。例如：paŋ³¹ ɕaŋ³³ "板箱、箱子"，saŋ³³ liaŋ³³ "商量"，ɕɛ⁵⁵ tsaŋ³¹ "县长"等。带前鼻音韵尾的汉语词，借入白宏话词汇系统之后，鼻音脱落，没有明显的鼻韵母。如：thua³¹ ʑue³¹ "团员"，tiɛ⁵⁵ xua⁵⁵ "电话"，ɕue⁵⁵ tshua³¹ "宣传"，piɛ⁵⁵ ʐa³¹ tɕhi⁵⁵ "变压器"。

三、声调

乌龙白宏话共有三个声调：高平 55、中平 33、中降 31，如：

表 8

声调	白宏话	汉语	白宏话	汉语
高平 55	pha⁵⁵	借	to⁵⁵	喝
中平 33	pha³³	挠痒	to³³	出产
中降 31	pha³¹	发高烧	to³¹	戴（手镯）

声调说明：

大量的当地汉语词的借入不影响固有声调系统。汉语普通话的第四声（去声）词汇，借入同一语言的其他方言时，大多数方言都增加了一个低升调 24，但在白宏话里都归并到高平 55。例如：

表 9

汉语	乌龙白宏话	绿春县大寨哈尼话	元江县羊街衣垤哈尼话
炮	ta⁵⁵ phɔ⁵⁵	phɔ²⁴	phɔ²⁴
焊	xaŋ⁵⁵	xa²⁴	haŋ²⁴
县	ɕɛ⁵⁵	ɕɛ²⁴	ɕɛŋ²⁴
报告	pɔ⁵⁵ kɔ⁵⁵	pɔ³¹ kɔ²⁴	pɔ³¹ kɔ²⁴
汇报	xui⁵⁵ pɔ⁵⁵	xø³¹ pɔ²⁴	xui³¹ pɔ²⁴
态度	thɛ⁵⁵ tu⁵⁵	thɛ³¹ thɤ²⁴	thɛ³¹ thɤ²⁴
面条	miɛ⁵⁵ thiɔ³¹	miɛ²⁴ thiɔ³¹	miɛ²⁴ thiɔ³³
麻（线）	ma³¹ ɕɛ⁵⁵	ma³¹ sɛ²⁴	ma³¹ sɛ²⁴

四、音节

白宏话音节结构共有 6 种，见表 10。第一、二、三种是白宏话固有音节的基本结构，其中第三种出现频率最高，第四、五、六三种主要出现在汉语借词上。例如：

表 10

序号	音节结构	白宏话	汉语	白宏话	汉语
1	元音	ɛ⁵⁵ to³³	告诉	a³¹ tɤ³¹	盐巴
2	辅音	v̩³³	孵蛋	m̩⁵⁵	做
3	辅音＋元音	xo³¹	船	sa³¹	痛苦
4	辅音＋元音＋辅音	pɔŋ³³	满	paŋ³¹ ɕaŋ³³	箱子
5	辅音＋元音＋元音	ɣui⁵⁵	喜爱	kua³¹	管理
6	辅音＋元音＋元音＋辅音	liaŋ⁵⁵	亮	khuaŋ³³ pɤ³¹	聊天

（二）玉嘎梭比话语音系统[①]

因远镇的哈尼族支系梭比人主要分布在该镇的浦贵村委会的浦贵、嘎俄、浦海村子和北泽村委会的玉嘎、三〇三、水桶、北泽等 7 个村子。据统计，目前约 2400 人。

玉嘎村位于清水河东岸、北泽村委会的东北方向，地处国道 323 昆洛公路沿线、元江县城至因远镇政府驻地沿途的半山坡上，距离县城 30 公里，离镇政府驻地 11 公里，离村委会 9 公里。自改革开放以来，有 68 户、约 200 人已经从玉嘎老寨搬到国道昆洛路 303 公里处周围，依托便利的交通发展经济。玉嘎村的哈尼族梭比人主要由杨、李等家族构成，杨氏和李氏家族是在 200 多年以前从浦贵村委会的浦海搬迁过来的。传说，梭比人原有兄弟三人，分别居住在浦贵、浦海、水桶三个寨子里。按照梭比人的说法，梭比人内部还可分为两个支系："黑梭比"和

---

① 梭比音系发音合作人李洋发，男，初中文化，1962 年 8 月出生。梭比话是他的第一语言（母语）。他从小在该村长大，上学后开始学习汉语，当地汉语方言熟练，是哈尼、汉双语使用者。时任村委会计划生育宣传员兼出纳。

"黄梭比",其服饰、习俗略有差异;语言稍有差别,但相互都能通话。上述 7 个村子属于梭比支系中的"黄梭比"。据当地梭比人李洋发、杨学文等讲,与"黑梭比"相比,黄梭比人更能听懂哈尼语其他方言,如糯比、糯们、白宏和豪尼话等。本节以"黄梭比"玉嘎话为例,将其语音系统整理如下。

一、声母

声母共有 24 个,主要特点:(1) 塞音、擦音和塞擦音分清浊、清音送气和不送气对立;(2) 本族固有词汇中,有唇齿清擦音 f,没有发现浊擦音 v,但通过汉语借词增加了浊辅音声母 v;(3) 本族固有词汇中,只有少部分语气助词中才有辅音 w,汉语借词也增加了辅音声母 w;(4) 无腭化声母,也无复辅音声母。详见下表:

表 11

p	ph	m	f	v
t	th	n	l	
ts	tsh		s	z
tɕ	tɕh	n̠	ɕ	ʑ
k	kh	ŋ	x	ɣ
w				

声母例词:

表 12

声母	梭比话	汉语	梭比话	汉语
p	pa^{33}	错	pa^{31}	扛
ph	pha^{55}	换	pha^{33}	挠痒
m	ma^{55}	个	ma^{31}	不
f	fɣ^{33}	看	fa^{24}fa^{31}	犯法
v	vei^{55}ɕi^{55}ti^{55}	VCD		
t	te^{55}	(公鸡)叫	te^{31}	染(布)
th	the^{31}	忙	to^{31}the^{55}	凳子
n	na^{55}	病	na^{33}	黑
l	lo^{55}	热	lo^{33}	空闲
ts	tsa^{33}	有	tsa^{31}	吃
tsh	tsho^{33}	刺扎	tshu^{33}	盖(房子)
s	sa^{33}	称	sa^{31}	蒸
z	zu^{55}	属羊	zu^{31}	走
tɕ	tɕi^{55}	密	a^{31}tɕi^{31}	羊
tɕh	tɕhi^{33}	断	tɕhi^{31}	(狗)叫
n̠	n̠i^{55}	小	n̠i^{31}	二
ɕ	ɕi^{55}	死	ɕi^{33}	擦

ʑ	ʑa⁵⁵	便宜	ʑa³¹	儿女
k	ka³³	冷	ka³¹	疼爱
kh	kha³³	栽种	kha³¹	挖
ŋ	ŋɛ³³	动	ŋɛ³¹	空的
x	xɛ⁵⁵	拿、带	xɛ³¹	八
ɣ	a⁵⁵ɣui³³	舅舅	ɣui³¹	九
w	wa³¹	瓦	wei³¹xua⁵⁵	文化

二、韵母

韵母共有32个,可分为单元音韵母、复合元音韵母和鼻韵母三类。

表 13

单元音(11个)	ɿ i y ɛ a ə ɣ ɯ o ɔ
复合元音(10个)	ei iə iɛ ia iu oi ɔi ɜu ui ua
鼻韵母(11个)	m̩ n̩ ŋ̍ in ɔn an ɔn ian me mei ɔei ɑn

(一) 单元音韵母

单元音韵母及其例词:

表 14

单元音韵母	梭比话	汉语	梭比话	汉语
ɿ	tsɿ²⁴	字	a³¹tsɿ³¹	女婿
i	pi³¹	给、嫁	pi⁵⁵ɣ³¹	弯
y	khy⁵⁵	聪明	tɕhy⁵⁵	甜
ɛ	pɛ³³	稀饭	phɛ³¹	提
a	xa³³na³³	乌鸦	xa³¹pha³¹	青蛙
ə	sə⁵⁵	纺(线)	sə³¹	引、领
ɯ	pɯ⁵⁵	飞	phɯ⁵⁵	(水)开
ɣ	tsɣ⁵⁵	在、坐	fɣ³³	老鼠
u	tu³¹pa³¹	话	tu³¹tsɿ³³	胃
o	po³³	方向、刮(风)	a⁵⁵pho³¹	空、瘪
ɔ	kɔ⁵⁵	(水)清	kɔ³¹	堆

单元音韵母说明:

1. 在所调查的词汇中,松紧元音对立不整齐,只有少量的松紧元音对立。如:xa³¹mə³¹"泡沫",lɣ̤³¹"够"。

2. 元音ɣ。例如:ɣ³¹"吴",ɣ³¹tɣ³¹"头"。

3. a 的实际音值等于 A,为便于记录,以 a 代替 A。

(二) 复合元音韵母

复合元音韵母及其例词:

表 15

复合元音韵母	梭比话	汉语	梭比话	汉语
ei	fei³¹ tsɔ⁵⁵	肥皂	wei³¹ xua⁵⁵	文化
iɛ	liɛ⁵⁵	榨油	liɛ³¹ tɔ³³	镰刀
iə	tɕiə³³ zɣɛ³¹	九月	liə³¹	刘
ia	tɕhia³¹	墙	xua³¹ lia³¹	梁
iu	liu³¹	六	tɕhiu⁵⁵	秋
io	tɕio³¹ɣ²⁴	觉悟	tɕio³¹	角(钱)
ɔi	ti ɔi²⁴	钓	lɔ³¹ piɔ³¹	朋友
ui	ɣui³¹	九	a⁵⁵ ɣui³³	舅舅
uɛ	tshuɛ⁵⁵	春	fv⁵⁵ tsuɛ³³	瞄准
ua	sua³¹	刷	sua²⁴	算

复合元音韵母说明:

1. 复合元音韵母主要是双合元音韵母,没有三合元音韵母。它们主要是通过语言接触,从汉语中借入了大量的借词后增加的。

2. 本族语固有词汇中只有 ui 一个复合元音韵母。如:ɣui³¹"九",a⁵⁵ɣui³³"舅舅"等。但是,不少汉语借词中有 ui,如:v⁵⁵sui³¹"莴笋",lui³¹ko⁵⁵"铝锅",sui³¹pɛ⁵⁵"杯子",sui³¹ka⁵⁵"缸",thui⁵⁵pv⁵⁵"推刨",tshui⁵⁵"脆",la³¹kui³¹"懒汉"等。

(三) 鼻韵母

鼻韵母有 11 个,其中 m̩,ŋ̍ 两个鼻辅音能自成音节,主要出现在本民族固有词语中。鼻韵母例词:

表 16

鼻韵母	梭比话	汉语	梭比话	汉语
m̩	m̩³¹ pa³³	天	m̩³¹ khi³¹	晚上
ŋ̍	ŋ̍³¹ ka³³	饭	ŋ̍³¹ khi³¹	屎
iŋ	piŋ⁵⁵ ɕiaŋ⁵⁵	冰箱	a⁵⁵ tshɣ³¹ sui³¹ tɕiŋ³¹	水井
ɛŋ	tsɛŋ²⁴ zɣɛ³¹	正月	wei²⁴ sɛŋ⁵⁵	卫生
aŋ	xaŋ⁵⁵	焊接	taŋ³¹ xo³¹	凹
ɔŋ	tsɔŋ⁵⁵	做	tshɔŋ⁵⁵	经得住
ɔm	tɔm⁵⁵	冬	thɔm³¹ sɣ⁵⁵	铜
iɔm	ti⁵⁵ ɕiɔm⁵⁵	弟兄(伙伴)		

iɔŋ	ʑiɔŋ⁵⁵ fv²⁴	拥护		
iaŋ	sa⁵⁵ liaŋ⁵⁵	商量		
uaŋ	tsuaŋ⁵⁵ tshv³¹	壮族		

鼻韵母说明：

1. 在所调查的 2000 个词汇中，只有"铁"及其相关词语略带鼻化，如 sɤ̃⁵⁵"铁"，sɤ̃⁵⁵ mɤ³¹"钢"，sɤ̃⁵⁵ ti³¹ la³¹ khi³¹"铁匠"，sɤ̃⁵⁵ kɯ⁵⁵"炼铁"。

2. 从所调查的汉语借词来看，前鼻音韵尾脱落，增加了后鼻音韵尾。

表 17

梭比话	汉语	梭比话	汉语
thua³¹ ʑiɛ³¹	团员	tiɛ²⁴ xua²⁴	电话
ɕiɛ⁵⁵ tshua³¹	宣传	piɛ²⁴ ʑa³¹ tɕhi²⁴	变压器
ɕɛ⁵⁵ tsaŋ³³	县长	tsɛŋ⁵⁵ fɣ³¹	政府
liaŋ³³ thiɔ³¹	两条	piɔ³³ ʑiaŋ³¹	表扬

三、声调

声调共有 4 个：高平 55、中平 33、中降 31、中升 24。高平 55、中平 33、中降 31 是哈尼语固有的声调。随着大量当地汉语词汇的借入，不仅丰富了梭比话的词汇系统，而且也丰富了梭比话的声调系统。梭比话使用区正处于元江县的金水河沿线，也正处于汉语北方方言西南官话滇东南建水石屏土语和思茅普洱土语的交叉线上，因此，汉语借词中增加了中升调 24。但是，在梭比话中，汉语普通话的第四声 51 还不稳定，可以说成中升调 24，或者高平调 55。声调例词：

表 18

声调	梭比话	汉语	梭比话	汉语	梭比话	汉语
高平 55	pa⁵⁵	丢失	ma⁵⁵	个	lv⁵⁵	炒
中平 33	pa³³	错	ma³³	眼睛	lv³³ ki³³	石磨
中降 31	pa³¹	扛	ma³¹	多	lv³¹	放牧
中升 24	pa²⁴⁺⁵⁵ fa³¹	办法	mi²⁴⁺⁵⁵	命	pɔ²⁴⁺⁵⁵ kɔ²⁴⁺⁵⁵	报告

声调说明：

梭比话声调与本县羊街乡哈尼话相似。但梭比人讲汉话时，因人而异，汉语普通话高降调词，有的使用高平调 55，有的使用中升调 24。一般情况下，他们与清水河北岸、元江县城以北的人讲汉话时，将汉语普通话的第四声转为中升调 24；与清水河以南的人讲汉话时，汉语普通话的第四声转为高平调 55。下面是汉语普通话的第四声 51 调与因远玉嘎梭比话、因远乌龙白宏话和羊街衣垤哈尼话的声调比较。

表 19

汉语	因远玉嘎梭比话	因远乌龙白宏话	羊街衣垤哈尼话
炮	phɔ$^{24+55}$	ta^{55}phɔ^{55}	phɔ^{24}
焊	haŋ$^{24+55}$	xaŋ^{55}	haŋ^{24}
县	ɕɛ$^{24+55}$	ɕɛ^{55}	ɕɛŋ^{24}
报告	pɔ$^{24+55}$kɔ$^{24+55}$	pɔ^{55}kɔ^{55}	pɔ^{31}kɔ^{24}
汇报	xui^{24+55}pɔ$^{24+55}$	xui^{55}pɔ^{55}	xui^{31}pɔ^{24}
态度	thɛ$^{24+55}$tv^{24+55}	thɛ^{55}tu^{55}	thɛ^{31}thv^{24}
面条	mie^{25+55}thiɔ^{31}	mie^{55}thiɔ^{31}	mie^{24}thiɔ^{33}
（麻）线	ma^{31}ɕɛ$^{24+55}$	ma^{31}ɕɛ^{55}	ma^{31}sɛ^{24}

四、音节

玉嘎梭比话音节结构有 6 种,见表 20。其中第一、二种出现频率较低;第三种出现频率最高,为固有词的主要音节结构。第四、五、六三种主要出现在汉语借词中。音节例词:

表 20

序号	音节结构	梭比话	汉语	梭比话	汉语
1	元音	a^{55}ta^{33}	父亲	a^{31}fv^{31}	姑母
2	辅音	ŋ^{31}ka^{33}	饭	m̩^{31}pa^{33}	天
3	辅音＋元音	sa^{31}	气	nɯ^{55}ma^{33}	太阳
4	辅音＋元音＋辅音	təm^{55}	冬	tsɔŋ^{55}	做
5	辅音＋元音＋元音	sua^{31}	涂漆	khua^{24+55}	矿
6	辅音＋元音＋元音＋辅音	sa^{55}liaŋ^{55}	商量	tsuaŋ$^{24+55}$tshγ^{31}	壮族

（三）因远安定新寨豪尼话语音系统

一、声母

新寨豪尼话有声母 29 个,主要特点:(1)塞音、擦音和塞擦音分清浊、清音送气和不送气对立;(2)本族固有词汇中,有唇齿清擦音 f,通过汉语借词增加了浊辅音声母 v 和 w;(3)边音 ɬ 和 l 对立;(4)无腭化声母,也无复辅音声母。列表如下:

表 21

p	ph	m	f	v	w
t	th	n	ɬ	l	
ts	tsh		s	z	

tʃ	tʃh		ʃ	ʒ	
tɕ	tɕh	ȵ	ɕ	ʑ	
k	kh	ŋ	x	ɣ	

声母例词：

表 22

声母	豪尼话	汉语	豪尼话	汉语
p	po³³	满	po³¹	破（衣服）
ph	xɛ⁵⁵ phɑ⁵⁵	换	phɑ³³	挠痒
m	mɑ⁵⁵	个	mɑ³¹	不
f	fɣ³³ fɣ⁵⁵	豪猪	fɣ³¹ tɣ³¹	灶
v	vei³¹ xua⁵⁵	文化		
w	wa³¹	王	wa⁵⁵ tɣ⁵⁵	豌豆
t	te⁵⁵	（鸟）叫	tɛ³¹	推
th	the⁵⁵	跺脚	the³¹	只（鞋）
n	na³¹	早	na³³	黑
ɬ	ɬo⁵⁵	热	ɬo³¹	晾（衣）
l	lo⁵⁵	庹	lo³³	空闲
ts	tsɑ³³	有	tsɑ³¹	吃
tsh	tshɣ⁵⁵ ʑiɑ³¹	人	tshɣ³³	盖（房子）
s	sa³³	称	sa³¹	蒸
z	zɣ³¹	搓绳子	zɿ⁵⁵ tɣ⁵⁵	柱子
tʃ	ŋa⁵⁵ tʃa⁵⁵	麻雀	tʃa³¹	榨（油）
tʃh	tʃha⁵⁵ pa³¹	喜鹊	tʃha³¹	煮
ʃ	ʃa⁵⁵ tsa³¹	讨	ʃa³¹	痛苦
ʒ	xɛ⁵⁵ ʒo³¹	积攒	ʒɣ⁵⁵	绵羊
tɕ	tɕi⁵⁵	（布）密	tɕi³¹	磨面
tɕh	tɕhi⁵⁵	辣	tɕhi³¹	拉（屎）
ȵ	ȵi⁵⁵	哭	ȵi³¹ xa³¹	鬼
ɕ	ɕi⁵⁵ ɣo⁵⁵	穿针	ɕi³¹	磨（刀）
ʑ	a⁵⁵ ʑi³¹	种子	ʑiɑ³¹	儿女
k	ka³³	冷	ka³¹	疼爱
kh	khɑ³³	栽、种	khɑ³¹	六
ŋ	ŋɑ⁵⁵	我	ŋɑ³³	张（嘴）
x	xɛ⁵⁵	拿、带	xɛ³¹	八
ɣ	a⁵⁵ ɣo³³	舅舅	ɣo³¹	九

二、韵母

韵母共有 32 个。可分为单元音韵母、复合元音韵母和鼻韵母四类。

表 23

单元音韵母(14 个)	ʅ i e ɛ a ɑ ɤ y ɯ u o ɔ a̤ o̤
复合元音韵母(12 个)	ei iɛ iɑ iu oi ɔi ɑi ui ɜu uɑ ou uɑ
鼻韵母(6 个)	iŋ ɛŋ aŋ ɔŋ iaŋ iɔŋ

（一）单元音韵母和紧元音韵母

单元音韵母、紧元音韵母及其例词：

表 24

单元音韵母	豪尼话	汉语	豪尼话	汉语
ʅ	tʃʅ³¹	骑	fɤ⁵⁵ tsʅ³¹	银子、钱
i	pi⁵⁵	细、小	pi³¹	拱（土）
e	tshe⁵⁵	腌	pɑ³¹ tse⁵⁵	其他
ɛ	tshe⁵⁵ sʅ³¹	谷子	tsɛ⁵⁵	撒尿
a	ka⁵⁵ tha³³	山坡	tsɑ³³	有
ɑ	lɑ⁵⁵	来	xɑ⁵⁵ ɬɯ³¹	田
ɤ	tshɤ³¹	掐	khɤ³¹ sʅ³¹	脖子
ɯ	kɯ⁵⁵	翘（尾巴）	kɯ³¹ ɕɯ⁵⁵	铜
y	y⁵⁵	买	tsy³¹	皱
u	nu³¹ sʅ³¹	粟子	lu⁵⁵ pɑ³¹	河
o	xo³¹	偷	lo³¹	属龙
ɔ	kɔ³³ tshɔ³³	修理	tshɔ⁵⁵	骂
a̤	ma̤³³	梦	na̤³¹	深
o̤	xo̤³¹	泼	lo̤³¹	足够

单元音韵母和紧元音韵母说明：

1. 辅音 ɤ 可以单独做韵母，也可以跟其他声母相拼。如：ɤ³¹ tɤ³¹"头"，ɯ⁵⁵ tshɤ³¹ tshɤ³¹ pu⁵⁵"泡沫"等。

2. 松紧元音对立不整齐，大部分紧音已经消失。在所调查的词汇中，只发现少部分词汇中出现 a 和 o 两个紧元音韵母。如：ma̤³³"梦"，na̤³¹"深"，a⁵⁵ la̤³¹"树枝"，a³¹ la̤³¹"手"，a³¹ ʑia̤³¹"猪"，ʑia̤³¹ the³¹"野猪"；xo̤³¹"洒、泼"，lo̤³¹"足够"，a⁵⁵ xo̤³¹"空瘪"。

（二）复合元音韵母

复合元音韵母及其例词：

表 25

复合元音韵母	豪尼话	汉语	豪尼话	汉语
ei	mei³¹ tsʅ³³	麦子	xua⁵⁵ fei³¹	化肥
iɛ	liɛ⁵⁵	炼	a⁵⁵ piɛ³³	孩子

ia	lia³¹	梁	pa³¹lia³¹	镰刀
iɤ	tɕiɤ³¹	傻	tɕhiɤ³¹	敲
iu	liu⁵⁵	逃跑	pi³³ziu³¹	龙
io	tɕio³¹	角（钱）	tɕio³¹ɣ⁵⁵	觉悟
iɔ	miɔ⁵⁵	庙	thiɔ³¹kɛ⁵⁵	调羹
iɑ	ʑiɑ³¹	儿子	ʑiɑ⁵⁵	越
ui	tshui⁵⁵	脆	lui³¹	铝
uɛ	tsuɛ⁵⁵	寸	kuɛ³³	滚
ua	khua⁵⁵	矿	sua⁵⁵pha³¹	算盘
uo	muo⁵⁵	长、远	nuo⁵⁵	短、近

复合元音韵母说明：

1. 复合元音韵母主要是二合元音韵母，没有三合元音韵母。

2. 在少部分固有词汇中，出现复合元音韵母：ui,iɛ,iɤ，如：mi³³kui³³"闭口"，xɛ⁵⁵tɕhui⁵⁵"藏东西"，tsho³³nui⁵⁵"刺痛"，tsho³³ɣui⁵⁵"插牌子"，tɕiɤ³¹"傻"，a⁵⁵piɛ³³孩子。但它们更多出现在汉语借词中。例词见说明3。

3. 复合元音韵母 ei,ui,iɛ,iɤ,ia,iu,io,iɔ 主要出现在汉语借词中。如：pei⁵⁵"碑"，pei⁵⁵ko⁵⁵"弓背"，ʃui³¹khɣ⁵⁵"水库"，lui³¹"铝"，la³¹tshui³¹"拳"，xui³¹tshu³¹"回族"，tshui⁵⁵wui³¹xui⁵⁵"村委会"，tɕia⁵⁵tɕhiɛ³¹"价钱"，ʑiɤ⁵⁵tiɛ³¹"优点"，ta⁵⁵tiɛ³³"大伯"，ɕiɔ³³ɕio³¹"小学"，ɕiɔ³³mei³¹fa⁵⁵tiɛ⁵⁵"晓梅饭店"，tɕiɔ⁵⁵ʑiɛ³¹tɕi³¹"教育局"，la³¹pia³¹"朋友"，kɔ⁵⁵lia⁵⁵"高粱"，ɕia⁵⁵ɕia⁵⁵"箱子"等。

（三）鼻韵母

鼻韵母及其例词：

表 26

鼻韵母	豪尼话	汉语	豪尼话	汉语
iŋ	piŋ⁵⁵	兵	kaŋ⁵⁵tɕiŋ⁵⁵	钢
ɛŋ	tɛŋ³³ɕin³³	灯芯	tsɛŋ⁵⁵tʃhɣ³¹	政策
aŋ	tʃhaŋ⁵⁵	唱	tɕiɛ³³faŋ⁵⁵	解放
ɔŋ	tɛŋ⁵⁵lɔŋ⁵⁵	灯笼	tʃɔŋ⁵⁵	钟
iaŋ	ɕiaŋ³³	想	ʃa⁵⁵liaŋ⁵⁵	商量
iɔŋ	ʑiɔŋ⁵⁵fɣ⁵⁵	拥护		

鼻韵母说明：

1. 带前鼻音韵尾的汉语词汇借入豪尼话词汇系统之后，鼻音韵尾脱落，没有鼻化音特征。例如：

表 27

豪尼话	汉语	豪尼话	汉语
thua³¹ʑiɛ³¹	团员	tiɛ⁵⁵xua⁵⁵	电话

ɕiɛ⁵⁵ tʃhua³¹	宣传	piɛ⁵⁵ tiɛ⁵⁵ tʃa⁵⁵	变压站
tiɛ⁵⁵ xa⁵⁵ xa⁵⁵	电焊	zi⁵⁵ ziɛ³³	因远

2. 因汉语借词增加了后鼻音韵母,但不是所有带后鼻音韵尾的词汇借入豪尼词汇系统之后都带鼻音尾,有些借词的鼻音尾已经脱落,说明这些鼻音尾还不太稳定。例如:

表 28

豪尼话	汉语	豪尼话	汉语
ɕɛ⁵⁵ tʃa³¹	县长	ta³³ ziɛ³¹	党员
kɔ⁵⁵ zɛ³¹	工人	ko³¹ wa³¹	国王
sɛ⁵⁵ li⁵⁵	胜利	ziɛ³¹	赢

三、声调

声调有 3 个,调值分别为高平 55、中平 33、低降 31。声调例词:

表 29

声调	豪尼话	汉语	豪尼话	汉语	豪尼话	汉语
高平 55	ɬo⁵⁵	热	lo⁵⁵	庹	xa⁵⁵	百
中平 33	ɬo³³ ma³³	石头	lo³³	空闲	xa³³	属鸡
低降 31	ɬo³¹	晾(衣)	lo³¹	属龙	xa³¹	霜

声调说明:

豪尼话固有词中没有发现升调,在其他哈尼族方言土语中,由于借入大量汉语词汇,从而增加了一个中升调 24。但在其他方言里用中升调 24 的词汇,在豪尼话口语里都用高平调 55。例如:

表 30

汉语	因远豪尼话	绿春哈尼话	羊街哈尼话
炮	phɔ⁵⁵	phɔ²⁴	phɔ²⁴
焊	xa⁵⁵	xa²⁴	haŋ²⁴
县	ɕɛ⁵⁵	ɕɛ²⁴	ɕɛŋ²⁴
报告	pɔ⁵⁵ kɔ⁵⁵	pɔ²⁴ kɔ²⁴	pɔ²⁴ kɔ²⁴
汇报	xui⁵⁵ pɔ⁵⁵	xø²⁴ pɔ²⁴	xui²⁴ pɔ²⁴
态度	the⁵⁵ tv⁵⁵	the²⁴ tu²⁴	the²⁴ thv²⁴
面条	miɛ⁵⁵ thiɔ³¹	miɛ²⁴ thiɔ³¹	miɛ²⁴ thiɔ³¹

四、音节

音节结构共有 6 种,见表 31。其中第一、二、三种为固有词的主要音节结构,其中第三种出现频率最高。第四、五、六三种结构主要出现在汉语借词中。例词如下:

表 31

序号	音节结构	豪尼话	汉语	豪尼话	汉语
1	辅音	ʋ̩³³	孵	ʋ̩³¹ʋ̩³¹	弯腰
2	元音	i̥⁵⁵	那	a⁵⁵ʋ̩³¹	饭、粮食
3	辅音＋元音	xe³¹	八	ɣo³¹	天气
4	辅音＋元音＋辅音	tɕiŋ³¹	紧、挤	tʃhaŋ⁵⁵	唱
5	辅音＋元音＋元音	mie⁵⁵thiɔ³¹	面条	tie⁵⁵xua⁵⁵	电话
6	辅音＋元音＋元音＋辅音	ʃa⁵⁵liaŋ⁵⁵	商量	ziɔŋ⁵⁵fʋ̩⁵⁵	拥护

（四）因远镇仓房碧约话语音系统[①]

因远镇仓房村是哈尼族碧约人聚居村,隶属于浦贵村委会。位于该镇东北部,北与咪哩乡隔清水河相望。距村委会 13 公里、镇政府 15 公里、县城 30 公里。仓房村的碧约人是 70 多年前,由哈尼族阿波李和才从墨江县碧溪镇雇用来开垦梯田,守护粮食仓库的,是墨江县碧溪镇碧约人的后代,该村的碧约话与墨江县的碧约话差别不大。

仓房碧约话属哈尼语碧卡方言碧约次方仓房碧约土语。在因远镇,操碧约土语的人口约 200 余人,其中大部分碧约人居住在仓房村,有 34 户,151 人(2007 年统计)。少部分碧约人与白族和汉族以及哈尼族豪尼人杂居在北泽村。下面将仓房碧约话的语音系统进行简要描述。

一、声母

声母共有 24 个,主要特点:(1) 塞音、塞擦音、擦音分清浊;(2) f,v 清浊对立;(3) 通过汉语借词增加了 w;(4) 无腭化声母,也无复辅音声母。列表如下:

表 32

p	ph	m	f	v	w
t	th	n		l	
ts	tsh		s	z	
tɕ	tɕh	ȵ	ɕ	ʑ	
k	kh	ŋ	x	ɣ	

声母例词:

表 33

声母	碧约话	汉语	碧约话	汉语
p	pɑ³³lɑ³³	月亮	pɑ³¹mɑ³³	蜜蜂

---

① 碧约话发音合作人蔡凤英,女,57 岁,仓房村人,从小讲碧约话,文盲。

ph	phu⁵⁵	银子	phu³³	散开(鞋带)
m	mi³¹	蓝靛草	mi⁵⁵	香味
f	fu³¹⁴	福气	fv̩³³ tsha³¹	老鼠
v	va³¹	猪	a³¹ va³³	下面
w	wa⁵⁵	万	wa³³	瓦
t	tɤ³³	发生	tɤ³¹	毒
th	tha³¹	塔	thaŋ³¹⁴	缸
n	nə³¹	踩	nɯ³³ ma³³	心脏
l	lɤ³³	蛆	le³¹	晒
ts	tsə³¹	霜	tsə³¹⁴	撒尿
tsh	tsho⁵⁵	人	tshɤ³¹	雷
s	so⁵⁵	干净	a³¹ sa³¹	气
z	a³¹ z̩³³	花	ze⁵⁵	承认
tɕ	tɕi³¹	挤	tɕi³¹⁴	积
tɕh	tɕhe⁵⁵	谷子	tɕhiu⁵⁵	秋
ȵ	ȵie³¹	二	ȵi⁵⁵ ma³³	太阳
ɕ	ɕia³¹⁴	夏	ɕia⁵⁵	香
ʑ	ʑi⁵⁵ kho³¹⁴	房子	ɯ⁵⁵ ʑia⁵⁵	田
k	mi³¹ ki⁵⁵	星星	kiŋ⁵⁵	秤
kh	a³¹ kho³¹⁴	洞	ɯ⁵⁵ khɔ³¹	水沟
ŋ	ŋa⁵⁵	我	ŋɑ³¹	五
x	xi⁵⁵	拿	a³¹ xa³¹	汉族
ɣ	ɣo³¹	卖	ɣo³¹ lo³¹	土锅

声母说明：

1. 辅音声母 ts,tsh,s 有一套变体,与后元音 u,o,ɔ,ɑ 相拼时,读作 tʃ,tʃh,ʃ。例如:tsɑ³¹ "吃"读作 tʃɑ³¹,tso³¹ khɑ³¹ "傻子"读作 tʃo³¹ khɑ³¹,tshɑ³³ "摘"读作 tʃhɑ³³,tshu³³ "剃头"读作 tʃhu³³,sɑ³¹ "肉"读作 ʃɑ³¹,sɔ³³ kə³³ "穷人"读作 ʃɔ³³ kə³³ 等。

2. 辅音声母 kh,k,ph,p 与 ɿ 相拼时,th 和 t,ɤ 等相拼时,有很强的气流除阻和破擦声。如:a³¹ khɿ³¹ khɿ³¹ "拉屎",khɿ⁵⁵ phɿ³¹ "小腿",ɔ³¹ kɿ⁵⁵ "皮肤",tɕhi³³ khə⁵⁵ phɿ³¹ thɑ³³ "头发辫子",ȵiɛ³¹ khɿ³¹ "云、雾",mi³¹ khɿ³¹ "火烟",na⁵⁵ pɿ⁵⁵ "鼻涕",ma³³ pɿ⁵⁵ "眼泪",kɿ³¹ tɤ³¹ "手镯"等。

3. 辅音声母 f 和 v 既出现在本族词汇中,也出现在汉语借词中。如:fv̩³³ tsha³¹ "老鼠",fv̩³³ ma³³ "豪猪",fv̩⁵⁵ pɑ³¹ "松鼠",fv̩³¹ li³³ "狐狸",tɕiɛ³³ fɛ³³ "卷粉",ʑi³¹ vɑ³¹ "渔网",va³¹ "猪",va³¹ pɿ³¹ "竹笋",a³¹ va³³ "下面"等。

4. 辅音声母 w 只出现在汉语借词中。如:wa⁵⁵ "万",wa³³ "瓦",wei³¹ tɕhia³¹ "围墙",pɔ³³ wei³¹ "守卫",tshui⁵⁵ wei³¹ xui³¹⁴ "村委会",wei³¹⁴ sɛŋ⁵⁵ so³¹ "卫生所",ʑin⁵⁵ wei³¹⁴ "因为"等。

二、韵母

韵母共有 35 个,可分为三类:单元音韵母 13 个,其中有 11 个松元音、1 个紧元音和 1 个唇齿化半元音;复合元音韵母 10 个;鼻韵母 12 个。

表 34

单元音韵母(13个)	ɿ i e ɛ a ə ɯ u o ɔ ɑ ɡ̍ ɣ
复合元音韵母(10个)	ie iɛ ci io ia iɑ iu ɑu ei ui
鼻韵母(12个)	in ɛn an ne ɔn ɡn iɛn uan uɛn ɛɡ iɡ aɡ nei

韵母说明：

1. 韵母 ɿ 与辅音声母 kh 和 k、ph 和 p 等相拼时，ɿ 韵母有较强的颤动。如：phɿ⁵⁵"辣"，phɿ³¹"编（辫子）"，khɑ³¹lɑ⁵⁵ tsɿ⁵⁵phɿ³¹"吹灰"，tshɿ³³mie³¹khɿ³³"打闪"，a³¹pɿ³¹pɿ³¹"发芽"，sɿ³¹phɿ⁵⁵phɿ⁵⁵"辣椒辣"，ɔ³¹mɿ⁵⁵"名字"等。例词还可参见声母说明 2。

2. 紧元音韵母只有i和a，出现在个别的固有词中。如：lv³³"蛆"，nə³³na³³"黑豆"，nə³¹ɕi⁵⁵a³¹na³³"粟子"，ŋa³³ziɑ³¹"鸟"，a³¹na³³"暗"等。

3. 复合元音韵母 iu 只与辅音声母 tɕ,tɕh,ɕ,ʑ 等相拼。它们既出现在本民族词汇中，也出现在汉语借词中。如：ʑiu⁵⁵"绵羊"，fɣ³³tɔ³¹⁴ʑiɛ³¹"辅导员"等。

4. 复合元音韵母 ei,uɑ 等，只出现在汉语借词中。复合元音韵母 ei 只与三个辅音声母 w,f,v 相拼。例词见表35。

表 35

碧约话	汉语	碧约话	汉语
wei³¹tɕhia³¹	围墙	xuɑ³¹⁴fei³¹	化肥
pɔ³³wei³¹	守卫	vei⁵⁵se⁵⁵ti⁵⁵	VCD
tsui⁵⁵wei³¹xui³¹⁴	村委会	tiɛ³¹⁴fei³¹⁴	电费
wei³¹⁴sɛŋ⁵⁵so³¹	卫生所	khuɑ³¹⁴	矿
ʑin⁵⁵wei³¹⁴	因为	thuɑ³¹ʑiɛ³¹	团员
vei³¹xuɑ³¹⁴tsa³¹⁴	文化站	kuɑ³³	瓜
xuɑ³¹ko³¹	橘子	kuɑ⁵⁵mie⁵⁵	挂面

（一）单元音韵母

单元音韵母及其例词：

表 36

单元音韵母	碧约话	汉语	碧约话	汉语
ɿ	sɿ³¹	七	kɿ³¹	九
i	ɕi³¹	三	li³¹	四
e	me³¹	煤	pe⁵⁵	碑
ɛ	xɛ³¹	八	phɑ³¹ŋe³³	青蛙
a	ma⁵⁵	个	na⁵⁵me⁵⁵	鼻子
ə	thə³¹	一	tshə⁵⁵	十
ɯ	ɯ⁵⁵lɯ⁵⁵	蛇	ɯ⁵⁵tsa³³	水滴

u	phu⁵⁵	银子	phu³³ lu⁵⁵	村子
o	to⁵⁵	喝	to³¹	话
ɔ	ɔ³¹ xo⁵⁵	雨	ɔ⁵⁵ tshv̩³¹	水
ɑ	kɑ³¹	荞麦	pa³³ lɑ³³	月亮
a̱	a̱³¹ na³³	暗	ŋa³³ ʑia³¹	鸟
ɣ	khɣ̩³¹	六	tshɣ̩³¹	雷

（二）复合元音韵母

复合元音韵母及其例词：

表 37

复合元音韵母	碧约话	汉语	碧约话	汉语
ie	a³¹ tie³¹ lie³¹ ma³³	野兽	mie³³ s̩³¹	痣
iɛ	liɛ³¹ thi⁵⁵	脾	tsha³¹ miɛ³¹	盐
ia	lia³¹	粮	ʑia³³	鸡
iɑ	lɑ³¹ piɑ³¹	朋友	tsha³¹ piɑ³³	肥皂
iɔ	ʑiɔ³¹	绕	wa³¹ tɕhiɔ³¹	麻雀
io	ʑio³¹ ma³³	山	ʑio³³ ma³³	大象
iu	ʑiu⁵⁵	绵羊	liu³¹ tshuɑ³¹	流传
uɑ	kuɑ³³	瓜	khuɑ³¹⁴	矿
ei	vei³¹ xua³¹⁴	文化	xua³¹⁴ fei³¹	化肥
ui	lui³³	铝	tshui⁵⁵	脆

（三）鼻韵母

鼻韵母及其例词：

表 38

鼻韵母	碧约话	汉语	碧约话	汉语
in	tɕin⁵⁵	金	n̩i⁵⁵ pin³³	冰
ɛn	tsɛn³³	真	ten⁵³	斗
an	pan⁵⁵ lɔŋ³¹	混合	man³³ tsu³¹	满足
ən	kən³¹	（捕兽）圈套	miɔ³¹ tsən³³	瞄准
ɔŋ	shɔŋ⁵³	枪	thɔŋ³¹	水桶
iɛn	mien³¹⁴	面粉	ʑin⁵⁵ ʑiɛn³¹	因远
uan	tshuan³¹	船	tshuan⁵⁵ ts̩³¹	窗子
uɛn	tsuɛn⁵⁵	砖	luɛn³¹ ts̩³³	轮子
ɛŋ	o³¹ kɛŋ³³	刺儿	tsɛŋ³¹⁴ fu³¹	政府
iŋ	phiŋ³¹	瓶子	ʑiŋ⁵⁵ ɕiɔŋ³¹	英雄
aŋ	phaŋ³¹ phaŋ⁵⁵	盘子	thaŋ³¹⁴	缸
iɔŋ	tɕhiɔŋ³¹	穷	ʑiɔŋ³¹ kaŋ³¹	勇敢

三、声调

碧约话有 5 个声调:高平 55,中平 33,低降 31,低降升 314 和高降 53。声调例词:

表 39

声调	碧约话	汉语	碧约话	汉语	碧约话	汉语
高平 55	ma^{55}	个	to^{55}	喝	ɔ^{31} xo^{55}	雨
中平 33	ma^{33}	眼	to^{33}	动	xo^{33}	火
低降 31	ma^{31}	麻	to^{31}	话	xo^{31}	饭
低降升 314	pa^{314}	办	to^{314}	剁	ko^{314}	拔
高降 53	tshoŋ^{53}	枪	tui^{53}	对	teŋ^{53}	斗

声调说明:

由于受汉语不同方言的影响,碧约话产生了低降升 314 和高降 53,在部分借词上低降升 314 和高平 55 的词声调可以互转。

四、音节

音节结构共有 6 种,见表 40。其中第一、二种出现频率不高。第三种结构出现频率最高,为固有词的音节结构。四、五、六三种主要出现在汉语借词上。音节例词:

表 40

序号	音节结构	碧约话	汉语	碧约话	汉语
1	元音	ɑ^{31}ɣ^{55}	肠子	ɑ^{314}	二
2	辅音自成音节	ɣ^{33}	孵	ɣ^{33}	五
3	辅音+元音	mi^{31} tha^{31}	天	ɲi^{55} mɑ^{33}	太阳
4	辅音+元音+元音	kuɑ^{33}	瓜	wei^{31} tɕhia^{31}	围墙
5	辅音+元音+辅音	tshoŋ^{53}	枪	xaŋ^{55} tɕin^{33}	毛巾
6	辅音+元音+元音+辅音	tshuan^{31}	船	tsuɛn^{55}	砖

（五）因远镇汉话语音系统

一、声母

因远镇汉话属汉语北方方言西南官话滇南思普土语。声母共有 24 个。主要特点:(1) 塞音、擦音有清浊,塞擦音有清无浊;(2) 舌尖前塞擦音和舌面塞擦音两套送气与不送气对立,没有舌尖后塞擦音;(3) 有擦音 w,唇齿音 f、v 对立,有舌根浊擦音 ɣ。列表如下:

表 41

p	ph	m	f	v	w
t	th	n	l		
ts	tsh		s	z	
tɕ	tɕh	ȵ	ɕ	ʑ	
k	kh	ŋ	x	ɣ	

声母例词:

表 42

声母	因远汉话	汉义	因远汉话	汉义
p	pa³¹	拔	pɑ³¹	八
ph	phi³¹	脾	phi²⁴	屁
m	mɑ³³	马	ma³¹	麻
f	fɔm⁵⁵	风	fei²⁴	肺
v	vei³¹ tsⱺ³³	蚊子	tsan⁵⁵ va³¹	渔网
w	wei²⁴	胃	wa³¹ wa⁵⁵	儿童
t	tɔm⁵⁵	东	tɔm²⁴	洞
th	thi³¹	铁	thɑ³¹	塔
n	na³¹	拿	na²⁴	那
l	lui³³	铝	lui³¹	雷
ts	tsui³³	嘴	tsu³³ tsɔm⁵⁵	祖宗
tsh	tshu⁵⁵	粗	tshə⁵⁵ tshu³¹	抽出
s	sⱺ³³	屎	sui⁵⁵	尿
z	zen³¹	人	zu³¹	肉
tɕ	tɕian⁵⁵	姜	tɕi³³ tsⱺ⁵⁵	麂子
tɕh	tɕhi³¹ tɕhi⁵⁵	蟋蟀	tɕhiɔ³¹	桥
ȵ	ȵiə³¹	牛	ȵian²⁴	腻
ɕ	ɕi⁵⁵	稀	ɕiɔ⁵⁵ ʑi²⁴	夜宵
ʑ	ʑien⁵⁵	烟	ʑiɔ³¹	药
k	kɔ⁵⁵	高	kuan⁵⁵	官
kh	khɔ²⁴ ʑi³³	椅子	khu²⁴ tsⱺ³³	裤子
ŋ	ŋo³³	我		
x	xɔ³³	火、好	xuɛ²⁴	坏
ɣ	ɣo⁵⁵	凹、窝	ɣɔ³¹	鹅

声母说明:

因远汉话声母系统中有辅音声母 ts,tsh,s,z,但是汉语普通话的 tʂ,tʂh,ʂ,ʐ 还没有进入一般人的口语中,普通话这类声母的词都被归并到 ts,tsh,s,z 中,如:san²⁴ san⁵⁵ "上山",tsə³¹ tsha³¹ "摘茶",tsɛ²⁴ tɕia⁵⁵ sa³¹ tɕi⁵⁵ tshⱺ³¹ "在家杀鸡吃"等。

二、韵母

韵母共有 30 个,可分为四类:单元音韵母、复合元音韵母、单元音鼻韵母和复合元音鼻韵母。列表如下：

表 43

单元音韵母(11 个)	ɿ i y ɛ a ə u ɣ o ɔ ɑ
复合元音韵母(10 个)	ei ui iɛ ia ei ɔi ɑi ui ɜu ɑu
单元音鼻韵母(4 个)	in ɛn an əm
复合元音鼻韵母(5 个)	iɛn ian iəm uɛn uan

韵母说明：

1. 因远镇汉话韵母比较稳定。普通话的韵母 əŋ、ɤŋ，还没有进入一般人的口语中，在因远镇汉语方言中大多变读为韵母 əm，如：fəm^{55}"风"，tshə^{33} xəm^{31}"彩虹"，san^{55} təm^{24}"山洞"，thəm^{31}"铜"；少部分变读为韵母 ən，如：mən^{24}"梦"，tən^{55}"冬"等。

2. 普通话中的前鼻音韵尾-n，在因远镇汉话中很不稳定，有些词中已脱落，如：tɕiɛ^{33}"剪"，thua^{31}"团"等；而有的词中还保留-n，如：san^{55}"山"，nan^{31} zɛn^{31}"丈夫"等。

3. 普通话中的后鼻音韵尾-ŋ，在因远镇汉语中一般变读为-n，如：pin^{55}"冰"，sɛn^{55} min^{24}"生命"，ʑian^{31}"羊"，ɕin^{55} ɕin^{55}"星星"等。

4. 半元音ɣ可单独做韵母，如：ɣ^{33} tɔ^{33}"舞蹈"，tshɔ^{24}ɣ^{24}"错误"，v^{33}ʑie^{31}"五月"等。

5. 受书面语的影响，部分词汇中的韵母ɿ，有时候念作 y 或 yɛ，如：ʑy^{31} lian^{24}"月亮"，ʑy^{31} kuan^{55}"月光"等。

（一）单元音韵母

单元音韵母及其例词：

表 44

单元音韵母	因远汉话	汉义	因远汉话	汉义
ɿ	sɿ^{33}	屎	tsɿ^{31}	直
i	ʑi^{33}	雨	ɕi^{31}	雪
y	tan^{55} ky^{55}	当归	ʑy^{31} lian^{24}	月亮
ɛ	xɛ^{31}	海	ɣɛ^{24}	硬
a	tsa^{55}	粘	tsa^{31}	扎、编
ə	thə^{31}	头	sə^{33}	手
u	xu^{31}	湖	xu^{31} xu^{55}	核儿
ɣ	ɣ^{33}	五	ɣ^{24}	雾
o	pho^{55}	坡	pho^{31} ȵia^{55}	妻子
ɔ	xɔ^{31}	河	xɔ^{31} xɔ^{55}	盒子
ɑ	tɑ^{24}	大	thɑ^{31}	塔

（二）复合元音韵母

复合元音韵母及其例词：

表 45

单元音韵母	因远汉话	汉义	因远汉话	汉义
ei	pei⁵⁵	碑	pei²⁴	背
ui	sui⁵⁵	尿	sui³³	水
iɛ	ʑiɛ³¹	盐	ʑiɛ³¹ ʑiɛ⁵⁵	爷爷
ia	ɕia²⁴	夏	kɔ⁵⁵ lia⁵⁵	高粱
iə	n̥iə³¹	牛	tɕiə²⁴ mu³³	舅母
iɔ	miɔ²⁴	庙	ɕiɔ³¹ ɕiɔ²⁴	学校
iɑ	tɕiɑ⁵⁵	家	ʑiɑ³³ pɑ⁵⁵	哑巴
ui	xui⁵⁵	灰	kui³³	鬼
uɛ	khuɛ³³	块	khuɛ²⁴	筷
uɑ	xuɑ²⁴	话	kuɑ²⁴	挂

（三）单元音鼻韵母

单元音鼻韵母及其例词：

表 46

单元音韵母	因远汉话	汉义	因远汉话	汉义
in	ʑin³¹	云	ɕin⁵⁵ ɕin⁵⁵	星星
ɛn	zɛn³¹	人	sɛn²⁴	肾
an	kan⁵⁵	钢	san⁵⁵	山
ɔm	lɔm³¹	龙	tɔm²⁴	洞

（四）复合元音鼻韵母

复合元音鼻韵母及其例词：

表 47

单元音韵母	因远汉话	汉义	因远汉话	汉义
iɛn	thiɛn⁵⁵	天	thiɛn³¹	甜
ian	lian³¹	梁	lian³³	两
iɔm	tɕhiɔm³¹	穷	ɕiɔm⁵⁵ phu³³	胸
uɛn	kuɛn³³	滚	suɛn⁵⁵	孙
uan	kuan⁵⁵	光	kuan²⁴	罐

三、声调

因远汉话共有 4 个声调：高平 55、中平 33、中降 31，中升 24。声调例词：

表 48

声调	因远汉话	汉义	因远汉话	汉义	因远汉话	汉义
高平 55	kɔ⁵⁵	高	kɔm⁵⁵	工	kan⁵⁵	干
中平 33	kɔ³³	果	kɔm³³	凸	kan³³	敢
中降 31	kɔ³¹	角	xɔm³¹	红	man³¹	忙
中升 24	kɔ²⁴	过	tsɔm²⁴	重	ɣan²⁴	暗

四、音节

因远汉话的音节结构有 6 种,见表 49。音节例词:

表 49

序号	音节结构	因远汉话	汉义	因远汉话	汉义
1	元音	ɛ²⁴	爱	a⁵⁵mo⁵⁵	母亲
2	辅音	ɣ³³	五	ɣ²⁴	雾
3	辅音＋元音	ɣe³³	耳	pu²⁴	布
4	辅音＋元音＋辅音	thɔm³¹	铜	fan³¹tin³³	房顶
5	辅音＋元音＋元音	miɔ²⁴	庙	pei⁵⁵	碑
6	辅音＋元音＋元音＋辅音	piɛn⁵⁵	编	piɛn²⁴tsʅ³³	辫子

五、普通话四声与因远汉话四声对比

现代汉语普通话四声与因远汉话四声的对比和例词,见表 50。

表 50

普通话	因远汉话调值	因远汉话	汉义	因远汉话	汉义
阴平⁵⁵	阴平⁵⁵	kɔ⁵⁵	高	tsɔm⁵⁵	中
阳平³⁵	阳平³¹	ma³¹	麻	pa³¹	拔
上声²¹⁴	上声³³	ma³³	马	pɑ³³	把
去声⁵¹	去声²⁴	ma²⁴	骂	pa²⁴	坝

六、部分古入声字在因远汉话中的读音

在因远汉话中,部分古入声字读阳平,分别与普通话的阴平、阳平、上声、去声对应。分别列举如下:

1. 因远汉话读阳平,与普通话的阴平对应。例词:

表 51

汉义	因远汉话	普通话	汉义	因远汉话	普通话
八	pɑ³¹	pa⁵⁵	劈	phi³¹	phi⁵⁵
泼	pho³¹	pho⁵⁵	拍	phə³¹	phai⁵⁵

逼	pi³¹	pi⁵⁵	霹	phi³¹	phi⁵⁵
剥	po³¹	po⁵⁵	答	tɑ³¹	tɑ⁵⁵
泼	phɔ³¹	phɔ⁵⁵	发	fa³¹	fa⁵⁵
搭	tɑ³¹	tɑ⁵⁵	滴	ti³¹	ti⁵⁵
塌	thɑ³¹	thɑ⁵⁵	踏	thɑ³¹	thɑ⁵⁵
踢	thi³¹	thi⁵⁵	贴	thi³¹	thiɛ⁵⁵

2. 因远汉话读阳平，与普通话的阳平对应。例词：

表 52

汉义	因远汉话	普通话	汉义	因远汉话	普通话
拔	pa³¹	pa³⁵	白	pə³¹	pai³⁵
停	thin³¹	thiŋ³⁵	薄	po³¹	pau³⁵
石	sʅ³¹	ʂʅ³⁵	十	sʅ³¹	ʂʅ³⁵
勺	sɔ³¹	ʂau³⁵	舌	sə³¹	ʂə³⁵
学	ɕiɔ³¹	ɕye³⁵	席	ɕi³¹	ɕi³⁵
革	kə³¹	kə³⁵	习	ɕi³¹	ɕi³⁵
国	ko³¹	kuo³⁵	隔	kə³¹	kə³⁵

3. 因远汉话读阳平，与普通话上声对应。例词：

表 53

汉义	因远汉话	普通话	汉义	因远汉话	普通话
笔	pi³¹	pi²¹⁴	百	pə³¹	pai²¹⁴
柏	pə³¹	pai²¹⁴	骨	ku³¹	ku²¹⁴

4. 因远汉话读阳平，与普通话去声对应。例词：

表 54

汉义	因远汉话	普通话	汉义	因远汉话	普通话
必	pi³¹	pi⁵¹	迫	pho³¹	pho⁵¹
复	fu³¹	fu⁵¹	服	fu³¹	fu⁵¹
日	zʅ³¹	zʅ⁵¹	热	zə³¹	z̩ə⁵¹
肉	zu³¹	z̩ou⁵¹			

（六）哈尼族汉话语音系统

一、声母

因远哈尼族所讲的当地汉话，以白宏人所讲的汉话为例。其声母有 23 个。主要特点：(1)

塞音、擦音、塞擦音有清浊、清音送气和不送气对立；(2) 有舌尖前塞擦音 ts, tsh, s, z, 无舌尖后塞擦音 tʂ, tʂh, ʂ, ʐ；(3) 唇齿音 f 和 v 对立；(4) 有圆唇化声母 w；(5) 无复辅音声母。列表如下：

表 55

p	ph	m	f	v	w
t	th	n		l	
ts	tsh		s	z	
tɕ	tɕh	ɳ	ɕ		ʑ
k	kh		x		ɣ

声母例词：

表 56

声母	哈尼人讲汉话	汉义	哈尼人讲汉话	汉义
p	pa⁵⁵	半	pa³¹	八
ph	pha⁵⁵	怕	pha³¹	爬
m	ma³³	妈	ma³¹	马
f	fɔm³³	风	fa⁵⁵fa³¹	犯法
v	vei⁵⁵	问	vei³¹	闻
w	wui⁵⁵	喂	wa³³	弯
t	ti⁵⁵	地	ti³³	低
th	thi³¹	铁	thi³³	听
n	na⁵⁵	那	na³¹	拿
l	la³³	拉	la³¹	辣
ts	tsɔ⁵⁵	照	tsɔ³¹	找
tsh	tshɔ⁵⁵	骂	tshɔ³¹	草
s	saŋ⁵⁵	上	sa³³	山
z	zɛn⁵⁵	认	zɛ³¹	人
tɕ	tɕia⁵⁵	嫁	tɕia³³	家
tɕh	tɕhy⁵⁵	蛆	tɕhy³¹	取
ɳ	ɕɔ³³ɳio³³	鸟	a⁵⁵ɳia³³	姑母
ɕ	ɕy³¹	雪	ɕi³¹	锡
ʑ	ʑiaŋ³³	秧	ʑiaŋ³¹	羊
k	kaŋ³³	茎	kɛ³³	根
kh	khuɑ³³	宽	khuɑ⁵⁵	矿
x	xɔ³³	火	xɔ³¹ɕiɔ⁵⁵	好笑
ɣ	ɣo⁵⁵	饿	ɣɛ³³	近

二、韵母

哈尼族所说当地汉语方言的元音韵母共有 32 个。可以分为单元音韵母、复合元音韵母和鼻韵母三类。其中单元音韵母 9 个，复合元音韵母 12 个，鼻韵母 11 个。鼻韵母又可以分为 -m，-n，-ŋ 三个次类。列表如下：

表 57

单元音韵母(9 个)	ɿ i ɔ o y ɛ a ə ɣ （u）
复合元音韵母(12 个)	ei iɛ ɔi iə ia io ui ui au ou nɑ ɜy
鼻韵母(11 个)	ɔm in an iŋ ŋ aŋ iɑ niɑi mei ɡai uɑŋ

韵母说明：

1. 元音韵母ɣ有两个变体，即ɣ和 u。自成音节和与辅音声母 f 相拼时，读ɣ；与其他声母相拼时，读 u。

2. 前鼻音韵尾-n 在一些词汇中脱落，如：thiɛ³³"天"，ɕiɛ⁵⁵"线"，kɛ³³"根"等。

3. ɔŋ 韵母都演变为 ɔm，明显的双唇合拢。如：khɔm³³"空"，mɔm⁵⁵"梦"，lɔm³¹"聋"等。

4. a 作为单元音和在 ia 中，其音质为 a；在 uɑ 和 uɑŋ 中，其音质为 ɑ。

5. 有的个别词，因人而异，有两种说法，如："二"，有时说 ə⁵⁵，"二月"说 ə⁵⁵ʑyɣ³¹或 ɛ⁵⁵；"十二"，有时说 sɿ³¹ɛ⁵⁵，"初二"有时说 tshu³³ɛ⁵⁵等。

（一）单元音韵母

单元音韵母及其例词：

表 58

单元音韵母	哈尼人讲汉话	汉义	哈尼人讲汉话	汉义
ɿ	sɿ⁵⁵	是	sɿ³¹	死
i	thi³³	听	thi³¹	铁
ɔ	tsɔ⁵⁵	灶	tsɔ³¹	早
o	xo⁵⁵	喝	xo³¹	河
y	ʑy³³	雨	ʑy³¹	鱼
ɛ	mɛ⁵⁵	卖	mɛ³¹	买
a	na⁵⁵	那	na³¹	拿
ə	ə⁵⁵	二	zə³¹	油
ɣ	ɣ⁵⁵	雾	zɣ³¹	肉

（二）复合元音韵母

复合元音韵母及其例词：

表 59

复合元音韵母	哈尼人讲汉话	汉义	哈尼人讲汉话	汉义
ei	vei^{55}	问	vei^{31}	闻
iɛ	tiɛ^{55}	电	thiɛ^{33}	天
iə	tɕiə^{31}	酒	liə^{31}	流
iɔ	tɕiɔ^{55}	（公鸡）叫	tɕiɔ^{33}	教
ia	tɕia^{55}	嫁	lia^{33}	两
io	tɕio^{31}	脚，角	zio^{31} sʅ^{33}	钥匙
iu	ɕiu^{55}	绣	ɕiu^{33} ɕi^{31}	休息
ui	lui^{55}	泪	lui^{31}	雷
uɛ	kuɛ^{55}	罐	kuɛ^{33}	官
uo	kuo^{31}	犄角	tsuo^{31} tsʅ^{33}	桌子
ua	kua^{55}	挂	kua^{31}	刮
yɛ	ʑyɛ^{31}	月	ʑyɛ^{31} na^{31}	云南

（三）鼻韵母

鼻韵母及其例词：

表 60

鼻韵母	哈尼人讲汉话	汉义	哈尼人讲汉话	汉义
ɔm	tsɔm^{55}	重	tɔm^{31}	铜
in	ɕin^{55}	信	tɕin^{33}	斤
ɛn	fɛn^{33}	分	tsɛn^{33}	针
an	khan^{55}	看	pan^{55}	半
iɛn	piɛn^{33}	边	thiɛn^{31}	甜
iŋ	piŋ^{55}	病	tɕhiŋ^{33}	轻
ɛŋ	tsɛŋ^{55}	正	sɛŋ^{33}（wa^{31}）	生（娃）
aŋ	tshaŋ^{55}	唱	ʑiaŋ^{31} tshaŋ^{31}	铲子
iaŋ	ɕiaŋ^{33}	香	liaŋ^{31}	量
iɔm	tɕhiɔm^{31}	穷	ʑi^{55} ɕiɔm^{31}	英雄
uaŋ	tsuaŋ^{55}	树桩	shuaŋ^{33}	双

三、声调

哈尼人讲汉话的语音系统中有 3 个声调，即高平 55，中平 33，中降 31。例词：

表 61

声调	哈尼人讲汉话	汉语	哈尼人讲汉话	汉语
高平 55	ma^{55}	骂	kua^{55}	挂
中平 33	ma^{33}	妈	kua^{33}	瓜
中降 31	ma^{31}	马	kua^{31}	刮

声调说明：中平的实际调值比 33 略高一些，本书记录为中平 33。

汉语普通话与白宏人所说汉话四声声调比较,列表如下:

表 62

普通话	白宏人讲汉话	普通话	白宏人讲汉话	普通话	白宏人讲汉话
阴平 55	阴平 33/44	妈 ma⁵⁵	ma³³	高 kau⁵⁵	kɔ³³
		衣 ʑi⁵⁵	ʑi³³	空 khɔŋ⁵⁵	khɔm³³
		参 tshaŋ⁵⁵	tshaŋ³³	飞 fei⁵⁵	fei³³
阳平 35	阳平 31	麻 ma³⁵	ma³¹	拔 pa³⁵	pa³¹
		查 tsha³⁵	tsha³¹	扎 tṣa³⁵	tsa³¹
		梅 mei³⁵	mei³¹		
上声 214	上声 31	马 ma²¹⁴	ma³¹	把 pa²¹⁴	pa³¹
		碗 wa²¹⁴	wa³¹	美 mei²¹⁴	mei³¹
		朵 to²¹⁴	to³¹	米 mi²¹⁴	mi³¹
去声 51	去声 55	骂 ma⁵¹	ma⁵⁵	坝 pa⁵¹	pa⁵⁵
		汗 xaŋ⁵¹	xaŋ⁵⁵	旺 waŋ⁵¹	wa⁵⁵
		意 ʑi⁵¹	ʑi⁵⁵	费 fei⁵¹	fei⁵⁵

四、音节

音节结构有 7 种,见表 63。例词:

表 63

序号	音节结构	白宏人讲汉话	汉义	白宏人讲汉话	汉义
1	元音	ə⁵⁵	二	a³¹ tɕiə⁵⁵	舅舅
2	辅音	ɣ⁵⁵	雾	ɣ³¹	五
3	辅音+元音	pa⁵⁵	耙	pa³¹	八
4	辅音+元音+辅音	tshɔm³³	葱	tɕhin³¹	浅
5	元音+元音	uo⁵⁵ suɛ³¹	莴笋	uɑ³¹ uɑ³³	孩子
6	辅音+元音+元音	suɑ³³	霜	lɔ³³ kuɛ³³	丈夫
7	辅音+元音+元音+辅音	liaŋ⁵⁵	亮	tsuaŋ³³ tɕia³³	庄稼

（七）因远镇白语语音系统

一、声母

辅音声母共有 28 个,主要特点是:(1) 塞音、塞擦音、擦音分清浊;(2) 有喉塞音声母 ʔ;(3) 无腭化声母,也无复辅音声母。列表如下:

表 64

p	ph		m		f		w
t	th		n				l
ts	tsh				s		z
tʂ	tʂh				ʂ		ʐ
tɕ	tɕh		ȵ		ɕ		ʑ
k	kh		ŋ		x		ɣ
			ʔ				

声母例词：

表 65

声母	因远白语	汉语	因远白语	汉语
p	pi⁵⁵	编	pĩ⁵⁵	风
ph	phɔ³¹	布	phi³³	瘪
m	miəɹ⁵⁵	名字	miəɹ³¹	命
f	fɣ³³	六	fɣ³¹	锯子
w	wuəɹ³¹³	圆	wua³³ tə³³	获得
t	tə³¹	戴	ti⁵⁵	多
th	thi³³	掏	thi³¹	贴
n	nɔ³³	脑髓	nɔ³¹	你
l	lɔ³¹³	老虎	lɔŋ³¹³	龙
k	ke⁵⁵	鸡	ko³¹³	谷子
kh	khuəɹ⁵⁵	斜	khuəɹ³¹	腿
ŋ	ŋə³³	五	ŋə³¹³	牛
x	xo⁵⁵	花	xo³¹	晒
ɣ	ɣɛ³¹	饿	ɣɛ³¹³	鞋
ts	tsa³³	敲	tsʅ³³	掐
tsh	tshə³³	草	tshə³¹	菜
s	suɛ³³	雪	su⁵⁵ me⁵⁵	糯米
z	zɔŋ³³	砌	ze³³	染
tʂ	tʂɔŋ³³	锁	tʂʅ³³	舔
tʂh	tʂhɔ⁵⁵	扫	tʂhu⁵⁵	漱
ʂ	ʂa³³	溢	ʂua⁵⁵	孙
ʐ	ʐʅ³¹³	苍蝇	ʐən³¹	剩
tɕ	tɕyi⁵⁵	醉	tɕiəɹ³³	剃
tɕh	tɕhyəɹ³³	漱	tɕhiəɹ³³	踢
ȵ	ȵiəɹ³¹³	去	ȵi⁵⁵	太阳
ɕ	ɕiəɹ⁵⁵	星	ɕyi³³	水
ʑ	ʑyi³³	雨	ʑyi³¹	胃
ʔ	ʔyi³³	孵	ʔuɛ⁵⁵	弄热

声母说明：

1. 白语声母 x 和 f 互转，如：xui³³"火"→fui³³，xui⁵⁵"石灰"→fui⁵⁵，ti⁵³ fɔ̃⁵⁵"地方"→ti⁵³ xɔ̃⁵⁵。

2. 有喉塞音声母 ʔ。发喉塞音声母 ʔ 时，先收紧喉头，气流突然冲开喉头，声音急促。如：ʔu³¹"阴"，ʔyi³³"孵"，ʔyi³¹"吞"，ʔɔŋ³¹³"鹅"，ʔuɛ⁵⁵"热"，ʔuɚ⁵⁵"歪"等。

3. 在本民族固有词汇中有圆唇化 w 声母。如：pe⁵⁵ wua³¹"核儿"，a⁵⁵ zi³¹ wuɛ³¹³"甑子"，wua³³ tə³³"得到"，wuɚ³¹³"圆"，wuaŋ³³ ʂ̩³³"犯法"，wuɚ³¹"写、记录"等。

二、韵母

元音韵母共 56 个，分为单元音韵母、单元音带喉塞音尾韵母、单元音鼻韵母、复合元音韵母、元音儿化韵母、元音鼻化带儿化韵母、单元音带双唇鼻音尾韵母、单元音带前鼻音尾韵母、单元音带后鼻音尾韵母、复合元音带前鼻音尾韵母、复合元音带后鼻音尾韵母 11 类。详见下表：

表 66

1	单元音韵母（11 个）	ɿ i ɛ e ə a ɐ a ɯ u o ɔ
2	单元音带喉塞音尾韵母（7 个）	iʔ əʔ ɛʔ ʂ̩ʔ aʔ uʔ ɿʔ
3	单元音鼻韵母（6 个）	ɿ̃ ĩ ɛ̃ ẽ ã ɔ̃
4	复合元音韵母（10 个）	yi ui ɯ ua iɐ iɛ ia iu io ɔi
5	元音儿化韵母（3 个）	ɚ iɚ uɚ
6	元音鼻化带儿化韵母（2 个）	ɚ̃ iɚ̃
7	单元音带双唇鼻音尾韵母（1 个）	ɔm
8	单元音带前鼻音尾韵母（6 个）	in yn ən ɛn an ɔn
9	单元音带后鼻音尾韵母（5 个）	iŋ ɛŋ aŋ ɐŋ ɔŋ
10	复合元音带前鼻音尾韵母（3 个）	iɛn uɛn uan
11	复合元音带后鼻音尾韵母（3 个）	iaŋ iɔŋ uaŋ

韵母说明：本音系中用符号 ɚ 记录儿化音。

（一）单元音韵母

单元音韵母及其例词：

表 67

单元音韵母	因远白语	汉语	因远白语	汉语	因远白语	汉语
ɿ	sɿ⁵⁵	撕	ʂ̩³³	屎	tsɿ³¹³	浸泡
i	i⁵⁵	衣服	si³³	死	pi³¹³	肥、胖
e	me⁵⁵	松明	me³³	米	me³¹³	煤

ɛ	tɛ⁵³	猪	tɛ³³	结	sɛ³¹	蛋
a	pa³³	别	paʔ³³	碗	paʔ³¹	半
ə	pə³³	饱	pə³¹	拱	pə³¹³	鸭子
ɯ	kɯ⁵⁵	冷	xɯ³³	线	lə³¹ tɯ³¹³	驱逐
u	pu³³	公	mu³¹	坟墓	ku³¹³	荞麦
ɣ	pɣ³³	饱	fɣ³¹	锯子	tɣ³¹³	毒
o	po⁵⁵	人	tʂo³³	穿	ko³¹³	谷子
ɔ	tɔ³¹	大	tɔ³¹³	话	ɣɣ³¹³	黄

（二）单元音带喉塞音尾韵母

单元音带喉塞音尾韵母及其例词：

表 68

单元音带喉塞音尾韵母	因远白语	汉语	因远白语	汉语
aʔ	laʔ³³	锡	ziə³³ kaʔ³¹	村子
iʔ	iʔ³³	一	nə³³ zi³³ iʔ³³	二十一
əʔ	xəʔ³³	黑	xəʔ³³ tə³¹	黑豆
ɛʔ	ɛʔ³³ lɛʔ³³ tsʅ³³	燕子	tʂho⁵⁵ pɛʔ³³	车轮
uʔ	tuʔ³¹	读	tuʔ³¹³	毒
oʔ	lo⁵⁵ li³¹ tsoʔ³³	麻雀	noʔ³³	腻
ɔʔ	tʂɔʔ³³	砍		

单元音带喉塞音尾韵母说明：发喉塞音尾-ʔ韵母时，喉头紧缩，急促停顿。在所调查的 2000 个白语词汇中，aʔ 喉塞音尾的例词比较多，如：aʔ³³"鸭子"，kə³¹ ŋaʔ³³"结巴"，paʔ³³"碗"，tɕhiaʔ⁵³ tɕin⁵³"弓箭"，a⁵⁵ paʔ³¹"影子"，paʔ³¹"半"，miaʔ⁵³"湿"，taʔ³¹"春"，li³³ taʔ³"传染"，ŋaʔ⁵³"啃"，zaʔ³³"让"，ziaʔ³³"压"等。

（三）单元音鼻韵母

单元音鼻韵母及其例词：

表 69

单元音鼻韵母	因远白语	汉语	因远白语	汉语
ĩ	pĩ⁵⁵	风	tĩ⁵⁵ lĩ⁵⁵	铃子
ĩ	tʂĩ⁵⁵	炖、针	zĩ³¹³	苍蝇
ɛ̃	xɛ̃⁵⁵	天	sɛ̃⁵⁵	山
ə̃	xə̃⁵⁵	嫉妒	xə̃⁵³	擤
ã	sã⁵⁵	三	fa⁵⁵ tɕia³¹	放假
ɔ̃	xɛ̃⁵⁵ tɔ̃³³	天上	fɛ̃⁵⁵ tʂɔ̃⁵⁵ tə³¹³	早晨

（四）复合元音韵母

复合元音韵母及其例词：

表 70

复合元音韵母	因远白语	汉语	因远白语	汉语
yi	yi³³	发酵	tɕyi³¹	跪
ui	xui⁵⁵	石灰	xui³³	火
uɛ	tʂuɛ⁵³	扫帚	tʂhuɛ⁵³	脆
ua	ŋua³³	月份	ʂua³³	说
iə	ʑiə³³	吃	ɕiə³³	少
iɛ	miɛ⁵⁵	面粉	tiɛ³³	点
ia	pia³³	八	pia³¹	拔
iu	tɕhiu⁵⁵	鮈	a⁵⁵ tɕiu⁵⁵	舅舅
io	pio³³	面（旗）	ʑio³¹	夜
iɔ	tɕiɔ⁵³	轿子	phiɔ³¹	布

（五）元音儿化韵母

元音儿化韵母及其例词：

表 71

元音儿化韵母	因远白语	汉语	因远白语	汉语
əɹ	məɹ³³	马	məɹ⁵⁵	骂
iəɹ	piəɹ⁵⁵	扁	piəɹ³¹	淡
uəɹ	kuəɹ⁵⁵	螺蛳	khuəɹ³¹	腿

（六）元音鼻化带儿化韵母

元音鼻化带儿化韵母及其例词：

表 72

元音鼻化带儿化韵母	因远白语	汉语	因远白语	汉语
ə̃ɹ	xə̃ɹ⁵⁵	生的、嫁	pə̃ɹ³³	板
iə̃ɹ	ɕiə̃ɹ⁵⁵	星、腥	tɕiə̃ɹ⁵⁵	钉子

元音鼻化带儿化韵母说明：因远镇白语的元音鼻化的同时带儿化，在语料中，ə̃ɹ，iə̃ɹ 韵母发音时，鼻化又儿化的特点比较明显。

（七）单元音带双唇鼻音尾韵母

单元音带双唇鼻音尾韵母及其例词：

表 73

单元音带双唇鼻音尾韵母	因远白语	汉语	因远白语	汉语
ɔm	pe⁵⁵ tɔm³¹	洞	pe⁵⁵ tʂɔm³³	种子

（八）单元音带前鼻音尾韵母

单元音带前鼻音尾韵母及其例词：

表 74

单元音带前鼻音尾韵母	因远白语	汉语	因远白语	汉语
in	sin⁵⁵	柴	tɕhin⁵⁵	辣
yn	zyn⁵⁵ tɕhi⁵⁵	运气	tʂyn³¹ pa³³	芭蕉
ən	tən³³（tɔ³¹ pɔ³¹³）	磕（头）	zʐən³¹	剩
ɛn	tɛn³³	（一）滴	fɛn³³	（一）分
an	kan⁵⁵	甘、甜	nan³¹ ku³³	悲哀
ɔn	tʂɔn³³	酒	ku³¹ tɔn⁵⁵	凳子

（九）单元音带后鼻音尾韵母

单元音带后鼻音尾韵母及其例词：

表 75

单元音带后鼻音尾韵母	因远白语	汉语	因远白语	汉语
iŋ	a⁵⁵ tiŋ⁵⁵	熊	a³¹ tiŋ³¹³	谁
ɛŋ	sɛŋ⁵⁵	蘑菇	pɛŋ³³	午饭
aŋ	paŋ³¹³	盆	xui³³ thaŋ³¹	火炭
əŋ	xəŋ³¹ ka³¹	打鼾	tsəŋ³¹³	层
ɔŋ	tshɔŋ³¹	咸	tʂhɔŋ³¹	唱

（十）复合元音带前鼻音尾韵母

复合元音带前鼻音尾韵母及其例词：

表 76

复合元音带前鼻音尾韵母	因远白语	汉语	因远白语	汉语
iɛn	thiɛn⁵⁵ tɕin³³	天井、院子		
uɛn	tʂuɛn⁵⁵	串	khuɛn³¹	捆
uan	tshuan⁵⁵ tsʐ³³	窗子	tʂhuan³³	切

（十一）复合元音带后鼻音尾韵母

复合元音带后鼻音尾韵母及其例词：

表 77

复合元音带后鼻音尾韵母	因远白语	汉语	因远白语	汉语
iaŋ	liaŋ⁵³	亮	liaŋ³¹³	量
iɔŋ	tɕiɔŋ³¹	象	ɕiɔŋ³¹	痣
uaŋ	ʂuaŋ⁵⁵	猴	khuaŋ³³	狗

三、声调

因远白语的声调有 5 个：高平 55、中平 33、高降 53、低降 31 和低降升调 313。声调例词：

表 78

声调	因远白语	汉语	因远白语	汉语	因远白语	汉语
高平 55	kuɚ⁵⁵	螺蛳	khuɚ⁵⁵	斜	phiɚ⁵⁵	元
中平 33	the³³	铁	kuɚ³³	横	phiɚ³³	浇、泼
高降 53	tɛ⁵³	猪	ti⁵³	田、地	tuɛ⁵³	碓
低降 31	wuɚ³¹	瓦、写	khuɚ³¹	腿	miɚ³¹	生命
中降升 313	wuɚ³¹³	圆	kə³¹³	桥	piɚ³¹³	瓶

四、音节

白语的音节结构有 12 种，见表 79。音节例词：

表 79

序号	音节结构	因远白语	汉语	因远白语	汉语
1	单元音韵母	i³³	拉屎	ɛ³³	看
2	复合元音韵母	yi³³	发酵	·	
3	元音韵母＋鼻音	ɔŋ⁵⁵	鱼	ɔŋ³³	喝
4	辅音声母＋单元音	ȵi⁵⁵	太阳	thi³³	掏
5	辅音声母＋双单元音	ɕyi³³	水	xui⁵⁵	肺
6	辅音声母＋单元音韵母＋鼻化	xɛ̃⁵⁵	天	pĩ⁵⁵	风、盐
7	辅音声母＋元音＋塞音韵尾	laʔ³³	锡	paʔ³³	碗
8	辅音声母＋单元音＋儿化韵母	pɚ³¹	病	ŋɚ³¹³	泻肚子
9	辅音声母＋复合元音＋儿化韵母	piɚ³¹³	瓶	miɚ⁵⁵	名字
10	辅音声母＋复合元音韵母＋鼻化＋儿化	ɕi ̃ɚ⁵⁵	星、腥	ɕi ̃ɚ⁴⁴	姓
11	辅音声母＋单元音韵母＋鼻音	zʮn³¹³	云	taŋ³¹³	穿山甲
12	辅音声母＋复合元音韵母＋鼻音	khuɛn³¹	榍	khuaŋ³³	狗

三 哈尼语、白语、汉语 2000 词①

序号	汉义	哈尼族乌龙白宏语	哈尼族玉嘎桥比话	哈尼族安定新寨蒙尼话	哈尼族仓房菁约话	汉族因远街汉话	白族安仁白族话	哈尼族白宏人说当地汉语
1	天	m̩³¹ ma³³	m̩³¹ pa³³	ɣo³¹ ɣo³¹	mi³¹ tha³¹	thien⁵⁵	xɛ̃⁵⁵	thie⁵⁵
2	太阳	nɯ⁵⁵ ma³³	nɯ⁵⁵ ma³³	nɯ⁵⁵ ma³³	n̩⁵⁵ mɑ³³	tɛ²⁴ʑian³¹	ŋi⁵⁵	thɛ⁵⁵ ʑa³¹
3	阳光	a³¹ tsha⁵⁵	nɯ⁵⁵ ma³³ ə⁵⁵ tsha⁵⁵	ɣo³¹ tʂha⁵⁵	n̩⁵⁵ mɑ³³ a⁵⁵ tsha⁵⁵	ʑian³¹ kuan⁵⁵	ni⁵⁵ tɔ³³	ʑa³¹ kuɑ⁵⁵
4	月亮	pa³³ xa³³	pa³³ la³³	pa³³ ɬɿ³³	pa³³ la³³	ʑy³¹ lian²⁴	a⁵⁵ ŋi⁵⁵ ŋua³³	ʑy⁵⁵ lia⁵⁵
5	月光	pa³³ xa³³ a³¹ tsha⁵⁵	pa³³ la³³ ə³¹ tsha⁵⁵	pa³³ ɬɿ³³ ɔ³¹ tʂha⁵⁵	pa³³ la³³ a⁵⁵ tsha⁵⁵	ʑy³¹ kuan⁵⁵	a⁵⁵ ŋi⁵⁵ ŋua³³ pɛr⁵³	ʑy⁵⁵ kuɑ³³
6	星星	a³¹ ɕi⁵⁵/tsa³¹ ɕi⁵⁵	pi³¹ kɤ⁵⁵	pe³¹ ku⁵⁵	mi³¹ ki⁵⁵	ɕin⁵⁵ ɕin⁵⁵	ɕiɔr⁵⁵	ɕi⁵⁵ ɕi⁵⁵
7	天气	m̩³¹ ma³³	m̩³¹ pa³³	ɣo³¹	thie⁵⁵ tɕh⁵⁵	thien⁵⁵ tɕhi⁵⁵	xɛ⁵⁵ tɕhi³³	thie⁵⁵ tɕhi⁵⁵
8	云	m̩³¹ tm⁵⁵	ɣə³¹ tɯ⁵⁵	ɣo³¹ to⁵⁵	n̩ie³¹ khi³¹	ʑin³¹	ʑyn³¹³	ʑy³¹
9	雷	m̩³¹ tsɿ³¹ tsɿ³¹	ɣə³¹ tɕi³¹ tɕi³¹	ɣo³¹ tʂɿ³¹	tshu³¹	lui³¹	xɛ⁵⁵ mɛr³¹³	lui³¹
10	霹雳	sa⁵⁵ tshu³¹ ti³¹	ɣə³¹ tɕi³¹ xo³³ the³³	tʂha³¹ ti³¹	mi³¹ tsa³¹ tsa³¹	phi⁵⁵ lui³¹	xɛ⁵⁵ ther³³	ta³³ lui³¹
11	闪电	m̩³¹ ŋi⁵⁵ ŋi⁵⁵	ɣə³¹ lu³¹ mɛ³³	ɣo³¹ tʂɿ³¹ ŋi⁵⁵ ma³¹	tʃh³³ mi³¹	san³³ tien²⁴	xɛ⁵⁵ tɕhia³³ ŋui³³	sa³³ tie⁵⁵
12	风	a³¹ ɕi⁵⁵/tsa³¹ ɕi⁵⁵	tsa³¹ ɬi⁵⁵	tʂa³¹ ɬi⁵⁵	tsa³¹ ɬi⁵⁵	fom⁵⁵	pĩ⁵⁵	fom³³
13	雨	a³¹ ʑɛ⁵⁵/m̩³¹ ʑɛ⁵⁵	ɣə³¹ ʑɛ⁵⁵	ɣo³¹ ɮɛ⁵⁵	ɔ³¹ xo⁵⁵ xo⁵⁵	ʑi³³	ʑyi³³	ʑy³¹
14	虹	pu⁵⁵ tu⁵⁵ lu⁵⁵ tshɿ³¹	ti⁵⁵ ka⁵⁵ la⁵⁵ tshu³¹	ɣɯ⁵⁵ tv⁵⁵ lu⁵⁵ ma³³	tsha⁵⁵ the⁵⁵ la⁵⁵ kho³³	ɣo³¹ kan²⁴ /tshe³³ xom³¹	xɛ⁵⁵ kɔ³¹ ɔŋ³³ ɕyi³³	tshe⁵⁵ xom³¹
15	雪	xa³¹	pe³¹ xa³¹	xɑ³¹ ɣɯ⁵⁵ nɛ⁵⁵ ɣɯ	ɣɔ³¹ n̩i⁵⁵	ɕi³¹	suɛ³³	ɕy³¹

① "'"表示同一词一词语的不同说法；"（ ）"中为简单的注释；"—"表示本民族语言中没有该词。

	汉语						
16	水	u⁵⁵tshɤ³¹	v⁵⁵tʂho³¹	u⁵⁵tshu³¹	sui³³	ɕyi³³	sui³¹
17	霜	ŋɛ⁵⁵	xa³¹	n̩i⁵⁵	suan⁵⁵	ʂuan⁵⁵	suɑ³³
18	雾	tsu³¹xui³¹	tʂo³¹xo³¹	ņiɛ³¹khɿ³¹	v̩²⁴	mɛ³¹kɔŋ³¹	v̩⁵⁵
19	露水	tshɤ³¹xa³¹	pi³¹xa³¹	phɑ³¹ʑia³¹	lu²⁴sui³³	kɔŋ³¹ɕyi³³	lu⁵⁵sui³¹
20	雹子	phu⁵⁵sɿ³¹	xɤ⁵⁵ɕi³¹	xo⁵⁵lɔ³³	pho²⁴tsɿ³³	tʂoŋ³¹po³¹	ɕyi³¹pho⁵⁵tsɿ³³
21	冰	pin⁵⁵	pin³³	n̩i⁵⁵pin³³	pin⁵⁵	ʂuan⁵⁵phier⁵⁵	pi⁵⁵
22	火	a³¹tsa³¹	mi³¹tʂa³¹	mi³¹tsɑ³¹	xo³³	xui³³	xo³³
23	烟(火烟)	ɣ³¹xɣ³¹	ɣo³¹xo³¹	mi³¹khɿ³¹	xɔ³³ʑiɛn⁵⁵	xui³³ɕin⁵⁵	xɔ³³ʑɛ⁵⁵
24	烤烟	ʑa³³xo³¹	ʑa³³xa³¹	ʑia³³kho³¹ɔ³¹tsɿ⁵⁵	kho³³ʑiɛn⁵⁵	ʑia³³xuɑ³¹	kho³³ʑɛ⁵⁵
25	烤烟辅导员	ʑa³³xo³¹fɣ³³tɔ⁵⁵ʑɛ³¹	ʑa³³xa³¹fv̩³¹tɔ³³ʑɛ³¹	ʑia³³kho³¹fu³³tɔ³¹⁴ʑiɛ³¹	kho³³ʑiɛn⁵⁵fu³³tɔ²⁴ʑiɛn³¹	ʑia³³xuɑ³¹fu³³tɔ⁵⁵ʑɛ³¹³ʑiɛn³¹	kho³³ʑɛ⁵⁵fu³³tɔ⁵⁵mɛ³¹
26	气	sa³¹	sa³¹	a³¹sɑ³¹	tɕhi²⁴	tɕhi³³	tɕhi⁵⁵
27	蒸汽	sa³¹xui³¹	sa³¹xo³¹	a³¹sɑ³¹	tsɛn⁵⁵tɕhi²⁴	pe⁵⁵tɕhi³³	tshɛ⁵⁵tɕhi⁵⁵
28	地	mi⁵⁵tsha³¹	me³¹tʂha³¹	mi⁵⁵tshɑ³¹	thiɛn⁵⁵ti²⁴	ti⁵³	ti⁵⁵
29	山	ku³¹tsu³¹	ku³¹tsu³¹	ʑio³¹mɑ³³	san⁵⁵	sɛ⁵⁵	sɑ³³
30	山坡	pa⁵⁵sa³³	ka⁵⁵tha³³	ʑia⁵⁵tɑ³³	san⁵⁵pho⁵⁵	sɛ⁵⁵tə³¹³	sɑ³³pho³³
31	山坳	ku³¹tsɣ³¹lɔ⁵⁵kha³¹	tɑ³¹xo³¹	lo⁵⁵khɑ³¹	san⁵⁵ɣo⁵⁵	sɛ⁵⁵khu⁵⁵	sɑ⁵⁵wo⁵⁵wo⁵⁵
32	岩石	xa³¹lu³³pa³¹ɣa³¹	ɬo³³mɑ³³ku³¹tʂɣ⁵⁵	lo³³mɑ²³ʑia³¹khɑ³¹	ʑiɛn³¹sɿ³¹	tso³¹ku³³pier³³	ɛ³¹sɿ³¹
33	山洞	ku³¹tsɣ³¹xo³¹poŋ³¹	ku³¹tsɣ³¹tɔ⁵⁵kho⁵⁵	ʑio³¹mɑ³³a³¹kho³¹⁴	san⁵⁵tɔm²⁴	sɛ⁵⁵tɔm³¹	sɑ³³tɔm³¹
34	洞	kɔ⁵⁵py³³	tɔ⁵⁵kho⁵⁵	a³¹kho³¹⁴	tɔm²⁴	pe⁵⁵tɔm³¹	tɔm⁵⁵
35	河	lo⁵⁵pa³¹	lu⁵⁵pɑ³¹	lo⁵⁵pɑ³¹	xo³¹	kɔ⁵⁵	xo³¹
36	海	pa³¹ma³³	lu⁵⁵pɑ³¹lu⁵⁵ma³³	xɛ³¹	xɛ³¹	xɛ³³/tɔ³¹xɛ³³	tɑ⁵⁵xɛ³¹
37	湖	xu³¹poŋ³³	lu⁵⁵pɑ³¹lu⁵⁵ma³³	xu³¹	xu³¹	thaŋ⁵⁵	fv̩³¹
38	池塘	tho³¹tu⁵⁵	v⁵⁵ʂho³¹tɔ³¹xo³¹	lo³³tɔ³¹	tshɿ³¹than³¹	ɔŋ⁵⁵thaŋ⁵⁵	tha³¹tha⁵⁵
39	水井	u⁵⁵tm̩³¹xo³¹	v⁵⁵ty̩³¹	v⁵⁵ty̩³¹	sui³³kɛ⁵⁵	ɕyi³³tɕiɛr³³	sui³³tɕi³³
40	水沟	u⁵⁵ka⁵⁵	ɣu⁵⁵ka⁵⁵	v⁵⁵kho³¹	sui³³kɛ⁵⁵	ɕyi³³kho³¹	sui³³kɛ⁵⁵
41	水库	tm̩³¹pa⁵⁵	sui³¹khv⁵⁵	sui³¹khu³¹⁴	sui³³khu²⁴	ɕyi³³khu⁵⁵	sui³³khu⁵⁵

42	坝子	te³³ɣa⁵⁵ pa⁵⁵ tsɿ³¹	pa⁵⁵ tsɿ³¹	tɛ³³ ma³³	pa⁵⁵ tsɿ³¹	pa²⁴ tsɿ³³	taŋ³¹	pa⁵⁵ tsɿ³¹
43	田	xa⁵⁵ tɛ³³	xa⁵⁵ tɛ³³	xɑ⁵⁵ ɬu³¹	u⁵⁵ ʑia⁵⁵	tiɛn³¹	ti⁵³	thiɛ³¹
44	田埂	ta³³ poŋ³¹	ta³³ po⁵⁵	ta³³ pu⁵⁵	u⁵⁵ po⁵⁵	tiɛn³¹ kɛn³³	ti⁵³ tsɿ³³	kɛ³³ tsɿ³³
45	旱地	ɣa³¹ xa⁵⁵	zo³³ xa⁵⁵	ku⁴¹ tʂɣ³¹ a³¹ xa⁵⁵	ʑia³³ kho⁵⁵	xan²⁴ ti²⁴	kaŋ⁵⁵ ti⁵³	ti⁵⁵
46	干土	ta³¹ ɣa⁵⁵	mi⁵⁵ tsha³¹	me⁵⁵ tʂha³¹	pə³¹ ka⁵⁵	kan⁵⁵ thu³³	ka⁵⁵ ne³¹³	thu³¹
47	稀泥	mi⁵⁵ pɛ³³	ɛ⁵⁵ khi³¹ khi³¹ pɛ³³	me⁵⁵ tɕhi³¹	u⁵⁵ tshɿ³³	ɕi⁵⁵ nɿ³¹	ne³¹³ tɕhi⁵⁵	nɿ³¹ pa³³
48	水滴	u⁵⁵ tsa³³	a⁵⁵ tshu³¹ u⁵⁵ tsa³³	xu⁵⁵ tsa³³	u⁵⁵ tsa³³	sui³³ ti³¹	ɕyi³³ tse³³	sui³³ tsu⁵⁵
49	泡沫	u⁵ tshɣ³¹ tshv³¹ pu⁵	xa³¹ mə³¹	a³¹ mv³¹	pho⁵⁵	pho²⁴ mo³¹	pe⁵⁵ phu⁵⁵	pho⁵⁵ mo³¹
50	波浪	u⁵⁵ toŋ⁵⁵	u⁵⁵ tshu³¹ ɛ⁵⁵ tɯ⁵⁵	ɣu⁵⁵ the⁵⁵	po³³ la⁵⁵	po⁵⁵ lan²⁴	po³³ laŋ⁵⁵	la⁵⁵
51	泉水	u⁵⁵ xoŋ³¹	a⁵⁵ tshu³¹ u⁵⁵ pi³³	v⁵⁵ tʂho³¹	u⁵⁵ pi³³	tɕhiɛn³¹ sui³³	sɛ³¹ ɕyi³³	tɕhe³¹ sui³¹
52	森林	pa⁵⁵ toŋ⁵⁵	a⁵⁵ tsə⁵⁵ tsə⁵⁵ tsho³¹	a⁵⁵ tʂɣ⁵⁵ tʂɣ⁵⁵ tʂho³¹	a³¹ pa⁵⁵	sɛn⁵⁵ lin³¹	sɛ⁵⁵ koŋ³¹	sɛ⁵⁵ li³¹
53	矿	khua⁵⁵	khua⁵⁵	khua⁵⁵	khua³¹⁴	khua²⁴	khua⁵⁵	khua⁵⁵
54	金子	phu⁵⁵ ɕu⁵⁵	phu⁵⁵ sə⁵⁵	fɣ⁵⁵ sɣ⁵⁵	tɕin⁵⁵ tsɿ³³	tɕin⁵⁵ tsɿ³³	tɕin⁵⁵	tɕi³¹ tsɿ³³
55	银子	phu⁵⁵ tsɿ³¹	phu⁵⁵ tɕi³¹	fɣ⁵⁵ tsɿ³¹	phu⁵⁵	ʑin³¹ tsɿ³³	nɿ³¹³	zi³¹ tsɿ³³
56	铜	ku³¹	thom³¹ sə³¹	ku³¹ ɕu⁵⁵	thoŋ³¹	thom³¹	kɛr⁵⁵	tom³¹
57	铁	sm⁵⁵	sə⁵⁵	so⁵⁵	ɕi⁵⁵	thi³¹	the³³	thi³¹
58	钢	ka⁵⁵ tɕiŋ⁵⁵	sə⁵⁵ ma³¹	kaŋ⁵⁵ tɕiŋ⁵⁵	ɕi⁵⁵ ka³³	kan⁵⁵	kaŋ⁵⁵ the³³	ka⁵⁵
59	锡	na³³ tɣ³³	ɕi³¹	ɕi³¹	ɕi³¹⁴	ɕi⁵⁵	la²³	ɕi³¹
60	生锈	sm⁵⁵ tshɿ³¹ tsa³¹	su⁵⁵ ne⁵⁵ tsa³¹	sɣ³¹ nɿ³¹ kha³¹	ɕi⁵⁵ tha⁵⁵ tso³¹	sɛn⁵⁵ ɕia²⁴	ŋə³¹³ tʂom³¹	sɛ⁵⁵ ɕə⁵⁵
61	铝	lui³³	lui³³	lui³¹	lui³³	lui³³	lui³³	lui³¹
62	石头	xa³¹ lu³³	lu³³ phu³¹	ɬo³³ mɑ³³	lɣ³³ mɑ³³	sɿ³¹ tha⁵⁵	tso³¹ ku³³	sɿ³¹ tə³³
63	沙子	mu⁵⁵ tshe⁵⁵	mu⁵⁵ tshe⁵⁵	mɛ⁵⁵ tshe⁵⁵	lu³¹ ɕi³³	sɑ⁵⁵ tsɿ³³	so⁵⁵ tsɿ³³	sa³³ tsɿ³³
64	煤	mɛ³¹	mɛ³¹	mɛ³¹	mɛ³¹	mei³¹	me³¹³	me³¹
65	炭	xa³¹ ɣɣ³¹	xa³¹ ɣə³¹	tsho³¹ kɯ³¹	kha³¹ kɯ³¹	than²⁴	fui³³ thaŋ³¹	tha⁵⁵
66	盐	a³¹ tɣ³¹	a³¹ tə³¹	tʃha³¹ tɣ³¹	tʃhɑ³¹ miɛ³¹	ʑiɛ³¹	pi⁵⁵	zɛ³¹ pa⁵⁵
67	草木灰	xa³¹ lɛ⁵⁵	xa³¹ lɛ⁵⁵	xa³¹ ɬɛ⁵⁵	kha³¹ la⁵⁵	tsho³¹ mo³¹ xui⁵⁵	xa³¹ la³¹ su⁵⁵	tsho³³ mu³ xui³³

68	石灰	ɕy⁵⁵ly⁵⁵	lu⁵⁵ly⁵⁵ / sɿ³¹xui⁵	xo⁵⁵ɬi⁵⁵	poŋ⁵⁵	sɿ³¹xui⁵⁵	xui⁵⁵	sɿ³¹xui³³
69	地方	mi⁵tsha³¹ / thi³¹pha⁵	mi⁵⁵tsha³¹	me⁵⁵tsha³¹	ʑio³¹ma³³	ti²⁴fan⁵⁵	ti⁴⁴fɔ⁵⁵	ti⁵⁵fa³³
70	国家	ko³¹tɕa³³	ko³¹tɕa⁵⁵	ko³¹tɕa⁵⁵	ko³¹tɕia³³	ko³¹tɕia⁵⁵	ko³¹tɕia⁵⁵	ko³¹tɕia³³
71	街	kɛ⁵⁵tsɿ³³	kɛ⁵⁵tsɿ³³	kɛ⁵⁵tsɿ³³	kɛ⁵⁵tsɿ³¹	kan³³kɛ⁵⁵	kɛ⁵⁵	kɛ⁵⁵tsɿ³¹
72	村子	phu³³sɿ³¹	tso⁵⁵phu³³	fv³³sɿ³¹	phu³³lu⁵⁵	tshuɛn⁵⁵tsɿ³³	ʑiɔ³³kaʔ³¹	tshui⁵⁵tsɿ³¹
73	房子	la³¹xo⁵⁵	a³³kho⁵⁵	a⁵⁵xo⁵⁵	zɿ⁵⁵kho³¹⁴	fan³¹tsɿ³³	xo³¹	fa³¹tsɿ³³
74	家庭	zo³¹xo³¹	ʑio³¹ɣo³¹	a⁵⁵xo⁵⁵	zɿ⁵⁵kho³¹⁴	tɕia⁵⁵thin³¹	a³¹xo³¹	tɕia³³
75	学校	ɕo⁵⁵ɕɔ⁵⁵	ɕio⁵⁵ɕio⁵⁵	ɕɤ³¹ɕio⁵⁵	ɕɔ³¹ɕio⁵⁵	ɕiɔ³¹ɕiɔ²⁴	ɕɔ³³tha³¹³	ɕɔ³¹ɕɔ⁵⁵
76	商店	tɛ⁵⁵ɕɔ³³khe³³	sa⁵⁵tiɛ⁵⁵	ʂa⁵⁵tiɛ⁵⁵	phu⁵⁵tsɿ³¹	san⁵⁵tiɛn²⁴	phu⁵⁵tsɿ³¹	sa⁵⁵tiɛ⁵⁵
77	医院	zɿ⁵⁵ʑɛ⁵⁵	zɿ⁵⁵ʑiɛ²⁴	zɿ⁵⁵ʑɛ⁵⁵	zɿ³¹⁴	zɿ⁵⁵ʑiɛ⁵⁵	zɿ³³ʑiɛ⁵⁵	zɿ³³ʑɛ⁵⁵
78	户/家	o⁵⁵tɕho³¹	ɣo³¹	ɣo³¹ / ɬv⁵⁵	zɿ³¹⁴	zɛn³¹tɕia⁵⁵	xo³¹	zɛ³¹tɕia³³
79	衙门	za³¹mɛ²¹	zia³¹mɛ²¹	za³¹mɛ²¹	zia³¹mɛ²¹	zia³³mei³¹	za³¹mɛ²¹³	za³¹mɛ³¹
80	庙	pe³³ɐm³¹	mio²⁴faŋ³¹	mio⁵⁵	mio⁵⁵	mio²⁴	mio³³	mio⁵⁵
81	碑	xa³¹lu³³pe⁵⁵	ɕi³¹lu³³ / pe⁵⁵	pei⁵⁵	pe⁵⁵	pei⁵⁵	pe⁵⁵	pei⁵⁵
82	寺院	pe³³ʑm⁵⁵	xo³¹sa⁵⁵a⁵⁵kho⁵⁵	sɿ⁵⁵mio⁵⁵	mio⁵⁵	si²⁴ʑien²⁴	mio³³	sɿ³¹mio⁵⁵
83	棚子	xa⁵⁵tshm⁵⁵	pe⁵⁵to⁵⁵xa⁵⁵tsha⁵⁵	xa⁵⁵tɕho⁵⁵	ʑia³¹tɕhi³¹⁴⁺⁵⁵	ʑia³¹tɕhi³³tsɿ³³	phɔ³¹xo³¹	pho³¹tsɿ³³
84	桥	tɕɛ³³ku³¹ / tɕho³¹	tsa⁵⁵ku³¹ / tɕho³¹	tsɛ³³ku³¹	tɕi³³ku³¹	tɕiɔ³¹	ke³¹³	tɕho³¹
85	坟	xo³¹m⁵⁵	lu³¹ɣɯ⁵⁵	ɬo³¹po⁵⁵	lu³¹pe³¹⁴	lu³¹pe³¹⁴	mu³¹	fɛ³¹
86	塔	tha³¹	tha³¹	tha³¹	tha³¹	tha³¹	tha³¹³	tha³¹
87	身体	zu³¹ɣoŋ⁵⁵	ʑio³³ɣo⁵⁵	zo³³ɣo⁵⁵ / sɛ⁵⁵thi³¹	a³¹mo⁵⁵	sen⁵⁵thi³³	tʂhɿ⁵⁵kə³¹	sɛ⁵⁵thi³³
88	头	ɣ³¹tɣ³¹	u³¹tu³¹	v³¹tv³¹	ɣ³¹khi³¹	tha³¹	tʂɔ³¹pɔ³¹³	tha³¹
89	脑髓	ɣˑ³¹no³¹	u³¹no³¹	v³¹nɛ³¹	v³¹nɛ³¹	no³³suɛ³¹	no³³	no³³suɛ³³
90	额头	nɛ³¹tɣ⁵⁵	ta⁵⁵phu³¹	na⁵⁵tu⁵⁵	no³¹kh³⁵¹	ɣa³¹tɛ³³	ȵu³³tɛ³³	no³³tɛ⁵⁵
91	头发	ɣ³¹tɣ³¹tɕhe⁵⁵khu⁵⁵	u³¹tu³¹tshe⁵⁵kha⁵⁵	tshe⁵⁵khu⁵⁵	tɕhi⁵⁵kha⁵⁵	tha³¹fa	ta³¹ma⁵⁵	tha³¹fa⁵⁵
92	辫子	tshm⁵⁵phɛ³¹	u³¹tu³¹tsha⁵⁵phi³¹	tshe⁵⁵khu⁵⁵pha³¹	tɕhi⁵⁵khe⁵⁵phi³¹tha³¹	piɛn²⁴tsɿ³¹	ta³¹ma⁵⁵ pin⁵⁵	piɛ⁵⁵tsɿ³³
93	眉毛	ma³³xm³³	ma³³xɐ³³	ma³³xo⁵⁵	ma³³tɕhi⁵⁵	mei³¹mo⁵⁵	ȵu³³mi⁵⁵ma³¹³	mɛ³¹mo⁵⁵

94	眼睛	ma³³ nɯ³³	ma³³ nə³³	ma³³ tsʅ³³	ziɛn³³ tɕin⁵⁵	tɕui³³ kɛ⁵⁵ ɕin⁵⁵	zɿ³³ tɕi⁵⁵
95	眼泪	ma³³ pi⁵⁵	ma³³ ɣu⁵⁵	ma³³ pi⁵⁵	ziɛn³³ lui²⁴	mi³¹ z̩¹³¹	zɛ³³ lui⁵⁵
96	鼻子	na⁵⁵ py⁵⁵	na⁵⁵ mɛ⁵⁵	na⁵⁵ mɛ⁵⁵	pi·³¹ tsʅ³³	pi·³¹ tə³¹³	pi·³¹ tsʅ³³
97	耳朵	na³¹ pv̩⁵⁵	na³¹ pv̩⁵⁵	na³¹ po³¹⁴	ɣɛ³³ tho⁵⁵	zo³³ ko³³ pin³¹³	ɔ³³ to⁵⁵
98	脸	pa³¹ pa³³	pa³¹ pa²¹	pa³¹ pa²¹	liɛn³³	mi³¹ tu³³	liɛ³³
99	嘴	mɛ³¹ pɔŋ³¹	mɛ³¹ po³¹ / me³¹ tsu³³	ɔ³¹ me³³	tsui³³	tsui³³ pa³³	tsui³¹ pa³³
100	嘴唇	mɛ³¹ xu³³	me³¹ xo³³	me³¹ phi⁵⁵	tsui³³ tshuɛn³¹ / zia³³ phi³¹	tsui³³ pɛ³¹³	tsui³³ tsɛ³¹
101	牙齿	ɕɣ³¹	tsa³¹ sə³¹	a³¹ tsʅ³¹⁴	zia³¹ tsʅ⁵⁵	tʂʅ³³ pa³¹	za³¹ tshʅ³³
102	虎牙	ɕɣ³¹ tɕɯ⁵⁵	sə³¹ tsə⁵⁵	a³¹ tʂɣ⁵⁵ tsɣ⁵⁵ pa³³	kha³¹ a³¹ tsʅ³¹⁴	tʂʅ³³ pa³¹	fu³¹ zia³¹
103	舌头	mɛ³¹ xa⁵⁵	a³¹ ɬɛ⁵⁵	a³¹ ɬɛ⁵⁵	a³¹ la⁵⁵	tsɛ³¹	sə³¹ tha⁵⁵
104	胡子	mɛ³¹ tshi³³	mɛ³¹ tshɛ³¹	mɛ³¹ tshɛ³¹	mi³¹ ɣo³¹	v̩³¹³	fu³¹ tsʅ³³
105	脖子	lu⁵⁵ tsʅ⁵⁵	khɣ³¹ lə⁵⁵	khɣ³¹ lə⁵⁵	lə⁵⁵ tsʅ³¹	ku³³ tɛ³³ mi³¹	po³¹ tsʅ³³
106	喉结	khɔ³¹ sʅ³¹	lə⁵⁵ tsha³¹	khɔ³¹ ta³¹	khɔ³¹ ta³¹	kɔŋ³¹ lɔŋ³¹	xə³¹ tɕi³¹
107	嗓子	o³³ xa⁵⁵	khɔ³¹ pɔ³¹	khɔ³¹ mɑ³³	khɔ³¹ mɑ³³	ku³³ tɛ³³ mi³¹	sa³¹ tsʅ³³
108	肩膀	pa³¹ tha³¹	pa³¹ tha³¹	pa³¹ tha³¹	pa³¹ tha³¹	pu³³ kua³³ tə³¹³	tɕɛ⁵⁵ pa³¹
109	背(部)	ta³¹ xu⁵⁵	zɔ³³ ɣo⁵⁵	a³¹ mo³¹³	pei²⁴	tɔ³¹ pɛ³¹	pei⁵⁵
110	腋	la³¹ u³¹ tsa⁵⁵ xoŋ³¹	la³¹ u³¹ tsa⁵⁵ xo³¹	la³¹ v̩³¹ to³¹ kha³¹	la³¹ ku³¹ tshʅ⁵⁵ ku³¹	sə³³ khu³³ ti³³	kɛ³¹ tɕa³¹ wo³³
111	胸	nu³³ thu³³	nu³³ ɣa³³	ɣo³¹ sʅ³³ nu³³ ma³³	nə³³ khɛ³¹	si⁵⁵ phia³³ tɔm³¹	ɕɔ⁵⁵ phu³¹
112	乳房	a³¹ tshy⁵⁵ no³³ phu³³	a³¹ pu⁵⁵	a⁵⁵ nɛ⁵⁵	na⁵⁵ nu³³	nə³³ / zu³³ fan³¹	nɛ³³
113	心窝	nu³³ ɣo³³	nu³³ ɣa³³	ɣo³¹ sʅ³³ nu³³ ma³³	ɣo³¹ sʅ³³ nu³³ ma³³	ɕin⁵⁵ ɣo⁵⁵	ɕi⁴⁴ wo⁴⁴
114	肚子	o³¹ ma³³	u³¹ ma³³	ɣo³¹ ma³³	nə³¹ khɛ³¹	tu²⁴ tɕi³¹	tu⁵⁵ tsʅ³³
115	肚脐	tsha³³ py⁵⁵	tsha³³ pi·³³ la³³ pi·³³	tsha³¹ pi·³³ li·³³	a³¹ phu³¹	pu³³ tɔ³³	tu⁵⁵ tɕhi³¹
116	腰	to⁵⁵ tshɣ³¹	tu⁵⁵ tshɣ³¹	xo³¹ tshɣ³¹	t∫hɑ⁵⁵ phi³¹	zɔ³¹ pu³³ tə³¹	zɔ⁵⁵ ka³³
117	屁股	tɔŋ³¹ mɛ⁵⁵	toɣ³¹ mɛ⁵⁵	to³¹ mɛ⁵⁵	a³¹ tsu³¹	phi³¹ ma³³ , i⁵⁵ kua³³	phi⁵⁵ ku³¹
118	腿	a³¹ pha³¹	a³¹ khɯ⁵⁵ sa³¹ pha³¹	ʂa³¹ pha³¹	pu⁵⁵ tu⁵⁵	khuɛ³¹	ta⁵⁵ thui³¹

119	膝盖	phu³¹ tshŋ³¹	pha³¹ tshŋ³¹	pha³¹ tshɣ³¹	ɕi³¹ kɛ²⁴	ko³³ tsɛ³³ tə³¹³	khə³¹ ɕi⁵⁵ thə³¹
120	小腿	khu⁵⁵ tɣ³³	khɯ⁵⁵ phu³¹	khu⁵⁵ tɣ³³	ɕiɔ³³ thui³³	ko³³ pa³¹ tsŋ³³	ɕɔ³³ thui³³
121	脚	a³¹ khu⁵⁵	a³¹ khu³¹	a³¹ khu⁵⁵	tɕio³¹	kɔ³³	tɕio³¹
122	手臂	la³¹ tɣ³³	la³¹ pa³³ la³¹ tu⁵⁵	la³¹ pa³³	sə³³ pi²⁴	sə³³ kua³³	sə³³ ka³³ tsŋ³³
123	肘	la³¹ tshŋ³¹	la³¹ tshɣ³¹	la³¹ tshɣ³¹	sə³³ wuɑ⁵⁵ wuɑ⁵⁵	sə³³ tsɛ³³	tsə³¹ tsŋ⁵⁵
124	手	a³¹ la³¹	a³¹ la³¹	a³¹ la³¹	sə³³	sə³³	sə³³
125	手指	la³¹ ny⁵⁵	la³¹ ɲi⁵⁵	la³¹ ɲi⁵⁵	sə³³ tsŋ³¹	sə³³ tsŋ³¹ tə³¹³	sə³³ tsŋ³¹ thə⁵⁵
126	拇指	la³¹ ma³³	la³¹ ma³³	la³¹ mɑ³³	mu³³ tsŋ³¹	tə³¹ lə³¹ mo³³	mu³³ tsŋ³³
127	指甲	la³¹ ɕɣ³¹	la³¹ sə³¹	la³¹ ɕu⁵⁵	sə³³ tsŋ³¹ tɕiɑ⁵⁵	sə³³ tsŋ³¹ kɛɾ³³	tsŋ³¹ tɕia³³
128	小指	kɛ⁵⁵ ʑa³¹	la³¹ ɲy⁵⁵ ɲy⁵⁵ ʑa³¹	la³¹ ɲi⁵⁵ ɲi⁵⁵ ʑiɑ³¹	ɕiɔ³³ tsŋ³¹	phi³¹ li⁵⁵ li³³	ɕɔ³³ tsŋ³¹ thɔ⁵⁵
129	拳	la³¹ thɣ³³	la³¹ phu³¹	la³¹ thɣ³³	tɕhie³¹ thə⁵⁵	sə³³ tshue³¹³	tɕhyɛ³¹
130	掌心	la³¹ xo³³	la³¹ xo³³	la³¹ mɑ⁵⁵	tsan³³ ɕin⁵⁵	sə³³ ti³³ pɛ³³	sə³³ tsa³³ ɕi⁵⁵
131	肛门	toŋ³¹ py³³	khi³¹ kho⁵⁵	tɕhi³¹ kho⁵⁵	kan⁵⁵ mei³¹	ka⁵⁵ mɛ³¹ tɔm³¹	ka³³ mɛ³¹
132	女性生殖器	a³¹ po³¹	a³¹ po³¹	tsɔ³¹ pi³¹	pi⁵⁵	phi⁵⁵	pi⁵⁵
133	男性生殖器	a³¹ tɕho³¹/ki³³ pa³³	ki³³ pa³³ / tɕi³³ pa³³	pi⁵⁵ li⁵⁵	pɑ³¹ lɑ³³	pi⁵⁵ tu⁵⁵	tɕi³¹ pa³/ma³¹ tɕho⁵⁵
134	睾丸	te³¹ ɣ³³	ki³³ pa³³ te³¹ u⁵⁵	ti³¹ v⁵⁵	luan³³ tan³³	kuɛn⁵⁵ sɛ³¹	nuɑ³³ tsŋ⁵⁵
135	阴毛	po³¹ xm³³（女性阴毛）/tɕho³¹ xm³³（男性阴毛）	po³¹ xə³³（女性阴毛）/tshu³¹ xə³³（男性阴毛）	pi³¹ mv³¹（女性阴毛）/tshu³¹ mv³¹（男性阴毛）	tsu³¹ tɕhi⁵⁵（女性阴毛）/tɕi⁵⁵ pɑ⁵⁵ mɔ³¹（男性阴毛）	phi⁵⁵ ma³¹³（女性阴毛）/tu⁵⁵ ma³¹³（男性阴毛）	pi⁵⁵ mɔ³¹（女性阴毛）/tɕi⁵⁵ pa⁵⁵ mɔ³¹（男性阴毛）
136	脐带	tsha³³ phi³³	tsha³³ phi³³ no³³	tsha³¹ mv³³ pi³³ li³³	ʑia³¹ ɲi⁵⁵ tʃhɑ⁵⁵ phi³¹	ʑiɔ³¹ pu³³ tɕ³¹ so³³	tɕhi³¹ tɛ⁵⁵
137	皮肤	sa³¹ ku⁵⁵	zo³¹ ku⁵⁵	ʂa³¹ ku⁵⁵	ɔ³¹ kŋ⁵⁵	phi³¹ fu⁵⁵ pɛ³¹³	zu³¹ sə³¹
138	皱纹	sa³¹ ku⁵⁵ / pa³¹ ku⁵⁵ tsy³¹	sa³¹ tsu³¹	pa³¹ ku⁵⁵ tʂɣ³¹	pɑ³¹ kŋ⁵⁵ tsŋ³¹	pɛ³¹³ tʂhu³³	tsə⁵⁵ wɛ³¹
139	汗毛	tsha³¹ xm³³	tsha³¹ xə³³	tsha³¹ xo³³	ɔ³¹ tɕhi⁵⁵	zu⁵⁵ ma³¹³	xa³¹ mɔ³¹
140	痣	thə³¹ na³³ / thɛ³¹ ni⁵⁵	tshɛ³¹ sŋ³¹	tshɣ³¹ sŋ³¹	mie³³ sŋ³¹	ɕi³¹	tsŋ⁵⁵

141	天花	na^{55}pu^{31}	na^{55}pa^{33}	na^{55}pv^{31}	ma^{55}pa^{33}	thiɛn^{55}xuɑ^{55} / mɑ^{31}tsʅ^{33}	xɛ̃^{55}xo^{55}	ma^{31}tsʅ^{33}
142	疟疾	mi^{55}xɛ^{31}pha^{31}	pha^{31}tsu^{31}	a^{55}pha^{31}pha^{1}tsho^{33}	pho^{31}kə^{33}	tɑ^{33}pɛ^{33}tsʅ^{33}	sɛ^{53}	tɑ^{33}pɛ^{33}tsʅ^{33}
143	牛奶	nm^{31}tshɣ^{55}	a^{55}nu^{31}pu^{55}	v^{55}nu^{31}a^{55}nɛ^{55}	mo^{55}ȵiu^{31}na^{55}nu^{33}	ȵiɑ^{31}nɛ^{33}	ȵiɑ^{31}nɛ^{33}	ȵiɑ^{31}nɛ^{33}
144	血	sʅ^{31}	ɕi^{31}	sʅ^{31}ȵi^{55}	ɔ^{31}sʅ^{31}	ɕi^{31}	sua^{33}	ɕy^{31}
145	筋	sa^{31}ku^{31}	sa^{31}ku^{31}	ʂa^{31}ku^{31}	a^{31}ku^{31}	tɕin^{55}	tɕin^{55}	tɕi^{55}ku^{31}
146	骨头	sa^{31}ʑɣ^{31}	sa^{31}ʑy^{31}	ʂa^{31}ʑi^{31}	a^{31}ʑi^{31}	ku^{31}thə^{55}	kua^{33}tə^{313}	ku^{31}thə^{33}
147	骨髓	sa^{31}ʑɣ^{31}phu^{55}thoŋ^{31}	pu^{55}tho^{31}	fv^{55}tho^{31}	a^{31}ʑi^{31}toŋ^{31}	ku^{31}suɛ^{33}	kua^{33}tso^{33}	ku^{31}suɛn^{31}
148	脊椎骨	to^{55}tshʅ^{31}sa^{31}ʑy^{31}	tu^{55}tshə^{31}	ɣo^{31}no^{55}ʂa^{31}ʑi^{31}	a^{31}ʑi^{31}toŋ^{314}	tɕi^{31}tsui^{55}ku^{31}	tɕi^{31}tsui^{55}kua^{33}	tɕi^{31}tsui^{55}ku^{31}
149	肺	phe^{55}	phe^{55}le^{55}	v^{55}phe^{31}	a^{31}phio^{31}	fei^{24}	xui^{55}	fei^{55}
150	心	nɯ^{33}ma^{33}	nɯ^{33}ma^{33}	ɣo^{31}sʅ^{33}nɯ^{33}ma^{33}	nɯ^{33}ma^{33}	ɕin^{55}	sin^{55}	ɕiŋ^{44}
151	肝	sa^{31}tshɣ^{33}	sa^{31}tsho^{31}	a^{31}tɕho^{31}	a^{31}tshʅ^{31}	kan^{55}	kaŋ^{55}	kaŋ^{33}
152	肾	ɣui^{31}sʅ^{31}	zo^{55}tsʅ^{31}	pa^{55}ɣa^{55}ɣa^{55}sʅ^{31}	ʑio^{55}tsʅ^{31}	sɛn^{24}	zo^{33}tsʅ^{31}	zɔ^{33}tsʅ^{31}
153	胆	phe^{31}khu^{55}	phe^{31}khu^{55}	phe^{31}khu^{55}	tshʅ^{31}khi^{55}	tan^{33}	taŋ^{33}	taŋ^{33}
154	胃	pe^{55}ma^{33}	tu^{31}tsʅ^{33}	po^{33}mɑ^{33}	tu^{31}tsʅ^{33}	wei^{24}	ʑyi^{55}	wui^{55}
155	脾	phe^{55}	phe^{55}le^{55}	v^{55}phe^{31}	liɛ^{31}thi^{55}	phi^{31}	liɛ^{31}tiɛ^{31}	liɛ^{21}thi^{31}
156	肠子	ɣ̩^{55}xa^{31}	u^{55}xa^{31}	a^{31}v^{55}	a^{31}v^{55}	tshan^{31}tsʅ^{33}	tʂoŋ^{313}	tsha^{31}tsʅ^{33}
157	小肠	ɣ̩^{55}ʐa^{31}	u^{55}xa^{31}xa^{31}ʐa^{31}	a^{31}v^{55}v^{55}ʐa^{31}	khɯ^{55}ʑiɔ^{31}	ɕio^{33}tshan^{31}	se^{33}tʂoŋ^{313}	ɕɔ^{33}tsha^{31}
158	大肠	ɣ̩^{55}ma^{33}	u^{55}xa^{31}xa^{31}mɑ^{31}	a^{31}v^{55}v^{55}mɑ^{33}	khɯ^{55}mɑ^{33}	tɑ^{24}tshan^{31}	tɔ^{33}tʂoŋ^{313}	tɑ^{55}tsha^{31}
159	阑尾	lɑ^{31}wui^{33} / ɣ̩^{55}la^{31}	u^{55}la^{31}	a^{31}v^{55}v^{55}la^{31}	na^{31}wi^{33}	lɑ^{31}wei^{33}	lɑʔ^{31}wui^{33}	lɑ^{31}wui^{31}
160	膀胱	sʅ^{31}phu^{31}	ə^{31}tsɛ^{55}ɕi^{31}phu^{31}	sʅ^{31}fv^{31}	sʅ^{31}phu^{31}	sui^{55}phɔ^{55}	ʂo^{55}phu^{55}kə^{313}	sui^{33}phɔ^{44}
161	屎	ɛ^{31}khi^{31}	ŋ^{31}khi^{31}	a^{31}tɕhi^{31}	a^{31}khʅ^{31}khʅ^{31}	sʅ^{33}	sʅ^{33}	sʅ^{33}
162	尿	ɣ̩^{31}tɕɛ^{55}	u^{31}tsɛ^{55}	a^{31}tsɛ^{55}	ʔ^{31}tsə^{313}tsə^{314}	sui^{55}	ʂɔ^{55}	sui^{44}
163	屁	ɛ^{31}xa^{31}	ɛ^{31}tɕhi^{31}phɛ^{31}	a^{31}tɕhi^{31}phɛ^{31}	ʔ^{31}kha^{31}phi^{33}tɔ^{33}	phi^{24}	phi^{31}	phi^{55}
164	汗	khɣ^{31}phu^{55}	khɯ^{31}phu^{55}	khɯ^{31}fv^{31}	khʅ^{31}tsha^{55}	xan^{24}	tʂʅ^{33}ɣa^{313}	xaŋ^{31}
165	痰	tshɣ^{31}xɛ^{23}	xa^{31}la^{31}tɕhy^{31}	xa^{31}thi^{31}	khə^{33}tha^{31}	khə^{33}than^{31}	tho^{31}pu^{33}	khə^{33}tha^{31}
166	唾液	u^{55}tsha^{55}	u^{55}tsha^{55}	u^{55}tsha^{55}	tshʅ^{31}kha^{33}	thu^{31}mo^{55}	tho^{31}	tho^{33}mo^{55}

167	口水	lɔ³¹sŋ³³	mɛ³¹ɯ⁵⁵	mɛ³¹ɣɯ⁵⁵ to³³	uⁿ⁵⁵tʃɑ³³ tɔ³³	khə³³suiː³³	si⁵⁵miː³¹tsŋ³³	khə³³suiː³³	khə³³suiː³³
168	奶水	a³¹tshy⁵⁵	a⁵⁵pu⁵⁵	a³¹pu⁵⁵	a⁵⁵nɛ⁵⁵	nɛ³³suiː³³	pa³¹tsŋ³³	nɛ³³suiː³³	nɛ³³suiː³³
169	鼻涕	na⁵⁵pɛ⁵⁵	na³¹pɛ⁵⁵	na³¹pɛ⁵⁵	na⁵⁵pɭ⁵⁵	piˀ³¹thi²⁴	pɛ³¹sɛ³¹	piˀ³¹thi²⁴	piˀ³¹tɕhi⁵⁵
170	声音	to³¹the⁵⁵/ʑo³³the⁵⁵	ʑu³³the⁵⁵	ɔ³¹the⁵⁵	ɔ³¹the⁵⁵	sɛn⁵⁵ʑin⁵⁵	pɛ⁵⁵tʂher⁵⁵	sɛn⁵⁵ʑin⁵⁵	sɛ³³ʑiŋ³³
171	话	sa³³tsŋ³¹kɯ³³	tu³¹pa³¹	to³¹pa³¹	to³¹/piˀ³¹ʑo³¹ to³¹	xuɑ²⁴	to³¹³	xuɑ²⁴	xuɑ⁵⁵
172	生命	mi⁵⁵	a³¹ze⁵⁵	a³¹zɛ⁵⁵	miˀ⁵⁵	sɛn⁵⁵min²⁴	miɛr³¹	sɛn⁵⁵min²⁴	sɛŋ³³mi⁵⁵
173	汉族	phy⁵⁵ny⁵⁵	phu⁵⁵ȵi⁵⁵	a³¹xa³¹/phi⁵⁵ȵi⁵⁵	a³¹xa³¹	xan²⁴tshu³¹ zɛn³¹	xa³¹po⁵⁵	xan²⁴tshu³¹ zɛn³¹	xaŋ⁵⁵tshu³¹
174	彝族	la³¹ɣo⁵⁵	la³¹u⁵⁵	la³¹v⁵⁵	lo³¹ko³¹⁴	ʑiˀ³¹tshu³¹/lo³¹lo⁵⁵ tshu³¹	ŋə³¹kɛ³¹po⁵⁵	ʑiˀ³¹tshu³¹/lo³¹lo⁵⁵ tshu³¹	ʑi³¹tshu³¹
175	回族	xui³¹tshu³¹	xui³¹tshu³¹	xui³¹tshu³¹	xui³¹tshu³¹	xui³¹tshu³¹	xui³¹tshu³¹	xui³¹tshu³¹	xui³¹tshu³¹
176	藏族	tsa⁵⁵tshu³¹	tsa²⁴tshu³¹	tsa⁵⁵tshu³¹	tsa³¹⁴tshu³¹	tsan³³tshu³¹	tsa⁵⁵tshu³¹	tsan³³tshu³¹	tsa⁵⁵tshu³¹
177	人	tɕho⁵⁵a³¹	tshŋ⁵⁵a³¹	tshv⁵⁵za³¹	tsho⁵⁵	zɛn³¹	sŋ⁵⁵ȵi³³	zɛn³¹	zɛ⁵⁵
178	老人	lɔ³¹pa³¹	za³¹mu³¹	za³¹mv³¹	tsho⁵⁵ʑo³¹mo³¹	lɔ³³zɛn³¹	ku³³ȵi³¹³/kʮ³³xo³³	lɔ³³zɛn³¹	lɔ³³kuɛ⁵⁵
179	男人	xa³¹zɔ³³za³¹/za³¹ zu³³	xa³¹zo³³za³¹/za³¹	za³¹zv³³	ʑiɑ³¹ʑiu³³	nan³¹zɛ³¹	ȵi³¹³tsŋ³¹	nan³¹zɛ³¹	na³¹zɛ³¹
180	女人	xa³¹miˀ³¹za³¹	xa³¹miː³³za³¹ miˀ³¹	za³¹miˀ³¹	ʑiɑ³¹miˀ³¹	ȵiˀ³¹zɛn³¹	ȵi³³zɛ³¹	ȵiˀ³¹zɛn³¹	ny³³zɛ³¹
181	男青年	tɕho⁵⁵ta³¹	za³¹ʑuˀ³³ɕiɔ³¹xo³¹tsŋ³³/tshu⁵⁵ta³¹	za³¹nu⁵⁵nu⁵⁵za³¹	ɕiɑ³¹xa³¹mo⁵⁵	ɕio³³xo³³tsŋ⁵⁵	ȵio³³la³³tsŋ³³	ɕio³³xo³³tsŋ³³	ɕio³³xo³³tsŋ⁵⁵
182	女青年	miˀ³¹ta³¹	za³¹miˀ³¹miˀ³¹ta³¹	za³¹miˀ³¹miˀ³¹ʑa³¹	ɕiɑ³¹xa³¹mo⁵⁵	ɕio³³xo³³tsŋ⁵⁵ ȵian⁵⁵	ɕio³³ku⁵⁵ȵian⁵⁵	ɕio³³xo³³tsŋ⁵⁵ ȵian⁵⁵	ɕio³³ku⁵⁵ȵia⁵⁵
183	儿童	ʑa³¹kvˀ³¹kv³¹za³¹	ʑa³¹nu⁵⁵nu⁵⁵za³¹	a⁵⁵piˀ³³za³¹	ʑiɑ³¹ȵiˀ³¹⁴	ʑiɑ³³wa³¹wa⁵⁵	sɛ³³xɔ³³tsŋ³³	ɕio³³wa³¹wa⁵⁵	ɕio³³wa³¹wa⁵⁵
184	婴儿	za³¹kvˀ³¹ȵiˀ⁵⁵ɛˀ³³lɛ³³	a³¹ȵiˀ⁵⁵ɛˀ³¹za³¹	a⁵⁵piˀ³³tsha³¹ȵiˀ³¹	a⁵⁵pɛ³³	ɕiɑ³³ku³¹nan²⁴	so⁵⁵tso³³ȵio³³	ɕiɑ³³ku³¹nan²⁴	ʑiŋ⁵⁵ə³¹/wa³¹wa⁵⁵
185	商人	lɔ³¹pa³¹	sɛ³³ʑi²⁴lɔ³¹pa³¹	ɣo⁵⁵la³¹ɣo⁵⁵xo⁵⁵ ɣo⁵⁵la³¹ɣo⁵⁵xo⁵⁵	v⁵⁵la³¹miˀ⁵⁵kə³¹ tsho⁵⁵	tsu³³sɛn⁵⁵ʑi²⁴ zɛn³¹	ka³¹mɛr³³tsŋ⁵⁵	tsu³³sɛn⁵⁵ʑi²⁴ zɛn³¹	lɔ³³pa³³
186	干部	tsy³¹mo³¹/ka⁵⁵pv⁵⁵	tsŋ³¹mv³¹	tɕy³¹mu³¹	ka⁵⁵pu⁵⁵/tsŋ³¹mɑ³³	kan²⁴pu²⁴	ka⁵⁵pu⁵⁵/pɛ⁵⁵ɣɔ³¹³	kan²⁴pu²⁴	ka⁵⁵pu⁵⁵
187	学生	su³¹ɣa³³tvˀ³¹za³¹	ɕo³¹sɛ⁵⁵	ɕo³¹sɛ⁵⁵	ɕo³¹sɛ⁵⁵	ɕio³³sɛ⁵⁵	ɕio³³tsŋ³³	ɕio³³sɛ⁵⁵	ɕo³¹sɛŋ³³
188	老师	lɔ³¹sŋ³³	lɔ³³sŋ⁵⁵	lɔ³³sŋ⁵⁵	lɔ³³sŋ⁵⁵	lɔ³³sŋ⁵⁵	lɔ³³sŋ⁵⁵	lɔ³³sŋ⁵⁵	lɔ³³sŋ⁵⁵

189	医生	ʑi⁵⁵ sɛŋ⁵⁵	ʑi⁵⁵ sɛ⁵⁵	ʑi⁵⁵ sɛ⁵⁵	ʑi⁵⁵ sɛ⁵⁵	ʑi⁵⁵ sɛŋ⁵⁵	ʑi⁵⁵ sɛ⁵⁵	ʑi⁵⁵ sɛŋ³³
190	社长	tsy⁵⁵ tsa³¹	tshuɛ⁵⁵ tsa³³	tui⁵⁵ tsa³³	sə⁵⁵ tsa³³	tshuɛn⁵⁵ tsan³¹	sə⁵⁵ tsaŋ³¹	tsuɛ⁵⁵ tsaŋ³¹
191	穷人	sa³¹ ʐa³¹	ʐa³¹ tɕhy³¹ tɕhy³¹ ʐa³¹	ʐaɤ³³ xɤ³³	ʐa³¹ ʂa³¹	tɕhiom³¹ zɛn³¹	khui³³ ʂɔŋ³¹ tsɿ⁵⁵	tɕhɔ³¹ zɛ³¹
192	富人	ʐo³³ xa³³	ʐo³³ xa³³	ʐaɤ³³ xɤ³³	sɿ⁵⁵ po³³	fu²⁴ zɛn³¹	ɔ³³ lɔ³³ po⁵⁵	ta⁵⁵ fu⁵⁵
193	牧童	a³¹ nm³³ xu³¹ ʐa³¹	a⁵⁵ nu³¹ lu³¹ ʐa³¹	v⁵⁵ nu³¹ fv³³ tʂa³¹ a⁵⁵ pi³³ ʐa³¹	v⁵⁵ nu³¹ tshu³³ ʐia³¹ ȵi⁵⁵	fan²⁴ ȵiɛ³¹ wa³¹ wa⁵⁵	xa⁵⁵ ȵe³¹ po⁵⁵	fa⁵⁵ ȵiu³¹ wa³¹ wa⁵⁵
194	木匠	a⁵⁵ po⁵⁵ sɿ³³ fv³³	a⁵⁵ tsə⁵⁵ la³¹ khi³¹	a⁵⁵ tsɤ⁵⁵ la³¹ tɕhi³¹	mu³¹ tɕia³¹⁴	mu³¹ kɔm⁵⁵	me³³ tɕiɔŋ³¹	mu³¹ tɕhia⁵⁵ sɿ⁵⁵ fu⁵⁵
195	铁匠	sm⁵⁵ ti³¹ la³¹ khi³¹	sə⁵⁵ ti³¹ la³¹ khi³¹	ʂo⁵⁵ ti³¹ la³¹ tɕhi³¹	ɕi⁵⁵ tə³¹ la³¹ khɛ³¹	thi³¹ tɕian²⁴	the³³ tɕiɔŋ³¹	thi³¹ tɕia⁵⁵
196	石匠	xa³¹ lu³³ la³¹ khi³¹	lu³³ phu³¹ la³¹ khi³¹	ɬo³³ mɑ³³ la³¹ tɕhi³¹	lo³³ mɑ³³ la³¹ khɛ³¹	si³¹ tɕian²⁴	tsɔ³¹ ku³¹ tɕiɔŋ³¹	sɿ³¹ tɕia⁵⁵
197	裁缝	a⁵⁵ xɔŋ³¹ kv³¹ tsa³¹ la³¹ khi³¹	a⁵⁵ xo³¹ ku³¹	a⁵⁵ xo³¹ kv³¹ tsa³¹	ko³¹ tshɿ³¹ ku³¹	tshɛ³¹ fɔm³¹	ɣɛr³¹ ⁵⁵ po⁵⁵	tshiɛ³¹ fɔ³¹
198	船夫	xo³¹ xɤ³³ tsa³¹ tsho⁵⁵ ʐa³¹	tshua³¹ xɤ³³ la³¹ khi³¹	tshua³¹ xɤ³³ la³¹ khi³¹	lo³¹ ʑiɑ³³ kɤ³³ tsho⁵⁵	tshuan³¹ fu⁵⁵	tsɛŋ³¹ ʑiɛ³¹ po⁵⁵	tshua³¹ fu⁵⁵
199	猎人	sa³¹ ɣa³³ tsa³¹ ʐa³¹	sa³¹ pɤ³³ ʐa³¹	ʂa³¹ lɛ³¹ tsa³¹	sa³¹ thɑ³³ ʐɑ³¹ ȵi⁵⁵	li³¹ zɛn³¹	liɛ³¹ zɛ³¹	li⁵⁵ zɛ³¹
200	和尚	xo³¹ sa⁵⁵	xo³¹ sa⁵⁵	xo³¹ ʂa⁵⁵	xo³¹ saŋ³¹³	xo³¹ san²⁴	ʑiɑ³³ tʂʂr⁵⁵ po⁵⁵ / xo³¹ ʂaŋ⁵⁵	xo³¹ sa⁵⁵
201	尼姑	ȵi³¹ ku⁵⁵ / tsɿ³¹ tɕɛ⁵⁵	ȵi³¹ ku⁵⁵	ȵi³¹ kv⁵⁵	ȵi³¹ ku⁵⁵	ȵi³¹ ku⁵⁵	ʑiɑ³³ tʂʂr⁵⁵ zɔ³¹ / ȵi³¹ ku⁵⁵	ȵi³¹ ku⁵⁵
202	摩批	mo³¹ phi⁵⁵	mo³¹ phi⁵⁵	mv³¹ phi⁵⁵	mo³¹ phɛ⁵⁵	mo³¹ phi⁵⁵	pɤ⁵⁵ mu³³	mo³¹ phi⁵⁵
203	巫婆	tsha³¹ phi⁵⁵	tsha³¹ phi⁵⁵	v⁵⁵ pho³¹	ȵi⁵⁵ phɤ⁵⁵ mɑ³³	mo³¹ phi⁵⁵	v⁵⁵ pho³¹	lo³³ v⁵⁵ pho³¹
204	乞丐	xo³¹ ʐa³³	xua⁵⁵ tsɿ³¹	a⁵⁵ v³¹ ʂa⁵⁵ tsa³¹	xo³¹ sa³¹ tsa³¹ pe³¹ le³¹	tho³³ fan²⁴ tshɿ³¹ ȵi⁵⁵ zɛn³¹	thu³³ ʑiɛ³³ a⁵⁵ ʑi³¹ po⁵⁵	tho³³ fa⁵⁵ ȵi³³
205	贼	lo⁵⁵ pi³¹	ly⁵⁵ pi³¹	lo⁵⁵ pi³¹	khɿ³³ tsa³¹ khɿ³³ tɔ⁵⁵	ɕiɔ³³ thɛ⁵⁵	tsɛ³¹	ɕiɔ³³ tha⁵⁵ / tsɛ
206	强盗	thv³³ fei³³	ly⁵⁵ pi³¹ tɕha³¹ tɔ⁵⁵	tɕha³¹ tɔ⁵⁵	tɕhia³¹ tɔ⁵⁵	tɕhian³¹ tɔ²⁴	tɔ³¹ tsa³¹	thu³³ fei³³ tɕhia³¹ tɔ⁵⁵
207	病人	tɕho⁵⁵ na⁵⁵	na⁵⁵ ʐa³³	a⁵⁵ na⁵⁵ na⁵⁵	tsho⁵⁵ na⁵⁵	pin²⁴ zɛn³¹	pər³¹ ʂɿ⁵⁵ ȵi³³	pi⁵⁵ zɛ³¹
208	仇人	mo³¹ tui⁵⁵ tsa³³ tɕho⁵⁵ ʐa³¹	tsha³¹ zɛ³¹	tʂha³¹ zɛ³¹	nu³³ mɑ³³ tɕi⁵⁵ thɑ³¹	tsha³¹ zɛn³¹	xɯ⁵⁵ ʂɿ ȵi³³	tsha³¹ zɛ³¹

209	皇帝	xua³¹ti⁵⁵	tɕy³¹mo³¹	xua³¹ti⁵⁵	tsʅ³¹mɑ³³	xua³¹ti⁵⁵	xua³¹ti⁵⁵
210	主席	tsu³³ɕi³¹	tsu³³ɕi³¹	tʂu³³ɕi³¹	tsʅ³¹mɑ³³	tʂu³³ɕi³¹	tsu³³ɕi³¹
211	总理	tsɔŋ³¹li³¹	tsɔm³¹li³¹	tsɔʔ³¹li³¹	tsʅ³¹ko⁵⁵	tsɔm³³li³³	tsɔm³³li³¹
212	县长	ɕɛ⁵⁵tsaŋ³¹	ɕɛ⁵⁵tsaŋ³³	ɕɛ⁵⁵tʂa³¹	tsʅ³¹mɑ³³	ɕiɛ²⁴tsan³³	ɕɛ⁵⁵tsaŋ³¹
213	书记	su³³tɕi⁵⁵	su⁵⁵tɕi²⁴	ʂu⁵⁵tɕi⁵⁵	tsʅ³¹mɑ³³	su⁵⁵tɕi²⁴	su³³tɕi⁵⁵
214	官	tsy³¹mo³¹	tsy³¹mu³¹ ta³³	tʂ³¹mv³¹	tsʅ³¹mɑ³³	kuan⁵⁵	kua³³
215	党员	taŋ³³zue³¹	taŋ³³zue³¹	ta³³zɛ³¹	ta³¹yɛ³¹	tan³³ziɛ³¹	ta³¹zue³¹
216	团员	thua³¹zue³¹	thua³¹zue³¹	thua³¹zɛ³¹	thua³¹zie³¹	thua³¹zien³¹	thua³¹zue³¹
217	兵	piŋ⁵⁵	pi⁵⁵	pin⁵⁵	tsha⁵⁵tsʅ⁵⁵khʅ³³li³³	pin⁵⁵	piŋ³³
218	工人	kɔŋ⁵⁵zɛ³¹	kɔm⁵⁵zɛ³¹	kɔ⁵⁵zɛ³¹	kɔ⁵⁵zɛ³¹	kɔm⁵⁵zɛ³¹	kɔm⁵⁵zɛ³¹
219	国王	ko³¹wa³¹/xua³¹ti⁵⁵	ko³¹wa³¹	ko³¹wa³¹	tsʅ³¹mɔ³³	ko³¹wuan³¹	ko³¹wa³¹
220	朋友	zɛ⁵⁵tɕho³¹/ta³¹tɕho³¹	ta³¹tshu³¹/lɔ³¹piɔ³¹	la³¹pia³¹	la³¹pia³¹	phɔm³¹zia³³/lɔ³³piɔ³³	lɔ³³piɔ³³
221	主人	ɣo³¹so⁵⁵	ɣo³¹ɕo⁵⁵	ɣo³¹ɕo⁵⁵	zi⁵⁵to⁵⁵tsho⁵⁵	tsu³³zɛn³¹	tsu³³zɛ³¹
222	客人	ta³¹ɕi³³	ta³¹xɔ³³	ta³¹xo³³	to³¹zi³¹	khə³¹zɛn⁵⁵	kə³¹zɛ⁵⁵
223	瞎子	ma³³pɛ³¹	ma³³li³¹	ma³³pi³¹	ma³³khɛ³³	ɕia³¹tsʅ³¹	ɕa³¹tsʅ³³
224	跛子	khu⁵⁵khɛ³¹	khu⁵⁵khɛ³¹	khu⁵⁵xa³¹	a³¹khʅ⁵⁵to³¹pa⁵⁵	pɛ⁵⁵tɕio³¹	pɛ³³tɕɔ³¹
225	聋子	na³¹pu³¹	na³¹pu³¹	na³¹pv³¹	na³¹po³¹	ku⁵⁵lɛr³³po⁵⁵（男聋子）/ku⁵⁵lɛr³³mo³¹（女聋子）	lɔm⁵⁵tsʅ³¹
226	秃子	ɣ³¹tsɣ⁵⁵	nə³³tə⁵⁵tə³¹lɛ³¹	tv³¹tʂha⁵⁵	ɣ³¹tə³¹tə³¹	thə³¹tsʅ³³/thə³¹	thu³¹thɛ³¹
227	驼子	to⁵⁵ɣo³³ɣo³³	to⁵⁵tsha³¹tu⁵⁵lu³³	pei⁵⁵ko⁵⁵	a³¹tʃu³¹mu⁵⁵khu³³	thɔ³¹pei²⁴	thɔ³¹pei⁵⁵
228	弓背	to⁵⁵lu³³	to⁵⁵tsha³¹pi⁵⁵u³¹	pei⁵⁵ko⁵⁵	a³¹tʃu³¹ty³¹ky³¹	kɔm⁵⁵ʑiɔ⁵⁵	thɔ³¹pei⁵⁵
229	傻子	za³¹tsɔŋ³¹	sa³³mu³³/zu³³mu³³	za³³tʂv³¹	tʃɔ³¹kha³¹/tʃɔ³¹mɑ³³	xan⁵⁵po⁵⁵	tɛ³³tsʅ³¹
230	疯子	ʐo³³mu³³	sa³³mu³³	sa³³mv³³	tsho⁵⁵zio³¹	fɔm⁵⁵tsʅ³³	lɔ³³fɔŋ³³zɛ³¹
231	结巴	xa⁵⁵ŋa³¹ŋa³¹	tsɔ³¹ŋa³¹ŋa³¹	ɬɛ⁵⁵ŋa³¹	to³¹la³¹	tɕi³¹pa⁵⁵	tɕi³¹pa³³

编号	词	①	②	③	④	⑤	⑥
232	哑巴	za³¹pa³³	zia³¹pa³³	tʃɔ³¹kha³¹ / tʃɔ³¹ma³³	tsv̩³¹pha³¹	za³¹pa³³	za³¹pa³³
233	伙伴	xo³¹pa⁵⁵	xə³³tɕia³¹	ma³¹tʃhu³¹mi⁵⁵li⁵⁵	zv̩⁵⁵tɕhv̩³¹	ta³¹tshu³¹ zɛ⁵⁵nu⁵⁵ / ti⁵⁵ɕiəm⁵⁵	zɛ⁵⁵tɕho³¹
234	祖宗	tsu³¹tsəm⁵⁵	tʃu³¹po⁵⁵ lɔ³³tiɛ³³	phi³¹pha³¹ phi³¹ma³³	a³¹phi³¹	a⁵⁵phi³¹ a³¹pu⁵⁵	a³¹phy³¹ a³¹ta³³
235	爷爷	a⁵⁵zɛ³¹	a⁵⁵ʑiɛ³¹	a⁵⁵zɛ³¹	a³¹pv̩⁵⁵	a³¹pu⁵⁵	a³¹pu⁵⁵
236	奶奶	a⁵⁵ne³³	a⁵⁵ne³³	a⁵⁵ne⁵⁵	a⁵⁵za³¹	a⁵⁵phi³¹	a³¹phi³¹
237	父亲	pa³¹pa⁵⁵	a⁵⁵tiɛ³³	a⁵⁵pa³¹	a⁵⁵pa³¹	a⁵⁵ta³³	a⁵⁵ta³³
238	母亲	ma³³ma³³	a⁵⁵mo³³	a³¹ma³³ / a⁵⁵ma³¹	a⁵⁵ma³³	a⁵⁵ma³³	a⁵⁵ma³³
239	伯父	ta⁵⁵ti³³	a⁵⁵ta⁵⁵tiɛ³³	ta⁵⁵tiɛ³³	ta⁵⁵tiɛ³³	ta⁵⁵ti³³	ta³³mo³¹
240	伯母	ta⁵⁵mo³³	a⁵⁵ta⁵⁵mo³³	ta⁵⁵ma³³	ta⁵⁵mo³³	ta⁵⁵mo³³	ma³³mo³¹
241	叔叔	a⁵⁵su³¹	a⁵⁵ʂu³¹³	a³¹po⁵⁵	a⁵⁵pa³¹	a⁵⁵ta³³li³¹	ta⁵⁵ta³³
242	婶母	a⁵⁵sɛ³¹	a⁵⁵mi³³	a³¹ma³³ a⁵⁵sl̩³¹	le⁵⁵le³³	a⁵⁵ma³³li³¹	ta⁵⁵ta³¹
243	姑父	ku³¹ti³³	a⁵⁵ʑiɛ³³ / a⁵⁵ta⁵⁵ʑiɛ³³	a³¹pa³³	a⁵⁵xɔ³¹ xɔ³¹pha³¹	a³¹fu³¹ a³¹so³¹ / a³¹fu³¹ za³¹zu³³	a³¹xu³¹ a³¹sɔȵ³¹
244	姑母	a⁵⁵ȵia³³	a³¹ȵia³³ / a⁵⁵ta⁵⁵ȵia³³	a⁵⁵to³¹	a⁵⁵ɣo³¹ɣo³¹ma³³	a³¹fu³¹	a³¹xu³¹
245	舅舅	a³¹tɕə³³	a⁵⁵tɕiu³³	ko⁵⁵ko⁵⁵	a⁵⁵ɣo³³	a³¹ɣui³³ / a⁵⁵ɣo³³	a³¹ɣui³³
246	舅母	tɕə⁵⁵ma⁵⁵	a⁵⁵tɕiu mu³³	ma⁵⁵mu³³	a⁵⁵mu⁵⁵	a³¹mu³³	a³¹mu³³
247	姨父	ʑi³¹ti⁵⁵	pe⁵⁵ʑiɛ³¹³	a³¹mo³¹⁴	a⁵⁵za³¹	ta⁵⁵za³¹li³¹	ta⁵⁵ta³¹
248	姨母	ʑi³¹ma³³	pe⁵⁵ne³³	ma⁵⁵mu³³	le⁵⁵le³³	a⁵⁵ma³³li³¹	ta⁵⁵ta³¹
249	岳父	lɔ³³ʐɔ³¹fu⁵⁵	tsa⁵⁵zɛ³³	zio³¹pha³¹	zɣ³¹pha³¹	zə³¹pha³¹	a³¹pu⁵⁵za³¹mo³¹
250	岳母	lɔ³³ʐɔ³¹mu³³	tsa⁵⁵mu³³	zio³¹mo³³	zɣ³¹ma³³	zə³¹ma³³	a³¹phi³¹za³¹mo³¹
251	公公	pa³¹pa⁵⁵	a⁵⁵pa³¹	zio³¹pha³¹	a³¹pv̩⁵⁵	a³¹ta³³	a³¹pu³¹za³¹mo³¹
252	婆婆	ma⁵⁵ma⁵⁵	a⁵⁵mo³³	zio³¹mo³³	a⁵⁵za³¹	a³¹ma³³	xa³¹zo³³
253	丈夫	lɔ³³kuɛ³³	xɛ⁵⁵xɔ⁵⁵	ŋa³³tsl̩⁵⁵ȵi⁵⁵	ɣo³¹ɕo⁵⁵	xa³¹zo³³	xa³¹zo³³
254	妻子	lɔ³³pho⁵⁵	ȵi³³xɔ⁵⁵	ŋa³³ma³³ȵi⁵⁵	xa³¹mi³¹	xa³¹mi³¹	xa³¹mi³¹
255	继母	xə⁵⁵ma⁵⁵	ʑi³³mo³³	a³¹ma³³ma³³ȵi⁵⁵	a³¹ma³³ma³³ȵi⁵⁵	a⁵⁵ma³³ma³³ȵi⁵⁵	ma³³ȵi⁵⁵a³¹ma³³
256	继父	xə⁵⁵ti³³	ʑi⁵⁵tiɛ³³	a³³pa³¹pa³³ʑio³³	a³¹pha³¹pha³¹ȵi⁵⁵	a⁵⁵ta³³ta³³ȵi⁵⁵	ma³³ȵi⁵⁵a³¹ta³³

序号	汉语	1	2	3	4	5	6	7
257	寡妇	mi³¹tshy³¹	mi³¹tɕhy³³a³¹ma³³	mi³¹tʂhy³³ma³³	mi³¹tshɿ³¹ma³³/mi³¹tshɿ³¹tshɿ³¹tɕhi⁵⁵	kuɑ³³fu²⁴	kuɑ³¹xu⁵⁵	kuɑ³³fu⁵⁵
258	鳏夫	pu⁵⁵to³¹	pu⁵⁵to³¹	mo⁵⁵ty³³phɑ³¹	pu³¹tu³¹ʑio³¹mo³¹	kuɑ³³xan²⁴	kuɑ³¹xa⁵⁵	kuɑ³³xa⁵⁵
259	孤儿	mo⁵⁵tshy³¹tshy³¹ʑɑ³¹	a³¹tɑ³³a³¹mɑ³³ma³¹ tsu⁵⁵ʑɑ³¹	a³¹phɑ³¹mɑ³³ma³¹ pv³³ʑɑ³¹	ʑɑ³¹tʂhɑ³³a³¹ʑiɑ³¹	ku⁵⁵ʑɛ³¹	ku⁵⁵ɐʳ³¹³	ku⁵⁵ɘ³¹
260	儿子	ʑɑ³¹ʑo³³	ʑɑ³¹ʑu³³	ʑɑ³¹	ʑiɑ³¹ʑio³³	ɣɛ³¹tsɿ³³	a⁵⁵tsɿ³³	ə³¹tsɿ³¹
261	儿媳妇	ʑɑ³¹mi³¹khu³¹ma³³	khə³¹ma³³	ʑɑ³¹mi³¹khu³¹ma³³	khɑ³¹mɑ³³	ɣɛ³¹ɕiŋ³¹fu⁵⁵	ŋa⁵⁵ɕiŋ³¹pu³³	ə³¹ɕiŋ³¹fu⁵⁵
262	女儿	ʑɑ³¹mi³¹	ʑɑ³¹mi³¹	ʑɑ³¹mi³¹	ʑiɑ³¹mi³¹	a⁵⁵ȵiu³³	a⁵⁵ȵian⁵⁵	ku³³ȵia³³
263	女婿	a³¹ʑɑ³¹	a³¹tsɿ³¹	a⁵⁵ɕo³¹	ʑiɑ³¹mɑ³¹	ku⁵⁵ʑiɛ⁵⁵	ku⁵⁵ʑiɛ⁵⁵	ku³³ʑɛ³³
264	侄子	ʑɑ³¹ty⁵⁵	ʑɑ³¹ʑo³³	ʑɑ³¹	tsɿ³¹ə³¹tsɿ³³	a⁵⁵ti³³	a⁵⁵ti³³	tsɿ³¹ə³¹tsɿ³³
265	侄女	ʑɑ³¹mi³¹	ʑɑ³¹mi³¹	ʑɑ³¹mi³¹	tsɿ³¹ku³³ȵia⁵⁵	a⁵⁵ti³¹	a⁵⁵ti³¹	tsɿ³¹ku³³ȵia³³
266	孙子	ʑy³¹phɑ³¹	ɣə³¹ȵi⁵⁵	a³¹ȵi⁵⁵	li³¹tsɿ³¹	ʂua⁵⁵	ʂua⁵⁵	sui⁵⁵tsɿ³³
267	孙女	ʑy³¹ma³³	ɣə³¹ȵi⁵⁵/ɣə³¹la³³	a³¹ȵi⁵⁵/a³¹ɬa³³	li³¹mɑ³³	a⁵⁵ko³³	a⁵⁵ko³³	sui⁵⁵no³¹
268	哥哥	a⁵⁵ko³³	a⁵⁵ʑə³¹/a⁵⁵ko³³	a⁵⁵ko³³	a⁵⁵ko³³	ko⁵⁵ko⁵⁵/a⁵⁵ko⁵⁵	a⁵⁵ko³³	ɕɔ³¹ti⁵⁵/a³¹ti⁵⁵
269	嫂子	a³¹tshv³³	a⁵⁵tshu³³	a⁵⁵tshu³³	a³¹tshu³³	a⁵⁵so³³	a⁵⁵tʂhə³³	ɕio³³mei⁵⁵
270	姐姐	a⁵⁵pa³³	a⁵⁵pa³³	a⁵⁵ta⁵⁵	a⁵⁵tɕiɛ³¹	a⁵⁵tɕi⁵⁵	a⁵⁵ta⁵⁵	pɛ³¹tɕia³³
271	弟弟	a³¹ȵi⁵⁵	a³¹ȵi⁵⁵	a³¹ȵi⁵⁵	ȵi³¹⁴tsɿ³¹	ȵi³¹⁴ti²⁴	a⁵⁵the³³	ɕɔ³³ti⁵⁵/a³¹ti⁵⁵
272	妹妹	a³¹ȵi⁵⁵/mi³¹li³³	a⁵⁵ɣɤ³¹ȵi⁵⁵	ȵi³¹mɑ³³	ȵi³¹mɑ³³	mei²⁴mei⁵⁵/mei²⁴tsɿ³³	mei²⁴mei⁵⁵	ɕyi³³ŋə³¹³
273	亲戚	ʑo³¹tsho⁵⁵	ʑu⁵⁵tshu⁵⁵	ʑo³¹ɣɤ³¹ȵi⁵⁵	tshi⁵⁵tshɿ³¹	tɕhin⁵⁵tɕhi³¹	tɕhi⁵⁵khoŋ³¹	tɕhi⁵⁵tɕhi³¹
274	本家	ŋa³³tho³¹pɛ³¹tɕa³³	ʑu⁵⁵xo³¹	ʑo³¹ɣɑ³³tho³¹	pɛ³³tɕia³³	pɛn³³tɕia³³	a³¹xo³¹	pɛ³¹tɕia³³
275	兄弟姐妹	a³¹ʑɤ³¹a³¹ȵi⁵⁵/a³¹ mo⁵⁵tu⁵⁵ma³³	a³¹zɑ³¹a³¹ȵi⁵⁵/phɑ³¹ mo⁵⁵tu⁵⁵ma³³	a⁵⁵ko³³a⁵⁵ta⁵⁵a³¹	ɕiɔm⁵⁵ti²⁴tɕiɛ²³mei²⁴	ɕio³³ko⁵⁵a⁵⁵ta⁵⁵	a⁵⁵ko⁵⁵a⁵⁵ta⁵⁵	ɕoŋ³³ti⁵⁵tsɿ⁵⁵tsɿ³¹mei⁵⁵
276	家畜	tɕɛ³¹zɑ³¹	tse³¹zɑ³¹	tse³¹zɑ³¹	tʃɛ³¹ʑiɑ³¹	tɕia⁵⁵tshu³¹	tsə³¹xui⁵⁵	tɕia³³tshu⁵⁵
277	牛	a³¹ŋm³¹	a⁵⁵nu³¹	v⁵⁵nu³¹	v⁵⁵ȵiu³¹	ȵɛ³¹³	ȵə³¹³	ȵia³¹
278	水牛	nm³¹phu⁵⁵	la³¹phu⁵⁵	v⁵⁵nu³¹nu³¹phu⁵⁵	ɣ⁵⁵ȵiu³¹	sui³³ȵiu³¹	ɕyi³³ŋə³¹³	sui³³ȵia³¹
279	黄牛	nm³¹ȵi⁵⁵	mo⁵⁵ne⁵⁵	nu³¹ȵi⁵⁵	mo⁵⁵ȵiu³¹	xuɑ³¹ȵia³¹	tʂʅŋ⁵⁵kə⁵⁵	xuɑ³¹ȵia³¹
280	公牛	nm³¹phɑ³¹/la³¹ɕi⁵⁵	la³¹ɕi⁵⁵	nu³¹phɑ³¹	mo⁵⁵phɑ³¹	kom⁵⁵ȵia³¹	ȵe³¹³toŋ⁵⁵	kɔŋ⁵⁵ȵia³¹

序号	词							
281	尾巴	to³¹mi³¹	to³¹mi³¹	to³¹mi³¹	to³¹mi³¹	wei³³pa⁵⁵	pe⁵⁵mi³³	vei³³pa⁵⁵
282	马	a³¹mo³¹	a³¹mo³¹	a³¹mo³¹	mo³¹	ma³³	mɔr³³	ma³¹
283	羊	a³¹tshʅ³¹	a³¹tɕi³¹	a³¹tshʅ³¹	tshʅ³¹	zian³¹	ziɔŋ³¹³	ziaŋ³¹
284	绵羊	a³¹zo⁵⁵	a³¹zu⁵⁵	zv⁵⁵	ziu⁵⁵	miɛ³¹zian³¹	ziɔŋ³¹³	miɛ³¹zaŋ³¹
285	山羊	a³¹tshʅ³¹mɛ³³kɛ³³	a³¹tɕhi³¹	a³¹tshʅ³¹	tshʅ³¹	san⁵⁵zian³¹	sɛ³³ziɔŋ³¹³	sa³³za³¹
286	骡子	a³¹mo³¹/lo³¹tsʅ³³	a³¹mo³¹lo³¹tsʅ³³	a³¹mo³¹lo³¹tsʅ³³	lo³¹tsʅ³³	lo³¹tsʅ³³	lo⁵⁵tsʅ³³	lo³¹tsʅ³³
287	驴	a³¹mo³¹/mo⁵⁵ly⁵⁵	a³¹mo³¹mo³³ji³³	mo⁵⁵li⁵⁵	mo⁵⁵lie⁵⁵	mo⁵⁵li⁵⁵	mo⁵⁵lier⁵⁵	mo³³ly³³
288	骆驼	a³¹mo³¹/lo⁵⁵tho³¹	lo⁵⁵tho³³	lo³¹tho⁵⁵	lo³¹tho⁵⁵	lo³¹tho⁵⁵	lo³¹tho⁵⁵	lo⁵⁵tho³³
289	猪	a³¹ɣa³¹	a³¹ɣa³¹	a³¹za³¹	va³¹	tsu⁵⁵	tɛ⁵³	tsu³³
290	狗	a³¹khɯ³¹	a³¹khɤ³¹	a³¹khuɯ³¹	kha³¹	ke³³	khuaŋ³³	ke³³
291	猫	mo⁵⁵ȵi⁵⁵	a⁵⁵mi⁵⁵	a⁵⁵ȵi⁵⁵	a⁵⁵ȵi⁵⁵	mio⁵⁵	a⁵⁵ȵi⁵⁵	mio³³
292	兔子	tho³¹xa³³po⁵⁵ti⁵⁵	thu³¹la³³	thɤ³¹ɬɑ³³	thɔ³¹la³³	thu²⁴tsʅ³¹	thɔ⁵⁵lɔ³¹	thu⁵⁵tsʅ³¹
293	鸡	a³¹xa³³	a³¹xa³³	a³¹xa³³	zia³³	tɕi⁵⁵	ke⁵⁵	tɕi³³
294	公鸡	xa³³phy⁵⁵	xa³³phy⁵⁵	xa³³phi⁵⁵	zia³³phi⁵⁵	kɔm⁵⁵tɕi⁵⁵	ke⁵⁵pu³³	kɔm³³tɕi³³
295	母鸡	xa³³ma³³	xa³³ma³³	xa³³ma³³	ziɑ³³mɑ³³	mu³³tɕi⁵⁵	ke⁵⁵mo³³	mu³¹tɕi³³
296	阉鸡	sue⁵⁵tɕi⁵⁵	xa³³phy⁵⁵sue⁵⁵tɕi³	ɕiɛ⁵⁵tɕi³³	ɕiɛ⁵⁵tɕi³³	ta²⁴ɕiɛ²⁴tɕi⁵⁵	ɕɛ³¹tɕi⁵⁵	sue⁵⁵tɕi³³
297	鸭子	o³¹xa³³	a³¹pɛ⁵⁵	a³¹pe⁵⁵	a³¹pe⁵⁵	zia³¹tsʅ³³	a?³³	za³¹tsʅ³³
298	旱鸭子	kaŋ⁵⁵za³¹	ka³³za³¹	ka⁵⁵za³¹tsʅ³³	kaŋ⁵⁵ziɑ³¹	kan⁵⁵ziɑ³¹	kaŋ⁵⁵a?³³	kaŋ⁵⁵za³¹
299	鹅	o³¹mu⁵⁵	a³¹ŋa⁵⁵	a³¹ŋa⁵⁵	ȵa³¹⁴	yɔ³¹	ʔɔŋ³¹³	ta⁵⁵ɣo³¹
300	鸽子	xui³¹xui³¹	xo³¹xo³¹	xo³¹xo³¹	ŋa³³ziu³¹⁴	kɔ³¹tsʅ³³	ko³¹tsʅ³³	ko³¹tsʅ³³
301	翅膀	a⁵⁵tɔŋ⁵⁵	a⁵⁵to⁵⁵	a⁵⁵to⁵⁵	a³¹ty⁵⁵/pe⁵⁵tv⁵⁵	tsʅ²⁴pan³³	pe⁵⁵ʑiɤ³³	tshʅ⁵⁵paŋ³³
302	毛	tsha³¹xɯ³³	tsha³¹xɔ³³	tsha³¹xo³³	ɔ³¹tɕhi⁵⁵	mo³¹	pe⁵⁵ma³¹³	mo³¹
303	爪	pha³¹ɛɣ³¹	pha³¹sɛ³¹	tsua³¹tsʅ⁵⁵	pho³¹sʅ³¹	tsua³³tsʅ⁵⁵	pe⁵⁵ko³³	tsua³¹tsʅ³³
304	角	ɣoŋ³¹khy⁵⁵	u³¹khy⁵⁵	ɣo³¹tɕhi⁵⁵	v³¹khi⁵³	ko³¹	pe⁵⁵ku³³	kuo³¹
305	野兽	ȵi⁵⁵tɕɛ³¹	ȵi⁵⁵tsɛ³¹	pe⁵⁵tsɛ³¹	a³¹tie³¹lie³¹mɑ³³	zʅ³³sɛ²⁴	lɔ³¹³ȵi⁵⁵paŋ³¹	zy³¹sɛ⁵⁵
306	老虎	xa³¹zɯ³¹	xa³¹zɛ³¹	xa³¹zʅ³¹	lɑ³¹mie³¹	lɔ³³fu³³	lɔ³¹³	lo³³fu³³

307	豹子	xa^{31} zɯ^{31}	ɕɔ^{31} pɔ^{55} tsʅ^{31}	xa^{31} zʅ^{31}	la^{31} mie^{31}	paŋ^{31} tsʅ^{33}	po^{31} tsʅ^{33}	po^{55} tsʅ^{33}
308	龙	pɛ^{33} zɔŋ^{31}	pi^{33} zɔ^{31}	pi^{33} ziu^{31}	pi^{33} ʑiɑ^{31}	lɔŋ^{313}	lɔm^{31}	lɔm^{31}
309	猴子	a^{55} mu^{31}	a^{55} mu^{31}	a^{55} mu^{31}	a^{314} mo^{31}	a^{55} nu^{31}	xə^{31} tsʅ^{33}	xə^{31} tsʅ^{33}
310	狼	xa^{31} xɛ^{55} / a^{31} khu^{31}	pe^{55} to^{55} a^{31} khə^{31}	xa^{31} ɣɛ^{55}	sa^{55} mo^{55} li^{314}	se^{55} khuaŋ^{33}	lan^{31}	lan^{31}
311	象	za^{33} ma^{33}	za^{33} ma^{33}	za^{33} ma^{33}	zio^{33} mɑ^{33}	tɕiɔŋ^{31}	ɕian^{24}	ta^{55} ɕa^{55}
312	熊	xa^{31} xm^{55}	xa^{31} xə^{55}	xa^{31} ɣo^{55}	a^{31} ʑie^{314}	a^{55} tiŋ^{55}	ɕiɔm^{31}	lɔ^{33} ɕɔm^{31}
313	野猪	ʯa^{31} the^{31}	ʯa^{31} the^{31}	za^{31} the^{31}	va^{31} tha^{31}	tʂɔ^{31} tɛ^{53}	zi^{33} tsu^{55}	zɣ^{31} tsu^{55}
314	鹿	xa^{31} tɕhe^{33}	xa^{31} tɕhi^{33}	xa^{31} tshʅ^{33}	kho^{31} tɕhie^{31}	tshɛ^{33}	ma^{33} lu^{31}	ma^{33} lu^{31}
315	麂子	sa^{31} tshʅ^{55}	sa^{31} tɕhɣ^{55}	tshʅ^{55} za^{31}	tshʅ^{55} ʑiɑ^{31}	ɣ^{31}	tɕi^{33} tsʅ^{55}	tɕi^{33} tsʅ^{55}
316	水獭	u^{55} sm^{55}	u^{55} sə^{55}	ɣu^{55} ɕo^{55}	u^{55} ɕi^{55}	ɕyi^{33} tɕhia^{55}	su^{33} tha^{31} mio^{31}	su^{33} tha^{31} mio^{55}
317	穿山甲	tho^{31} khu^{31}	thu^{31} khə^{31}	tho^{31} khu^{31}	tho^{33} khu^{31} lɑ^{31} sʅ^{31}	taŋ^{313}	tshuan^{33} san^{55} tɕia^{31}	tshuɑ^{33} sa^{33} tɕa^{31}
318	蒙猪	fɣ^{33} phu^{55}	fu^{33} phu^{55}	fv^{33} fv^{55}	fv^{33} mɑ^{33}	ka^{31} tɕhi^{31}	tsʅ^{55} tsu^{55}	tsʅ^{55} zhu^{33}
319	老鼠	fv^{33} tsha^{31}	fu^{33} tsha^{31}	fv^{33} tʂha^{31}	fv^{33} tsha^{31}	ʂu^{33}	lɔ^{33} tshu^{33}	lɔ^{33} tshu^{33}
320	松鼠	fv^{33} pa^{31}	fu^{33} pa^{31}	a^{55} tʂa^{55} m^{31} phi^{55}	fv^{55} pɑ^{31}	a^{55} tʂɔŋ^{55}	sɔm^{55} tshu^{33}	sɔm^{55} tshu^{33}
321	豺	tshe^{31} la^{31}	tse^{31} la^{31}	tshe^{31} la^{31}	sa^{55} mo^{55} li^{314}	se^{55} khuaŋ^{33}	tshɛ^{31} lan^{31}	tshɛ^{31} laŋ^{31}
322	狐狸	pa^{31} ɕi^{55}	pa^{31} ɕi^{55}	fv^{31} li^{31}	fɣ^{31} li^{31}	fu^{31} li^{33}	fu^{31} li^{33}	fv^{31} li^{31}
323	鸟	xa^{31} tsʅ^{55}	xa^{31} tɕi^{55}	xa^{31} tsʅ^{55}	ŋa^{33} ʑiɑ^{31}	tʂɔ^{33}	lɔ^{33} zin^{55} / ȵio^{33}	ɕɔ^{33} ȵio^{33}
324	老鹰	xa^{31} tɕɛ^{55}	xa^{31} tse^{55}	xa^{31} tse^{55}	tɕie^{314} mɑ^{33}	lɔ^{31} ko^{55}	mio^{55} tɣ^{31} zin^{55}	lɔ^{33} zi^{55}
325	猫头鹰	xoŋ^{31} pu^{33}	xo^{33} pu^{33} za^{31} tso^{31}	xo^{31} pv^{33} / mɔ^{55} thɣ^{31} zi^{55}	khɑ^{31} po^{55}	kho^{33} po^{33} ɣɔ^{313}	kho^{33} po^{33} ɣɔ^{313}	mɔ^{55} thɣ^{31} zi^{55}
326	燕子	xa^{33} ma^{33} tsʅ^{55} kɣ^{31}	tɕi^{55} ku^{33} la^{55} kɛ^{31}	tsʅ^{55} kɣ^{55} lɯ^{55} tɕi^{31}	tɕie^{31} kə^{55} lɯ^{55} mɑ^{31}	ɛP^{33} lɛP^{33} tsʅ^{33}	zien^{33} tsʅ^{33}	zɛ^{55} tsʅ^{33}
327	大雁	tshɿ^{31} tɕɛ^{55}	pe^{55} tu^{55} a^{31} pe	ɣu^{55} pe^{55}	mi^{31} tha^{31} a^{31} ŋa^{33}	xɛ^{55} ʔɔŋ^{313}	tɑ^{4} zien^{24}	ta^{55} zɛ^{55}
328	野鸭	nɛ^{31} o^{31}	pe^{55} to^{55} a^{31} xa^{31}	kɯ^{31} tʂɣ^{55} a^{31} pɛ^{55}	zio^{31} mɑ^{33} a^{31} pe^{55}	pə^{313}	zi^{33} ʑiɑ^{33}	zɣ^{33} za^{31}
329	野鸡	sɔŋ^{31} phɣ^{55}	pe^{55} to^{55} a^{31} xa^{33}	ʂa^{31} phi^{55}	ʑiɑ^{33} ȵiu^{31}	sɛ^{55} ke^{55}	zi^{33} tɕi^{55} / xɔm^{31} ɕie^{31}	zɣ^{31} tɕi^{55}
330	麻雀	xa^{31} tsa^{55}	no^{33} tsha^{55}	ŋa^{55} tʂa^{55}	wa^{31} tɕhio^{31}	lo^{55} li^{31} tsɔʔ^{33}	ma^{31} tɕhio^{31} / wa^{31} tɕhio^{31}	wa^{31} tɕho^{31}

序号	词							
331	蝙蝠	a⁵⁵ pi⁵⁵ la⁵⁵ xoŋ³¹	fu³³ tsha³¹ a⁵⁵ pi⁵⁵ la⁵⁵ xa³¹	a⁵⁵ pi⁵⁵ la⁵⁵ ŋa³¹	tɕhi³¹ pa³³ la³³ khɣ³¹ a³¹ ʑiɑ³¹	zi̱²⁴ pi³¹ fom⁵⁵ / piɛn³³ fu³¹	ɕy⁵⁵ kɛ⁵⁵ lɛ⁵⁵ pə³¹³	piɛ³³ fu³¹
332	喜鹊	tho³³ pa³¹	tsha⁵⁵ pa³¹	tsha⁵⁵ pa³¹	tshɔ⁵⁵ tsho⁵³	ɕi³³ tɕhio³¹	kha⁵⁵ tsa³¹	ɕi³³ tɕho³¹
333	乌鸦	xa³¹ na³³	xa³³ na³³	a⁵⁵ na³³	la³¹ ŋa³¹	lɔ³¹ wa²⁴ / ɣ̩⁵⁵ ʑiɑ²⁴	xa³³ ʔu⁵⁵	v̩⁵⁵ ʑa³³
334	斑鸠	pa⁵⁵ toŋ⁵⁵ xui³¹ xui³¹	pe⁵⁵ to⁵⁵ xo³¹ xo³¹	pe⁵⁵ to⁵⁵ xo³¹ xo³¹	kho³¹ ɕhi³¹	pan⁵⁵ tɕiɔ⁵⁵	tɕin³³ kə⁵⁵	pa³³ tɕu³³
335	布谷鸟	xo⁵⁵ pu³¹	pe³³ kho³¹ a⁵⁵ la³¹	ko⁵⁵ pi³³ tɔ⁵⁵ ti³³	ku⁵⁵ ku³¹	pɔ⁵⁵ ku³¹ ŋio³³	ku⁵⁵ ku³³	pu⁵⁵ ku³¹ ŋio³³
336	画眉	tɕhy³¹ ɕu⁵⁵	tɕhy³¹ sə⁵⁵	tʂha⁵⁵ xua³³	tshu⁵⁵ tsa³¹	tshan²⁴ xuɑ²⁴	tʂha⁵⁵ xua⁵⁵	tsha⁵⁵ xuɑ³³
337	蛇	o³¹ xo⁵⁵	u⁵⁵ lu⁵⁵	o⁵⁵ ɤo⁵⁵	u⁵⁵ lu⁵⁵	ma³¹ sə³¹	tɕhyi³¹	ma³³ sə³¹
338	四脚蛇	a³¹ mi³¹ la³¹ tsha³¹	pha³¹ ʐ̩³¹ a³¹ tsha³¹	s̩⁵⁵ tɕio³¹ sə³¹	pha³¹ tsa³¹ la³¹ tsa³¹	s̩²⁴ tɕio³¹ sə³¹	xɛ̃⁵⁵ ʔu⁵⁵	s̩⁵⁵ tɕio³¹ sə³¹
339	红娃娃	tshɛ³¹ n̩⁵⁵ o³¹ pɤ³¹	tsha³¹ na⁵⁵ u³¹ pa³¹	a³¹ tʂha³¹ la⁵⁵ tʂha³¹	xɔ³¹ wa³¹ wa³³	piɛ³³ pu³³ ʐ̩³¹ lɔ³¹³	xɔm³¹ uɑ³¹ uɑ³³	xɔm³¹ uɑ³¹ uɑ³³
340	青蛙	xa³¹ pha³¹	xa³¹ pha³¹	xa³¹ pha³¹	pha³¹ ɳɛ³³	tɕhin⁵⁵ wa⁵⁵ / a³¹ mɛr²⁴	a⁵⁵ mɛr⁵⁵	a⁵⁵ mɛ⁵⁵
341	石蛃	pa⁵⁵ toŋ⁵⁵ xa³¹ pha³¹	pa³¹ ɣo⁵⁵ la³¹ tu³³	pha³¹ ʑ̩³¹ a³¹ tsha³¹	pha³¹ ɣɔ⁵⁵ tu⁵⁵ pu⁵⁵	s̩³¹ pom²⁴ / lɔ³³ pɔ²⁴ sə³³	s̩³¹ pɔ³¹³	s̩³¹ pom⁵⁵
342	癞蛤蟆	xa³¹ pha³¹ ko³¹ zo³³ a³¹ ma³³	xa³¹ pha³¹ mi⁵⁵ so⁵⁵	xa³³ ʑa³¹ a⁵⁵ ɤo³³	pha³¹ pl³¹	lɛ²⁴ xə³¹ mo⁵⁵	a⁵⁵ li³³ ɬia³³ a⁵⁵ mɛr⁵⁵	lɛ⁵⁵ xa³¹ mo³³
343	小绿蛙	pha³¹ ny⁵⁵	xa³¹ pha³¹ phaə³¹ ɳy³¹	ɣo³¹ ko³³ xa³¹ pha³¹	s̩⁵⁵ ts̩³³ pha³¹ ɳɛ³³	tshan³¹ tɕio³¹ a³¹ mɛr²⁴	lu³³ pɛr³¹³ a⁵⁵ mər⁵⁵	lu⁵⁵ tɕhi⁵⁵ wa⁵⁵
344	蝌蚪	xa³¹ pha³¹ sɛ⁵⁵ thə⁵⁵	xa³¹ pha³¹ sɛ⁵⁵ la³¹	lo³¹ za³³ lo⁵⁵ ʑa³³	khɛ³¹ la³¹ a⁵⁵ pi⁵⁵	a⁵⁵ mɛr⁵⁵ pi⁵⁵ pi⁵⁵ tə³³	khɛ³¹ tsɔ³³	khə⁵⁵ tə³¹
345	鱼	ŋa³¹ sa³¹	ŋa³¹ sa³¹	ŋa³¹ ʃa³¹	ŋa³¹ ʃa³¹	ʑi³¹	ɕɕ⁵⁵	ʑy³¹
346	鳍鱼	u³¹ no⁵⁵	u³¹ no⁵⁵	ɣo³¹ no⁵⁵	v̩³¹ ʑio⁵³	xuan³¹ san²⁴	ɔŋ³¹ ʑioŋ³¹³	xuɑŋ³¹ sa⁵⁵
347	泥鳅	a³¹ tsy⁵⁵	u³¹ tsu⁵⁵	tɛ⁵⁵ ts̩³³	tɔ⁵⁵ ts̩³¹	mi³¹ tɕhiə⁵⁵	ɔŋ⁵⁵ nɔ³³ po⁵⁵	n̩³¹ tɕhə⁵⁵
348	虫	pi³¹ tsy³¹	a³¹ tsu³¹	pi³¹ ts̩³¹	pi³¹ tsu³¹	tshom³¹	tʂon³¹³ / pi³¹ ɕiu⁵⁵	mo³¹ tshom³¹
349	跳蚤	khɯ³¹ ti⁵⁵	khə⁵⁵ ti⁵⁵	khɯ³¹ sɛ⁵⁵	khɯ³¹ ɕi⁵⁵	kɛ³¹ ts̩³³	khuɑŋ³³ su³³	kɛ³¹ tsɔ³³
350	虱	v̩³¹ ɕɛ⁵⁵	se⁵⁵ phu⁵⁵	v̩³¹ sɛ⁵⁵	ɕi⁵⁵ phu⁵⁵	s̩³³ mɔ³³	s̩³³ mɔ³³	se³¹ ts̩³³
351	虮子	v̩³¹ ɕɛ⁵⁵ ɕɛ⁵⁵ ɣ̩³³	se⁵⁵ phu⁵⁵ phu⁵⁵ u³³	v̩³¹ sɛ⁵⁵ sɛ⁵⁵ v̩³³	ɕi⁵⁵ ɣ̩³³	s̩³¹ mɔ³³ sɛ³¹	s̩³³ mɔ³³ sɛ³¹	se³¹ ts̩³³ ta³¹
352	苍蝇	xa⁵⁵ sa³³	xa⁵⁵ sə⁵⁵	xa⁵⁵ ko³¹ xa⁵⁵ ts̩⁵⁵	ʑiɑ⁵⁵ phɣ³¹	tsan⁵⁵ ʑin⁵⁵	z̩̃³¹³	tsha⁵⁵ ʑ̩⁵⁵
353	蚊子	xa⁵⁵ ku³¹	xa⁵⁵ ku³¹	xa⁵⁵ ko³¹	ʑiɑ⁵⁵ ko³¹ / pha³¹ sa³³	vei³¹ ts̩³³	mo³³ ts̩⁵⁵	wɛ³¹ ts̩⁵⁵
354	蛆	ɛ³¹ khi³¹ a³¹ py³¹	a³¹ tsu³¹	pi³¹ tɕɤ³¹	lu³³	tɕhi⁵⁵	tʂon³¹³	tɕhy⁵⁵

序号	词							
355	蜘蛛	a^{31}khɯ^{31}tsa^{31}ɣa^{33}la^{55}pu^{55}	a^{55}ku^{31}la^{55}ma^{33}	a^{31}kɯ^{31}lo^{31}ma^{33}ta^{55}tshɛ^{55}	tsɿ^{55}ku^{55}lɯ^{55}ma^{33}		a^{55}zɿ^{31}mɔ^{33}/kɛ^{31}lə^{31}mɔ^{33}ʂɿ^{55}tɕa^{55}	tsɿ^{55}tsu^{55}
356	蜈蚣	a^{31}tsa^{31}la^{31}ma^{33}ɯ^{55}ɕɛ^{55}	u^{55}sɛ^{55}	u^{55}sɛ^{55}to^{55}sɛ^{55}		u^{31}kɔ^{33}	ɣ^{31}kɔŋ^{55}	vu^{31}kɔm^{55}
357	蚯蚓	py^{31}ty^{55}	pa^{31}te^{55}	pi^{31}ti^{55}	pi^{31}tə$^{314+55}$	tɕhi^{31}san^{24}	pu^{31}te^{31}	thi^{31}tsha^{55}
358	蛔虫	py^{31}ty^{55}	pa^{31}tɛ^{55}	pi^{31}ti^{55}	pi^{31}tə$^{314+55}$	tshəm^{31}tshom^{31}/xui^{31}tshom^{31}	tʂon^{313}	xui^{31}tshom^{31}
359	蚂蟥	a^{31}xɛ^{31}	a^{31}xɛ^{31}	a^{31}ɕi	zɿ^{31}tʃɑ^{31}	ma^{33}xuan^{31}	a^{55}tsɿ^{31}	ma^{33}xuɑ^{31}
360	蟋蟀	fɣ^{55}tshɣ^{55}	pə^{31}tə^{31}fu^{55}tshu^{55}	a^{55}tɛ^{55}kho^{55}tɕho^{55}		xo^{55}tjho^{31}	khuaŋ^{33}li^{31}tɕi^{55}	tɕhy^{55}tɕhy^{55}
361	蚂蚁	a^{55}xɣ^{33}	a^{55}xɣ^{33}	a^{55}fv^{33}	ma^{33}zɿ^{55}		tsho^{33}ɕɛ^{55}/pi^{31}pə^{313}	ma^{31}zɿ^{55}
362	蚕	tsha^{31}la^{31}a^{31}tsɣ^{31}	khɯ^{55}pho^{31}a^{31}tsu^{1}	tsha^{31}		tshan^{31}	tʂaŋ^{313}	tshaŋ^{31}
363	蜜蜂	pa^{31}tshy^{55}	pa^{31}tɕhy^{55}	pa^{31}tʂɿ^{55}		mi^{31}fom^{55}	phoŋ^{55}	mi^{31}foŋ^{55}
364	蜂蜜	pa^{31}u^{55}	pa^{31}yɯ^{55}	pa^{31}yɯ^{55}		fom^{55}mi^{31}	phoŋ^{55}mi^{31}	foŋ^{55}mi^{31}
365	蜂蜡	pa^{31}soŋ^{31}·	pa^{31}so^{31}	pa^{31}ʂo^{31}		fom^{55}la^{31}	zia^{31}	foŋ^{55}la^{31}
366	螳虫/蚱蜢	a^{55}tɛ^{55}	a^{55}tɛ^{55}	a^{55}tɛ^{55}	ne^{55}pu^{5}	ma^{31}tsa^{55}/xuan^{31}tshom^{31}	a^{55}mɛr^{55}tʂoŋ^{33}	ma^{31}tsa^{33}
367	蟑螂	soŋ^{55}ma^{33}roŋ^{31}ɣa^{31}	a^{55}sa^{55}la^{55}mu^{31}	fv^{33}tʂʰɿ^{55}/tɛ^{55}ȵɛ^{55}	tsa^{55}kɯ^{55}lɔ^{33}	than^{31}lan^{31}	tɕyi^{33}taŋ^{55}tʂoŋ^{33}	thaŋ^{55}laŋ^{31}
368	蝴蝶	a^{55}tsa^{55}la^{55}pɣ^{31}	a^{55}pi^{55}la^{55}xa^{31}	a^{55}pha^{55}la^{55}to^{31}	tsa^{314}pe^{55}le^{55}khv^{31}	fu^{31}ti^{31}	tsɿ^{55}kui^{55}le^{55}	xu^{31}ti^{31}
369	蜻蜓	tm^{55}tha^{31}a^{31}poŋ^{31}	a^{55}po^{31}	a^{31}tshɿ^{31}mi^{31}tɕi^{33}	a^{55}kho^{31}pɑ^{31}ȵi^{55}	tɕhin^{55}tɕhin^{55}/tɑ^{24}to^{55}	a^{55}mər^{55}kue^{55}	tɕhiŋ^{55}thi^{31}
370	蜗牛	a^{31}tsa^{55}lo^{31}nu^{33}	ku^{31}tsu^{31}mi^{55}ɕi^{31}		xa^{31}tsa^{55}nɔ^{31}nɔ^{33}	ȵie^{31}tɛ^{33}khɛ	sɛ^{55}kue^{55}	wo^{55}ȵie^{31}
371	螃蟹	a^{55}kha^{33}	a^{55}kha^{33}	a^{55}kha^{33}	phan^{31}khɑ^{31}	phan^{31}xɛ^{33}	a^{55}kho^{33}	pha^{31}xɛ^{31}
372	螺蛳	o^{31}nu^{33}	mi^{55}ɕi^{31}	nɔ^{31}nɔ^{33}	tɛ^{33}khɛ^{33}		kueɣ^{55}	lo^{31}sɿ^{55}
373	树	a^{55}pu^{55}	a^{55}tsə^{33}/a^{55}pu^{55}	a^{55}tʂɣ^{55}	sɿ^{55}tsɿ^{55}	su^{24}	tʂʯ^{31}	su^{55}
374	树梢	a^{55}pu^{55}ɔ^{55}nɛ^{23}	a^{55}tsa^{55}u^{31}nu^{33}	a^{55}tʂɣ^{55}vɿ^{31}nɛ^{33}	sɿ^{55}tsɿ^{55}u^{31}ȵie^{33}	su^{24}tɕie^{55}	tʂʯ^{31}ti^{55}	su^{55}tɕɛ^{33}
375	树皮	a^{55}pu^{55}ɔ^{55}xo^{33}	a^{55}tsa^{55}tsa^{55}xo^{33}	a^{55}tʂɣ^{55}a^{55}xo^{33}	sɿ^{55}tsɿ^{55}ɔ^{31}kɿ^{55}	su^{24}phi^{31}	tʂʯ^{31}pɛ^{313}	su^{55}phi^{31}
376	树桩	a^{55}pu^{55}to^{31}ŋɛ^{31}	a^{55}tsa^{55}to^{31}ni^{31}	a^{55}tʂɣ^{55}to^{31}ni^{31}	te^{31}ŋɛ^{31}	su^{24}tsuan^{55}	tʂʯ^{31}tɛ^{53}	su^{55}tsuɑŋ^{33}

377	种子	a⁵⁵ʑy³¹	a⁵⁵ʑy³¹	a⁵⁵ʑi³¹	o³¹sʅ³¹a³¹tsʅ³³	tsom³³tsʅ⁵⁵	pe⁵⁵tʂom³³	tsom³¹tsʅ³³
378	茎	a⁵⁵khoŋ³¹	ɣo³¹pe³³a⁵⁵tu⁵⁵	a⁵⁵tʂɣ⁵⁵	sʅ⁵⁵tsʅ⁵⁵a³¹mo⁵⁵	kan³³kan³³	pe⁵⁵kua³³	kaŋ³³
379	根	a⁵⁵tshʅ⁵⁵	to³¹tɕhi⁵⁵	to³¹tshʅ⁵⁵	ɔ³¹tshə⁵⁵	ken⁵⁵	pe⁵⁵kua⁵⁵	kɛ³³
380	叶子	a⁵⁵pha³¹	a⁵⁵pha³¹	a⁵⁵pha³¹	pha³¹le³¹	zi³¹tsʅ³³	pe⁵⁵sɛ³³	zi⁵⁵tsʅ³¹
381	树枝	a⁵⁵la³¹	a⁵⁵tsə⁵⁵a⁵⁵la³¹	a⁵⁵la³¹	la³¹zia⁵⁵	su²⁴tsʅ⁵⁵	tsə³¹ɲe³¹³	su⁵⁵tsʅ³¹
382	花朵	a⁵⁵ʑi³³	a⁵⁵ʑi³³	a⁵⁵ʑi³³	a³¹ʑi³³	xuɑ⁵⁵to³³	xo⁵⁵	xuɑ⁵⁵
383	水果	a⁵⁵sʅ³¹	a⁵⁵ɕi³¹	a⁵⁵sʅ³¹	ɔ³¹sʅ³¹	sui³³ko³³	pe⁵⁵kho³³	sui³³ko³³
384	核儿	a⁵⁵nu³³	a⁵⁵nə³³	a⁵⁵nɣ³³	a³¹tsʅ³³	xu³¹xu⁵⁵	pe⁵⁵wua³¹	fu³¹fu⁵⁵
385	芽儿	a⁵⁵nu³¹/a⁵⁵tshɣ³³	a⁵⁵tɕhy³³tɕhy³³	a⁵⁵nɛ³³	a³¹pi³³	ziɑ³¹ziɑ⁵⁵	pe⁵⁵tsʅ⁵⁵	ʑa³¹ʑa⁵⁵
386	蓓蕾	ʑi³³tshɣ³¹	zi³³a⁵⁵tu³³	a⁵⁵tsho³¹	a³¹sʅ³³ku³¹tu³³	xuɑ⁵⁵ku³¹to³³	xo⁵⁵nə³³	xuɑ⁵⁵ku³³to⁵⁵
387	桃树	sʅ³¹m³¹a⁵⁵pu⁵⁵	ɕi³¹pə³¹a⁵⁵tsə⁵⁵	sʅ³¹ɣo³¹a⁵⁵tsɣ⁵⁵	sʅ³¹ʑi³³a³¹tsʅ⁵⁵	tho³¹su²⁴	ta³¹tʂə³¹	tho³¹tsʅ³³su²⁴⁺⁵⁵
388	李树	a³¹tsha³¹a⁵⁵pu⁵⁵	ɕi³¹tsha³¹a⁵⁵tsə⁵⁵	sʅ³¹tsha³¹a⁵⁵tsɣ⁵⁵	ke³¹tɕhie³³a³¹tsʅ⁵⁵	li³³su²⁴	xə³³phu⁵⁵tʂə³¹	li³³tsʅ³¹su²⁴⁺⁵⁵
389	梨树	sʅ³¹le³¹a⁵⁵pu⁵⁵	ɕi³¹phɛ⁵⁵a⁵⁵tsə⁵⁵	ɕi³¹phɛ⁵⁵a⁵⁵tsɣ⁵⁵	sʅ⁵⁵li⁵⁵a³¹tsʅ⁵⁵	lie³¹su²⁴	ɕyi⁵⁵li⁵⁵tʂə³¹	li³¹ko³¹su²⁴⁺⁵⁵
390	柳树	m⁵⁵xm³¹a⁵⁵pu⁵⁵	ɣu⁵⁵zɔ³¹zɔ³¹phy⁵⁵	ɣu⁵⁵mu³¹	ɣu⁵⁵ɲie³¹a³¹tsʅ⁵⁵	lie³³su²⁴	zɔ³¹ɣə³¹tʂə³¹	lie³¹su⁵⁵
391	杉树	sa⁵⁵soŋ⁵⁵su⁵⁵	sa⁵⁵som⁵⁵	sa⁵⁵ʂɔ⁵⁵	tho³¹ma³³ɲi⁵⁵tsʅ⁵⁵	san⁵⁵su²⁴	ɲiə³³ɔ³¹tʂə³¹	sa³³su⁵⁵
392	松树	a³¹ta⁵⁵a⁵⁵pu⁵⁵	a³¹thu³¹	thɣ⁵⁵sv⁵⁵	tho³¹tsʅ⁵⁵	sɔm⁵⁵su²⁴	zʑi³¹tʂə³¹	soŋ³³su⁵⁵
393	柏树	a³¹sv³¹a⁵⁵su³¹tsʅ³¹	a³¹su³¹	ʂo³¹	ʃu⁵³li³¹³	pe³¹tsʅ⁵⁵su²⁴	ɕioŋ⁵⁵pɛr⁵³tʂə³¹	pe³¹mu³¹su⁵⁵
394	松香	a³¹ta⁵⁵su³¹tsʅ³¹	thu³¹xɛ⁵⁵	sɣ⁵⁵tɕi³¹'	tho³¹tsʅ³¹	soŋ⁵⁵ɕiaŋ³³	soŋ⁵⁵ɕiaŋ³³	soŋ³¹ɕiaŋ³³
395	松明	su³¹ta⁵⁵	su³¹ta⁵⁵	mi³¹ʂv³¹	mi³¹ʑu³¹	so⁵⁵min³¹	me³¹	mi³¹tsʅ³¹
396	竹子	xa³¹pu⁵⁵	xa³¹pɔ³¹	xa³¹pv⁵⁵	va³¹po⁵⁵	tsu³¹tsʅ³³	tʂu³¹	tsu³¹tsʅ³¹
397	竹笋	xa³¹pɛ³¹	xa³¹pi³¹	xa³¹mi³¹	va³¹pʅ³¹	tsu³¹suɛn³³	ɣo³¹mi³³tɛ²³	sui³¹su³¹
398	竹篾	ɛ⁵⁵nɛ³¹	xa³¹nɛ³¹	a⁵⁵nɛ³¹	ka³¹ɲi³¹	tsu³¹mi³¹	mi³¹³¹³	mi³¹phiɛ⁵⁵
399	藤子	a⁵⁵tsha³³	a⁵⁵tʂha³³	a⁵⁵tʂha³³	ta³¹tʃha³³	thɛn³¹tsʅ³³	me³¹	thɛŋ³¹tsʅ³³
400	硬藤子	nɛ³³xa³³a⁵⁵tsha³³	la³¹pi³¹tɕhy⁵⁵nɛ³³	a⁵⁵tʂha³³tʂha³³ɲi³³	khu³³tɕhie³¹le³¹na³³	ɣɛ²⁴thɛn³¹tsʅ³³	me³¹	ɣɛ²⁴⁺⁵⁵thɛŋ³¹tsʅ³¹
401	葛根藤	tshʅ⁵⁵ku³¹	kha³¹tɕhi³¹ɲi³³xa³¹	tshʅ⁵⁵ku³¹a³¹tʂha³³	sʅ³¹ku³¹sʅ³¹ta³¹	ko³¹kɛn⁵⁵thɛn³¹	ko³¹kɛ⁵⁵me³¹	ko³¹kɛ⁵⁵
402	刺儿	a⁵⁵koŋ³³	ko³¹kɛ⁵⁵	a⁵⁵ko³³	o³¹keŋ³³	tshʅ²⁴kho⁵⁵	tɕhi³¹	tshʅ⁵⁵

序号	汉语							
403	桃子	sๅ¹³m̩³¹	ɕi³¹ȵə³¹	sๅ³¹ɣo³¹	sๅ³¹ʑi³³ o³¹ sๅ³¹	tʰo³¹ tsๅ³³	ta³¹³	tʰo³¹ tsๅ³¹
404	梨	sๅ³¹le³¹ a⁵⁵ pʰe⁵⁵	ɕi³¹ pʰe⁵⁵	sๅ³¹ pʰe⁵⁵	sๅ⁵⁵ li⁵⁵ o³¹ sๅ³¹	lie³¹	ɕy¹⁵⁵ li⁵⁵	li³¹ ko³¹
405	李子	a³¹ tsʰa³¹	ɕi³¹ tsʰa³¹	sๅ³¹ tsʰa³¹	ke³³ tɕʰie³³	li³³ tsๅ⁵⁵	xэ³³ pʰu⁵⁵	li³³ tsๅ³¹
406	桔子	sๅ³¹ɕy⁵⁵	ɕy³¹ly⁵⁵ pu³¹ xa³¹	tɕi³¹ tsๅ³³	xua³¹ ko³¹	tɕi³¹ tsๅ³³	kaŋ⁵⁵ tsๅ³¹	tɕy³¹ tsๅ³¹
407	柿子	a³¹ pɯ⁵⁵	a³¹ pɯ⁵⁵	pɯ⁵⁵ ɬa³¹	sๅ³¹ po³¹⁴	sๅ¹²⁴ xua⁵⁵	tʰe³³ tsๅ³³	sๅ⁵⁵ xua³³
408	苹果	pʰiŋ³¹ ko³¹	pʰiŋ³¹ ko³¹	pʰi³¹ ko³³	pʰi³¹ ko³³	pin³¹ ko³³	pʰi³¹ ko³³	pʰiŋ³¹ ko³¹
409	葡萄	sๅ³¹ pa³¹	ɕi³¹ pa³¹	sๅ³¹ pa³¹	ʑi³³ mie³¹ o³¹ sๅ³¹	pʰu³¹ tʰo⁵⁵	pʰu³¹ tʰo⁵⁵	pʰu³¹ tʰo⁵⁵
410	椎栗	tɕʰɤ³¹ sๅ³¹	tʂʰe³¹ ɕi³¹	tʂʰɤ³¹ sๅ³¹	tʂʰๅ³¹ sๅ³¹	tsu⁵⁵ lie⁵⁵	tɕʰi⁵⁵ ʑi³¹	tsu³³ lie³³
411	芭蕉	ŋa³³ tʂʰy⁵⁵	xa³³ tɕi³³	ŋa³³ sๅ³¹	ŋa⁵⁵ sๅ³¹	pa⁵⁵ tɕia⁵⁵	tʂyn³¹ pa³³	pa⁵⁵ tɕo⁵⁵
412	甘蔗	pʰoŋ³¹ tʂʰy⁵⁵	pʰoŋ³¹ tɕʰy⁵⁵	pๅ³¹ tʂʰๅ⁵⁵	pʰo³¹ tʂʰๅ⁵⁵	kan⁵⁵ tsๅ²⁴	kan⁵⁵ tʂo³¹	kaŋ³³ tsๅ⁵⁵
413	核桃	o³¹ to⁵⁵	u⁵⁵ tu⁵⁵	v⁵⁵ tv⁵⁵	o⁵⁵ to⁵⁵	xэ³¹ tʰo³³	o³¹ to³¹³	xэ³¹ tʰo³³
414	多依果	sๅ³¹ pʰy³¹	ɕy³¹ pʰy³¹	sๅ³¹ pʰi³¹	sๅ³¹ pʰๅ³³ o³¹ sๅ³¹	to⁵⁵ ʑi⁵⁵ ko³¹	ta⁵⁵·i⁵⁵	to⁵⁵ ʑi⁵⁵
415	庄稼	kʰa⁵⁵ ʑi³³	kʰa⁵⁵ ɕi³¹	a³¹ tsa⁵⁵	o³¹ sๅ³¹ a³¹ tsa⁵⁵	tsuan⁵⁵ tɕia⁵⁵	tʂuaŋ⁵⁵ tɕia⁵⁵	tsuaŋ³³ tɕia³³
416	粮食	tsa⁵⁵ sๅ³¹	kʰa⁵⁵ ɕi³¹	a³¹ sๅ³¹	o³¹ sๅ³¹ a³¹ tsๅ³³	lia³¹ tsๅ³³	ko³¹ ȵi⁵⁵ me³³	liaŋ³¹ sๅ³¹
417	谷子	tɕʰe⁵⁵	tɕʰe⁵⁵ ɕi³¹	tɕʰe⁵⁵ sๅ³¹	tɕʰe⁵⁵	ku³¹ tsๅ³¹	ko³¹³	ku³¹ tsๅ³¹
418	糯米	xo³¹ no³¹	fu³¹ nu³¹	tɕʰe⁵⁵ nu³¹	ko³³ no³¹	no²⁴ mi³³	su⁵⁵ me⁵⁵	no⁵⁵ mi³¹
419	秧	ɣo³³ kʰɯ³¹	u³³ kʰa³¹	v³³ kʰɯ³¹	ko³¹ kʰl³¹	ʑian⁵⁵	tʂๅ³¹³	ʑiaŋ³³
420	穗	a⁵⁵ ɱ̩⁵⁵	tsʰe⁵⁵ nu⁵⁵	tsʰe⁵⁵ nv⁵⁵	tɕʰe⁵⁵ ɕie⁵⁵	sui²⁴	ko³¹ tʂ³¹ po³¹³	sue⁵⁵
421	稻草	ɣo³³ ʑๅ³¹	u³² ʑy³¹	a³¹ pɯ³¹	to⁵⁵ tsʰo³³	to²⁴ tsʰo³³	ma³³	to⁵⁵ tsʰo³³
422	谷粒	tɕʰe⁵⁵ sๅ³¹	tʂʰe⁵⁵ ɕi³¹	tɕʰe⁵⁵ ɕi³¹	tɕʰe⁵⁵ sๅ³¹	ku³¹ kʰo³³	ko³¹ kʰo³³	ku³¹ tsๅ³³
423	小麦	mɤ³¹ tsๅ³³	mɤ³¹ tsๅ³¹	mɛ³¹ tsๅ³¹	mɤ³¹ tsๅ³¹	mɤ³¹ tsๅ³³	mɤ³¹ tsๅ³³	mɤ³¹ tsๅ³³
424	荞麦	ɣa³¹ ɭe³³	ɣa³¹ pa³³ kʰa³³	a³¹ pa³¹	ka³¹	tɕʰio³¹ tsๅ³³	tɕʰio³¹ tsๅ³¹	tɕʰo³¹ tsๅ³¹
425	玉米	sa⁵⁵ ty³³	tsʰa⁵⁵ tu³³	sa³¹ ty³³	sa⁵⁵ tu³³	ʑๅ²⁴ mɤ³¹/po⁵⁵ ku³¹	ʑioɳ³¹ pa³¹	po⁵⁵ ku³¹
426	棉花	tsʰa³¹ la³¹	tsʰa³¹ la³¹	ȵa³¹ la³¹	sa³¹ la³¹	mie³¹ xua⁵⁵	xo⁵⁵ pʰu⁵⁵	mie³¹ xua³³
427	麻线	ma³¹ ɕɛ⁵⁵	ma³¹ ɕɛ⁵⁵	kʰo⁵⁵ pʰo³¹	ma³¹ ɕie⁵⁵	ma³¹ ɕie²⁴	ma³¹ ɕie⁵⁵	ma³¹ ɕie⁵⁵
428	蔬菜	ɣo³¹ pɛ³³	u³¹ pɛ³³	ɣo³¹ pʰi³³	kʰu³¹ tsʰa³¹	su⁵⁵ tsʰe²⁴	lu³³ tsʰa³¹	su³³ tsʰe⁵⁵

序号	词						
429	白菜	pɣ^{31}tshɛ^{55}	pa^{31}tshɛ^{55}	pɣ^{31}tshɛ^{55}	pa^{31}tshɛ^{314}	pa^{31}tshɛ^{24}	pɛr^{53}tshaʔ^{31}	pa^{31}tshɛ^{55}
430	青菜	tɕhi^{55}tshɛ^{55}	u^{31}pɛ^{33}u^{31}ŋɣ^{55}	ɣo^{31}phi^{33}ɣo^{31}tshɿ^{55}	ku^{31}ŋi^{55}	tɕhin^{55}tshɛ^{24}	tɕhin^{55}tshaʔ^{31}	tɕhiŋ^{33}tshɛ^{55}
431	油菜	zɣ^{31}tshɛ^{55}	zɣ^{31}tshɛ^{55}	zɣ^{31}tshɛ^{55}	zia^{31}tshɛ^{314}	zɣ^{31}tshɛ^{24}	zɣ^{31}tshɛ^{31}	zɣ^{31}tshɛ^{55}
432	韭菜	kv^{31}tshɿ^{33}	ku^{31}tɕhi^{33}	ku^{31}tshɿ^{33}	tɕia^{33}tshɛ^{314}	tɕiɣ^{33}tshɛ^{24}	tɕiɣ^{33}tshɛ^{55}	tɕiɣ^{33}tshɛ^{55}
433	芫荽	kv^{31}phɑ^{31}	ku^{31}phɑ^{31}	ku^{31}phɑ^{31}	phi^{33}tshɛ^{314}	phi^{33}tshɛ^{24}	phi^{33}se^{55}	phi^{31}tshɛ^{55}
434	芫荽	zɛ^{31}ɕi^{55}	mɛ^{31}ɕi^{55}	zɛ^{31}ɕi^{55}	zie^{31}ʑɿ^{55}	zie^{31}ʑɿ^{55}	ɣɔŋ^{31}tɕi^{313}	zɛ^{31}ɕi^{55}
435	草果	tɣ^{31}xɣ^{31}	ta^{31}xa^{31}	tɣ^{31}xɣ^{31}	tsho^{31}ko^{31}	tsho^{31}ko^{31}	ta^{31}xa^{31}	tsho^{33}ko^{31}
436	八角	pa^{31}ko^{31}	pa^{31}ko^{31}	pa^{31}ko^{31}	pa^{31}ko^{31}	pa^{31}ko^{31}	pa^{31}ko^{313}	pa^{31}ko^{31}
437	萝卜	ɣo^{31}phu^{55}	ɣ^{31}phu^{55}	ɣo^{31}fv^{55}	ko^{31}phu^{55}	lo^{31}pu^{24}	tshɛ^{31}pu^{55}	lo^{31}pu^{55}
438	红薯	mɛ^{33}ŋi^{55}	mɛ^{31}tsu^{31}/tsu^{31}nɛ^{55}	mɣ^{31}ŋi^{55}la^{31}v^{31}	mɛ^{31}lɑ^{31}	san^{55}ʑiɔ^{55}	mi^{55}lɔ^{33}	sa^{33}ʑiɔ^{33}
439	洋芋	zɑ^{31}ʑɣ^{55}	zɑ^{31}ʑɣ^{55}	zɑ^{31}ʑi^{55}	zia^{31}ʑi^{314}	zi^{31}ʑi^{24}	za^{31}ʑi^{55}	zɑ^{31}ʑy^{55}
440	芋头	pɛ^{31}sɿ^{31}	pɛ^{31}ɕi^{31}	pɛ^{31}sɿ^{31}	pi^{31}ɣo^{33}	ʑi^{24}tɣ^{55}	ɣɣ^{31}mo^{33}	ʑy^{55}thɑ^{33}
441	花生	lo^{31}ti^{55}ɣɣ^{33}	lo^{31}ti^{55}sɣ^{33}	mɛ^{55}tʂha^{31}nɛ^{33}pl̩^{33}	la^{31}ti^{55}sin^{33}	xuɑ^{55}sɛn^{33}	lo^{31}ti^{55}sɔn^{33}	lɔ^{31}ti^{55}sɔm^{33}
442	辣椒	ɕɛ^{55}tshɿ^{55}	ɕi^{55}tɕhi^{55}	tshɛ^{55}tɕhi^{55}	sɿ^{31}phi^{55}	la^{31}tɕiɔ^{55}	tɕhin^{55}kho^{33}	la^{31}tsɿ^{31}
443	辣椒碟	la^{31}ti^{31}	ɕi^{55}tɕhi^{55}xo^{31}ma^{11}	tshɛ^{55}tɕhi^{55}la^{31}ti^{31}	ti^{31}ti^{31}	la^{31}ti^{31}	tɕhin^{55}kho^{33}kɛ^{31}	ti^{31}tsɿ^{31}
444	葱	ɕɛ^{55}poŋ^{31}	sɛ^{55}pɔ^{31}	sɛ^{55}pɔ^{31}	ɕi^{55}pɔ^{31}	tshɔŋ^{55}	tʂhoŋ^{55}	tshɔm^{33}
445	蒜	xa^{31}ɕɛ^{55}	xa^{31}sɛ^{55}	xa^{31}sɛ^{55}	kho^{31}ɕi^{55}	suan^{24}	ʂua^{31}	ta^{31}suɑ^{55}
446	姜	a^{31}tɕhu^{31}	a^{31}tshɛ^{31}	tʂhɣ^{31}tʂhɣ^{31}	tsha^{31}phi^{31}	tɕian^{55}	kɔŋ^{55}	tɕia^{55}
447	莴笋	ɣo^{55}suɛ^{31}	u^{55}sui^{31}	ɣo^{55}sui^{31}	ho^{55}suɛ^{31}	ɣo^{55}suɛn^{33}	ɣo^{55}suɛ^{31}	uo^{55}suɛ^{31}
448	香椿	zɣ^{31}pv^{31}	zɣ^{31}pu^{31}	zɣ^{31}pv^{31}	zie^{31}pv^{31}	ɕian^{55}tshuɛn^{55}	ɕian^{55}tsuɛ^{55}	ɕaŋ^{55}tsuɛ^{55}
449	瓜	ma^{55}tɛ^{33}	thu^{31}fu^{31}	thu^{31}fu^{31}	kuɑ^{33}	kuɑ^{55}	xɛ^{33}ʔu^{31}	kuɑ^{33}
450	南瓜	ma^{55}tɛ^{33}	thu^{31}fu^{31}	thɔ^{31}xɔ^{31}	ma^{55}tie^{31}	mie^{24}kuɑ^{55}	xɛ^{33}ʔu^{31}	na^{31}kuɑ^{33}
451	冬瓜	tm^{55}kuɑ^{55}	sa^{55}phu^{55}	sa^{55}phu^{55}	tho^{31}kho^{31}	tom^{55}kuɑ^{55}	tu^{55}kuɛr^{55}	tom^{33}kuɑ^{33}
452	葫芦	xɔ^{55}phu^{31}	xo^{55}phu^{31}	xv^{31}fv^{31}	u^{55}phu^{31}	fu^{31}lu^{24}	ɣ^{33}kɛ^{313}	fu^{31}lu^{55}
453	黄瓜	sɿ^{31}xu^{31}	ɕi^{31}fu^{31}	sɿ^{31}xɔ^{31}	so^{31}khu^{31}	xuan^{31}kuɑ^{55}	phɔ^{33}	xuɑ^{31}kuɑ^{33}
454	茄子	kɛ^{55}tsu^{31}	kɛ^{55}tsu^{33}	kɛ^{55}tʂɣ^{31}	ka^{55}tsɿ^{31}	tɕhi^{31}tsɿ^{33}	tʂl̩n^{31}ko^{313}	tɕhi^{31}tsɿ^{31}

序号	词							
455	豆子	$nm^{33}s̩^{31}$	$nu^{33}ɕi^{31}$	$nɤ^{33}pi^{33}$	$na^{33}s̩^{31}$	$tə^{24}tsʅ^{33}$	$tə^{31}$	$tə^{55}tsʅ^{31}$
456	黄豆	$nm^{33}s̩^{31}$	$nu^{33}s̩^{31}$	$nɤ^{33}pi^{33}$	$nə^{33}s̩^{31}$	$nə^{33}s̩^{31}$	$tə^{31}$	$xuɑ^{31}tə^{55}$
457	黑豆	$nm^{33}s̩^{31}$	$nu^{33}ɕi^{31}ɕi^{31}na^{33}$	$nɤ^{33}pi^{31}pi^{33}na^{33}$	$nə^{33}na^{33}$	$nɤ^{33}pi^{33}pi^{33}na^{33}$	$xə^{233}tə^{31}$	$xə^{31}tə^{55}$
458	蚕豆	$o^{31}tɤ^{31}tɤ^{31}ma^{33}$	$tsha^{31}tɤ^{55}$	$tsha^{31}tɤ^{55}$	$tsha^{31}tɤ^{314}$	$tshan^{31}tɤ^{24}$	$xɤ^{55}tə^{31}$	$tsha^{31}tɤ^{55}$
459	豌豆	$o^{31}tɤ^{33}tɤ^{31}za^{31}$	$wa^{55}tɤ^{55}$	$wa^{55}tɤ^{55}$	$tho^{55}phu^{31}$	$wan^{55}tɤ^{24}$	$tə^{31}tsha^{31}$	$wa^{33}tə^{55}$
460	豆芽	$nm^{33}tshy^{33}$	$nu^{33}ɕi^{31}nu^{33}pi^{33}$	$nɤ^{33}pi^{33}nɤ^{33}tʂʅ^{33}$	$na^{33}pi^{31}$	$tə^{24}zia^{31}$	$tə^{31}ŋɛ^{313}$	$tə^{55}za^{31}$
461	芝麻	$nm^{31}ɕɛ^{55}$	$nu^{31}sɛ^{55}sɛ^{55}ɕi^{31}$	$tʂʅ^{55}ma^{55}$	$nə^{31}ɕi^{55}$	$tsʅ^{55}ma^{55}$	$pɛ^{313}$	$tsʅ^{55}ma^{55}$
462	粟子	$nm^{31}s̩^{31}$	$xa^{33}tshe^{55}$	$nu^{31}s̩^{31}$	$a^{31}pi^{33}$	$xə^{31}tsʅ^{55}ma^{55}$	$ȵia^{33}$	$xə^{31}tsʅ^{55}ma^{55}$
463	草	$xa^{55}sa^{31}$	$tsa^{33}ɣa^{31}$	$xa^{55}ʂa^{31}$	$ʑio^{33}mɑ^{33}$	$tshɔ^{33}ko^{33}$	$tshə^{33}$	$tshɔ^{31}$
464	稗子	$su^{55}ma^{33}$	$su^{55}ma^{33}$	$ʂɤ^{55}ma^{33}$	$ko^{33}lia^{33}$	$pɛ^{24}tsʅ^{33}$	$su^{31}lu^{33}pɛr^{53}$	$pɛ^{55}tsʅ^{31}$
465	高粱	$ɕɛ^{55}xoŋ^{31}$	$sɛ^{55}lo^{31}$	$ko^{33}lia^{55}$	$sa^{31}khɑ^{55}$	$ko^{55}lia^{55}$	$lo^{55}lɛ^{31}$	$ko^{55}lia^{55}$
466	茅草	$xa^{31}ʑi^{31}$	$mo^{31}pha^{31}$	$mo^{31}pha^{31}$	mi^{31}	$mo^{31}tshɔ^{33}$	$mo^{55}tshɤ^{31}$	$mɔ^{31}tshɔ^{31}$
467	蓝靛草	$mo^{31}pha^{31}$	$fu^{55}lu^{55}$	$na^{55}tɕhi^{55}$	$ɕia^{55}tɕhi^{314}$	$tsu^{31}tɕhi^{33}tsu^{31}lan^{31}$	$zɛ^{55}laŋ^{31}tshɤ^{33}$	$pɑ^{33}lɑ^{31}$
468	蘑菇	$a^{31}xm^{55}$	$na^{33}khy^{55}$	$ɕia^{55}tɕhi^{55}$	$zia^{33}tshʅ^{33}mi^{55}lu^{55}$	$tɕi^{24}tsʅ^{31}$	$sɛŋ^{31}$	$tɕi^{55}tsʅ^{31}$
469	鸡枞	$na^{33}khi^{55}$	$ka^{33}pa^{55}tɕy^{55}$	$na^{55}tɕhi^{55}tɕhi^{55}tsɛ^{33}$	$pɛ^{31}lɛ^{31}mi^{55}lu^{55}$	$tɕi^{55}tsɔm^{55}$	$kɛ^{55}tsɔm^{55}$	$tɕi^{55}tsɔm^{55}$
470	干巴菌	$ka^{55}pa^{55}tɕe^{55}$	$to^{31}ma^{33}na^{31}pu^{55}$	$ka^{55}pa^{55}tɕe^{55}$	$ka^{55}pa^{55}tɕe^{55}$	$kan^{55}pa^{55}tɕin^{313}$	$kaŋ^{55}pa^{55}tɕyi^{55}$	$ka^{31}pa^{55}tɕi$
471	木耳	$na^{31}pɛ^{33}$	$kho^{31}ze^{551}$	$to^{31}ma^{33}na^{31}pi^{33}$	$na^{31}pɛ^{33}$	$mu^{31}ɣɛ^{33}$	$mu^{31}ɣɛ^{33}$	$mu^{31}ə^{33}$
472	烟叶	$za^{33}xo^{31}xo^{31}pha^{31}$	$zw^{55}tu^{55}$	$za^{55}xa^{31}a^{55}phɑ^{31}$	$zia^{33}khɔ^{31}a^{31}phɑ^{31}$	$zia^{33}xuɑ^{31}sɛ^{33}$	$ziɔ^{33}kɔ^{33}pin^{313}sɛŋ^{55}$	$ʑiɛ^{31}ʑiɛ^{31}$
473	当归	$ta^{55}kui^{55}$	$ta^{55}kui^{55}$	$ta^{55}kui^{55}$	$tan^{55}kui^{55}$	$tan^{55}ky^{55}$	$taŋ^{55}kui^{55}$	$ta^{55}kui^{55}$
474	三七	$sa^{55}tɕhi^{31}$	$sa^{55}tɕhi^{31}$	$sa^{55}tɕhi^{31}$	$san^{55}tshi^{31}$	$san^{55}tɕhi^{31}$	$sa^{55}tɕhi^{313}$	$sa^{33}tɕhi^{31}$
475	天麻	$thiɛ^{55}ma^{31}$	$thiɛ^{55}ma^{31}$	$thiɛ^{55}ma^{31}$	$thiɛ^{55}ma^{31}$	$thiɛn^{55}ma^{31}$	$thiɛ^{55}ma^{313}$	$thiɛ^{31}ma^{31}$
476	米	$tɕhɛ^{55}phu^{55}$	$tshe^{55}phu^{55}$	$tshe^{55}fv^{55}$	$tɕhɛ^{55}phu^{55}$	$mi^{31}tɑ^{24}mi^{31}$	me^{33}	$ta^{55}mi^{33}$
477	饭	$a^{55}xo^{31}$	$ŋ^{31}ka^{33}$	$a^{55}v^{31}$	xo^{31}	fan^{24}	$a^{55}zʅ^{31}$	$mi^{33}fa^{55}$
478	早饭	$ɕo^{31}xo^{31}$	$w^{31}su^{31}$	$sɤ^{31}v^{31}$	$na^{31}na^{33}xo^{31}$	$tsɔ^{33}fan^{24}$	$tshaŋ^{55}$	$tsɔ^{33}fa^{55}$
479	中饭	$xo^{31}ka^{33}$	$no^{33}ka^{33}$	$fv^{31}ka^{33}$	$nʅ^{33}ko^{55}xo^{31}$	$san^{33}ɣ^{33}$	$pɛŋ^{55}$	$tsɔ^{55}ɣ^{31}faŋ^{55}$
480	晚饭	$khi^{31}xo^{31}$	$khi^{31}tshe^{55}$	$tɕhi^{31}v^{31}$	$me^{31}khɛ^{33}xo^{31}/ʑia^{31}$ $mi^{55}xo^{31}$	$wan^{33}fan^{24}/ɕiɔ^{55}ʑi^{24}$	pu^{55}	$ɕa^{55}ɣ^{31}faŋ^{55}$

序号	词	1	2	3	4	5	6
481	粥	ɕi^{33}faŋ^{55}	phaɣ^{55}z̩u^{31}	ɕi^{55}fan^{24}	tsha^{31}pɛ^{33}	tshe^{55}phi^{33}	tɕhe^{55}tsha^{31}
482	面条	mie^{55}thiɔ^{31}	mie^{55}thiɔ^{31}	mie^{24}thiɔ^{31}	kua^{55}mie^{55}	mie^{55}thiɔ^{31}	mie^{55}thiɔ^{31}
483	米线	mi^{31}ɕiɛ^{55}	mi^{33}ɕɛ^{55}	mi^{33}ɕiɛ^{24}	mi^{33}ɕiɛ^{314}	mi^{31}ɕɛ^{55}	mi^{31}ɕɛ^{55}
484	卷粉	mi^{31}ka^{55}	mi^{33}ka^{55}	mi^{33}kan^{55}	tɕiɛ^{33}fɛ^{33}	mi^{33}ka^{55}	mi^{31}ka^{55}
485	粑粑	pa^{55}pa^{55}	ta^{33}su^{33}	pa^{55}pa^{55}	ko^{31}pa^{33}	a^{31}pa^{33}	xo^{31}thoŋ^{31}
486	菜	tshe^{55}	tshe^{33}	tshe^{24}	ku^{31}tsha^{31}	ɣo^{31}phi^{33}	ɣo^{31}pɛ^{33}
487	肉	zɣ^{31}	kɛr^{313}	su^{31}	ʃa^{31}	a^{55}ti^{55}	sa^{31}tsʅ^{55}
488	肥肉	fei^{31}zu^{31}	kɔŋ^{31}kɛr^{313}phu^{55}	fei^{31}zu^{31}	a^{31}ne^{31}	sa^{31}pv^{55}	sa^{31}tshu^{55}
489	瘦肉	sə^{55}zu^{31}	ka^{55}pa^{33}	sə^{24}zu^{31}	a^{31}ne^{31}	sa^{31}ni^{55}	sa^{31}ne^{55}
490	油	ziɔ^{31}	tsʅ^{55}	ziɔ^{31}	a^{31}tʃhu^{55}	zv^{33}tsʅ^{55}	tshʅ^{55}
491	脂肪油		tɕin^{55}tsʅ^{55}	pan^{33}ziɔ^{31}	a^{31}tʃhu^{55}	zv^{33}tsʅ^{55}pa^{33}zə^{31}	pa^{33}zɣ^{31}
492	香油	pa^{31}zə^{31}	ɕiɔŋ^{31}zia^{313}	tshe^{24}tsʅ^{33}zia^{33}	ziɔ^{31}tsʅ^{55}pa^{33}zə^{31}a^{31}tʃhu^{55}	tshe^{55}zɣ^{31}	tshe^{55}zɣ^{31}
493	薄荷	tshe^{55}zə^{31}	lɔ^{31}sʅ^{313}	lɔ^{31}sʅ^{33}tshɔ^{33}	lɔ^{31}sʅ^{31}tshɔ^{33}	khu^{31}ʂa^{33}la^{33}nu^{55}	o^{55}ko^{33}
494	豆腐	po^{55}xo^{55}	tə^{31}fu^{33}	tə^{24}fu^{33}	tə^{55}fv^{31}	tɣ^{33}fv^{33}	tɣ^{55}fu^{31}
495	醋	tshu^{55}	tʂhu^{55}	tshu^{314}	tshu^{314}	tʂhv^{55}	sua^{55}tshu^{55}
496	酱油	tɕhiŋ^{33}tɕa^{55}	tɕhin^{55}tɕia^{33}	tɕhin^{55}tɕian^{24}	tɕhi^{33}tɕi^{55}	tɕhi^{33}tɕia^{55}	tɕhi^{55}tɕa^{55}
497	胡椒	fv^{31}tɕɔ^{55}	xu^{31}tɕɔ^{55}	xu^{31}tɕiɔ^{55}	fv^{31}tɕiɔ^{55}	tɕi^{31}ɕu^{55}	ki^{31}ɕo^{55}
498	花椒	xuɑ^{33}tɕiɔ^{33}	xa^{33}su^{313}	xuɑ^{55}tɕiɔ^{55}	tsa^{31}sʅ^{31}	tsa^{33}v̩^{33}	tso^{31}xa^{31}
499	糖	thaŋ^{31}	ʂo^{55}tʂʅ^{313}	than^{31}	tha^{31}	tʂhʅ^{55}tɣ^{31}	phɔ^{31}tɣ^{31}
500	白砂糖	pə^{31}thaŋ^{31}	pɛr^{55}ʂo^{55}to^{313}	pe^{31}than^{31}	pe^{31}tha^{31}	phɔ^{31}tɣ^{31}tɣ^{31}phu^{55}	phɔ^{31}tɣ^{31}tɣ^{31}phu^{55}
501	红糖	xom^{31}thaŋ^{31}	tɕhaɣ^{33}ʂo^{313}	xom^{31}than^{31}	xoŋ^{31}tha^{31}	phɔ^{31}tɣ^{31}tɣ^{31}xa^{33}	phɔ^{31}tɣ^{31}tɣ^{31}xa^{33}
502	鸡蛋	tɕi^{55}taŋ^{55}	kɛ^{55}sɛ^{31}	za^{33}v̩^{33}	za^{33}v̩^{33}	xa^{33}v̩^{33}	xa^{33}v̩^{33}
503	（菜）汤	tha^{55}	xɛŋ^{55}tʂʅ^{33}	than^{55}	tha^{31}	yu^{55}tsha^{55}	yu^{55}tsha^{55}
504	酒	tɕiə^{31}	tson^{33}	tɕiə^{24}	tɕiə^{24}	tsʅ^{55}pa^{31}	tsʅ^{55}pa^{31}
505	甜白酒	pə^{31}tɕiə^{31}	pɛr^{53}tson^{33}	thien^{31}pə^{31}tɕiə^{33}	thien^{31}pə^{31}tɕiə^{33}	tsʅ^{55}phu^{33}	tsʅ^{55}phu^{33}
506	开水	khɛ^{55}sui^{55}	xuɑ^{33}ɕyi^{33}	khɛ^{55}sui^{33}	ɯ^{55}ɬo^{55}	o^{55}ɬo^{55}	a^{55}tshu^{31}ɣu^{55}lo^{55}

序号	词							
507	茶	la³¹ khe⁵⁵	a³¹ khe⁵⁵	la³¹ khe⁵⁵	la³¹ khi⁵⁵	tsha³¹	(ɔŋ³³) tʂɔ³¹³	tsha³¹ zi³³
508	烟卷	za³³ xo³¹	tsɤ³¹ so⁵⁵	za⁵⁵ xo³¹	za³³ khɔ³¹	zien⁵⁵	zia³³ xua³¹	zie³³
509	鸦片	za³¹ ze³³	za³¹ zɛ⁵⁵	za³¹ zɛ⁵⁵	za³¹ zie³³	ta²⁴ zie⁵⁵ / zia⁵⁵ phie²⁴	zia³¹ zie⁵⁵	ta⁵⁵ zie³³
510	药	na³³ tsh̩³¹	na³³ tɕhi³¹	na³¹ tsh̩³¹	tsh̩³¹	zio³¹	zio³³	zio³¹
511	糠	xa³¹ phu³¹	xa³¹ phɤ³¹	xa³¹ phɤ³¹	khɑ³¹ phe³¹	khan⁵⁵	tɛ⁵³ tʂhoŋ⁵⁵	kha⁵⁵
512	猪食	ɣa³¹ tsa⁵⁵	ɣa³¹ tsa⁵⁵	ɣa³¹ tsa⁵⁵	ua⁵⁵ tsa⁵⁵	tɛ⁵³ a⁵⁵ ʑi³¹ / tɛ⁵³ ʑi³¹	tɛ⁵³ a⁵⁵ ʑi³¹ / tɛ⁵³ ʑi³¹	tsu³¹ s̩³¹
513	饼	phɔ³¹ tɤ³¹ piŋ³³ kaŋ⁵⁵	phɔ³¹ tɤ³¹ pi³¹ ka³¹	pi³³ ka⁵⁵	kɔ³¹ pa³³	pin³³	pe⁵⁵ pe³³	piŋ³³ ka⁵⁵
514	线	khu⁵⁵ phɔ³¹	khu⁵⁵ phɔ³¹	khu⁵⁵ phɔ³¹	khe⁵⁵ me³³	ɕie²⁴	xu³³	ɕie⁵⁵
515	布	xa³¹ pha⁵⁵	xa³¹ pɑ⁵⁵	xa³¹ pɑ⁵⁵	pha⁵⁵ tsho⁵⁵	pu²⁴	phio³¹	pu⁵⁵
516	丝线	py³¹ khu⁵⁵	py³¹ khɔ⁵⁵	pi³¹ kho⁵⁵ pi³¹ ni⁵⁵	pi³¹ khe⁵⁵	s̩⁵⁵ ɕie²⁴	s̩⁵⁵ xu³³	s̩³³ ɕie⁵⁵
517	衣服	a⁵⁵ xɔ³¹	a⁵⁵ xɔ³¹	a⁵⁵ xɔ³¹	kɔ³¹ li³¹	zi⁵⁵ fu³¹ / ʑi⁵⁵ san⁵⁵	l̩⁵⁵	zi⁵⁵ saŋ³³
518	衣领	lu⁵⁵ pha³¹	lu⁵⁵ ɣɔ³¹	kɔ³³ li³³	kɔ⁵⁵ li³³	zi⁵⁵ lin³³	kɔ³³ li³¹	zi⁵⁵ li³¹
519	衣袖	la³¹ pɔŋ³¹	a⁵⁵ xɔ³¹ la³¹ tu³¹	a⁵⁵ xɔ³¹ la³¹ to³¹	kɔ³¹ tsh̩³¹ phɑ⁵⁵ pi³³	ɕie²⁴ ts̩³³	i⁵⁵ tɕie³¹	zi⁵⁵ ɕie⁵⁵
520	衣袋	phu⁵⁵ lo³³	phe⁵⁵ tɤ³³	phe⁵⁵ tho³³	kɔ³¹ tsh̩³¹ phɑ⁵⁵ pi³¹	zi⁵⁵ san³¹ kɤ³³ tɛ²⁴	zi⁵⁵ nɔ³¹³	zi⁵⁵ tɛ⁵⁵
521	棉衣	tsha³¹ thm⁵⁵	tsha³¹ thu⁵⁵	mie³¹ i⁵⁵	mie³¹ i⁵⁵	mie³¹ ʑi⁵⁵	mie³¹ i⁵⁵	mie⁵⁵ ʑi⁵⁵
522	长衫	a⁵⁵ xɔŋ³¹ tɔŋ³¹ mo⁵⁵	a⁵⁵ xɔ³¹ xɔ³¹ mo⁵⁵	a⁵⁵ xɔ³¹ xɔ³¹ mo⁵⁵	kɔ³¹ tsh̩³¹ ta⁵⁵ mo⁵⁵	wue²⁴ ʑi⁵⁵	tɔ⁵⁵ i⁵⁵	we⁵⁵ ʑi⁵⁵
523	皮衣	sa³¹ ku⁵⁵ a⁵⁵ xɔ³¹	zɔ³¹ ku⁵⁵ a⁵⁵ xɔ³¹	ʂa³¹ ku⁵⁵ a⁵⁵ xɔ³¹	sa³¹ kh̩⁵⁵ kɔ³¹ tsh̩³¹	phi³¹ ʑi⁵⁵	phi³¹ i⁵⁵	phi³¹ zi⁵⁵
524	纽扣	phi³³ s̩³¹	phi³³ ɕi³¹	phi³³ s̩³¹	kɔ³¹ tsh̩³¹ phɑ⁵⁵ phi³³	nie³³ ts̩³³	nie³¹ ts̩⁵⁵	khe⁵⁵ ts̩³¹
525	裤子	xa³¹ tshy³¹	la³¹ ɣa³¹	ɬa³¹	lo³¹ tho³¹	khu²⁴ ts̩³³	i³¹ tsɤ³¹³	khu⁵⁵ tɕio³¹
526	裤腿儿	xa³¹ khu⁵⁵	la³¹ khu⁵⁵	ɬa³¹ khu⁵⁵	lo³¹ kh̩⁵⁵	khu²⁴ tɕio³¹	i³¹ tsɤ³¹ kɔ⁵⁵	khu⁵⁵ tɕio³¹
527	裤裆	xa³¹ ɣɛ³³	la³¹ ɣa³¹ tɔ³¹ nu³¹	ɬa⁵⁵ la³¹	tɕha⁵⁵ la³³	khu²⁴ tan⁵⁵	i³¹ tsɤ³¹ phu⁵⁵	khu⁵⁵ taŋ⁵⁵
528	裤腰	xa³¹ xɛ³¹	ɬa³¹ xo³¹	ɬa³¹ tsh̩³¹	lo³¹ phi³³ phɑ³¹ zia³⁵	khu²⁴ zio⁵⁵	i³¹ tsɤ³¹ ɳɛr³³	khu⁵⁵ ʑio³³
529	裙子	tɕhue³¹ ts̩³³	phi³³ mɔ³³ ɣɔ³³ lo³³	phi³³ mɔ³³ phɑ³¹ zia³⁵	tsa³¹ ne³¹	tɕhin³¹ ts̩³³	tɕhyi³¹ ts̩³³	tɕhyɛ³¹ ts̩³³
530	短裤	xa⁵⁵ khɣ⁵⁵	xa⁵⁵ khɣ⁵⁵	xa⁵⁵ khɣ⁵⁵	lo³¹ tho³¹ to³¹ pi⁵⁵	tuan³³ khu²⁴ / san⁵⁵ mɔ³¹ khu²⁴	xu⁵⁵ khu⁵⁵	xa⁵⁵ khu⁵⁵
531	头帕	ɣ³¹ tho³³	u³¹ tho³³	v³¹ ti⁵⁵	v³¹ thie³³	tɤ³¹ tɕin⁵⁵	sɤ³³ tɕiŋ⁵⁵	tha³¹ tɕi⁵⁵
532	包头	ɣ³¹ tho³³	u³¹ tho³³	v³¹ ti⁵⁵	v³¹ thie³³	pɔ³¹ tɤ³¹	tʂɔ³³ mɔ⁵⁵ ts̩³¹	pɔ⁵⁵ tha³¹

序号	词目	1	2	3	4	5	6
533	帽子	v̩³¹tshɔ̃³¹	u³¹tshɔ³¹	ɣo³¹tɕho³¹	tɔ³¹mɔ³¹	mɔ²⁴tsʅ³³	mɔ⁵⁵tsʅ³¹
534	腰带	xa³¹phi³³	la³¹tɕhy³¹	to³¹tshʅ³¹	lo³¹phi³³	i³¹tsa³¹zʅ⁵³	khɯ⁵⁵tɛ⁵⁵
535	裹腿	khɯ⁵⁵pɔŋ³¹	lɔ⁵⁵pɔ³¹	khu⁵⁵po³¹	khɯ⁵⁵po³¹	i³¹tʂɛŋ³¹³	ko³³thui³³
536	袜子	zy³¹phoŋ³¹	zɔ³¹pɔ³¹	wa³¹tsʅ³³	wa³¹tsʅ³³	pu³³wa⁵⁵	wa³¹tsʅ³¹
537	鞋	phɑ³¹nɔŋ³³	phɑ³¹nɔ³³	phɑ³¹nɔ³³	ɕiɛ³¹tsʅ³³	ɣɛ³¹³	xɛ³¹tsʅ³¹
538	草鞋	zɛ⁵⁵nu³¹	tshɔ³³ɕiɛ³¹	tshɔ³³xɛ⁵⁵	tshɔ³³ɕiɛ³¹	tshɛ³¹ɣɛ³¹³	tshɔ³¹xɛ³¹
539	木屐	a⁵⁵pu⁵⁵phɑ³¹nɔŋ³³	a⁵⁵tsɛ⁵⁵phɑ³¹nɔ³³	a⁵⁵tʂɤ⁵⁵phɑ³¹nɔ³³	tɛ³¹khɔ³¹phɑ³¹na³³	pɛr³¹ɣɛ³¹³	mu³¹xɛ³¹
540	梳子	phɛ³¹thɔ³¹	phɔ³¹thɔ³¹	phɛ³¹thɔ³¹	v̩³¹khɑ³³	su⁵⁵	su⁵⁵tsʅ³³
541	箆子	phɛ³¹tshu³³	phɔ³¹tshu³³	phɔ³¹tshɔ³³	v̩³¹khɑ³³khɑ³³tshʅ⁵⁵	su⁵⁵tsʅ³³	pi²⁴tsʅ³³
542	耳环	na³¹tshʅ⁵⁵	na³¹tɕi³³	na³¹tsʅ³³	na³¹tsu³³	ʑiɔ³³kɔ³³koŋ³¹³	ɛ³²xua³¹
543	戒指	ny⁵⁵pɛ³¹	ny⁵⁵pɛ³¹	nɤ⁵⁵pɛ³¹	tɕiɛ⁵⁵tsʅ³¹	kɛ²⁴tsʅ³³	kɛ⁵⁵tsʅ³³
544	手镯	la³¹tɤ³¹	la³¹tɔ³¹	la³¹tɔ³¹	kʅ³¹tʋ³¹	tʅ³¹³	sə³³tsɔ³¹
545	毛巾	phɑ³³sə⁵⁵	phɑ³³sə⁵⁵	phɑ⁵⁵ɕɯ⁵⁵	xa⁵⁵tɕi³¹	sə³³mi³¹tu³³sɛ³³	mɔ³¹tɕi⁵⁵
546	背巾（背小孩的）	pu³³tɛ⁵⁵	tɛ⁵⁵pə³³	tɛ⁵⁵pɤ³³	pɑ⁵⁵pə³³	ɛ⁵⁵pe³³	pei³³tɛ⁵⁵
547	被子	a⁵⁵pu³³	a⁵⁵pə³³	a⁵⁵pɤ³³	ka⁵⁵le³³	pei²⁴tan⁵⁵／pei²⁴tsʅ³¹	pei³³ɣo⁵⁵
548	毛毯	mɔ³¹tha³³	mɔ³¹tha³³	mɔ³¹tha⁵⁵	mɔ³¹than³³	mɔ³¹ta³³	mɔ³¹tha³³
549	棉絮	pu³³ɣɔ³³	a⁵⁵pɤ⁴⁴miɛ³¹ɕi⁵⁵	a⁵⁵pɤ³³miɛ³¹ɕi⁵⁵	mi³³sʅ⁵⁵	miɛ³¹ɕi²⁴	miɛ³¹ɕy⁵⁵
550	枕头	zy̩³¹ɣɔ³¹	ɣə³¹ɣə³¹	ɣo³¹ɣo³¹	v̩³¹thu⁵⁵	mɛ³¹pi³³	tsɛŋ³³tɑ³¹
551	席子	tsa³³sɤ³³	tsa³³sə³³	ɣo³¹sɤ³³	pɑ⁵⁵zɑ³³	tshɔ³³ɕi³¹	ɕi³¹tsʅ³³
552	垫子	tie⁵⁵tsʅ³³	tie⁵⁵ta³¹	tie⁵⁵tsʅ³³	tie⁵⁵ta³³	tien²⁴tsʅ³³	tie⁵⁵taŋ³¹
553	蓑衣	zɛ⁵⁵ku⁵⁵	tse⁵⁵ku⁵⁵	zɛ⁵⁵ku⁵⁵	tshɛ³¹phɑ³¹	so⁵²tsʅ⁵⁵	so⁵⁵zʅ⁵⁵
554	斗笠	xɔ³¹xv³³	la³¹xo⁵⁵	ɬɔ³¹xɔ³³	ɣo⁵⁵tsho³¹	ku⁵⁵lu⁵⁵kha³¹	mi³¹mɔ⁵⁵
555	房子	la³¹xo⁵⁵	a⁵⁵kho⁵⁵	a⁵⁵xo⁵⁵	zʅ⁵⁵kho⁵⁵o³¹kho⁵⁵	xo³¹	faŋ³¹tsʅ³³
556	房顶	tshɑ³¹phi³¹	tɑ³¹ku³³		zʅ⁵⁵kho⁵⁵a³³	xo³¹tɔ³¹pɔ³¹³	faŋ³¹tiŋ³³
557	地基	mi⁵⁵tshɑ³¹	mi⁵⁵tshɑ³¹		mi⁵⁵tshɔ⁵⁵tsɔ⁵⁵tɕi³³a³³	ti⁵³mi³¹ɕin⁵⁵	ti⁵⁵tɕi⁵⁵

序号	汉语							
558	院子	thie⁵⁵ tɕiŋ³¹	te³³ ɣo⁵⁵	thie⁵⁵ tɕi³¹	tso⁵⁵ kɛ⁵⁵ le⁵⁵ to³³	thien⁵⁵ tɕin³¹	thiɛn⁵⁵ tɕin³³	thie⁵⁵ tɕiŋ³¹
559	走廊	tsɤ³³ la³¹	tsə³³ la³¹	tsə³³ la³¹	tsə³³ la³¹	tsə³¹ lan³¹	tsə³³ la³¹	tsə³³ laŋ³¹
560	厨房	a⁵⁵ xo³¹ tsha³¹ ʑoŋ⁵⁵	ŋ³¹ ka³³ tsha³¹ a⁵⁵ kho⁵⁵	fv³³ tv³¹	xo³¹ mi⁵⁵ tsa³¹ ʑia⁵⁵	tshu³¹ fan³¹	su⁵⁵ xo³¹	tshu³¹ faŋ³¹
561	楼上	xo³¹ tha³¹	kə³³ la⁵⁵	ta³¹ kɯ³³	tshɿ³¹ tha³¹ a³¹ kho³³ a³³	la³¹ san²⁴	tsə⁵⁵ pɛr³³	la³¹ san⁵⁵
562	楼下	lo⁵⁵ kha³¹	a³¹ ɣo³³ po³³	me⁵⁵ tsha³¹	tshɿ³¹ tha³¹ a³¹ va³³	la³¹ ɕia²⁴	ko³³ mo⁵⁵	la³¹ ɕa⁵⁵
563	火塘	a³¹ tsa³¹ xɛ⁵⁵ ɣoŋ⁵⁵	xə⁵⁵ tha³¹	tʂha³¹ v³³ xo³¹ ɬɛ⁵⁵	mi³¹ kho⁵⁵	xo³³ than³¹	xui³³ tʂo³¹ ku³³	xo³¹ than³¹
564	仓库	tshoŋ³¹ tsɿ⁵⁵ / tsha⁵⁵ khv⁵⁵	fu⁵⁵ tɕl⁵⁵	tshɿ³¹ thə³¹	kɯ³³ mɑ³³	tshan⁵⁵ khu²⁴	tsha⁵⁵ khu⁵⁵	tshaŋ³³ khu⁵⁵
565	磨房	mi³³ tshoŋ⁵⁵	mi³³ tshə⁵⁵ tshə⁵⁵ ʑ⁵⁵	nie³³ tsɿ⁵⁵ fa³¹	lv³³ kl³³	mo²⁴ fan³¹	tue³³ a³¹ pɛr³¹³	mo⁵⁵ fan³¹
566	牛圈	nɯ³¹ zoŋ⁵⁵	nu³¹ zə⁵⁵	nv³¹ zo⁵⁵	ȵiu³¹ xi⁵⁵	ȵia³¹ tɕiɛn²⁴	ȵə³¹ ɣ⁵³	ȵia³¹ tɕiɛ⁵⁵
567	砖	phu⁵⁵ ka³³	kha³³ ka³¹ / tsua⁵⁵	me⁵⁵ tshe³³ / na⁵⁵ ka³¹	tsuɛn⁵⁵	tsuan⁵⁵	tsue⁵⁵	tsuaŋ⁵⁵
568	瓦	mu⁵⁵ xu³¹	wa³¹	wa³³	wa³³	wa³³	wuɛr³¹	wa³³
569	土墙	tsha³¹ thoŋ³¹	ko⁵⁵ phu⁵⁵	tʂha³¹ tʂɿ³¹	tsu³¹ tɕhia³¹	tshom⁵⁵ tɕhian³¹	ne³¹ ɣoŋ³³	thu³³ tɕhia³¹
570	石墙	xo⁵⁵ tɕɤ³¹	lu³¹ phu³¹ tɕhia³¹	lu³³ ma³³ tɕhia³¹	lu³³ ma³³ tɕhia³¹	sɿ³¹ tɕhian³¹	tso³¹ ku³³ ɣoŋ³³	sɿ³¹ thə⁵⁵ tɕhia³¹
571	围墙	ɣui³¹ tɕha³¹	tɕhi⁵⁵ ɣo³³	tʂha³¹ phe³¹	wei³¹ tɕhia³¹	wei³¹ tɕhian³¹	wui³¹ tɕhiaŋ³¹³	wui³¹ tɕhia³¹
572	墙	ɣa⁵⁵ phu⁵⁵	ko⁵⁵ phu⁵⁵	tʂha³¹ tʂɿ³¹	tɕhia³¹	tɕhian³¹	ɣoŋ³³	tɕhia³¹
573	木	a⁵⁵ pu⁵⁵	a⁵⁵ tsə⁵⁵	tv³¹ mɑ³³	zɿ⁵⁵ tsɿ⁵⁵	mu³¹ thə⁵⁵	wua³¹³	mu⁵⁵ thə⁵⁵
574	柱子	zɯ⁵⁵ toŋ³¹	zə⁵⁵ toŋ³¹	zl⁵⁵ tv⁵⁵	zɿ⁵⁵ tsɿ⁵⁵	tsu²⁴ tsɿ³³	tsə³³ khua³³	tsu⁵⁵ tsɿ³³
575	门	ɣo³³ xɛ³¹	u³³ xɛ³¹	ɣo³³ xɛ³¹	zɿ⁵⁵ kv³³	mei³¹	mɛ³¹³	mɛ³¹
576	门槛	ɣo³³ xɔŋ⁵⁵	u³³ tɔ³¹	ɣo³³ xɛ³¹ mɛ³¹ tɤ³³	zɿ⁵⁵ kv³³ mɛ³¹ khaŋ³¹	mei³¹ kan³³	mɛ³¹³ sɿ⁵⁵ a⁵³	mɛ³¹ khaŋ³¹
577	大门	ɣo³³ xɛ³¹ ta⁵⁵ mɛ³¹	u³³ xɛ³¹ ta⁵⁵ mɛ³¹	da⁵⁵ mɛ³¹	zɿ⁵⁵ kv³³ kv³³ mɑ³³	ta²⁴ mei³¹	tɔ³¹ mɛ³¹³	ta⁵⁵ mɛ³¹
578	窗子	ma³³ kha⁵⁵	thy¹ ly⁵⁵ ɣə⁵⁵ kha⁵⁵	pa³³ ɣo³³	tshuan⁵⁵ tsɿ³³	tshuan⁵⁵ fom⁵⁵	tshuan⁵⁵ tsɿ³³	tshu³¹ tsɿ³³
579	门框	ɣo³³ xɛ³¹ ɣo³³ pa⁵⁵	u³³ xɛ³¹	pa³³ ɣo³³ ɣo³³ xɛ³¹	zɿ⁵⁵ kv³³ mɛ³¹ khua³³	mei³¹ fan⁵⁵	mɛ³¹ fan⁵⁵	mɛ³¹ khua³³
580	门闩	ɣo³³ xɛ³¹ kho³¹ tɤ⁵⁵	u³³ xɯ³¹ tsu³³ khu³¹	u³³ xɛ³¹	zɿ⁵⁵ kv³³ ɕio⁵⁵ ɕio⁵⁵	mei³¹ ɕio⁵⁵	mɛ³¹ ɕio⁵⁵	mɛ³¹ ɕio³³
581	梁	ta⁵⁵ lia³¹ / xoŋ⁵⁵ py³³	ts²⁴ lia³¹	lia³¹	lia³¹	lian³¹	to³³ lia³¹³	ta⁵⁵ lian³¹

序号	词	①	②	③	④	⑤	⑥	⑦
582	椽子	ẓoŋ^{55} ny^{55} / tshua^{31} tsʅ^{33}	tshua^{31} tsʅ^{33}	tʂua^{31} tsʅ^{33}	tsua^{31} tsʅ^{33}	tshuan^{31} tsʅ^{33}	ku^{33} tsʅ^{33}	tshua^{31} tsʅ^{33}
583	台阶	pa^{33} thɛ^{31}	ta^{33+} thɤ^{31}	ta^{33} thi^{31}	tsʅ^{33} tha^{31}	thɛ^{31} tɕiɛ^{55}	pɛ^{55} thɛ^{313}	thɛ^{31} tɕiɛ^{33}
584	梯子	ta^{33} tsɔŋ^{55}	ta^{33+} tsɔ^{55}	ta^{33} tɕɔ^{55}	ɣɔ^{31} pɔ^{55} tsʅ^{33} / tha^{31}	thi^{55} tsʅ^{33}	tsʅ^{31} thui^{55}	la^{31} thi^{33}
585	篱笆	khɔŋ^{55} pɔŋ^{55}	lo^{55} pɔ^{55}	khɔ^{5} phɛ^{31} / li^{31} pa^{55}	ẓʅ^{55} phi^{55}	li^{31} pa^{55}	tsu^{31} piɛr^{33}	li^{31} pa^{33}
586	囤子	khɛ^{55} sa^{31}	khu^{55} tsu^{31}	xa^{55} khɔ^{55}	ẓia^{55} khɔ^{55}	tshɛ^{24} ti^{24}	ʂua^{55}	tshɛ^{55} ti^{55}
587	东西	mu^{31} ku^{31}	mu^{31} ŋɛ^{31}	mɔ^{31} nʅ^{31} mo^{31} ka^{55}	mɔ^{31} nʅ^{31}	tɔm^{55} ɕi^{55}	ɣɔ^{31} tɕiɛ^{33}	tɔm^{55} ɕi^{33}
588	桌子	tsa^{55} tsʅ^{33}	tsa^{55} tsʅ^{33}	tɑ^{55} tʂɤ^{33}	tsa^{55} tsʅ^{33}	tsɔ^{31} tsʅ^{33}	tsɔ^{31} tsʅ^{33}	tsuo^{31} tsʅ^{33}
589	凳子	tm^{31} thɛ^{55}	to^{31} thɛ^{55}	to^{31} thɛ^{55}	tsʅ^{31} thɛ^{55}	pan^{33} tɛn^{24}	ku^{31} tɔm^{55}	paŋ^{33} tɛ^{55}
590	椅子	khɔ^{55} tɛ^{55}	khɔ^{55} ẓʅ^{31}	ẓʅ^{33} tsʅ^{55}	khɔ^{55} ẓʅ^{31}	khɔ^{24} ẓʅ^{33}	ẓʅ^{33} tsʅ^{31}	khɔ^{55} ẓʅ^{31}
591	床	ẓy^{31} ɣa^{55} / m^{31} tha^{31}	ɣɤ^{31} tha^{31}	v^{31} xa^{55}	ẓia^{55}	tshuan^{31}	tɕhyi^{31}	tshua^{31}
592	箱子	paŋ^{31} ɕaŋ^{33}	mu^{31} ɕia^{33}	py^{31} khɤ^{33} / ɕia^{55} ɕia^{55}	ɕia^{55} tsʅ^{33}	ɕian^{55} tsʅ^{33}	pɛ^{55} ɕiɔŋ^{55}	paŋ^{33} ɕaŋ^{55}
593	盒子	xɔ^{33} tsʅ^{33}	xɔ^{31} xɔ^{33}	xɔ^{31} xɔ^{55}	tsa^{55} pɔ^{33}	xɔ^{31} xɔ^{55}	pɛ^{55} ka^{33}	xɔ^{31} tsʅ^{33}
594	盆	pa^{33} xɔ^{31}	phɛ^{31}	pa^{31} to^{31}	lo^{31} pi^{55}	phɛn^{31}	paŋ^{313}	phɛŋ^{31}
595	脸盆	ma^{33} tv^{31} pa^{33} xɔ^{31}	ɕi^{31} li^{31} phɛ^{31}	pa^{31} to^{31}	ma^{33} phɛ^{31} lo^{31} pi^{55}	ɕi^{33} liɛn^{33} phɛn^{31}	sɛ^{33} mi^{31} tu^{33} paŋ^{313}	ɕi^{33} liɛ^{33} phɛŋ^{31}
596	肥皂	fɛi^{31} tsɔ^{55}	fɛi^{31} tsɔ^{55}	fɛi^{31} tsɔ^{55}	tshɑ^{31} piɑ^{33}	fɛi^{31} tsɔ^{24}	fɛ^{31} tsɔ^{55} / xɛ^{31} tsɔ^{55}	fɛi^{31} tsɔ^{55}
597	镜子	tsa^{31} fv^{33}	tsɑ^{31} pɑ^{33}	tsɑ^{31} pɑ^{33}	phɛ^{31} ti^{31}	tɕin^{24} tsʅ^{33}	kɛr^{33} pɛ^{55}	tsa^{31} fv^{33}
598	玻璃	po^{55} li^{31}	po^{55} li^{31}	po^{55} li^{31}	po^{55} li^{31}	po^{55} li^{31}	po^{55} li^{313}	po^{55} li^{31}
599	刷子	sua^{31} tsʅ^{33}	sua^{31} tsʅ^{33}	sua^{31} tsʅ^{33}	sua^{31} tsʅ^{33}	sua^{31} tsʅ^{33}	ʂua^{31} tsʅ^{33}	sua^{31} tsʅ^{33}
600	扫帚	ẓa^{33} phv^{55}	tsa^{33} phu^{55}	ẓa^{33} fv^{55}	ẓia^{33} pha^{55}	sɔ^{24} pa^{33}	tʂuɛ^{53}	so^{33} pa^{33}
601	灯	tiɛ^{55} tɛŋ^{33}	tɛ^{55} xɔ^{31}	tɛ^{55} phɔ^{55}	tɛ^{55} tsa^{31}	tɛn^{55}	tɛ^{55}	tɛ^{55}
602	灯芯	tɛŋ^{33} ɕiŋ^{33}	mi^{31} lu^{55}	tɛn^{33} ɕin^{33}	tɛ^{55} ɕi^{55}	tɛn^{55} ɕin^{55}	tɛ^{55} si^{55}	tɛ^{55} ɕiŋ^{55}
603	灯罩	tɛŋ^{33} tsɔ^{55}	tɛ^{55} tsɔ^{55}	tɛn^{33} tsɔ^{55}	tɛ^{55} tsɔ^{314}	tɛn^{55} tsɔ^{24}	tɛ^{55} tʂɔ^{33}	tɛ^{55} ɕiŋ^{55}
604	马灯	ma^{31} tɛŋ^{33}	ma^{31} tɛ^{55}	ma^{31} tɛ^{55}	ma^{33} tɛ^{55}	ma^{33} tɛn^{55}	ma^{33} tɛ^{55}	ma^{33} tɛ^{55}
605	蜡烛	la^{31} tsv^{31}	la^{31} tʂɤ^{31}	la^{31} tʂɤ^{31}	la^{31} tsu^{31}	la^{31} tsu^{31}	la^{55} tʂu^{55}	la^{31} tsu^{31}
606	灯笼	tɛŋ^{33} lm^{33}	tɛ^{55} lɔn^{55}	tɛ^{55} lɔn^{55}	tɛ^{55} lɔ^{55}	tɛn^{55} lɔm^{55}	tɛ^{55} phu^{55}	tɛ^{55} lɔm^{55}
607	柴	a^{31} tsa^{31}	mi^{31} tsa^{31}	mi^{31} tsa^{31}	ẓʅ^{31} tsɑ^{31}	tshɛ^{31}	sin^{55}	tshɛ^{31}

608	（燃着的）火炭	xɣ^{31}tsɿ^{33}	mi^{31}tsa^{33}xɔ^{31}tɕi^{33}	mi^{31}tsɿ^{55}	xo^{33}than^{24}	xui^{33}than^{31}	xo^{33}thaŋ^{55}
609	火柴	xo^{31}tshɛ^{31}/ʑa^{31}tshɛ^{31}	ʑa^{31}tshɛ^{31}	ʑia^{31}tshɛ^{31}	xo^{33}tshɛ^{31}	ʑia^{31}tshɛ^{313}	xo^{33}tshɛ^{31}
610	香柱	ɕaŋ^{33}tsɿ̃^{55}	ɕia^{33}tsu^{55}	ɕia^{55}	ɕian^{55}	ɕiɔŋ^{55}	ɕa^{55}
611	垃圾	ʑa^{33}phɔ^{31}/tsa^{33}tsa^{33}	tsa^{33}tsa^{33}	me^{55}ɣo^{55}ʑa^{33}phi^{31}	fen^{24}tshɔ^{33}/la^{55}tɕi^{31}	xo^{31}pɛ^{31}xo^{31}ʂɿ^{33}	tsa^{33}tsa^{33}
612	油漆	tɕhi^{31}	tɕhi^{31}	tɕhi^{31}	ʑia^{31}tɕhi^{31}	tɕhi^{53}	tɕhi^{31}
613	灶	ʑy^{31}tv^{31}	phu^{33}tu^{31}	fv^{31}tv^{31}	tsɔ^{24}	tʂɔ^{53}	tsɔ^{55}
614	铝锅	ʑa^{31}ko^{55}	lui^{31}ko^{55}	lui^{31}ko^{55}	lui^{33}ko^{55}	lui^{33}ko^{55}	lui^{31}ko^{33}
615	炒菜锅	sy^{55}ʑy^{31}	so^{55}xa^{33}	ɕe^{55}wa^{33}	tshɔ^{33}tsɛ^{24}ko^{55}	thɛ^{33}ko^{55}	tsho^{31}ko^{33}
616	盖子	sy^{31}ʑy^{31}phi^{31}kha^{31}	kha^{31}phi^{31}	ko^{55}kɛ^{55}	ko^{55}kɛ^{24}/kɛ^{24}tsɿ^{33}	pe^{55}kɛ^{55}	ko^{33}kɛ^{55}
617	土锅	mi^{35}tsha^{31}y^{31}loŋ^{31}	a^{31}tsha^{31}ʑy^{31}phu^{31}	ɣo^{31}lo^{31}	thu^{33}ko^{55}	nɛ^{31}xɛɛ^{31}mɔ^{313}	thu^{31}ko^{33}
618	甑子	xo^{31}pɒŋ^{31}	sa^{31}po^{31}	ma^{31}pa^{31}	tsɛn^{24}tsɿ^{33}	a^{55}ʑɿ^{31}wuɛ^{313}	tsɛŋ^{55}tsɿ^{31}
619	甑底	xo^{31}pɒŋ^{31}-sa^{31}thv^{33}	sa^{31}po^{31}to^{31}thu^{33}	pa^{31}phi^{33}	tsɛn^{24}ti^{31}	tsɛ^{55}ti^{31}	tsɛŋ^{55}ti^{31}
620	菜刀	ma^{33}tɕɛ^{55}tshɛ^{55}tho^{33}	tshu^{33}tse	mɔ^{33}tso^{31}/ku^{31}tsha^{31} ʑɿ^{33}mo^{33}tso^{31}	tshe^{24}tɔ^{33}	i^{55}taŋ^{55}	tshe^{55}tɔ^{33}
621	砍柴刀	ma^{33}tɔ^{33}	ma^{33}kho^{31}	ta^{55}tɔ^{33}	kan^{33}tshɛ^{55}tɔ^{55}	tsɔ^{33}sin^{55}taŋ^{55}	khaŋ^{31}tɔ^{33}
622	刀把	ma^{33}tɕɛ^{55}la^{31}ʑy^{31}	a^{55}tu^{55}	a^{31}kɛ^{31}	tɔ^{55}pɒ^{24}	tɔ^{33}paʔ^{24}	tɔ^{33}pa^{55}
623	锅铲	ko^{33}tsha^{31}	ko^{33}tsha^{31}	ko^{55}tsha^{31}	ko^{55}tshan^{33}	ko^{55}tsha^{33}	ko^{55}tshaŋ^{31}
624	漏勺	tsa^{33}khv^{31}/lɣ^{55}so^{31}	la^{55}so^{31}	la^{55}so^{31}	la^{24}sɔ^{31}	la^{55}sɔ^{313}	la^{55}so^{31}
625	调羹	y^{31}tsha^{33}	khu^{31}tsha^{33}tsha^{33}ma^{31}	thiɔ^{31}kɛ^{55}	thiɔ^{31}kɛn^{55}	mi^{55}tsɔ^{31}phin^{55}	thiɔ^{31}kɛŋ^{33}
626	碗	xɔŋ^{31}ma^{31}	xo^{31}ma^{31}	lo^{31}tsho^{31}	wan^{33}	paʔ^{33}	wa^{31}
627	盘子	phaŋ^{31}tsɿ^{33}	pha^{31}pha^{33}	phaŋ^{31}phaŋ^{55}	phan^{31}phin^{55}	phaŋ^{31}tsɿ^{33}	phaŋ^{31}tsɿ^{31}
628	碟子	la^{31}ti^{31}	a^{31}tɛ^{31}ɕi^{55}tɕhi^{55}xo^{31} ma^{31}	ti^{31}tsɿ^{33}	ti^{31}tsɿ^{33}	pe^{55}kɛ^{313}	ti^{31}tsɿ^{31}
629	瓶子	ɔ^{55}ɣa^{55}	po^{55}li^{31}phi^{31}phi^{55}	kɒŋ^{55}	phin^{31}phin^{55}	pe^{55}piɛ^{313}	phiŋ^{31}tsɿ^{33}
630	筷子	tsv^{33}ta^{55}	ta^{33}ta^{55}	tsu^{55}ta^{55}	khuɛ^{24}tsɿ^{33}	tʂu^{31}	khuɛ^{55}tsɿ^{33}

序号	词	(1)	(2)	(3)	(4)	(5)	(6)	(7)
631	罐子	la^{31} tɕhe^{33}	u^{31} tshe^{55} pu^{31} ʑa^{31}	pv^{31} tʂhv^{55}	pu^{31} lie^{33}	kuan^{24} kuan^{55}	ku^{55} tsha^{33} zʅ^{313}	kue^{55}
632	坛子	thoŋ^{31} tɕhe^{23}	mu^{55} tsɔ^{33}	tsɛ^{31} phi^{31}	wa^{33} phe^{31}	than^{31} tsʅ^{33}	pe^{55} ka^{55}	tha^{31} tsʅ^{33}
633	杯子	tsha^{31} pei^{33}	sui^{31} pe^{55}	pe^{55} tsʅ^{33}	tsho^{55} lo^{55}	pei^{55} tsʅ^{33}	pe^{55} kɛ^{31}	tsha^{31} pei^{55}
634	壶	ku^{31} tɕhe^{33}	tsha^{31} fu^{31}	tʂha^{31} xɤ^{31}	tsha^{31} fu^{314}	fu^{31}	kɛ^{55} pu^{33}	tsha^{31} fu^{31}
635	缸	mu^{31} thoŋ^{31}	sui^{31} ka^{55}	ɣu^{55} tha^{55}	thaŋ^{31}	kan^{55}	lɔ^{31} kɛ^{55}	kaŋ^{55}
636	水桶	u^{55} thm^{31}	thoŋ^{31}	ɣu^{55} po^{31}	thoŋ^{31}	sui^{33} thom^{33}	ɕyi^{33} thom^{31}	sui^{33} thom^{31}
637	瓢	nu^{33} sʅ^{31}	xo^{55} phu^{31}	xo^{55} phɑ^{33}*	po^{33} pha^{33}	phio^{31}	pe^{31} phio^{55}	phio^{31}
638	三脚架	ɕe^{55} xu^{55}	se^{55} xɤ^{55}	sʅ^{55} xu^{55}	ɕi^{55} khɔ^{55}	san^{55} tɕio^{31} tɕia^{31}	ʂu^{33} kɔ^{31}	sa^{55} tɕio^{31} tɕia^{55}
639	火钳	xo^{33} tɕhe^{31}	tʂho^{33} no^{33}	tʂho^{33} no^{33}	xo^{33} tɕhie^{31}	xo^{33} tɕhie^{31}	tɕie^{313}	xo^{33} tɕhie^{31}
640	吹火筒	po^{33} pɔŋ^{31}	mi^{31} tsa^{31} xa^{31} pɔ^{31}	mɣ^{33} po^{31}	tsʅ^{33} pɔ^{31}	tshui^{55} xo^{33} thom^{55}	kɛ^{55} tʂɔŋ^{313}	xo^{33} thom^{33}
641	竹筒	u^{55} pɔŋ^{31}	ɣu^{55} po^{31}	ɣu^{55} po^{31}	u^{55} pɔŋ^{31}	tsu^{31} thom^{31}	tʂu^{33} tsɛ^{33} thɔ^{313}	tsu^{31} thom^{31}
642	提箩	la^{31} phe^{31}	tshe^{31} tu^{33}	thi^{31} tɤ^{33}	tshʅ^{31} tɤ^{55}	thi^{31} tɤ^{55}	thi^{31} tɤ^{55}	thi^{31} tɤ^{55}
643	扇子	phu^{33} sɤ^{33}	ɣa^{33} la^{31} pu^{33} sə^{31}	pɛ^{33} sɛ^{33}	le^{55} ka^{31}	san^{24} tsʅ^{33}	sɛ^{31}	sa^{55} tsʅ^{31}
644	挎包	pha^{55} thoŋ^{55}	pha^{55} thɔ^{55}	pi^{33} ʂa^{31}	khua^{55} pɔ^{33}	khuɑ^{24} pɔ^{55}	khuɑ^{55} pɔ^{33}	khuɑ^{55} pɔ^{33}
645	算盘	sua^{55} phaŋ^{31}	sua^{55} pha^{31}	sua^{55} pha^{31}	sua^{314} phhaŋ^{31}	suan^{24} phan^{31}	suɑ^{313} phɑ^{31}	suɑ^{55} phaŋ^{31}
646	秤	sa^{33} ki^{55}	sa^{33} ki^{55}	tɕi^{55}	kiŋ^{55}	tshen^{24}	tɕin^{55}	tshe^{55}
647	斗	tɕhe^{55} thoŋ^{33} xa^{33} / tɕhɤ^{31}	tshe^{55} khu^{31}	xɤ^{55} tv^{55}	teŋ^{31}	tɤ^{33}	tɤ^{33}	tɤ^{33}
648	钱	tsɣ^{31} pa^{31}	tɕi^{31} pa^{31}	fv^{55} tsʅ^{31}	tɕhie^{31} / phiɔ^{55} tsʅ^{31}	tɕhien^{31}	tɕhie^{55}	tɕhie^{31}
649	银元	phu^{55} tsʅ^{31}	phu^{55} tɕi^{31}	fɤ^{55} tsʅ^{31}	phu^{55}	ʑin^{31} khɔ^{24} tsʅ^{33}	xo^{55} tɕhie^{55}	ʑin^{31} tsʅ^{33}
650	本钱	tɕe^{31} ma^{33}	pe^{31} ma^{33}	fv^{55} tsʅ^{31}	pe^{33} tɕhie^{31}	pen^{33} tɕhien^{31}	peŋ^{31} tɕhie^{55}	pe^{31} tɕhie^{31}
651	货物	mu^{31} ku^{31}	mu^{31} ŋe^{31}	mɣ^{31} n̩i^{31}	ma^{31} n̩i^{31}	xo^{24}ɣ^{31}	xo^{33}	xo^{55} vu^{31}
652	价钱	tsʅ^{31} pa^{31} tɕa^{55} tɕhe^{31}	xa^{55} tɕhy^{55}	tɕa^{55} tɕhe^{31}	tɕia^{55} tɕhie^{31}	tɕia^{24} tɕhiɛn^{31}	pe^{55} kɛ^{31}	tɕia^{55} tɕhie^{31}
653	工钱	ɣa^{31} xa^{55} m̩ phy^{31}	mu^{31} xa^{55} ŋe^{55} phy^{31}	kɔ^{55} tɕhe^{31}	kɔ^{31} ʑiɔ^{33} thie^{31}	kom^{55} tɕhien^{31}	ʑa^{31} kɛ^{31}	koŋ^{55} tɕhe^{31}
654	利息	a^{55} ʑa^{31}	a^{55} ʑa^{31}	li^{55} ɕi^{31}	a^{31} ʑia^{31}	li^{24} ɕi^{31}	pe^{55} ɕi^{31}	li^{55} ɕi^{31}
655	债	tɕɛ^{55} tsu^{33}	tsɛ^{55} ʑa^{31}	tsɛ^{55} ʑa^{31}	tsa^{314}	tsɛ^{24}	tsa^{53}	tsa^{55}
656	欠债	tɕɛ^{55} tsu^{33} tsha^{33}	tsɛ^{55} ʑa^{31} tʂa^{31}	tsɛ^{55} ʑa^{31} tʂa^{31}	tɕhiɛn^{31} tsha^{33}	tɕhiɛn^{24} tsɛ^{24}	tʂha^{55} tsa^{53}	tsha^{55} tsa^{55}

657	尺子	tshɿ³¹ tsɿ³³	tʂhɿ³¹ tsɿ³³	tshɿ³¹ tsɿ³³	tʂhɿ³³	tshɿ³¹ tsɿ³¹
658	针	a³¹ ɣo³¹	ɣo³¹ ɣo³¹	kɛ³¹	tʂɿ⁵⁵	tsɛn³³
659	锥子	tsy⁵⁵ tsɿ³³	tsui⁵⁵ tsɿ³³	ɕi⁵⁵ li³¹	tsui⁵⁵ tsɿ³³	tsy⁵⁵ tsɿ³³
660	钉子	ti⁵⁵ tsɿ³¹	ti⁵⁵ tsɿ³³	ti⁵⁵ tsɿ³³	tɕiə̃r⁵⁵	ti⁵⁵ tsɿ³³
661	剪子	tɕɛ³¹ tɑ⁵⁵	tsɿ³¹ tɑ⁵⁵	pha⁵⁵ ȵiɛ³¹	tsɛ³¹ taŋ⁵⁵	tɕiɛ³³ tɔ⁵⁵
662	夹子	tɕa³¹ tsɿ³³	tɕa³¹ tsɿ³³	ȵia³¹ tsɿ³³	tɕia³¹ tsɿ³³	tɕia³¹ tsɿ³³
663	伞	pu⁵⁵ kha³¹	pu⁵⁵ kha³¹	thu³³ ɕi⁵⁵	saŋ⁵³	ʐy³³ sa³³
664	锁	tsy³¹ ku⁵⁵	tʂa³¹ ku⁵⁵	so³¹	tʂo³¹	so³¹
665	私人	sɿ³³ zɛ³¹	sɿ³³ zɛ³¹	sɿ³³ zɛ³¹	tsi³¹ taŋ⁵⁵	sɿ³³ ʐɛ³¹
666	钥匙	xa³¹ tm⁵⁵	thi³¹ tv⁵⁵	tshɿ³¹ ti⁵⁵	tʂo³¹ kɔ⁵⁵	ʑio³¹ sɿ³³
667	链子	sm⁵⁵ tsha³³	ʂo³³ tʂa³³	li³¹⁴ tsɿ³³	the³³ so³³	liɛ⁵⁵ tsɿ³¹
668	棍子	ka³¹ tu⁵⁵	xa³¹ tv⁵⁵	ti⁵⁵ kho³¹	tsoŋ³³ kua³³	kui⁵⁵ tsɿ³³
669	轮子	tsua⁵⁵ pha³¹	lue³³ tsɿ¹	lue³¹ tsɿ³³	tʂho⁵⁵ peʔ³³	lue³¹ tsɿ³³
670	马车	ma³¹ tshɣ³¹	ma³¹ tʂhɣ³³	mo³³ tsha³³	mər³³ tʂho⁵⁵	ma³¹ tshə³³
671	马鞍	mo³¹ ɣa³³	ma³¹ ɣa³³	mo³¹ ɣa⁵⁵ tsɿ³³	mər³³ ã⁵⁵	ma³¹ ɣaŋ³³
672	鞭子	piɛ⁵⁵ tsɿ³³	xa³¹ tv⁵⁵	mo³¹ ɣa⁵⁵ piɛ⁵⁵ tsɿ³³	piɛ⁵⁵ tsɿ³³	piɛn³³ tsɿ³¹
673	牛轭	nm³¹ khɯ³¹	la³¹ li³³	la³¹ lɛ³³	ŋa³¹³ ər³³	ȵia³¹ wa⁵⁵
674	牛鼻绳	na⁵⁵ mɛ⁵⁵ na⁵⁵ tsha³³	no⁵⁵ kho⁵⁵ a³¹ tʂhɑ³¹	nɑ⁵⁵ mi⁵⁵ nɑ⁵⁵ ɣo³¹	ŋə³¹ pi³³ ɕiər⁵⁵	ȵia³¹ pi³¹ tsɿ³³ so³¹
675	喂猪槽	ʑa³¹ tsa⁵⁵ xo³¹ lo³¹	ʑa³¹ tsa⁵⁵ xo³¹ lo³¹	va³¹ lo³¹	tɛ⁵³ ʑi³¹ tʂɿ³¹ paŋ³¹³	tsu⁵⁵ sɿ³¹ pheŋ³¹
676	轿子	pa³¹ ʑm⁵⁵	zi³³ ʑo⁵⁵	tɕiɔ⁵⁵ tsɿ³¹	tɕiɔ⁵³	tɕɔ⁵⁵ tsɿ³¹
677	浆	xo³¹ xɣ³³ tsha³³ pha³³	tshua³¹ xɣ³³ pa⁵⁵ pa⁵⁵	lo³¹ ʑia³³ ti⁵⁵ kho³¹	ʑiɛ³¹³ pi⁵⁵	xua³¹ paŋ³³
678	船	xo³¹	lu³¹ tshua³¹	lo³¹	ʑiɛ³¹³	tshua³¹
679	谷船(打谷子的工具)	ti³¹ xo³¹	ti³¹ lv³¹	tɕhe⁵⁵ tə³¹ to³¹ lo³¹	kɔ³¹ ʑiɛ³¹³	ku³¹ tshuɑ³¹
680	工具	mu³¹ ka⁵⁵	mu³¹ ȵi³¹ mu³¹ ka⁵⁵	ma³¹ ȵi³¹	kɔ³³ tɕyi⁵⁵	kɔm³³ tɕy⁵⁵
681	斧头	sm⁵⁵ tso⁵⁵	ɕo⁵⁵ tso⁵⁵	ɕiɛ⁵⁵ tso⁵⁵	pə³³ tsɿ³¹³	fv³¹ tsɿ³¹
682	锤子	ɕo³³ tshui³¹	ti³¹ fv³¹	tshui³¹ tsɿ³³	pe⁵⁵ tɕhyɛ³¹³	tshui³¹

683	凿子	tsoŋ^{31}	tso^{31}	tso^{31}	tsoŋ^{31}	tso^{31} tsʅ^{33}	tʂo^{31}	tso^{31}
684	锯子	sm^{55} zɛ^{31}	su^{55} su^{55}	sɤ^{55} sɤ^{55}	ki^{55} tsʅ^{31}	tɕi^{24} tsʅ^{33}	fɤ^{31}	tɕœy^{55} tsʅ^{31}
685	锉	tsho^{55} tsʅ^{33}	tsho^{55} tsʅ^{31}	tso^{55} tsʅ^{31}	tsho^{55} tɔ^{33}	tsho^{24} tsʅ^{33}	tʂho^{53}	tsho^{55} tsʅ^{31}
686	刨子	thui^{55} pɔ^{55}	thui^{55} pu^{55}	thui^{55} pɔ^{314}	thui^{55} pɔ^{24}	thui^{55} pɔ^{24}	thui^{55}	thui^{33} pɔ^{55}
687	钳子	tɕhe^{31} tsʅ^{33}	tɕhe^{31} tsʅ^{33}	tɕhe^{31} tsʅ^{33}	tɕhe^{31} tsʅ^{33}	tɕiɛn^{31} tsʅ^{33}	tɕhie^{31} tsʅ^{33}	tɕhie^{31} tsʅ^{33}
688	铲斗	za^{31} tsha^{33}	za^{31} tsha^{21}	za^{31} tʂha^{21}	zia^{31} tsha^{31}	tshan^{33} tsʅ^{55}	zia^{31} tsha^{33}	ʑia^{31} tshaŋ^{31}
689	墨斗	mɤ^{31} pɔŋ^{31} / mɤ^{31} tɤ^{31}	mɤ^{31} xo^{31}	mɤ^{31} tɤ^{33} xo^{31}	mɤ^{31} tɤ^{31}	mo^{31} tɤ^{33} xo^{31}	mɤ^{33} tɤ^{33} ka^{33}	mɤ^{31} tɤ^{31}
690	墨线	mɤ^{31} tɤ^{33} a^{55} tsha^{33}	mɤ^{31} xo^{31} ɕɛ^{55}	zɤ^{31} tɤ^{31} ɕɛ^{55}	mɤ^{31} tɤ^{33} khɤ^{55} miɛ^{33}	mo^{31} tɤ^{33} ɕiɛn^{24}	mo^{33} xu^{33}	mɤ^{31} ɕiɛ^{55}
691	胶	ȵu^{31} phi^{31} tɕɔ^{33}	ȵiu^{31} phi^{31} tɕɔ^{55}	tɕɔ^{55}	tɕiɔ^{55}	tɕiɔ^{55}	tɕiɔ^{55}	tɕiɔ^{33}
692	犁	nm^{31} tɕhe^{31}	nu^{31} tshe^{31}	nu^{31} tshe^{31}	ȵiu^{31} tsha^{31}	li^{31}	tɕi^{55}	li^{31}
693	铧	nm^{31} tɕhe^{31} tɕhe^{31} / sm^{55}	tshe^{31} sə^{55}	ta^{55} pha^{31}	tsha^{31} ɕi^{55}	li^{31} xua^{55}	tɕi^{55} ku^{55}	li^{31} xua^{33}
694	耙	la^{31} kha^{33}	la^{31} kha^{33}	la^{31} kha^{33}	la^{31} ka^{33}	pɑ^{24}	pɛʵ^{33}	pa^{55}
695	耙齿	la^{31} kha^{33} kha^{33} ɕɤ^{31}	kha^{33} sɛ^{31}	la^{31} kha^{33} kha^{33} sʅ^{31}	ka^{33} tsʅ^{55}	phɑ^{31} tshʅ^{31}	pɛʵ^{31} tʂhʅ^{31}	pa^{55} tshʅ^{31}
696	铁锹	sʅ^{31} tsʅ^{33} kɔ^{55}	za^{31} tsua^{31}	za^{31} tsua^{31}	zia^{31} tsua^{31}	zia^{31} tsua^{31}	sʅ^{31} tsʅ^{55} kɔ^{55}	sʅ^{31} tsʅ^{55} kɔ^{33}
697	锄头	tɕhe^{31} ɤo^{31}	tɕhe^{31} u^{31}	tʂha^{31} v^{31}	tshe^{53}	tshu^{31} tɤ^{55}	tʂu^{313}	tshu^{31} tha^{33}
698	扁担	pie^{31} ta^{55}	pie^{31} ta^{55}	kɤ^{31} ɬu^{31}	kaŋ^{31}	piɛn^{33} tan^{24}	ta^{55} tʂɔ^{33} / piɛ^{33} tɑ^{55}	piɛn^{31} taŋ^{55}
699	绳子	a^{55} tsha^{33}	a^{55} tsha^{33}	a^{55} tʂha^{33}	tɤ^{31} tʃhɔ^{33}	so^{31} tsʅ^{33}	sʅ^{53}	so^{31} tsʅ^{33}
700	麻袋	pɛ^{33} ɕu^{55}	tɛ^{55} tɛ^{55}	pha^{55} nu^{55}	mɤ^{31} pu^{55} tsaŋ^{31}	mɤ^{31} tɛ^{24}	mɤ^{31} pu^{55} nɔ^{313}	ma^{31} tɛ^{55}
701	箩筐	xa^{33} pɛ^{33}	ku^{31} la^{31}	xu^{55} tu^{55}	ku^{314} laŋ^{31}	lɔ^{31} kuan^{55}	pɛ^{55} tɑ^{55}	lo^{31} lɔ^{33}
702	木桩	xɤ^{55} ti^{31}	ta^{55} xɤ^{33}	tu^{55} xu^{55}	ti^{55} khɔ^{33} tsuaŋ^{33}	mu^{31} tsuan^{55}	tɕiɛr^{31}	mu^{31} tsuaŋ^{55}
703	背篓	khua^{55} la^{31}	xa^{55} po^{33}	xa^{33} pɛ^{33}	khɤ^{33} mɤ^{33} / khɤ^{33} tshʅ^{55}	pei^{24} lɔ^{33}	pɛ^{55} lɔŋ^{33}	pei^{55} lo^{31}
704	撮箕	tsho^{31} tɕi^{55}	pho^{55} ki^{33}	khu^{55} tshe^{55}	fɛ^{55} ki^{33}	tsho^{31} tɕi^{55}	tɕi^{55} tɕhiɛr^{55}	tsho^{31} tɕi^{33}
705	肥料	tɕɛ^{31} khu^{31} / xua^{55} fei^{31}	tsɑ^{31} khɤ^{31}	tsɛ^{31} ku^{31}	tsɛ^{31} khi^{31}	fei^{31} liɔ^{24}	tɕhi^{55}	fei^{31} liɔ^{55}
706	镰刀	lie^{31} tɔ^{55}	lie^{31} tɔ^{33}	pa^{31} lia^{31}	pɑ^{31} li^{33}	liɛn^{31} tɔ^{55}	zie^{313}	liŋ^{31} tɔ^{55}
707	弯刀	ma^{33} ɤo^{31}	ma^{33} u^{31}	ma^{33} v^{31}	wa^{55} tɔ^{55}	wan^{55} tɔ^{55}	sɛ^{55} iⁱ^{55} taŋ^{33}	suɑ^{55} tɔ^{33}

序号	汉语	方言1	方言2	方言3	方言4	方言5	方言6
708	水槽	u⁵⁵ xo³¹	ɣɯ⁵⁵ xo³¹	lo³¹ pi³¹	sui³³ tshɔ³¹	tʂhŋ³¹ə⁵⁵	sui³³ tshɔ³¹
709	碓	mi³³ tshm⁵⁵	mi³¹ tshɔ⁵⁵	tɕhe⁵⁵ me³³	tshɔm⁵⁵ tui²⁴	tuɛ⁵³	tui⁵⁵
710	臼	mi³³ xo³¹	tʂha³¹ xo³¹	tɕhe⁵⁵ kho⁵⁵	tui²⁴ tshɔ³¹	tuɛ⁵³ kə³³	tui⁵⁵ ɣo⁵⁵
711	密筛子	ɣa⁵⁵ khɑ⁵⁵ ɕi⁵⁵	tsɛ³¹ khə⁵⁵	tsɛ³¹ khə⁵⁵ khə⁵⁵ tsl⁵⁵	khan⁵⁵ sɛ	lo³¹ tɕi⁵⁵	lo³¹ sɛ⁵⁵
712	稀筛子	pa³¹ khɑ⁵⁵	tɑ³³ khɑ⁵⁵	tsɛ³¹ khə⁵⁵ khə⁵⁵ mɑ³³	la³³ sɛ⁵⁵	lo³¹ kɔ³¹ khu⁵⁵	sɛ⁵⁵ tsl³³
713	簸箕	ɣa⁵⁵ mɑ³³	ʑa⁵⁵ mɑ³³	ʑiɑ⁵⁵ mɑ³³	po³³ tɕi⁵⁵	to³¹ tɕi⁵⁵	po³¹ tɕi³³
714	(祭祀用的)小簸箕	fu³¹ phi³¹	a⁵⁵ v³³ ʑa⁵⁵ mɑ³³	pə³¹ kɣ³¹	ɕio³³ po³³ tɕi⁵⁵	se³¹ tɕi⁵⁵ tsl³³	ɕio³³ po³¹ tɕi³³
715	石磨	li³³ ki³³	ɬo³³ tɕi³³	kl³³ lɣ³³	mo²⁴	ɣui³¹	mo⁵⁵
716	织布机	nu⁵⁵ ku⁵⁵	nuu⁵⁵ ku⁵⁵	ne⁵⁵ ko⁵⁵	tsl³¹ pu²⁴ tɕi⁵⁵	tsl³¹ pu⁵⁵ tɕi³¹	tsl³¹ pu⁵⁵ tɕi³³
717	纺锤	za³³ ɣɔ⁵⁵	za³¹ v³³	u⁵⁵ ko⁵⁵	tshɔ⁵⁵ ɕiɛ²⁴ thɔ³¹	tɛ⁵⁵ xu⁵⁵ ɕiŋ⁵⁵	faŋ³³ tshui³¹
718	刀鞘	tsɛ⁵⁵ pi³³	tʂl⁵⁵ pl³³	mo³³ xi⁵⁵	to⁵⁵ kho³¹	i⁵⁵ taŋ⁵⁵ kho³¹³	to³³ kho³¹
719	枪	me³¹ pə³³	tʂhɣ⁵⁵ mu³¹	tshoŋ⁵³ / tɕhia³¹⁴	tɕhian⁵⁵	tʂhoŋ³³	tɕhaŋ⁵⁵
720	子弹	pə³³ ɕi³¹	pɣ³³ ʂl³¹ / tsl³¹ ta⁵⁵	tsl³³ tsl³¹⁴	tsl³³ tan²⁴	tsl³³ ta⁵⁵	tsl³³ taŋ⁵⁵
721	弓	kha³³	kha³³	kha⁵³	kɔm⁵⁵	tɕhiaʔ⁵³	kɔm³³
722	箭	kha³³ ta⁵⁵	kha³³ ta⁵⁵	kha⁵³	tɕiɛn²⁴	tɕhiaʔ⁶³ tɕin⁵³	tɕiɛn⁵⁵
723	炮	phɔ²⁴	phɔ⁵⁵	phɔ⁵⁵ ʑio³³ mɑ³³	phɔ²⁴	phɔ⁵⁵	ta⁵⁵ phɔ⁵⁵
724	(捕兽用的)圈套	tʂha³³ xə³¹	ʑv³³ tsv³³	kən³¹	khə²⁴ tsl³³	ʂua³¹ khə⁵⁵	kha⁵⁵ tsl³¹
725	铁夹子	thi³¹ miɔ⁵⁵	thi³¹ mɔ⁵⁵	thi³¹ tɕia³¹	thi³¹ tɕia³¹ / thi³¹ miɔ⁵⁵	lo³¹ tɕia⁵³	thi³¹ tɕia³¹
726	陷阱	tsɛ³¹ ɕi⁵⁵ ta³¹ xo³¹	ɕɛ⁵⁵ tɕi³¹	mi⁵⁵ kho⁵⁵	ɕiɛn²⁴ tɕin⁵⁵	pe⁵⁵ tɔŋ³¹	ɕiɛ⁵⁵ tɕiŋ³¹
727	火药	pə³³ tsa⁵⁵	xo³¹ zɔ³¹	xo³³ ʑio³¹⁴	xo³³ ʑiɔ³¹	ɕiʂɔ⁵⁵ʐɔ⁵⁵	xo³³ zɔ³¹
728	毒	tu³¹ zɔ³¹	tu³¹ zɔ³¹	ty³¹	tu³¹	ty³¹³	tu³¹
729	渔网	zy³¹ ua³³	ŋa³³ tɣ³³	ʑi³¹ va³¹	tsan⁵⁵ va³¹ / ʑi³¹ va³³	wa³¹	zy³¹ va³¹
730	盖子	khə³¹ phi³¹	—	khi³¹ tshl³¹	kɛ²⁴ tsl³³	pe⁵⁵ kɛ⁵⁵	kɛ⁵⁵ tsl³¹
731	钩子	kə³³ kə³³	kɣ³³ kɣ³³	ʑiɑ³³ ko³³ lɔ³³	kə⁵⁵ tsl³³	pe⁵⁵ kə³³	kə³³ kə³³
732	字	tsl²⁴	tsl⁵⁵	tsl⁵⁵	tsl²⁴	ʂu⁵⁵	tsl⁵⁵

序号	词	D1	D2	D3	D4	D5	D6	D7
733	画	xua^{55}	xua^{55}	xua^{24}	xua^{55}	xua^{55}	thu^{31} xua^{55} xua^{55}	xua^{55}
734	书	su^{55}	ʂu^{55}	su^{55}	su^{31} kɑ^{31}	so^{31} ɣa^{31}	su^{31} ɣa^{31}	su^{31} ɣa^{31}
735	本子	pɛŋ^{31}	ʂu^{55} pɛ^{31}	pen^{33} tsʅ^{55}	pɛ^{31}	so^{31} ɣa^{31}	su^{31} ɣa^{31}	su^{31} ɣa^{31}
736	笔	pi^{31}	pi^{31}	pi^{31}	pʅ^{314}	pi^{31}	pi^{31}	pi^{31}
737	墨	mɤ^{31} tsʅ^{31}	mɤ^{33} tsʅ^{55}	mo^{314}	mɤ^{314}	mɤ^{31}	mɤ^{31} tsʅ^{31}	mɤ^{31} tsʅ^{31}
738	墨水	mɤ^{31} sui^{33}	mɤ^{33} ɕyi^{55}	mɤ^{31} sui^{33}	mɤ^{31} sui^{33}	mɤ^{31} sui^{33}	mɤ^{31} sui^{33}	mɤ^{31} sui^{31}
739	话	xua^{55}	tɔ^{313}	xuɑ^{24}	tɔ^{31} pɛ^{33}	—	tɔ^{31} pa^{31}	sa^{33} tshʅ^{31}/to^{31}
740	故事	ku^{55} sʅ^{55}	ka^{31} tʂʅ^{31}	ku^{24} sʅ^{24}	ku^{33} tɕi^{55}	ku^{33} tɕi^{33} tɕia^{33}	ku^{33} tɕi^{55} tɕia^{31}	pɛ^{33} khu^{33}
741	谚语	ziɛ^{55} zɣ^{31}	—	ziɛn^{24} ʑi^{33}	ku^{31} xua^{314}	—	xa^{31} n̩^{31} to^{31} pa^{31}	to^{31+} tsɔŋ^{55}
742	笑话	ɕiɔ^{55} xuɑ^{55}	ʂua^{55} so^{31} tɔ^{313}	ɕiɔ^{24} xuɑ^{24}	ka^{31} sʅ^{55}	ɣo^{55} sʅ^{31} to^{31} pa^{31}	la^{31} ɣɤ^{33} ɕi^{55}	xa^{33} ɣui^{33}
743	谜语	mi^{31} zɣ^{31}	mi^{31} ʑyi^{33}	mi^{31} ʑi^{33}	tshɤ^{33} tshɤ^{33}	tshu^{31} tʂha^{31} tʂha^{31}	tshɤ^{55} tsa^{55} tsa^{55}	tshɔ^{31} tsha^{31} tsha^{31}
744	歌	ko^{33}	kɤ^{33}	ko^{55}	tsha^{55} ko^{33}	tsha^{55} ko^{33}	la^{55} pa^{31} zʅ^{55}	xa^{55} pa^{31}
745	山歌	sa^{33} ko^{55}	zɤ^{55} khu^{31}	san^{55} ko^{55}	sa^{55} tsʅ^{33} kia^{31}	sa^{55} tsʅ^{33} ko^{33}	la^{55} pa^{31} zʅ^{55}	xa^{55} pa^{31} zy^{55}
746	舞蹈	vu^{33} tɔ^{31}	thiɔ^{55} v^{33}	v^{33} tɔ^{33}	thiɔ^{55} ʋ^{31}	thiɔ^{55} ʋ^{33}	thiɔ^{55} u^{31} thiɔ^{55}	ɣa^{33} la^{31} tshu^{31}
747	荡秋千	ta^{31} tɕhiɜ^{33} tɕhiɜ^{55}	wuɛ^{31} tɕhiu^{31} tɕhiu^{55}	ta^{33} tɕhiɜ^{55}	tsa^{31} khu^{55} khu^{55}	a^{55} tsʅ^{33} tsʅ^{33}	a^{55} tɕu^{33} tsa^{33}	a^{55} tɕu^{33} tɕu^{33}
748	锣	lo^{31}	mɛ^{31} lo^{55}	lɔ^{31}	zia^{31}	kuʅ^{33}	py^{55} lɣ^{33}	py^{33} lɣ^{33}
749	鼓	ku^{31}	kɤ^{33}	ku^{33}	phi^{31} mɑ^{33}	ku^{33}	ka^{31} tsɤ^{55}	xu^{31} tw^{31}
750	钟	tsɔm^{33}	tsɔŋ^{55}	tsɔm^{55}	tsɔŋ^{55}	tsɔ^{55}	tsɔm^{33}	tsɔm^{55}
751	笛子	ti^{31} tsʅ^{31}	lu^{31}	thi^{31} tsʅ^{33}	tɕhi^{55} li^{55} pa^{55} thɔ^{33}	phi^{55} li^{55} phɣ^{31} lɣ^{33}	ti^{31} tsʅ^{33} mu^{55}	thi^{55} li^{55} thɔ^{31} lo^{31} / ti^{31} tsʅ^{33}
752	箫	ɕiɔ^{55}	ɕiɔ^{55}	ɕiɔ^{55}	te^{55} pɔ^{31} te^{55} lʅ^{33}	ɕiɔ^{55}	thy^{55} lɣ^{55} mu^{55} / u^{33} pɔ^{31} mu^{55}	ti^{55} ɕɔ^{55}
753	胡琴	ɛ^{55} fu^{31}	ər^{55} fɣ^{313}	xu^{31} tɕhi^{31}	ə^{314} fɣ^{31}	tɕi^{55} ko^{31} tɕi^{55} sɣ^{33}	a^{24} fu^{31}	ɛ^{55} fɣ^{31}
754	三弦	sa^{33} ɕiɛ^{31}	san^{33} ɕiɛ^{31}	san^{31} ɕiɛn^{31}	sa^{55} ɕiɛ^{31}	ɕia^{31} tsʅ^{31}	xa^{31} mu^{55} / sa^{55} ɕɛ^{31}	ti^{55} xoŋ^{31}
755	铃	liŋ^{31} ta^{33}	ti^{55} li^{55}	liŋ^{31}	tsa^{55} ɕɛ^{55} li^{55} ɕɛ^{55}	te^{55} lɛ^{55}	tsa^{55} tshu^{55}	tsa^{55} tshu^{55}
756	喇叭	la^{33} pa^{33}	xɔ^{55}	lɑ^{55} pɑ^{55} / xɔ^{24}	li^{55} lɑ^{33}	lɑ^{31} pi^{31} lɑ^{31} pa^{33}	tsha^{33} pɛ^{33}	tɕhɤ^{33} pɛ^{33}
757	神仙	sɛ^{55} ɕiɛ^{55}	sɛ^{55} n̩^{313}	sɛn^{331} ɕiɛn^{55}	sɛ^{31} ɕɛ^{55}	ɕɛ^{33} zɛ^{31}	sɛ^{31} ɕɛ^{55}	ɕɛ^{55} zɣ^{33}

758	鬼	ne³¹ xa³¹	ne³¹ xa³¹ tshi³¹ pu³¹	ne³¹ xa³¹	ɲi³¹ xa³¹	ɲiɛ³¹	kui³³	tɕyi³³	kui³¹
759	妖精	pe³³ ʑɔŋ³¹ tsɣ³¹ mo³¹	pi³³ ʑɔ³¹ tɕɣ³¹ mu³¹	pe³³ ʑʉ³³ tsl³¹ mo³¹	zɔ³³ kua⁵⁵	tsi³³ kui⁵⁵	zɔ⁵⁵ tɕin⁵⁵	ʑiɔ³³ kuɛ⁵⁵	zio³³ kuɛ⁵⁵
760	龙王	pe³³ zɔ³¹ tɕɣ³¹ mu³¹	pi³³ zo³¹ tɕɣ³¹ mu³¹	pe³³ zʉ³³ tsl³¹ mo³¹	pi³³ zio³¹	lɔm³¹ wan³¹	lɔŋ³¹ wan³¹³	lɔm³¹ wua³¹³	lɔm³¹ wa³¹
761	灵魂	zo³³ xa⁵⁵	zu³³ la⁵⁵	a⁵⁵ ɬa⁵⁵	tsho⁵⁵ la⁵⁵	lin³¹ xuɛn³¹	lin³¹ xuɛn³¹	phar³¹ mɛr³¹	liŋ³¹ xuɛ³¹
762	福气	fv³¹ tɕhi⁵⁵	fu³¹ tɕhi²⁴	fu³¹ tɕhi⁵⁵	fu³¹	fu³¹ tɕhi²⁴	fɣ³³ tɕhi⁵⁵	fv̩³³ tɕhi⁵⁵	fu³¹ tɕhi⁵⁵
763	运气	ʑi⁵⁵ tɕhi⁵⁵	ʑi⁵⁵ tɕhi⁵⁵	ʑi⁵⁵ tɕhi⁵⁵	ʑi⁵⁵ tɕhi⁵⁵	ʑin²⁴ tɕhi²⁴	ʑyn⁵⁵ tɕhi⁵⁵	ʑin⁵⁵ tɕhi⁵⁵	ʑin⁵⁵ tɕhi⁵⁵
764	力气	ɣa³¹ xa³³	a³¹ xa³³	a³¹ xa³³	ka³¹	li³¹ tɕhi²⁴	li³¹ tɕhi³³	tɕhi³³	li³¹ tɕhi⁵⁵
765	事情	sl⁵⁵ tɕhi³¹	mu³¹ xa⁵⁵	sl⁵ tɕhi³¹	mɔ³¹ ɲi³¹	sl²⁴ tɕhin³¹	sl²⁴ v³¹	sl¹ v³¹	sl⁵⁵ tɕhiŋ³¹
766	办法	pa⁵⁵ fa³¹	pa²⁴ fa³¹	pa⁵⁵ fa³¹	pa³¹⁴ fa³¹	pan²⁴ fa³¹	pe⁵⁵ fɐr⁵³	pa⁵⁵ far⁵³	pa⁵⁵ fa³¹
767	脾气	phi³¹ tɕhi⁵⁵	phi³¹ tɕhi²⁴	phi³¹ tɕhi⁵⁵	phi³¹ tshi⁵⁵	phi³¹ tɕhi²⁴	phi³¹ tɕhi⁵⁵	phi³¹ tɕhi⁵⁵	phi³¹ tɕhi⁵⁵
768	记号	tsɔŋ⁵⁵ tsha³¹	tsɔ⁵⁵ tsha³¹	tɕi⁵⁵ xɤŋ⁵⁵	tɕi⁵⁵ xɔ⁵⁵	tɕi²⁴ xɔ²⁴	ta³¹ kɛ³¹ pe⁵⁵ ʂu³¹	tɕi⁵⁵ xɔ⁵⁵	tɕi⁵⁵ xɔ⁵⁵
769	生日	pu³³ nɔ³³	pu³³ nɔ³³	ti³¹ nɯ³³	ɲi³³ ʑiɑ³¹	sɛn⁵⁵ zl³¹	sɛ³³ zl³¹	sɛ³³ zl³¹	sɛ³³ zl³¹
770	年纪	tɕho⁵⁵ xu³¹	tɕho⁵⁵ xu³¹	xɔ³¹ / sui⁵⁵	ɲiɛn³¹ tɕi²⁴	ɲiɛn³¹ tɕi²⁴	ɲi³³ ʂua³³	ɲiɛ³¹ tɕi⁵⁵	ɲiɛ³¹ tɕi⁵⁵
771	姓	tɕho⁵⁵ tsha³³	ɕi⁵⁵	ɕi⁵⁵	ɕi⁵⁵	ɕin²⁴	ɕiɛr⁵³	ɕiɛ⁵⁵	ɕiɛ⁵⁵
772	名字	tɕho⁵⁵ mi⁵⁵	tshu⁵⁵ mo⁵⁵	tshv⁵⁵ mv⁵⁵	ɔ³¹ m̩⁵⁵	min³¹ tsl²⁴	mier⁵⁵	mi³¹ tsl⁵⁵	mi³¹ tsl⁵⁵
773	痛苦	sa³¹	sa³¹	ʂa³¹	thɔ⁵⁵ khɣ³¹	thɔm²⁴ khu³³	na³¹ kɔ³³	thɔm⁵⁵ khu³¹	thɔm⁵⁵ khu³¹
774	错误	tsɔŋ⁵⁵ pa³³	tsɔ⁵⁵ pa³³	tsho⁵⁵ v⁵⁵	mi⁵⁵ tsho⁵⁵	tsho²⁴ v²⁴	tsu⁵⁵ tsho³³	tsho⁵⁵ v⁵⁵	tsho⁵⁵ v⁵⁵
775	份儿	sa³¹ ɣɔŋ⁵⁵	sa³¹ ɣu⁵⁵	mie⁵⁵ fɛ⁵⁵	tha³¹ fɛ⁵⁵	miɛn²⁴ fɛn²⁴	mie²⁴ fɛ⁵⁵	fɛ⁵⁵	fɛ⁵⁵
776	假话	ma³¹ tɕɣ⁵⁵ sa³³ tsl³¹	xa⁵⁵ tɛ³³	khu³¹ tɕi³¹	no⁵⁵ kɛ³¹	tɕia³³ xuɑ²⁴	tɕia³¹ xuɑ³¹³	tɕia³¹ xuɑ⁵⁵	tɕia³¹ xuɑ⁵⁵
777	裂缝	mi⁵⁵ pɛ³¹	zu³³ pi³¹	mɛ⁵⁵ pi³¹	pa³³ khɛ⁵⁵	liɛ³¹ fɔm²⁴	pe⁵⁵ per⁵⁵	fɔ⁵⁵ fo	fɔ⁵⁵ fo
778	挖掘	tsha³³ ɕi³¹ sl³¹	tsha³³ ɕi³¹ ɕi³¹	tʂha³³ ɕi³¹ ɕi³¹	tsha³³ thi³¹ thi³¹	tɕi³¹ kɛ³¹ tɔ⁵⁵	te³³ pe⁵⁵ te³³	ɕi³¹ kɛ³¹ ta³³	ɕi³¹ kɛ³¹ ta³³
779	痕迹	pha³¹ ɣa⁵⁵	pha³¹ ɣa⁵⁵	pha³¹ ɣa⁵⁵	a³¹ ʑiɑ⁵⁵	ʑin²⁴ tsl³³	pe⁵⁵ tha⁵⁵ pe⁵⁵ ɣɛr³¹	xɛ³¹ tɕi³¹	xɛ³¹ tɕi³¹
780	样子	za⁵⁵ tsl³¹	za⁵⁵ tsl³¹	za⁵⁵ tsl³¹	ʑia³¹⁴ tsl³¹	ʑian²⁴ tsl³³	pe⁵⁵ ʑio³¹	zia⁵⁵ tsl³¹	zia⁵⁵ tsl³¹
781	影子	a⁵⁵ pa⁵⁵	a⁵⁵ pa⁵⁵ la⁵⁵ ba⁵⁵	a⁵⁵ pa⁵⁵ la⁵⁵ pa⁵⁵	tsho³¹ kha³¹ la³¹ ɲi⁵⁵	zian³³ tsl⁵⁵	a⁵⁵ par³¹	ziŋ³¹ tsl³³	ziŋ³¹ tsl³³
782	梦	ma³³ tho³³	ma³³ to³³	ma³³ mi⁵⁵	ma³³	mɔn²⁴	mɔn⁵⁵	mɔm⁵⁵	mom⁵⁵
783	好处	mu³¹ ɣa⁵⁵ / xɔ³¹ tshu⁵⁵	me³¹	mu³¹ xa⁵⁵	me³³	xɔ³³ tshu²⁴	xɔ³³ tshu³¹	xɛ³³ tshu⁵⁵	xa³¹ tshu⁵⁵

序号	词							
784	方向	pu^{31}	po^{33}	fa^{55}ɕia^{55}	fa^{33}ɕia^{55}	fan^{55}ɕian^{24}	pi^{31}piɔ^{33}	faŋ^{33}ɕia^{55}
785	东方	nu^{55}tv^{33}a^{55}xɛ^{31}	nu^{55}ma^{33}ta^{33}ta^{33}xɛ^{31}	nu^{55}ta^{33}fu^{33}a^{33}	toŋ^{55}faŋ^{55}	tom^{55}fan^{55}	ɲi^{33}tʂhi^{33}pho^{33}	tom^{33}faŋ^{55}
786	西方	nu^{55}ka^{33}a^{31}ɣa^{55}	nu^{55}ma^{33}to^{33}xɛ^{31}	nu^{55}ka^{33}fu^{31}a^{33}	ɕi^{55}faŋ^{55}	ɕi^{55}fan^{55}	ɲi^{33}luɛ^{33}pho^{33}	ɕi^{55}faŋ^{55}
787	中间	ɣɔ^{55}tʂhl^{33}	ɣɔ^{55}tɕhi^{33}	o^{55}lo^{55}tshe^{33}	a^{31}kɔ^{33}li^{55}	tsɔm^{55}tɕhiɛn^{55}	pe^{55}ɕin^{55}ɕin^{55}	tsɔm^{33}tɕiɛ^{33}
788	前边	la^{55}fv^{33}pa^{33}	ka^{55}fu^{31}	ka^{33}v^{33}fu^{31}a^{33}	kɔ^{33}xo^{33}a^{33}	tɕhien^{31}pien^{55}	tə^{31}mu^{55}piɔ^{33}	tɕhie^{31}piɛn^{55}
789	后边	ɣa^{31}nɔ^{55}pu^{31}	ka^{31}nɔ^{55}	kɔ^{31}nɔ^{33}li^{55}a^{33}	kɔ^{31}nɔ^{33}li^{55}a^{33}	xɔ^{24}thə^{55}	xa^{31}tie^{33}piɔ^{33}	xɔ^{55}piɛn^{55}
790	左边	tsa^{31}tsho^{55}	la^{31}phu^{33}po^{33}	la^{31}miɛ^{31}	la^{31}miɛ^{31}	tsɔ^{33}piɛn^{55}	tɕia^{33}sə^{33}piɔ^{33}	tsɔ^{31}piɛn^{33}
791	右边	tsa^{55}zɤ^{31}	la^{31}kɔ^{55}po^{33}	la^{31}tha^{31}	la^{31}tha^{31}	zia^{24}piɛn^{55}	tɕin^{33}sə^{33}piɔ^{33}	zia^{55}piɛn^{33}
792	旁边	pa^{31}tɕɛ^{55}pu^{31}	pa^{55}tse^{55}po^{33}	a^{31}pa^{55}li^{55}a^{33}	a^{31}pa^{55}li^{5}a^{33}	phan^{31}pien^{55}	piɔ^{33}mo^{55}/pe^{55}tsuɛn^{31}	paŋ^{31}piɛn^{55}
793	上面	a^{55}tha^{31}	a^{31}tha^{33}po^{33}	i^{55}tha^{31}fu^{31}a^{33}	i^{31}khɔ^{55}a^{33}	san^{55}thə^{55}	pe^{55}tɔ^{33}piɔ^{33}	sa^{55}miɛ^{55}
794	下面	a^{55}ɣɔ^{31}	a^{55}ɣɔ^{33}po^{33}	i^{55}ma^{33}fu^{31}a^{33}	a^{31}va^{33}	ɕia^{24}thə^{55}	pe^{55}ŋər^{33}piɔ^{33}	ɕia^{55}miɛ^{55}
795	里边	ɣɔ^{55}tshl^{33}pu^{31}	xo^{55}lo^{55}po^{31}	xo^{55}li^{55}a^{33}	a^{31}kɔ^{55}li^{55}a^{33}	li^{33}thə^{55}	pe^{55}pu^{33}tɔ^{33}	li^{33}piɛn^{55}
796	外边	ɲi^{55}tv^{33}	ɲi^{55}tu^{33}po^{33}	xo^{55}tha^{33}fu^{31}a^{33}	a^{31}ɲi^{55}li^{55}a^{33}	wue^{24}thə^{55}	pe^{55}me^{31}mu^{55}	we^{55}piɛn^{33}
797	角儿	la^{31}khɤ^{55}	ka^{31}lo^{33}	ɣo^{31}lɔ^{33}	ka^{55}lɔ^{33}	ko^{31}lo^{55}	pe^{55}ku^{33}	kɔ^{31}lo^{33}
798	尖儿	ta^{55}tɕhe^{55}	u^{31}tu^{31}tu^{31}tshe^{33}	ta^{55}tʃhl^{33}	ta^{55}tɕhie^{33}	tɕie^{55}tɕie^{33}	pe^{55}tɕɤyi	tɕie^{55}tɕie^{55}
799	边儿	a^{55}po^{55}	tɔ^{31}tsa^{31}	pa^{55}tse^{55}	ɔ^{31}tsɔ^{31}/zia^{55}tɕie^{55}	pien^{55}pien^{55}	pe^{55}tsuɛn^{31}	piɛn^{33}piɛn^{33}
800	附近	pa^{31}tɕɛ^{55}pu^{31}	ɲi^{31}xɛ^{33}nɛ^{33}	ka^{55}tsɛ^{55}ɲi^{31}	ɣɛ^{55}/ɔ^{31}tɕie^{55}tɕie^{55}	fu^{24}tɕin^{24}	nɔ^{31}tɔŋ^{31}	fu^{55}tɕin^{33}
801	底下	a^{55}ɣɔ^{31}pu^{31}	a^{31}ɣɔ^{33}po^{33}	i^{55}ma^{33}fu^{31}a^{33}	a^{31}va^{33}	ti^{33}ɕia^{55}	pe^{55}ti^{33}	ti^{33}ɕia^{55}
802	界线	tshɔ^{31}kha^{31}mi^{55}kha^{31}	pi^{33}kɛ^{55}	kɛ^{31}ɕɛ^{55}	kɔ^{31}kɛ^{55}	kɛ^{24}ɕɛ^{24}	kɛ^{55}ɕie^{55}	kɛ^{55}ɕie^{55}
803	上方	lo^{55}ɣ̩^{31}	lu^{55}u^{31}	lo^{55}u^{31}	a^{31}tha^{33}	san^{24}fan^{55}	kɔ^{55}tə^{313}	saŋ^{55}faŋ^{33}
804	下方	lo^{55}mi^{31}	lu^{55}mi^{31}	lo^{55}mi^{31}	a^{31}va^{33}	ɕia^{24}fan^{55}	kɔ^{55}mi^{33}	ɕia^{55}faŋ^{33}
805	上	xu^{55}tha^{31}pu^{31}	xo^{55}tha^{31}	a^{31}tha^{33}	zio^{31}kho^{55}a^{33}	san^{24}	tɔ^{33}	saŋ^{55}
806	下	xu^{55}ɣ̩^{31}pu^{31}	xo^{55}ɣo^{31}	v^{31}	a^{31}va^{33}	ɕia^{24}	ŋɛr^{33}	ɕia^{55}
807	天上	m̩^{31}ma^{33}xu^{55}ɣ̩^{31}	m̩^{31}ma^{33}pa^{33}tha^{33}	mi^{31}tha^{31}	mi^{31}tha^{31}	thien^{55}san^{24}	xɛ^{55}tɔ^{33}	thie^{33}saŋ^{55}
808	天下	m̩^{31}ma^{33}xu^{55}ɣ̩^{31}	m̩^{31}ma^{33}xo^{55}ɣo^{31}	o^{31}v^{31}	mi^{55}tshɑ^{31}	thien^{55}ti^{33}ɕia^{55}	xɛ^{55}ŋɛr^{33}	thie^{33}ɕa^{55}
809	以上	tɣ^{55}na^{33}	zi^{31}sa^{55}	i^{55}tha^{33}	a^{31}tha^{33}	zi^{33}san^{24}	na^{31}kɔ^{31}pe^{55}tɔ^{33}	zi^{33}saŋ^{55}

810	以下	tɣ³³kɯ³³	zi³¹ɕia⁵⁵	i⁵⁵ma³³	a³¹va³³	zi³³ɕia²⁴	na³¹kɔ⁵⁵pe⁵⁵ŋer³³	zi³¹ɕia⁵⁵
811	现在	za³¹mu⁵⁵	zia³¹mɯ⁵⁵	za³¹mu⁵⁵	zio³¹mu⁵⁵	ɕien²⁴tse²⁴	na³¹khe⁵⁵tʂho³³	ɕie⁵⁵tse⁵⁵
812	时间	sʅ³¹tɕɛ⁵⁵	sʅ³¹tɕɛ⁵⁵	sʅ³¹tɕie⁵⁵	sʅ³¹tɕie⁵⁵	sʅ³¹tɕien⁵⁵	ɲi³³ɕier³³	sʅ³¹tɕie³³
813	时候	fɣ³³	te³¹	thɣ³³	sʅ³¹xə³¹⁴	sʅ³¹xə²⁴	pi³¹tʂho³³	sʅ³¹xə⁵⁵
814	今天	za³¹nɔ³³	zia³¹nɔ³³	za³¹nɯ³³	zio³¹ɲi³³	zio³¹ɲi³³	ka⁵⁵ɕier³³	tɕin³³thie³³
815	昨天	mi⁵⁵nɔ³³	mi⁵⁵nɔ³³	mi⁵⁵nɔ³³	zʅ³¹ɲi³³	zʅ³¹ɲi³³	tɕi³¹ɕier³³	tso³¹thie³³
816	前天	sʅ³¹mi⁵⁵sʅ⁵⁵fv³¹nɔ³³	ɕɣ³¹mi⁵⁵nɔ³³	ɕɣ³¹mi⁵⁵nɯ³³	sʅ³¹ɲi³³	tɕien³¹zʅ⁵⁵	tsoŋ³³ɕier³³	tɕhie³¹thie⁵⁵
817	大前天	ɕɣ⁵⁵u³¹nɔ³³	ɕɣ⁵⁵u³¹nɔ³³	sʅ³¹ɲi³³xu³³	sʅ³¹ɲi³³xu³³	tɑ³³tɕhien³¹zʅ⁵⁵	tsoŋ⁵⁵tsoŋ³³ɕier³³	tɑ⁵⁵tɕhie³¹thie⁵⁵
818	明天	na³³ɕo³¹	na³³ɕo³¹	na³³ɕo³¹	na³³mu⁵⁵su³¹	mi³¹zʅ⁵⁵	pa⁵⁵ɕier³³	mi³¹thie³³
819	明早	na³³ɕo³¹m³¹ɕo³¹	na³³ɕo³¹ɣo³¹ɕo³¹	na³³ɕo³¹ɣo³¹ɕo³¹	a³¹mu⁵⁵zi³³su³³na³¹na³³	min³¹zʅ⁵⁵tso³³sɛn⁵⁵	pa⁵⁵ɕier³³tə³¹³	xə⁵⁵thie³³
820	后天	sa⁵⁵phy³¹nɔ³³	sa⁵⁵phy³¹nɔ³³	sa⁵⁵phe³¹nɯ³³	sa⁵⁵phie³³na³³	xə²²⁴zʅ⁵⁵	a³¹tɕin³³ɕier³³	xə⁵⁵thie³³
821	大后天	phy³¹ɣa⁵⁵nɔ³³	a³¹phy³¹nɔ³³	a³¹phy³¹nɔ³³	o³¹phie³³na³¹na³³	tɑ²⁴za²⁴zʅ⁵⁵	a³¹mər⁵⁵mər⁵⁵ɕier³³	tɑ⁵⁵xə⁵⁵thie³³
822	今晚	za³¹mi⁵⁵	zia³¹mi⁵⁵ɱ³¹khi³¹	za³¹mi⁵⁵	zia³¹mi⁵⁵me³¹khe³³	tsʅ⁵⁵zʅ⁵⁵wan⁵⁵	ka⁵⁵ɕier³³zio³¹khe³¹	tɕin⁵⁵wan³¹
823	明晚	na³³ɕo³¹m³¹khi³¹	na³³su³¹m³¹khi³¹	na³³tɕhi³¹	zʅ³¹ɲi³³me³¹khe³³	mi³¹zʅ⁵⁵wan³³sɛn⁵⁵	pa⁵⁵ɕier³³zio³¹khe³¹	mi³¹wan³¹
824	昨晚	mi⁵⁵khi³¹	mi⁵⁵khi³¹	mi⁵⁵tɕhi³¹	zʅ³¹ɲi³³me³¹khe³³	tso³¹zʅ⁵⁵wan³³sɛn⁵⁵	tɕi³¹ɕier³³zio³¹khe³¹	tso³¹wan³¹
825	白天	ɣə³¹nɔ³³	ɣə³¹nɔ³³	ɣo³¹nɯ³³	ɲi³³khu⁵⁵tu⁵⁵lu⁵⁵	pa³¹zʅ⁵⁵wan³³thien⁵⁵	ɲi³³khe³¹	pə³¹thie³³
826	早晨	m³¹ɕo³¹	l⁵⁵su³¹	l⁵⁵sɣ³¹	na³¹na³³	tso³³san²⁴	fe⁵⁵tsɔ⁵⁵tə³¹³	tsɔ³³saŋ⁵⁵
827	黎明	m³¹pa³³pa³³tsu⁵⁵	u³¹pa³³pa³³tsu⁵⁵	zo³¹pa³³pa³³la⁵⁵	khi⁵⁵li⁵⁵khə³¹la³¹	tsɔ³³sɛn⁵⁵tɕi⁵⁵	pi³¹li⁵⁵po³¹lo³³	li³¹mi³¹
828	中午	nɔ³³ɣɔ³¹ɣɔ⁵⁵tɯ⁵⁵	zo³¹pa³³nɯ³³	zo³¹nɯ³³	ɲi⁵⁵kho⁵⁵	pə³¹zʅ⁵⁵	ɲi³³khə³¹	tsom⁵⁵ɣ³³
829	下午	m³¹khi³³pa³³	ɕia³¹v³³	ɕia⁵⁵v³³	ɲi⁵⁵kho⁵⁵	ɕia²⁴ɣ⁵⁵	ɣɔ³¹fe⁵⁵	ɕia⁵⁵ɣ³³
830	黄昏	nu⁵⁵ma³³ka³³sʅ⁵⁵me³¹	ŋ³¹khi³¹khi³¹khi³¹ka³³	tɕhi³¹v³¹	khi⁵⁵li⁵⁵khə³¹la³¹	the²⁴zian³¹lo³¹	pie³¹xə³³lo³¹	xua³¹xuɛn³¹
831	晚上	m³¹khi³³	ŋ³¹khi³¹	ɣø³¹tɕhi³¹	mie³¹khe³¹	wan³³sɛn⁵⁵	zio³¹khe³¹	wan³³saŋ⁵⁵
832	半夜	su⁵⁵ɣoŋ⁵⁵	pa⁵⁵zʅ²⁴sa⁵⁵ke⁵⁵	ɣo³¹tɕhi³¹sa⁵⁵mi⁵⁵	pa⁵⁵zʅ⁵⁵	pan²⁴ʑie²⁴	par³¹ʑio³¹	pa⁵⁵ʑi⁵⁵
833	（属）鼠	fv³³xu³¹	fɣ³³	fv³³	fv³³	tshu³³	su³³	tshu³³
834	（属）牛	nm³¹xu³¹	nu³¹	nu³¹	niu³¹	ŋə³¹³	ŋə³¹³	ɳa³¹

No.	词	1	2	3	4	5	6	7
835	（属）虎	xa³¹xu³¹	xa³¹xu³¹	xa³¹la³¹	la³¹	lɔ³¹³	fu³³	fu³³
836	（属）兔	li⁵⁵xu³¹	thu³¹la³³	thv³¹ɬa³³	tho³¹la³³	tho⁵⁵lɔ³³	thu²⁴	thu⁵⁵
837	（属）龙	lɔŋ³¹	lo³¹	lo³¹	pi³³ʑia³¹	lɔŋ³¹³	lɔm³¹	lɔm³¹
838	（属）蛇	ɕe⁵⁵	se⁵⁵	se⁵⁵	se³¹	tɕhyi³³	sə³¹	sə³¹
839	（属）马	mo³¹	mo³¹	mo³¹	mo³¹	mɐr³³	ma³³	ma³¹
840	（属）羊	ʑo⁵⁵	zu⁵⁵	ʑu⁵⁵	ʑiu⁵⁵	ʑioŋ³¹³	ʑian³¹	ʑiaŋ³¹
841	（属）猴	mu³¹	mu³¹	mv³¹	mv³¹	lɔŋ³¹ʂua⁵⁵／a⁵⁵nu³¹	xə³¹	xə³¹
842	（属）鸡	xa³³	xa³³	za³³	za³³	ke⁵⁵	tɕi⁵⁵	tɕi⁵⁵
843	（属）狗	khu³¹	khə³¹	khu³¹	khu³¹	khuaŋ³³	kə³¹	kə³³
844	（属）猪	ɣa³¹	ɣa³¹	ʑa³¹	va³¹	tɛ⁵³	tsu⁵⁵	tsu⁵⁵
845	日子	no³³xa³¹	no³³	zৃ³¹tsৃ³³	ʑia³¹	nʲi³³ɕɐr³³	zৃ³¹tsৃ³³	zৃ³¹tsৃ³³
846	初一	thi³¹xa³¹	tɕhi³¹xa³¹	tɕhi³¹xa³¹	the³¹ʑia³¹	ŋo⁵⁵i³³	tshu³³ʑi³¹	tshu³³ʑi³¹
847	初二	ni³¹xa³¹	nʲi³¹xa³³	nʲi³¹ʑi³³	nʲie³¹ʑia³¹	ŋo⁵⁵nɛ³¹³	tshu⁵⁵ɛ²⁴	tshu⁵⁵ɛ⁵⁵
848	初三	sm⁵⁵xa³¹	ʂə⁵⁵xa³¹	ʂo³¹ʑi³³	ɕi⁵⁵ʑia³¹	ŋo⁵⁵san⁵⁵	tshu⁵⁵san⁵⁵	tshu³³sa³³
849	初五	ŋa³¹xa³³	ŋa³¹xa³³	ŋa³¹ʑi³³	ŋa³¹ʑia³¹	ŋo⁵⁵ŋa³³	tshu⁵⁵ɣ³³	tshu³³ɣ
850	初十	tɕhe⁵⁵xa³¹	tshe⁵⁵xa³¹	tshe⁵⁵ʑia³¹	tshe⁵⁵ʑia³¹	ŋo⁵⁵sৃ³¹	tshu⁵⁵sৃ³¹	tshu³³sৃ³¹
851	十一日	tɕhe⁵⁵thi³¹xa³¹	tshe⁵⁵tɕhi³¹xa³¹	tshe⁵⁵tho³¹ʑia³¹	tshe⁵⁵the³¹ʑia³¹	tsৃ³¹ʑi³³	sৃ³¹ʑi³¹xɔ²⁴	sৃ³¹ʑi³¹
852	十五日	tɕhe⁵⁵ŋa³¹xa³¹	tshe⁵⁵ŋa³¹xa³³	tshe⁵⁵ŋa³¹xa³³	tshe⁵⁵ŋa³¹ʑia³¹	tsৃ³¹ŋo³³	sৃ³¹ɣ³³xɔ²⁴	s³¹ɣ³³
853	十六日	tɕhe⁵⁵khv³¹xa³¹	tshe⁵⁵ku³¹xa³¹	tshe⁵⁵kha³¹xa³³	tshe⁵⁵khu³¹ʑia³¹	tsৃ³¹fɣ³³	sৃ³¹lu³¹xɔ²⁴	sৃ³¹lu³¹
854	三十日	sm³¹tɕhe⁵⁵xa³¹	ʂo³¹tshe⁵⁵xa³¹	ʂo³¹tshe⁵⁵xa³³	ɕi³¹tshe⁵⁵ʑia³¹	san⁵⁵tsৃ³¹	san⁵⁵sৃ³¹xɔ²⁴	sa³³sৃ³¹
855	月	pa³³xa³³	ɕi³¹	zɛ³¹	pa³³la³³	ŋua³³	ʑiɛ³¹	ʑyɛ³¹
856	一月	tsɛŋ⁵⁵ʑy⁵⁵	tsɛŋ²⁴ʑyɛ³¹	tɕhi³¹ʑi³³	the³¹la³³	tsa⁵⁵ŋua³³	tsɛn²⁴ʑiɛ³¹	tsɛŋ⁵⁵ʑyɛ³¹
857	二月	ɣ⁵⁵ʑy³³	a²⁴ʑyɛ³¹	nʲi³¹ʑi³³	nʲie³¹la³³	zᵤ³¹ŋua³³	ɛ²⁴ʑiɛ³¹	ə⁵⁵ʑyɛ³¹
858	三月	sa⁵⁵ʑy⁵⁵	sa⁵⁵ʑyɛ³¹	ʂo³¹ʑi³³	ɕi³¹la³³	san⁵⁵ŋua³³	san⁵⁵ʑiɛ³¹	sa⁵⁵ʑyɛ³¹
859	四月	sৃ⁵⁵ʑy⁵⁵	sৃ²⁴ʑyɛ³¹	li³¹ʑi³³	li³¹la³³	si³³ŋua³³	sৃ²⁴ʑiɛ³¹	sৃ⁵⁵ʑyɛ³¹
860	五月	v³¹ʑy⁵⁵	u³³ʑyɛ³¹	ŋa³¹ʑi³³	ŋa³¹la³³	ŋa³³ŋua³³	v³³ʑiɛ³¹	v³¹ʑyɛ³¹

861	六月	lv³¹ʑy⁵⁵	liu³¹ʑyɛ³¹	khɑ³¹ʑɿ³³	khʊ³¹lɑ³³	lu³¹ʑiɛ³¹	fv³³ŋua³³	lu³¹ʑyɛ³¹
862	七月	tɕhi³¹ʑy⁵⁵	tɕhi³¹ʑyɛ³¹	sʅ³¹ʑɿ³³	sʅ³¹lɑ³³	tɕhi³¹ʑiɛ³¹	tɕhi³³ŋua³³	tɕhi³¹ʑyɛ³¹
863	八月	pa³¹ʑy⁵⁵	pa³¹ʑyɛ³¹	xɛ³¹ʑɿ³³	xɛ³¹lɑ³³	pa³¹ʑiɛ³¹	pia³³ŋua³³	pa³¹ʑyɛ³¹
864	九月	tɕɤ³³ʑy⁵⁵	tɕiə³³ʑyɛ³¹	ɣo³¹ʑɿ³³	kɿ³¹lɑ³³	tɕiə³³ʑiɛ³¹	tɕiə³³ŋua³³	tɕiə³³ʑyɛ³¹
865	十月	sʅ³¹ʑy⁵⁵	sʅ³¹ʑyɛ³¹	tshe⁵⁵ʑɿ³³	tsha⁵⁵lɑ³³	sʅ³¹ʑiɛ³¹	tʂʅ³¹ŋua³³	sʅ³¹ʑyɛ³¹
866	十一月	toŋ⁵⁵ʑy⁵⁵	toŋ⁵⁵ʑyɛ³¹	tshe⁵⁵tɕhi³¹ʑɿ³³	tshe⁵⁵the³¹lɑ³³	sʅ³¹ʑɿ³¹ʑiɛ³¹	tsʅ³¹ʑɿ³¹iʔ³³ŋua³³	tɔm³³ʑyɛ³¹
867	十二月	la³¹ʑy⁵⁵	la³¹ʑyɛ³¹	tshe⁵⁵ȵɿ³¹lɑ³³	tshe³¹ȵie³¹lɑ³³	sʅ³¹ɛ²⁴ʑiɛ³¹	tsʅ³¹nɛ³³ŋua³³	la³¹ʑyɛ³¹
868	闰月	pa³³xa³³xu³¹	la³³xə³¹	ɬɑ³³tsɛ³¹	pa³³lɑ³³v³¹khi³¹	ʑiɛ²⁴ʑiɛ³¹	ʑia³³ŋua³³	zue⁵⁵ʑyɛ³¹
869	平月	pa³³xa³³ȵɿ⁵⁵	la³³ni⁵⁵	ɬɑ³³ɕi³¹	phi³¹ʑiɛ³¹	phin³¹ʑiɛ³¹	sʅ³¹ŋua³³	phiŋ³¹ʑyɛ³¹
870	月初	xa³³ɣ³¹	la³³ti³¹	ma⁵⁵ʂɤ³¹pa³³ɬɑ³³		ʑiɛ³¹tshu⁵⁵	ŋua³³tə³¹³	ʑyɛ³¹tshu³³
871	月中	xa³³tsm̩⁵⁵	la³³ɣɔ⁵⁵	ʑɿ³³	pa³³lɑ³³lɑ³³ko⁵⁵	ʑiɛ³¹tsɔm⁵⁵	nə³¹ŋua³³pɛ⁵⁵sin⁵⁵	ʑyɛ³¹tsɔm⁵⁵
872	月底	xa³³mi³¹	la³³ɕi⁵⁵	ʑɿ³³	pa³³lɑ³³lɑ³³mi³¹	ʑiɛ³¹ti³³	ŋua³³mi³³	ʑyɛ³¹ti³³
873	年/岁	xu³¹	xu³¹	xɔ³¹/sui⁵⁵	khʊ³¹	ȵiɛn³¹/sui²⁴	ʂua³³	ȵiɛ³¹sui⁵⁵
874	今年	tɕhɤ³¹nɔ³³xu³¹	tsha³³na³³fu³¹	tshe³¹na³³xɔ³¹	tshʅ³¹nə³³khʊ³¹	tsʅ⁵⁵ȵiɛn³¹	kaŋ⁵⁵tʂʅ⁵⁵	tɕin³¹ȵiɛ³¹
875	去年	mi⁵⁵nɔ³³xu³¹	mi⁵⁵na³³fu³¹	mi⁵⁵na³³xɔ³¹	ʑɿ³¹nə³³khʊ³¹	tɕhy²⁴ȵiɛn³¹	nɛ³¹ʑɿ⁵⁵	tɕhy⁵⁵nie³¹
876	前年	sʅ³¹mi⁵⁵nɔ³³xu³¹	sʅ³¹mi⁵⁵na³³xu³¹	sɤ³¹mi⁵⁵na³³xɔ³¹	sʅ³¹nə³¹khʊ³¹	tɕhiɛn³¹ȵiɛn⁵⁵	tsɛ³¹nɛ³¹³	tɕhiɛ³¹ȵiɛ³¹
877	明年	na³¹xa³¹xu³¹	na³¹xu³¹	na³³xɔ³¹	na³¹ʑia³¹khʊ³¹	min³¹ȵiɛn⁵⁵	ʑɤ³³ʂua³³	min³¹nie³¹
878	后年	sa⁵⁵phy³¹xu³¹	sa⁵⁵phi³¹fu³¹	a³¹mu⁵⁵na³³xɔ³¹	sa⁵⁵phe³³khʊ³¹	ʑɿ²⁴ȵiɛn³¹	ʑɤ³³ʑɤ³³ʂua³³	xɛ⁵⁵ȵiɛ³¹
879	以前	la⁵⁵fv³¹	ka⁵⁵fv³³	kɑ⁵⁵wa³³	tha³¹ȵɿ³¹na³¹	ʑɿ³¹tɕhiɛn³¹	pi³¹tsho³³/tə³¹mu⁵⁵	tshɔm³¹tɕhiɛ³¹
880	古时候	la³¹fv³¹a³¹nɔ³³	a³¹phi³¹ȵɿ³¹tɛ⁵⁵	xa⁵⁵xa⁵⁵	tha³¹ȵɿ³¹³³na³¹³¹ʑia³¹khʊ³¹	ku³³sʅ³¹xɛ²⁴	xɛn³³tsə³³no³³pi³¹ tshɔ³³	ku³³sʅ³¹xɛ⁵⁵
881	近来	ʑa³¹mu⁵⁵thi³¹thoŋ³¹	ʑa³¹ma⁵⁵ȵɿ³¹nɔ³³so³¹no³³	ʑa³³thi⁵⁵ma³¹	ʑiɛ³¹ma⁵⁵kɛ³¹sʅ³¹xɛ⁵⁵	tɕin²⁴lɛ³¹/tsui²⁴tɕin²⁴	na³¹kɛr⁵⁵	
882	将来	na³³ɕo³¹a³³nɔ³³	na³³so³¹sa⁵⁵phi³¹a⁵⁵no³³	a³¹mɤ⁵⁵na³³sɤ⁵⁵	tɕia⁵⁵lɛ³¹	tɕian⁵⁵lɛ³¹	ko³³lə³³ɕɛr³³	tɕia⁵⁵lɛ³¹
883	以后	a⁵⁵ka⁵⁵	na³³su³¹fu³³	na³³sɤ⁵⁵	a³¹ma³³a³¹nʊ³³	ʑɿ³³xɛ²⁴	xa³¹tiə³³	ʑɿ³³xɛ⁵⁵
884	开始	ʑo³³pɛ³³	ʑo³³pɛ³³fu³³	mi³³khɛ	tha³¹ʑiŋ³³xa⁵⁵	khɛ⁵⁵sʅ³³	tə³¹mu⁵⁵	khɛ⁵⁵sʅ³¹

885	最后	ɣa⁵⁵ toŋ³¹ toŋ³¹ thi³³	ka³¹ nɔ⁵⁵ po³³	na³¹ nu³³	ma³¹ sl̩³¹ la³¹	tsui²⁴ xə²⁴	xa⁵⁵ xa³¹ tie³³	tsui⁵⁵ xə⁵⁵
886	星期	ɕi⁵⁵ tɕhi⁵⁵	ɕi³³ tɕhi³³	ɕi⁵⁵ tɕhi⁵⁵	ɕi⁵⁵ tɕhi⁵⁵	ɕin⁵⁵ tɕhi	ɕiŋ⁵⁵ tɕhi⁵⁵	ɕi³³ tɕhi³³
887	星期一	ɕi⁵⁵ tɕhi⁵⁵ ʑi³¹	ɕi³³ tɕhi³³ ʑi³¹	ɕi⁵⁵ tɕhi⁵⁵ ʑi³¹	ɕi⁵⁵ tɕhi⁵⁵ ʑi³¹	ɕin⁵⁵ tɕhi⁵⁵ ʑi³¹	ɕiŋ⁵⁵ tɕhi⁵⁵ ʑi³¹	ɕi³³ tɕhi³³ ʑi³¹
888	星期二	ɕi⁵⁵ tɕhi⁵⁵ ə⁵⁵	ɕi³³ tɕhi³³ a²⁴	ɕi⁵⁵ tɕhi⁵⁵ a⁵⁵	ɕi⁵⁵ tɕhi⁵⁵ a³¹⁴	ɕin⁵⁵ tɕhi⁵⁵ ɛ²⁴	ɕiŋ⁵⁵ tɕhi⁵⁵ ər³¹³	ɕi³³ tɕhi³³ ɛ⁵⁵
889	星期三	ɕi⁵⁵ tɕhi⁵⁵ sa⁵⁵	ɕi³³ tɕhi³³ sa⁵⁵	ɕi⁵⁵ tɕhi⁵⁵ san⁵⁵	ɕi⁵⁵ tɕhi⁵⁵ san⁵⁵	ɕin⁵⁵ tɕhi⁵⁵ san⁵⁵	ɕiŋ⁵⁵ tɕhi⁵⁵ san⁵⁵	ɕi³³ tɕhi³³ sa³³
890	星期四	ɕi⁵⁵ tɕhi⁵⁵ sl̩⁵⁵	ɕi³³ tɕhi³³ sl̩²⁴	ɕi⁵⁵ tɕhi⁵⁵ sl̩⁵⁵	ɕi⁵⁵ tɕhi⁵⁵ sl̩³¹⁴	ɕin⁵⁵ tɕhi⁵⁵ sl̩²⁴	ɕiŋ⁵⁵ tɕhi⁵⁵ si³¹³	ɕi³³ tɕhi³³ sl̩⁵⁵
891	星期五	ɕi⁵⁵ tɕhi⁵⁵ v̩³¹	ɕi³³ tɕhi³³ u³³	ɕi⁵⁵ tɕhi⁵⁵ v̩³¹	ɕi⁵⁵ tɕhi⁵⁵ v̩³³	ɕin⁵⁵ tɕhi⁵⁵ v̩³³	ɕiŋ⁵⁵ tɕhi⁵⁵ v̩³³	ɕi³³ tɕhi³³ ɣ³¹
892	星期六	ɕi⁵⁵ tɕhi⁵⁵ lu³¹	ɕi³³ tɕhi³³ liu³¹	ɕi⁵⁵ tɕhi⁵⁵ liu³¹	ɕi⁵⁵ tɕhi⁵⁵ lu³¹	ɕin⁵⁵ tɕhi⁵⁵ lu³¹	ɕiŋ⁵⁵ tɕhi⁵⁵ lu³¹	ɕi³³ tɕhi³³ lu³¹
893	星期日	ɕi⁵⁵ tɕhi⁵⁵ thie⁵⁵	ɕi³³ tɕhi³³ thie⁵⁵	ɕi⁵⁵ tɕhi⁵⁵ thie⁵⁵	ɕi⁵⁵ tɕhi⁵⁵ thie⁵⁵	ɕin⁵⁵ tɕhi⁵⁵ thien⁵⁵	ɕiŋ⁵⁵ tɕhi⁵⁵ thie⁵⁵	ɕi³³ tɕhi³³ tiɛn³³
894	春	ɣoŋ⁵⁵ tv³³	tshue⁵⁵	ɣo³¹ ɬo⁵⁵ pɑ³³ ɬɑ³³	tshue⁵⁵	tshuen⁵⁵	tshue⁵⁵	tshuen⁵⁵
895	夏	zɛ⁵⁵ ɣoŋ⁵⁵	ɕia²⁴	zɤ⁵⁵ ɣo⁵⁵ mɑ⁵⁵ lɑ⁵⁵	ɕia³¹⁴	ɕia²⁴	ɕia⁵⁵	ɕia⁵⁵
896	秋	tɕhe⁵⁵ tl̩³¹ pa³³ xa³³	tɕhiu⁵⁵	tshe⁵⁵ ti³¹ pɑ³³ ɬɑ³³	tɕhiu⁵⁵⁵	tɕhie³¹	tɕhie⁵⁵	tɕhie³¹
897	冬	tshɔ³¹ tha³³	tom⁵⁵	ɣo³¹ ka³³ pɑ³³ ɬa³³	toŋ⁵⁵	toŋ⁵⁵	toŋ⁵⁵	toŋ⁵⁵
898	除夕	xv³¹ zy⁵⁵ pa⁵⁵	ta²⁴ ȵie³¹ sa⁵⁵ sl̩³¹	xɔ³¹ kɛ⁵⁵	san⁵⁵ sl̩³¹ li³¹⁴	tshu³¹ ɕi⁵⁵	ta⁵⁵ ȵie³¹ san⁵⁵ sl̩³¹	ta⁵⁵ ȵie³³ sa³³ sl̩³¹
899	新年	xv³¹ ɕuɯ³¹ tsa⁵⁵	xu³¹ sə³¹	xɔ³¹ sɤ³¹	tsa³³ li³³ tsa³¹	ɕin⁵⁵ ȵien³¹	sin⁵⁵ tsa⁵⁵ ŋua³³	ɕin⁵⁵ ȵie³¹
900	节日	toŋ⁵⁵ xɤ⁵⁵	tɕi³¹ zl̩³¹	nu³³ xa³¹	tɕi³¹ tshl̩⁵⁵	ko²⁴ tɕi³¹ tɕhi²⁴	tɕl̩³¹ tɕia³³ ŋua³³ ȵi³³	tɕi³¹ zl̩³¹
901	春节	me⁵⁵ ɕuɯ³¹ tsa³¹	ma⁵⁵ sa³¹ tsa³¹	ma⁵⁵ sɤ³¹ tsa³¹	tsa³³ li³³ tsa³¹	tshuen⁵⁵ tɕi³¹	ko³¹ tsa⁵⁵ ŋua³³	tshuen³³ tɕi³¹
902	一	thi³¹	tɕhi³¹ ma⁵⁵	tɕhi³¹ mɑ⁵⁵	tha³¹ ma⁵⁵	ʑi³¹	i?³³	zi³¹
903	二	ȵi³¹	ȵi³¹ ma⁵⁵	ȵie³¹ mɑ⁵⁵	ȵie³¹ ma⁵⁵	ɛ²⁴	kɔ³³	ɛ⁵⁵
904	三	sŋ⁵⁵	sə⁵⁵ ma⁵⁵	ɕo³¹ mɑ⁵⁵	ɕi³¹ ma⁵⁵	san⁵⁵	sɑ⁵⁵	saŋ⁵⁵
905	四	zy³¹	zy³¹ ma⁵⁵	li³¹ mɑ⁵⁵	li³¹ ma⁵⁵	sl̩²⁴ ʑiɛ³¹	si³³	sl̩⁵⁵
906	五	ŋa³¹	ŋa³¹ ma⁵⁵	ŋɑ³¹	ŋɑ³¹ ma⁵⁵	v̩³³	ŋə³³	ɣ³¹
907	六	khv³¹	khu³¹ ma⁵⁵	khɑ³¹	khu³¹ ma⁵⁵	lu³¹	fɣ³³	lu³¹
908	七	sl̩³¹	ɕi³¹ ma⁵⁵	sl̩³¹	sl̩³¹ ma⁵⁵	tɕhi³¹	tɕhi³³	tɕhi³¹
909	八	xɛ³¹	xɛ³¹	xɛ³¹	xɛ³¹ ma⁵⁵	pɑ³¹	piɑ³³	pɑ³¹
910	九	ɣui³¹ ma⁵⁵	ɣui³¹ ma⁵⁵	ɣo³¹	kl̩³¹ ma⁵⁵	tɕie³³	tɕie³³	tɕie³³

序号	汉语							
911	十	tɕhɛ⁵⁵	tɕhɛ⁵⁵	tshe⁵⁵ ma⁵⁵	tshe⁵⁵ ma⁵⁵	sʅ³¹	tʂʅ³¹	sʅ³¹
912	十一	tɕhɛ⁵⁵ thi³¹	tɕhɛ⁵⁵ tɕhi³¹ ma⁵⁵	tshe⁵⁵ tɕhi³¹ ma⁵⁵	tshe⁵⁵ thə³¹ ma⁵⁵	sʅ³¹ zɿ³¹	tʂʅ³¹ zɿ³³	sʅ³¹ zɿ³¹
913	十二	tɕhɛ⁵⁵ ȵi³¹	tɕhɛ⁵⁵ ȵi³¹ ma⁵⁵	tshe⁵⁵ ȵi³¹ ma⁵⁵	tshe⁵⁵ ȵie³¹ ma⁵⁵	sʅ³¹ ɛ²⁴	tʂʅ³¹ ne³³	sʅ³¹ ɛ⁵⁵
914	十三	tɕhɛ⁵⁵ sm̩⁵⁵	tɕhɛ⁵⁵ sə³¹ ma⁵⁵	tshe⁵⁵ ɕi³¹ ma⁵⁵	tshe⁵⁵ ɕi³¹ ma⁵⁵	sʅ³¹ san⁵⁵	tʂʅ³¹ sã⁵⁵	sʅ³¹ sa³³
915	十四	tɕhɛ⁵⁵ zy³¹	tɕhɛ⁵⁵ zy³¹ ma⁵⁵	tshe⁵⁵ li³¹ ma⁵⁵	tshe⁵⁵ li³¹ ma⁵⁵	sʅ³¹ sʅ²⁴	tʂʅ³¹ sʅ³³	sʅ³¹ sʅ⁵⁵
916	十五	tɕhɛ⁵⁵ ŋa³¹	tɕhɛ⁵⁵ ŋa³¹	tshe⁵⁵ ŋa³¹ ma⁵⁵	tshe⁵⁵ ŋa³¹ ma⁵⁵	sʅ³¹ v̩³³	tʂʅ³¹ ɻə³³	sʅ³¹ v̩³¹
917	十六	tɕhɛ⁵⁵ khv³¹	tɕhɛ⁵⁵ khu³¹	tshe⁵⁵ khu³³¹ ma⁵⁵	tshe⁵⁵ khu³³¹ ma⁵⁵	sʅ³¹ lu³¹	tʂʅ³¹ fɣ³³	sʅ³¹ lu³¹
918	十七	tɕhɛ⁵⁵ sʅ³¹	tɕhɛ⁵⁵ ɕi³¹	tshe⁵⁵ sʅ³¹ ma⁵⁵	tshe⁵⁵ sʅ³¹ ma⁵⁵	sʅ³¹ tɕhi³¹	tʂʅ³¹ tɕhi³³	sʅ³¹ tɕhi³¹
919	十八	tɕhɛ⁵⁵ xɛ³¹	tɕhɛ⁵⁵ xɛ³¹	tshe⁵⁵ xe³¹ ma⁵⁵	tshe⁵⁵ xe³¹ ma⁵⁵	sʅ³¹ pa³¹	tʂʅ³¹ pia³³	sʅ³¹ pa³¹
920	十九	tɕhɛ⁵⁵ ɣui³¹	tɕhɛ⁵⁵ ɣo³¹	tshe⁵⁵ kʅ³¹ ma⁵⁵	tshe⁵⁵ kʅ³¹ ma⁵⁵	sʅ³¹ tɕie³³	tʂʅ³¹ tɕie³³	sʅ³¹ tɕie³³
921	二十	ȵi³¹ tɕhɛ⁵⁵	ȵi³¹ tshe⁵⁵	ȵie³¹ tshe⁵⁵	ȵie³¹ tshe⁵⁵	ɛ⁵⁵ sʅ³¹	ne³³ sʅ³¹	ɛ⁵⁵ sʅ³¹
922	二十一	ȵi³¹ tɕhɛ⁵⁵ thi³¹	ȵi³¹ tshe⁵⁵ tɕhi³¹	ȵie³¹ tshe⁵⁵ thə³¹	ȵie³¹ tshe⁵⁵ thə³¹	ɛ⁵⁵ sʅ³¹ zɿ³¹	ne³³ sʅ³³ iʔ³³	ɛ²⁴ sʅ³¹ zɿ³¹
923	三十	sm̩³¹ tɕhɛ⁵⁵	sə³¹ tshe⁵⁵	ɕi³¹ tshe⁵⁵ ma⁵⁵	ɕi³¹ tshe⁵⁵ ma⁵⁵	sa³³ sʅ³¹	sã⁵⁵ sʅ³¹	san²⁴ sʅ³¹
924	四十	zy³¹ tɕhe⁵⁵	zy³¹ tɕhe⁵⁵	li³¹ tshe⁵⁵ ma⁵⁵	li³¹ tshe⁵⁵ ma⁵⁵	se³³ zɿ³¹	v̩³³ sʅ³¹	v̩³³ sʅ³¹
925	五十	ŋa³¹ tɕhe⁵⁵	ŋa³¹ tshe⁵⁵	ŋa³¹ tshe⁵⁵ ma⁵⁵	ŋa³¹ tshe⁵⁵ ma⁵⁵	ɻə³³ tʂʅ³¹	ŋə³³ tʂʅ³¹	v̩³³ sʅ³¹
926	六十	khv³¹ tɕhe⁵⁵	khv³¹ tɕhe⁵⁵	khu³¹ tshe⁵⁵ ma⁵⁵	khu³¹ tshe⁵⁵ ma⁵⁵	lu³¹ sʅ³¹	fɣ³³ tʂʅ³¹	lu³¹ sʅ³¹
927	七十	sʅ³¹ tɕhe⁵⁵	ɕi³¹ tɕhe⁵⁵	sʅ³¹ tshe⁵⁵ ma⁵⁵	sʅ³¹ tshe⁵⁵ ma⁵⁵	tɕhi³¹ sʅ³¹	tɕhi³³ tʂʅ³¹	tɕhi³¹ sʅ³¹
928	八十	xɛ³¹ tɕhe⁵⁵	xɛ³¹ tɕhe⁵⁵	xe³¹ tshe⁵⁵ ma⁵⁵	xe³¹ tshe⁵⁵ ma⁵⁵	pa³¹ sʅ³¹	pia³³ tʂʅ³¹	pa³¹ sʅ³¹
929	九十	ɣui³¹ tɕhe⁵⁵	ɣo³¹ tshe⁵⁵	kʅ³¹ tshe⁵⁵ ma⁵⁵	kʅ³¹ tshe⁵⁵ ma⁵⁵	tɕie³³ sʅ³¹	tɕie³³ tʂʅ³¹	tɕie³³ sʅ³¹
930	百	thi³¹ xa⁵⁵	tɕhi³¹ xa⁵⁵	xa⁵⁵ /zɿ⁵⁵ pɤ³¹	xa⁵⁵ /zɿ⁵⁵ pɤ³¹	tho³¹ zia⁵⁵	pə³¹	a³¹ pɛr³¹	zɿ⁵⁵ pɛr³¹
931	一百零一	thi³¹ xa⁵⁵ thi³¹ ma⁵⁵	tɕhi³¹ xa⁵⁵ khɛ⁵⁵ tɕhi³¹ ma⁵⁵	zɿ⁵⁵ pɤ³¹ li³¹ zɿ³¹	zɿ⁵⁵ pɤ³¹ li³¹ zɿ³¹	tha³¹ zia⁵⁵ thə³¹ ma⁵⁵	zɿ⁵⁵ pɤ³¹ li³¹ zɿ³¹	a³¹ pɛr³³ li³¹¹⁵⁵	zɿ⁵⁵ pɤ³¹ li³¹ zɿ³¹
932	千	thoŋ⁵⁵	tɕhi³¹ tho⁵⁵	tho⁵⁵ /zɿ³¹ tɕhie⁵⁵	i⁵⁵ tɕhie³³	tɕhien⁵⁵	a³¹ tɕin⁵⁵	zɿ⁵⁵ tɕhie⁵⁵
933	万	mu⁵⁵	tɕhi³¹ mə⁵⁵	zɿ³¹ va⁵⁵	·³¹ wa³¹³	wan²⁴	a³¹ wua³³	zɿ⁵⁵ va⁵⁵
934	十万	tɕhɛ⁵⁵ mu⁵⁵	tshe⁵⁵ mə⁵⁵	sʅ³¹ va⁵⁵	tshe³³ wa⁵⁵	sʅ³¹ wan²⁴	tʂʅ³¹ wua³³	sʅ³¹ va⁵⁵
935	百万	xa⁵⁵ mu⁵⁵	pɤ³¹ wa⁵⁵	pɤ³¹ wa⁵⁵	pə³¹ wa⁵⁵	pə³¹ wan²⁴	pə⁵⁵ pɛr³³ wua³³	pə³¹ va⁵⁵
936	千万	thoŋ⁵⁵ mu⁵⁵	tho⁵⁵ mə⁵⁵	tɕhie⁵⁵ va⁵⁵	tɕhie⁵⁵ va⁵⁵	tɕhien⁵⁵ wan²⁴	pe⁵⁵ tɕhien⁵⁵ wua³³	tɕhie⁵⁵ va⁵⁵

937	亿	mɯ⁵⁵ mɯ⁵⁵	maɛ⁵⁵ maɛ⁵⁵	ʑi⁵⁵	zɿ³¹³	ʑi²⁴	pɛ⁵⁵ mi³¹	zɿ³¹ zɿ⁵⁵
938	一半	thi³¹ pha³³	tɕhi³¹ pha³³	tɕhi³¹ pha³³	the³¹ pa⁵⁵ i⁵⁵	zɿ³¹ pan²⁴	a³¹ pio³³	zɿ³¹ pan⁵⁵
939	第一	ti⁵⁵ ʑi³¹	ti⁵⁵ ʑi³¹	ti⁵⁵ ʑi³¹	ti⁵⁵ i³¹	ti²⁴ ʑi³¹	ti⁵⁵ ʑi³¹	ti⁵⁵ ʑi³¹
940	第二	ti⁵⁵ a⁵⁵	ti⁵⁵ a³³	ti⁵⁵ ɤ⁵⁵	ti⁵⁵ a³³	ti²⁴ ɛ²⁴	ti⁵⁵ aɣ⁵⁵	ti⁵⁵ ɛ⁵⁵
941	(一)个(人)	ɣa³¹	ɣa³¹	tɕhia³¹	ka³¹	ko²⁴	nʲ̩³¹³	ko⁵⁵
942	(一)个(碗)	xm̩³¹	xɤ³¹	ko⁵⁵	khu³¹	ko²⁴	pho³³	ko⁵⁵
943	(一)条(河)	lo⁵⁵	ma⁵⁵	ma⁵⁵	pɑ³¹	thiɔ³¹	tsɿ³³	thiɔ³¹
944	(一)条(绳)	khoŋ³¹ / tsha³³	ma⁵⁵	ko⁵⁵	pl̩³¹	kɛn⁵⁵	kua³³	kɛŋ³³
945	(一)张(纸)	tsaŋ³³	ta³¹	tsa⁵⁵	phiɛ³³	tsan⁵⁵	tsoŋ⁵⁵	tsa⁵⁵
946	(一)页(书)	lo³³	ta³¹	phiɛ⁵⁵	phiɛ³³	ʑiɛ³¹	ʑiɛ³¹³	ʑɛ⁵⁵
947	(一)个(蛋)	sl̩³¹	ɕi³¹	ma⁵⁵	sl̩³¹	ko²⁴	kho³³	kho³³
948	(一)只(鸟)	za³¹	ma⁵⁵	ma⁵⁵	mo⁵⁵	tsl̩⁵⁵	ta³¹³	tsl̩³³
949	(一)根(棍)	khoŋ³¹	ma⁵⁵	ma⁵⁵	kha⁵⁵	kɛn⁵⁵	kua³³	kɛ³³
950	(一)支(筷子)	the³¹	the³¹	ma⁵⁵	ta⁵⁵	tsl̩⁵⁵	thaŋ³¹	tsl̩³³
951	(一)双(筷子)	tsoŋ⁵⁵	tso⁵⁵	tso⁵⁵	tsɔ³¹	suan⁵⁵	soŋ⁵⁵	tshuaŋ³³
952	(一)棵(草)	khu³³	kha³³	kho⁵⁵	kha⁵⁵	kɛn⁵⁵	nʲia³¹	kɛn³³
953	(一)粒(米)	sl̩³¹	ɕi³¹	sl̩³¹	sl̩³¹	kho⁵⁵	kho³³	kho⁵⁵
954	(一)把(扫帚)	ma⁵⁵	ma⁵⁵	ma⁵⁵	ma⁵⁵	pa³³	ku³¹	pa³¹
955	(一)把(刀)	khu⁵⁵	khu³¹	ma⁵⁵	pa³³	pa³³	tsl̩³³	pa³¹
956	(一)棵(树)	pu⁵⁵	ma⁵⁵	tsɤ⁵⁵	tsl̩⁵⁵	kho⁵⁵	tʂə³¹	kho³³
957	(一)本(书)	peŋ³¹	pɛ³³	pɛ³¹	pɛ³¹	pɛn³³	pɛ²³	pɛ²³
958	(一)行(麦子)	kho³³	kho⁵⁵	lo⁵⁵	lu⁵⁵	xan³¹	ɣaɤ²³	phe³¹
959	(一)座(桥)	ma⁵⁵	ma⁵⁵	ma⁵⁵	khɯ⁵⁵	tsɔ²⁴	tsa³¹	tso⁵⁵
960	(一)把(菜)	tɕɛŋ³¹	pɛ³¹	pa³¹	tsl̩³¹	pɑ³³	tɕiɛɣ³³	pɑ³¹
961	(一)把(米)	thu³³	thu³³	thɤ³³	thɣ³³	pɑ³³	tsua³³	pɑ³¹
962	(一)支(笔)	tsl̩⁵⁵	ma⁵⁵	tsl̩⁵⁵	mɑ⁵⁵	pi³¹	kua³¹	tsl̩⁵⁵

序号	汉语							
963	（一）堆（粪）	tshu³³	tui⁵⁵	po³³	tui³³	tui⁵⁵	tui³³	tui³³
964	（一）桶（水）	thoŋ³¹	thom³¹	tho³¹	thoŋ³¹	thom³³	thom³³	thom³¹
965	（一）碗（饭）	xoŋ³¹	xə³¹	xo³¹	khu³¹	wan³³	paʔ³³	wa³¹
966	（一）块（地）	kho³¹	khe³¹	pe²¹	kho³¹	khue³³	khɛr³¹	khue³¹
967	（一）块（石头）	sɿ³¹	ɕi³¹	sɿ³¹	sɿ³¹	khue³³	kho³³	khue³¹
968	（一）片（树叶）	pha³¹	ta³¹	ma⁵⁵	pha³¹	phie²⁴	ʑio³¹³	phie⁵⁵
969	（一）朵（花）	zɿ³³	zɿ³³	ma⁵⁵	zɿ³¹	to³³	to³³	to³¹
970	（一）句（话）	to³¹	xɛ³¹	xɛ³¹	to³¹	tɕi²⁴	khu³³	tɕy⁵⁵
971	（一）首（歌）	sɤ³¹	ma⁵⁵	ʂɤ³¹	sə³¹	sə³³	ko³³	sə³¹
972	（一）件（衣服）	kho³³	kho³³	ma⁵⁵	khl³³	tɕien²⁴	kho⁵⁵	tɕie⁵⁵
973	（一）只（鞋）	the³¹	the³¹	the³¹	tsɿ³³	tsɿ⁵⁵	pho³³	tsɿ³³
974	（一）双（鞋）	tsoŋ⁵⁵	tsa⁵⁵	tʂo⁵⁵	tso³¹	suan⁵⁵	tɕie⁵⁵	shuaŋ³³
975	（一）对（兔子）	tsoŋ⁵⁵	tui²⁴	ma⁵⁵	tui⁵³	tui²⁴	tue³¹	tui⁵⁵
976	（一）群（羊）	pe³³	ku⁵⁵	tɕhe³¹	tsha³¹	tɕhin³¹	tɕhue³¹³	tɕhyɛn³¹
977	（一）段（路）	tɕhe³³	tɕhi³¹	tho³³	tɕhi³³	tuan²⁴	tsɛ³¹	tɕi³¹
978	（一）个（竹节）	thm³³	thəŋ³³	tho³³	tɕhie³³	kho⁵⁵	thom³¹	thom³¹
979	（一）棵（竹子）	tɕhɤ³¹	tshə³¹	thɤ³¹	tshɿ³¹	tɕie³¹	tsɛ³¹	tɕie³¹
980	（一）天（路程）	thi³¹ no³³ ʑo³¹ xa⁵⁵ ka⁵⁵ ma³³	tɕhi³¹ no³³ ka⁵⁵ ma³³	tɕhi³¹ nu³³ ʑɤ³³ ka⁵⁵	the³¹ ni³³ ke³³ ʑia⁵⁵ ma³³	zi³¹ thien⁵⁵ lu²⁴	a³¹ ɕier³¹ no³¹ tha³³	zi⁵⁵ thie³³ lu⁵⁵
981	（一）家（人）	thi³¹ xo³¹ tɕho⁵⁵ ʑa³¹	tɕhi³¹ ɣo⁵⁵ ʑa³¹	tɕhi³¹ ɣo³¹	tsho⁵⁵ the³¹ ti⁵⁵	zi³¹ tɕiq⁵⁵ zen³¹	a³¹ xo³¹	zi⁵⁵ tɕhia³³ zɛ³¹
982	（一）叠（钱）	tsɤ³¹ pa³³ thi³¹ koŋ³¹	tɕi³¹ pa³¹ tɕhi³¹ pɛ³³	tɕi³¹ pa³¹ tɕhi³¹ fu⁵⁵	tɕhie³³ the³¹ lo⁵⁵	zi⁵⁵ tsq³¹ tɕhien³¹	tɕhie⁵⁵ a³¹ tʂa³¹³	zi⁵⁵ tsa³¹ tɕhie³¹
983	（一）剂（药）	na³³ tshɿ³¹ zɿ³¹ fv⁵⁵	na³³ tɕhi³¹ zɿ³¹ fu⁵⁵	na³³ tshɿ³¹ zɿ³¹ fv³¹	tsɿ³¹ the³¹ lo³¹	zi⁵⁵ fu²⁴ ʑio³¹	zi³¹ a³¹ foŋ⁵⁵	zi⁵⁵ fu⁵⁵ ʑio³¹
984	（一）卷（布）	xa³¹ pha⁵⁵ thi³¹ tm³¹	xa³¹ pha⁵⁵ tɕhi³¹ lɛ³³	xa³¹ pha⁵⁵ tɕhi³¹ lɛ³³	pha⁵⁵ ti³¹ tha³¹ ti³¹	zi⁵⁵ tɕien³³ pu²⁴	phio³¹ a³¹ kua³³	zi⁵⁵ tɕie³¹ pu⁵⁵
985	（一）方（布）	xa³¹ pha⁵⁵ ʑy³¹ khy⁵⁵	pha⁵⁵ sɿ⁵⁵ sɿ⁵⁵ fa⁵⁵	fa⁵⁵	pha⁵⁵ tɕi⁵⁵ lɿ³¹ ma⁵⁵	sɿ²⁴ fan⁵⁵ pu²⁴	si⁵⁵ faŋ³³ pu⁵⁵	sɿ³³ faŋ⁵⁵ pu⁵⁵
986	（一）筐（菜）	ɣo³¹ pe³³ thi³¹ pe³³	u³¹ pe³³ tɕhi³¹ xa³³ po³³	tɕhi³¹ tsa⁵⁵ lo⁵⁵ ɣo³³ phi³³	kɿ³¹ tsha³¹ tha³¹ lo³¹	zi⁵⁵ khuan⁵⁵ tshe³¹	tshe³¹ a³¹ tə⁵⁵	zi⁵⁵ lo³¹ tshe⁵⁵
987	（一）背（柴）	a³¹ tsa³¹ thi³¹ zɛ⁵⁵	mi³¹ tsa³¹ tɕhi³¹ zɛ⁵⁵	mi³¹ tsa³¹ tɕhi³¹ zɛ⁵⁵	mi³¹ tsq³¹ thə³¹ kha³³	zi³¹ pei²⁴ tshe³¹	sin⁵⁵ a³¹ pi³³	zi³¹ pei⁵⁵ tshe³¹

序号	词						
988	(一)捆(柴)	thi³¹ tɤ³¹	zɿ³¹ le³³	tɕhi³¹ zɛ⁵⁵	tha³¹ tsɿ³¹	a³¹ khuen³¹	zi̵⁵⁵ khuɛ³¹
989	(一)捧(米)	thi³¹ xo³³	tɕhi³¹ xo³³	tɕhi³¹ xo³³	tha³¹ phoŋ³¹	a³¹ phoŋ³¹	zi̵⁵⁵ phom³¹
990	(一)駄(柴)	zi̵³¹ to⁵⁵	a³¹mo³¹ tho³¹ tɕhi³¹ zɛ³¹	tɕhi³¹ zɛ⁵⁵	to⁵⁵ tho³¹	a³¹ tsa³¹	zi̵³¹ to⁵⁵
991	(一)袋(烟)	za³³ xo³¹ thi³¹ ko⁵⁵	za³³ fu³¹ tɕhi³¹ ku⁵⁵	thi³¹ kho⁵⁵	zia³³ khɔ³¹ tha³¹ ko⁵⁵	za³¹ xua³¹ a³¹ kɔ³¹³	tshɛ³³ zi̵⁵⁵ kɔ³³ zi̵ɛ³³
992	(一)排(房子)	la³¹ xo⁵⁵ zi̵⁵⁵ phɛ³¹	a⁵⁵ kho⁵⁵ zi̵⁵⁵ phɛ³¹	a⁵⁵ ko⁵⁵	zi̵⁵⁵ kho⁵⁵ tha³¹ lu⁵⁵	xo³¹ a³¹ phɛ³¹³	zi̵⁵⁵ phɛ³¹ faŋ³¹ tsɿ³³
993	(一)串(珠子)	tshy⁵⁵ ny⁵⁵ a⁵⁵ sɿ³¹ zi̵³¹ tshua⁵⁵	tsu⁵⁵ tsɿ³³ zi̵³¹ tshua⁵⁵	lu⁵⁵ khu³¹ zi̵³¹ tshua⁵⁵	tsu⁵⁵ tsu⁵⁵ tho³¹ tshua³³	pe⁵⁵ tʂu³³ a³¹ tʂuɛn⁵⁵	zi̵³¹ tshuan⁵⁵ tsu⁵⁵ tsɿ³¹
994	(一)滴(油)	tshɿ⁵⁵ thi³¹ tɕɤ³¹	zu³³ tɕhi³¹ tɕhi³¹ tsa³³	zɤ⁵⁵ tshɿ⁵⁵ tɕhi³¹ tsa³³	ɔ³¹ tʃhu⁵⁵ tha³¹ tsa³³	tsɿ⁵⁵ tɕi³¹ ten³³	zi̵⁵⁵ tɿ³¹ zɤ³¹
995	(一)面(旗子)	tɕhi³¹ tsɿ³¹ thi³¹ tɕɤ³¹	xo³¹ tɕhi³¹ tɕhi³¹ ma⁵⁵	thi³¹ tɕhi³¹ ma⁵⁵	tshɿ³¹ tsɿ³¹ tha³¹ ma⁵⁵	zi̵³¹³ a³¹ ka⁵⁵	zi̵³¹ miɛ⁵⁵ xom⁵⁵ tɕhi³¹
996	(一)份(东西)	thi³¹ ɣɔ⁵⁵	tɕhi³¹ ɣa⁵⁵	tɕhi³¹ po⁵⁵	tha³¹ fɛ⁵⁵	a³¹ ko³¹	zi̵³¹ fɛ⁵⁵
997	(一)层(楼)	liɤ⁵⁵ tshɛ³¹ lɤ³¹	a⁵⁵ kho⁵⁵ lu³¹ the³¹	khɑ³¹ thɛ³³ a⁵⁵ xo⁵⁵	tshɿ³¹ tha³¹ khu³¹ tshɛ³¹	xo³¹ tsaŋ³¹³	lu³¹ tshɛ³¹ lɤ³¹
998	(一)丘(田)	xa⁵⁵ tɕ³³ sɔm³¹ kho⁵⁵	xa⁵⁵ tɛ³³ sɔ⁵⁵ the³¹	ʂo⁵⁵ the³³ xɑ⁵⁵ lo³¹	uu⁵⁵ zia³¹ ɕi⁵⁵ lo³¹	san⁵⁵ the³¹³ ti⁵³	sa⁵⁵ the³¹ thi⁵⁵ thiɛ³¹
999	(一)封(信)	ɕiŋ⁵⁵ thi³¹ ma⁵⁵	ɕi⁵⁵ mi⁵⁵ fɔ³³	ɕi⁵⁵ fɔ³³ ɕi⁵⁵	ɕin⁵⁵ tha³¹ fon⁵⁵	sin³¹ a³¹ foŋ³¹	zi̵³¹ foŋ³³ ɕin⁵⁵
1000	(一)间(房)	khm⁵⁵	kho⁵⁵	zo⁵⁵	ɕin⁵⁵	sa³³	tɕiɛ³³
1001	(一)包(东西)	po³³	po³³	po³³	po³³	po⁵⁵	po³³
1002	(一)瓶(酒)	ɣa⁵⁵ / phiŋ³¹	phiŋ³¹	phi³¹	koŋ⁵⁵ / phiŋ³¹	piɛ³¹³	phiŋ³¹
1003	(一)盒(药)	xo³¹	xo³¹	xo³¹	xo³¹⁴	xo³¹³	xo³¹
1004	(泥)滩	xoŋ³¹	thui³³	tui³³	tha³¹	than⁵⁵	thaŋ³³
1005	斤	ki⁵⁵	ki⁵⁵	tɕi⁵⁵	kiŋ⁵⁵	tsin⁵⁵	tɕin³³
1006	半斤	ki⁵⁵ pha³³	ki⁵⁵ pha³³	pa⁵⁵ tɕi⁵⁵	pa⁵⁵ tsin⁵⁵	paʔ³¹ tsin⁵⁵	pan⁵⁵ tɕin³³
1007	(一)斤(米)	thi³¹ ki⁵⁵	tɕhi³¹ ki⁵⁵	tɕhi³¹ tɕi⁵⁵	tha³¹ tsin⁵⁵	a³¹ tsin⁵⁵	zi̵⁵⁵ tɕin³³
1008	两	loŋ³¹	lu³¹	lia³¹	loŋ³¹	loŋ³¹	liaŋ³¹
1009	秤	phu³³	tɔ³¹	tshɛ⁵⁵	tshɛ⁵⁵	tsa³¹	tshɛ⁵⁵
1010	钱	tɕhɛ³¹	tɕhɛ³¹	tɕhɛ³¹	ttɕhi⁵⁵	tshɛ⁵⁵	tɕhiɛ³¹
1011	斗	tɤ³¹	tɤ³¹	tɤ³¹	ten⁵³	tɤ³³	tɤ³¹

1012	升	sɛŋ⁵⁵	ta³¹	ʂɛ⁵⁵	sɛ⁵⁵	sɛn⁵⁵	sɛ⁵⁵	sɛŋ⁵⁵
1013	公分	ko⁵⁵fɛ⁵⁵	kɔ³³fɛ³³	kɔ³³fɛ³³	kɔ³³fɛ³³	kɔm³³fɛn³³	kɔ³³fɛ³³	kɔŋ³³fɛ³³
1014	度	xum⁵⁵	lu⁵⁵	lo⁵⁵	li⁵⁵	phe³³	phe³¹	phe³¹
1015	尺	tshʅ³¹	tshʅ³¹	tʂhʅ³¹	tshʅ⁵⁵	tshʅ³¹	tsʅ³³	tshʅ³¹
1016	丈	tsa⁵⁵	tsa⁵⁵	tsa⁵⁵	tsa⁵⁵	tsan²⁴	tʂaŋ³³	tsaŋ⁵⁵
1017	拃	tho⁵⁵	thu⁵⁵	tsa³¹	tho⁵⁵	tsa³¹	tho³¹	tsa³¹
1018	指	ny⁵⁵	ŋi⁵⁵	tʂhɤ³¹	ȵi⁵⁵	tsʅ³¹	tsʅ³³tɤ³¹³	tsʅ³¹
1019	步	tho³¹	tho³¹	ŋa³¹	thu³¹	pu²⁴	pu³¹	pu⁵⁵
1020	肘	tsa³³	tsa³³	tshɤ³¹	tshʅ³¹	tsɤ³³	tsɤ³¹	tsə³¹
1021	(一)寸(地)	tshue⁵⁵	tsue⁵⁵	tsuɛ⁵⁵	tshuɛ³¹⁴	tshuɛ²⁴	tɕhyi³¹	tshuɛ⁵⁵
1022	分	fe³³	fe³³	fei³¹	fɛ³³	fɛn⁵⁵	fɛn³³	fɛn³³
1023	元	pa³¹/kue³¹	pa³¹	kue³³	khue³¹	khue³³	phiɛr⁵⁵	khue³¹
1024	角	xɔ³¹/tɕio³¹	xɔ³¹	tɕio³¹	tɕio³¹	tɕio³¹	xɔ³¹³	tɕio³¹
1025	(一)亩(地)	mu³¹	mu³¹	mv³¹	mu³¹	mu³³	mu³³	mu³¹
1026	小时	ko⁵⁵ tsɔŋ⁵⁵ thɤ³¹	kɔ³³ tsʅ³¹	ɕiɔ³³ sʅ³¹	ko⁵⁵ ɕiɔ³³ sʅ³¹	ko²⁴ ɕiɔ³³ sʅ³¹	ɕiɔ³³ sʅ³¹	ko⁵⁵ tsɔm³³ thə³¹
1027	一会儿	ka⁵⁵tsu³¹ thi³¹ la³¹	tɕhi³¹ la³¹	thi³¹ la³¹	thaʔ³¹ laʔ³¹ lɛ⁵³	zʅ³¹ ɕia²⁴ tsʅ³³	aʔ³¹ taʔ³¹ tsʅ³³	zʅ⁵⁵ ɕiɔ³¹ ɕia⁵⁵
1028	一块儿	thi³¹ka⁵⁵ mɛ⁵⁵	zʅ⁵⁵ tɕhi³¹	thi³¹ ka⁵⁵	thaʔ³¹ ʑia⁵⁵	zʅ³¹ tɕhi³¹	aʔ³¹ tsɛ³¹³	zʅ⁵⁵ tɕhi³¹
1029	(一)天	thi³¹ xu³¹	tɕhi³¹ nɔ³³	tɕhiʔ³¹ nv³³	thaʔ³¹ ȵiʔ³³	zʅ⁵⁵ thiɛn⁵⁵	aʔ³¹ ɕiɛr³³	zʅ⁵⁵ thiɛ³³
1030	(一)夜	thi³¹ xu³¹	tɕhi³¹ mi⁵⁵	tɕhiʔ³¹ mi⁵⁵	mɛʔ³¹ khɛʔ³³ thaʔ³¹ phiʔ⁵⁵	zʅ⁵⁵ wan sɛn	aʔ³¹ ʑio³¹ khaʔ³³	zʅ³¹ zʅ⁵⁵
1031	(一)昼夜	mʅ³¹ khi³¹ thi³¹ mi⁵⁵	tɕhi³¹ nɔ³³ tɕhi³¹ mi⁵⁵	tɕhiʔ³¹ nvʔ³³ tɕhiʔ³¹ mi⁵⁵	ȵiʔ³³ khɔ⁵⁵ mɛʔ³¹ khɛʔ³¹	zʅ³¹ thiɛn⁵⁵ zʅ³¹ ʑiɛ²⁴	aʔ³¹ ɕiɔ³¹ aʔ³¹ ʑio³¹	pəʔ³¹ thiɛ⁵⁵ xəʔ³¹ zʅ⁵⁵
1032	(一)月	pa³³ xa³³ thi³¹ ɕi³¹	pa³³ la³³ thi³¹ ɕi³¹	pɑ³³ ɫɑ³³ tɕhiʔ³¹ sʅ³¹	thaʔ³¹ lɑ³³	zʅ³¹ ko²⁴ ʑiɛ³¹	aʔ³¹ ŋua³³	zʅ³¹ koʔ⁵⁵ ʑyɛ³¹
1033	(一)年	thi³¹ xu³¹	tɕhi³¹ xu³¹	tɕhiʔ³¹ xɔ³¹	thaʔ³¹ khy³¹	zʅ⁵⁵ ȵiɛn³¹	aʔ³¹ ʂua³³	zʅ⁵⁵ ȵiɛ³¹
1034	(一)岁	thi³¹ xu³¹	xu³¹	tɕhiʔ³¹ xɔ³¹	thaʔ³¹ khy³¹	zʅ³¹ sui²⁴	aʔ³¹ ʂua³³	zʅ³¹ sui⁵⁵
1035	(一)辈	thi³¹ zʅ⁵⁵	tɕhi³¹ zi⁵⁵	tɕhiʔ³¹ zi⁵⁵	aʔ³¹ zʅ⁵⁵ thaʔ³¹ zi⁵⁵	zʅ³¹ pei²⁴ tsʅ³³	aʔ³¹ sɛ³¹	zʅ³¹ pei⁵⁵ tsʅ³¹
1036	(一)代(人)	phe³³	phie³³	pe⁵⁵	te⁵⁵	te²⁴	te³¹	te⁵⁵
1037	(一)步	thu³¹	pu⁵⁵	tshe³¹	thu³¹	pu²⁴	pu³¹	pu⁵⁵

编号	词	1	2	3	4	5	6	7
1038	次	pho³³	la³¹	xui³¹	phu³³	xui³¹	pie³¹	tshɿ⁵⁵
1039	(一)回	pho³³	la³¹	xui³¹	phu³³	xui³¹	pie³¹	xui³¹
1040	来	ta³³ la⁵⁵	la⁵⁵	la⁵⁵	ti⁵⁵ la⁵⁵	le³¹	ɣə³¹³	le³¹
1041	(一)顿	pe⁵⁵	pe⁵⁵	pe⁵⁵	phi⁵⁵	tɛn²⁴	zia³³	tɛn⁵⁵
1042	(一)声	phu³³	la³¹	xɛ³¹	to³¹	sɛn⁵⁵	tsɛr⁵⁵	sɛ³³
1043	(一)下	la³¹	la³¹	ka⁵⁵	la³¹	ɕia²⁴	tɛr³¹	ɕia⁵⁵
1044	(一)脚	phu³³	la³¹	tɕio³¹	la³¹	tɕio³¹	kɔ³³	tɕio³¹
1045	(一)口	phu³³	la³¹	kho³¹	xa³¹	tsui³³	tsui³³	khə³¹
1046	一点儿	tɕhʏ³¹ w⁵⁵	tɕhi³¹ xɛ³¹	thi³¹ ti³¹	a³¹ tsɿ⁵⁵	zɿ⁵⁵ tiɛn³³	a³¹ ti⁵⁵ kɛr³³	zɿ⁵⁵ tiɛn³¹
1047	一些	thi³¹ ɣw⁵⁵	a⁵⁵ xə⁵⁵	ti³¹	a³¹ tsɿ⁵⁵	zɿ⁵⁵ ɕiɛ⁵⁵	a³¹ tiɛ³³	zɿ⁵⁵ ɕi³³
1048	几个	mu⁵⁵ na³³	nu⁵⁵ za³¹	za³³ mɑ³³ / tɕi³¹ ke⁵⁵	tɕi³¹ kɔ⁵⁵	tɕi³³ kɔ²⁴	sɿ³¹ tsə³³	tɕi³¹ kɔ⁵⁵
1049	每天	thoŋ⁵⁵ nɔ³³	tɕhi³¹ nɔ³³ mɛ⁵⁵	thi³¹ nu³³ thi³¹ nu³³	thə³¹ nŋi³³ kə³³ sɿ³³	mei³³ thiɛn⁵⁵	a³¹ ɕiɛ³³	mɛ³¹ thiɛ⁵⁵
1050	天天	nɔ³³ tɕho⁵⁵ mɛ⁵⁵	tɕhi³¹ nɔ³³ mɛ⁵⁵	thi³¹ nu³³ lɛ³³	thə³¹ nŋi³³ kə³³ sɿ³³	thiɛn⁵⁵ thiɛn⁵⁵ / zɿ⁵⁵	sɿ³¹ ɕiɛ³³	thiɛ³³ thiɛ³³
1051	每个	a³¹ su⁵⁵ zɿ³¹	tɕhi³¹ ɣa³¹ mɛ⁵⁵	—	thə³¹ kɑ³¹	mei³³ kɔ²⁴	sɿ³³ nɿ³¹³	mɛ³¹ ŋɿ⁵⁵
1052	(一)倍	pha³³	ɣə⁵⁵	pe⁵⁵	pe⁵⁵	pei²⁴	pio³³	pei⁵⁵
1053	我	ŋa⁵⁵	ŋa⁵⁵	ŋa⁵⁵	ŋa⁵⁵	ŋɔ³¹	ŋɿ³¹	ɣo³¹
1054	我俩	a³³ tʏ³³ nŋi³¹ ɣa³¹	ŋa³³ ɲia³¹ / a³³ ti³³ nŋi³¹	a³¹ tʏ³³ nŋia³¹	ŋa³³ ɣʏ³³ nŋie³¹ kɑ³¹	ŋo³³ mɛn⁵⁵ lian³³ kɔ²⁴	nŋio⁵⁵ kɔ³³ nɿ³¹	ɣo³³ lia³³
1055	我们	a³³ tʏ³³ thi³¹ pha⁵⁵	ŋa³³ thə⁵⁵ / a³³ tə³³ nŋi⁵⁵	a³¹ tʏ³³ thu⁵⁵	ŋa³³ ɣʏ³³	ŋo³³ mɛn⁵⁵	nŋio⁵⁵ kɔ³¹	ɣo³³ mɛ⁵⁵
1056	我的	ŋa³¹ ɣʏ³³	ŋa³¹ ɣʏ³³ / ŋa³¹ ɣa⁵⁵	ŋo⁵⁵ the⁵⁵	ŋa³³ kə³³	ŋo³³ tə⁵⁵	ŋɿ⁵⁵ ɕi³¹	ɣo³³ ŋɿ⁵⁵
1057	我俩的	a³³ tʏ³³ nŋi³¹ ɣa³¹ ɣɣ³³	a³³ ti³³ nŋi³¹ ɣa³¹ ɣə³³ / ɣa³³	ŋa³³ ɲia⁵⁵ 'the⁵⁵	ŋa³³ ɣʏ³¹ nŋi³¹ kɑ³¹ kə³³	ŋo³³ lian kɔ²⁴ tə⁵⁵	ŋo⁵⁵ kɔ³³ nŋi³¹ ɕin³¹	ɣo³³ lia nŋi⁵⁵
1058	我们的	a³³ tʏ³³ thi³¹ pha⁵⁵ ɣɣ³³	a³³ tʏ³³ thə⁵⁵ ɣə³³	ŋa³³ ɣʏ⁵⁵ the⁵⁵	ŋa³¹ ɣʏ³³ ke³³	ŋo³³ mɛn⁵⁵ tə⁵⁵	nŋio⁵⁵ kɔ³¹ ɕin³¹	ɣo³³ mɛ⁵⁵ ŋ̍i⁵⁵
1059	你	no⁵⁵	nu⁵⁵	nv⁵⁵	nu⁵⁵	ŋi³¹	nɔ³¹	ni³¹
1060	你俩	no³³ nŋi³¹ ɣa³¹	nu³³ nŋi³¹ ɣa³¹ / nŋia³¹	nv³³ ɲia³¹	nu³ʏ³³ nŋi³¹ kɑ³¹	nŋi³³ lian³³	nɔ⁵⁵ kɔ³³ nŋi³³	ni³³ lia³³
1061	你们	no³³ thi³¹ pha⁵⁵	nu³³ thə⁵⁵	nv³³ thu⁵⁵	nu³ʏ³³ nŋi³¹ kɑ³¹	nŋi³³ mɛn⁵⁵	nɔ⁵⁵ kɔ³¹	ni³³ mɛ⁵⁵

1062	他	o³¹ tɕho³¹	a³¹ ʐu³¹	i⁵⁵ la³¹	ʑio³¹ ka³¹	tə⁵⁵ / tha⁵⁵	po³¹	tha³³
1063	他俩	o³¹ tɕho³¹ n̠i³¹ ɣa³¹	a³¹ ʐu³³ n̠i³¹ ɣa³¹ / n̠ia³¹	i⁵⁵ n̠ia³¹	ɛ⁵⁵ tsho⁵⁵ n̠i³¹ ka³¹	tha⁵⁵ mɛn⁵⁵ lian³³	pe⁵⁵ ko³³ n̠i³³	tha⁵⁵ mɛ⁵⁵ lia³³ ko⁵⁵ / tha⁵⁵ lia³³
1064	他们	o³¹ tɕho³¹ thi³¹ pha⁵⁵	a³¹ ʐu³¹ a³³ the⁵⁵	i⁵⁵ thu⁵⁵	ʑio³¹ kha³¹ ʑio³¹ v³³	tha⁵⁵ mɛn⁵⁵	pi³¹ ko³¹	ta⁵⁵ mɛ⁵⁵
1065	大家	ʐi⁵⁵ tsum³¹ mɛ⁵⁵	a³¹ tə³³ tɕhi⁵⁵ kuu⁵⁵ xo³¹	ʑi⁵⁵ ʐo³¹ mɛ⁵⁵	i⁵⁵ tso³¹ ma⁵⁵	tɑ²⁴ tɕia⁵⁵	tsa⁵⁵ ko³¹	ta⁵⁵ tɕia³³
1066	自己	ʐo³¹ ɣa⁵⁵ ʐo³¹ ɣa³¹	ʐu³¹ ɣa³¹	ŋa⁵⁵ le³¹	tsi⁵⁵ ki³¹	tsi²⁴ ʑi³³	tsi³¹ ta⁵⁵	tsi⁵⁵ tɕi³¹
1067	别人	o³¹ tɕho³¹	u³³tɕhu³¹ / a³¹ʐu³³ tə³⁵⁵he⁵⁵	i⁵⁵ thu⁵⁵	a³¹ tɕho³³ ʑio³¹ ɣ³³	pi³¹ zɛn³¹	ko³³ lo³³ n̠i³¹³	pi³¹ zɛ³¹
1068	这	ɕi⁵⁵	ʐa³³	ʐa³³	xə³¹ ʑi⁵⁵	tsi²⁴	nə³¹	tsə⁵⁵
1069	这些	ɕi⁵⁵ xa⁵⁵	ʐa³³ tha⁵⁵	ʐa³³ thu⁵⁵	xə³¹ ʑi⁵⁵	tsi²⁴ ɕie⁵⁵	na³¹ ko³¹	tsi⁵⁵ ɕi³³
1070	这里	ɕi³¹ a³³	ʐa³³ tu³³	ʐa³¹ tv³³	ʑia³¹ a³³	tsi⁵⁵ n̠i³³	na³¹ kho⁵⁵	tsi⁵⁵ tiɛn³¹
1071	这边	ɕi⁵⁵ pa³¹	ʐa³³ po³³	ʐa³³ ʃa⁵⁵	ʑia³¹ a³³	tsi⁵⁵ piɛn⁵⁵	nə³¹ pio³³	tsi⁵⁵ piɛn³³
1072	这样	ɕi⁵⁵ lɛ³³	ʐa⁵⁵ nɛ³³	ʑi⁵⁵ mi⁵⁵	xi³¹⁴ tsa³³	tsi⁵⁵ ko²⁴ a³¹ n̠i⁵⁵	nə³¹ ə³³	tsi⁵⁵ ʑia⁵⁵
1073	（近指）那	y⁵⁵ a³³	ʐy⁵⁵	tha³³	nɑ⁵⁵	na²⁴	a⁵⁵ ta³³	na⁵⁵
1074	那个	y⁵⁵ mo⁵⁵	ʐy⁵⁵ ma⁵⁵	tha⁵⁵ ma⁵⁵	a⁵⁵ ʑi⁵⁵ thə³¹ ma⁵⁵	na²⁴ ko²⁴	a⁵⁵ ta³³ kho⁵⁵	a⁵⁵ ko⁵⁵
1075	（远指）那	a⁵⁵ na³³	ʐy⁵⁵ po³³	i⁵⁵	nɑ⁵⁵	a⁵⁵ piɛn⁵⁵	a⁵⁵ tə³³ pio³³	na⁵⁵
1076	那些	y⁵⁵ xa⁵⁵	ʐy⁵⁵ tu³³	i⁵⁵ thu⁵⁵	a⁵⁵ ʑi⁵⁵ thə³¹ khi³³	a⁵⁵ ɕie⁵⁵	a⁵⁵ ta³³	na⁵⁵ ɕi³³
1077	那里	y⁵⁵ a³³	ʐy⁵⁵ po³³	i⁵⁵ ka³³	a⁵⁵ ʑiɑ³³	a⁵⁵ n̠i³³	a⁵⁵ ta³³	na⁵⁵ li³¹
1078	那边	y⁵⁵ pa³¹	ʐy⁵⁵ po³³	i⁵⁵ fa⁵⁵	ɛ⁵⁵ tsɑ³³	a⁵⁵ piɛn⁵⁵ / na⁵⁵ piɛn⁵⁵	a⁵⁵ ta³³ pio³³	na⁵⁵ piɛn³³
1079	那样	y⁵⁵ lɛ³³	ʐy⁵⁵ nɛ³³	thi⁵⁵ mi⁵⁵	ɛ⁵⁵ tsa³³	na²⁴ zian²⁴	a⁵⁵ n̠i³³	na⁵⁵ za⁵⁵
1080	谁	a³¹ su⁵⁵	a³¹ su⁵⁵	a³¹ ʃ̩⁵⁵	a³¹ ʃu⁵⁵	na³³ ko²⁴	a³¹ tin³¹³	sui³¹ / na³³ ko⁵⁵
1081	什么	a³¹ tɕhɣ³³	a³¹ tsho³³	a³¹ tʂhɣ³³	xa⁵⁵ tɕi	na³³ ʑian²⁴	a⁵⁵ n̠i³³	sə³¹ mo³³
1082	哪个	xa³¹ ma⁵⁵ / xa³¹ tha³¹ la³¹	xa³³ su⁵⁵ / xa³¹ ma⁵⁵	xa⁵⁵ la³¹	xa³¹ ka³³	na³³ ko²⁴	a⁵⁵ nə³¹ n̠i³³	na³³ ko⁵⁵
1083	哪里	xa³¹ a³³ la³¹	xa³³ po³³ / xa³¹ a³³	xa⁵⁵ la³¹	xa³¹ a⁵⁵	na³³ n̠i⁵⁵	a⁵⁵ nə³³	na³³ tie³³
1084	几时	xa³¹ tv³³	xa³¹ fu³¹ / xa³¹ ma³¹ tie³³	xa³¹ mo³³	xa⁵⁵ mo³³	na³¹ xa²⁴	a⁵⁵ nə³¹ tsho³³	na³³ xa⁵⁵
1085	怎么	xa⁵⁵ mɛ⁵⁵ lɛ³³	xa⁵⁵ nɛ³³	xa⁵⁵ ma⁵⁵	xa⁵⁵ ma⁵⁵	tsa³¹ ko²⁴	tɕi⁵⁵ ta³¹ tə³¹³	tsa³¹ ko⁵⁵
1086	多少	xa³³ ty⁵⁵	xa³³ tɕhy⁵⁵	xa³³ tɕhi⁵⁵ la³¹	xa³³ mo³³	to⁵⁵ so³³	ʃ̩³¹ tsə³¹	to³³ so³¹

1087	几个	xa³¹na³³ma⁵⁵	xa⁵⁵ma³³ma⁵⁵	xa³³mo³³ko⁵⁵la³¹	xa³¹mo³³ka³¹	tɕi³³ko²⁴	ʂ̩³³ɳi³¹³	tɕi³³ko⁵⁵
1088	为什么	xa⁵⁵mɛ⁵⁵lɛ³³la³¹	a³¹tʂhɤ³³nɛ³³ʐɔ³¹ / xa⁵⁵nɛ³³ʐɔ³³	a³¹tʂhɤ³³khɤ³³nɛ³³	xa³¹tɕi³¹xɛ³³	wei²⁴na³³ʑian²⁴	tɛ³¹a⁵⁵ɳi³³	wei⁵⁵sə³¹mo³³
1089	不少	ma³¹sɔ³¹	ma³¹sɔ³¹	ma³¹sɔ³¹	mɑ³¹sɔ³¹	pu⁵⁵sɔ³³	pi³¹ɕia³³	pu⁵⁵sɔ³³
1090	不多	ma³¹na³¹	ma³¹ma³¹	ma³¹ma³¹	mɑ³¹mɑ³¹	pu⁵⁵to³³	pi³¹ti⁵⁵	pu⁵⁵to³³
1091	其他	pa⁵⁵ɣa⁵⁵xa⁵⁵	u³¹tshu³¹ / i⁵⁵tha⁵⁵	pa³¹tse⁵⁵	ɔ³¹ʑia⁵⁵ko³³	tɕhi³¹tha⁵⁵	pi³¹ko³¹	tɕhi³¹tha³³
1092	一切	zi⁵⁵tsoŋ³¹ni⁵⁵	zi⁵⁵tɕhi³¹ / zi⁵⁵tsɔ³¹mɛ⁵⁵	zi⁵⁵tsɔ³¹mɛ⁵⁵	i⁵⁵tsɔ³¹mɑ⁵⁵	zi⁵⁵tɕhiɛ²⁴	tʂa⁵⁵kɔ³¹	zi⁵⁵tɕhiɛ³¹
1093	大	xuı³¹	xə³¹	xɤ³³	xuı³¹	ta²⁴	tɔ³¹	ta⁵⁵
1094	小	ɳi⁵⁵	ɳi⁵⁵	pi⁵⁵	ɳi⁵⁵	ɕiɔ³³	se³³	ɕiɔ³¹
1095	大小	xuı³¹ɳi⁵⁵	xa³¹ɳi⁵⁵	xɤ³¹ɳi³³	xuı³¹	ta²⁴ɕiɔ³³	tɔ³¹se⁵⁵	ta⁵⁵ɕiɔ³¹
1096	粗	xuı³¹	xə³¹	xɤ³¹	xuı³¹	tshu⁵⁵	tɔ³¹	tshu⁵⁵
1097	细	ɣa⁵⁵ɳi⁵⁵lɛ³³	ɳi⁵⁵	pi⁵⁵	khɤ⁵⁵ʑiɑ³¹	ɕi²⁴	mɔ³¹	ɕi⁵⁵
1098	高	ko³³	mo⁵⁵	ko⁵⁵	kɔ³³	kɔ⁵⁵	ka⁵⁵	kɔ⁴⁴
1099	低	ma⁵⁵kɔ³³lɛ³³	mɛ³¹sa³¹	ti⁵⁵	tɛ³³kɛ³³lɛ³³	ti⁵⁵	pi³³	ti³³
1100	凸	tɤ⁵⁵luı³³luı³³	tɤ⁵⁵luı³³	kuı³¹	thu³¹	kɔm³³	ka⁵⁵tʂʰi³³	kɔm³³
1101	凹	tv³¹xɔ³¹xɔ³¹	ta³¹xɔ³¹	xɔ³¹	me³¹	ɣo⁵⁵	khɔŋ⁵⁵ɳi³³	ɣo⁵⁵
1102	长	mo⁵⁵	mo⁵⁵	muo⁵⁵	ta⁵⁵mo⁵⁵	tshan³¹	tʂoŋ³¹³	tshaŋ³¹
1103	(时间)长	mo⁵⁵	mo⁵⁵ka⁵⁵	muo⁵⁵ / khɤ⁵⁵	ɳi³³ʑiɑ³¹mo⁵⁵	tshan³¹	tʂoŋ³¹³	tshaŋ³¹
1104	矮	ma⁵⁵kɔ³¹lɛ³³	a³¹ko³¹	ti³¹mi³³	tɛ³³kɛ³³	ɣɛ³³	pi³³	ɛ³¹
1105	短	num⁵⁵	nuı⁵⁵	nuo⁵⁵	to³¹pi⁵⁵	tuan³³	tshə⁵⁵	tuɔ³¹
1106	远	mo⁵⁵	mo⁵⁵ka⁵⁵	muo⁵⁵	ʑiɑ³³mɑ³³mo⁵⁵	ʑiɛn³³	tsue³³	ʑiɛ³¹
1107	近	nε³¹	ɳi³¹xɛ³¹nɛ³³	nuo⁵⁵	ɔ³¹tɕi⁵⁵tɕi⁵⁵	tɕin²⁴	tɕiɛ³³	tɕi⁵⁵ / ɣɛ³³
1108	宽	ki⁵⁵	khua⁵⁵	khua³³	khua³³	khuan⁵⁵	khua⁵⁵	khua³³
1109	窄	tsɤ³¹	thɛ³¹	xɤ³³	tsə³¹	tsə³¹	tsɛ³³	tsə³¹
1110	宽敞	ki⁵⁵lo³³lɛ³³	khua⁵⁵	xɤ³³	khua³³	khuan⁵⁵tshan³³	khua⁵⁵tsho⁵⁵tsho⁵⁵	khua³³tsha³¹
1111	狭窄	thɛ³¹	thɛ³¹	ɳi⁵⁵	tsə³¹	ɕia³¹tsə³¹	tʂɛ³³kər⁵⁵tər³³	ɕia³¹tsə³¹

序号	汉语							
1112	厚	thɤ⁵⁵	xɤ⁵⁵ tɤ³¹ tɤ³¹ nɛ³³	xɤ⁵⁵	xɤ⁵⁵	xa²⁴	kʌ³³	xɤ⁵⁵
1113	薄	pa³¹	pa³¹ sa⁵⁵ sa⁵⁵ nɛ³³	po³¹	a³¹ pa³¹	po³¹	po³¹	po³¹
1114	深	na³¹	na³¹	na³¹	na³¹	sɛn⁵⁵	sɛ⁵⁵	sɛn³³
1115	浅	ma³¹ na³¹	sə³³ xɛ³³ nɛ³³	sɤ³³	ma³¹ na³¹	tɕhien³³	tɕhie³³	tɕhie³¹
1116	满	pɔŋ³³	pə³³ nɛ³³	po³³	pa³³	man³³	maŋ³³	ma³¹
1117	空	xɔŋ³¹	a⁵⁵ ŋe³¹	a⁵⁵ xo³¹	ma³¹ tsa³³	khɔm⁵⁵	khɔŋ⁵⁵	khɔm³³
1118	瘪	na³¹	a⁵⁵ pho³¹	mɑ³¹	mɔ³¹	pi³¹	phi³³	pi³¹
1119	多		ma³¹		a³¹ tsɿ³³	to⁵⁵	ti⁵⁵	to⁵⁵
1120	少	sɔ³¹ / a⁵⁵ xɯ⁵⁵	a⁵⁵ xa⁵⁵ nɛ³³	tɕhi³¹ lei⁵⁵	a³¹ tsɿ³³	sɔ³³	ɕiɑ³³	sɔ³¹
1121	方	zy³¹ khy⁵⁵ tsɿ³¹	sɿ⁵⁵ sɿ⁵⁵ fa⁵⁵ fa⁵⁵	fa⁵⁵	faŋ⁵⁵	fan⁵⁵	faŋ⁵⁵	faŋ³³
1122	圆	u³³ lɯ³³ lɯ³³	ɣo³³ lo³³ lo³³ nɛ³³	le⁵⁵ lv³³ lv³¹	to³³ lo³³	ʑien³¹	wuɛr³¹³	ʑie³¹
1123	扁	pa³³	phe³¹ pe³³ pɛ³³	ta³¹ pa³³ pa³³	tɑ³¹ pɑ³³	piɛn³³	piɛr⁵⁵	piɛr³¹
1124	尖	tɕhe³³	ta⁵⁵ tshe³³ tshe³³	to⁵⁵ tʂhɿ³³	to⁵⁵ tʂhɿ³³	tɕiɛn⁵⁵	tɕyi⁵⁵	tɤ⁵⁵ tɕie³³
1125	秃	v³¹ tsy⁵⁵ tsy⁵⁵	tu⁵⁵ le³¹ le³¹	xo⁵⁵ lo³³ lo³³	tɔ³¹ thu³¹	thu³¹	thɤ³³	thu³¹
1126	平	phiŋ³¹	phi³¹ phi³¹ me⁵⁵	tɛ³³ ɣo⁵⁵ ʂa⁵⁵	tɛ³³ kʉ³¹ to⁵⁵	phiŋ³¹	pɛr³³	phiŋ³¹
1127	皱	tsy³¹	tsu³¹ ta³³ la⁵⁵	tsv³¹	tsu³¹	tsɤ²⁴	tʂhu³³	tsɤ⁵⁵
1128	正(面)	sɿ³¹ sɿ³³ po³¹	ka³³ fu³¹	sɛ⁵⁵ mɑ⁵⁵	na⁵⁵ mɑ⁵⁵	tsɛn²⁴ miɛn²⁴	tɤ³¹ mu⁵⁵	tsɛ⁵⁵ miɛ⁵⁵
1129	反(面)	ɣa³¹ nɔ⁵⁵ po³¹	ka³¹ nɔ³¹	sɛ⁵⁵ fv³³	nɑ⁵⁵ phu³³	fan³³ miɛn²⁴	xa³¹ tiɤ³³	fa³¹ miɛ⁵⁵
1130	(打)准	pɤ³³ zɔ³³ khi³¹	pɤ³³ ʑu³³ tshɔ³³	tsui³³	tsəŋ⁵⁵	tɑ³³ tɤ³¹ tsuɛn³³	tɤr³³ tɤ³³ tsue³³	ta³³ tɤ³¹ tsue³¹
1131	歪	khe³¹	pi⁵⁵ xa⁵⁵ xa⁵⁵	nɔ³¹ xo⁵⁵	tɑ³¹ pɑ³³	we⁵⁵	ʔuɛr⁵⁵	we⁵⁵
1132	倒	tɕe⁵⁵ pe³¹	lo⁵⁵ ku⁵⁵ ʑi⁵⁵ la³¹	lo³³ kɑ³³	lɑ³¹ phɤ³³	tɔ³³	kua⁵³ kue³³	tɔ³³
1133	横(的)	pi⁵⁵ tɕhe³³ me³¹	i⁵⁵ ky³³ me⁵⁵	xɛ³¹	la³¹ phɤ³³	xɛn³¹ ɲi⁵⁵	kuɛr³³	xɛ³¹
1134	竖(的)	ta³³ thu⁵⁵ me⁵⁵	i⁵⁵ mo³³ me⁵⁵	li³¹ thv⁵⁵ ta³³	v̩⁵⁵ phiŋ³¹	tsɿ³¹	tʂa³¹ kɤ³¹³	tsu⁵⁵
1135	直(的)	tsɿ³¹ tsɿ³¹ me⁵⁵	tsɿ³¹	tʂɿ³¹	ʋ⁵⁵ phiŋ³¹	tsɿ³¹	tue⁵⁵ su⁵⁵ su⁵⁵	tsɿ³¹
1136	斜(的)	pi⁵⁵ khe³¹ me⁵⁵	pi⁵⁵ xa⁵⁵	nɔ³¹ xo⁵⁵	tɑ³¹ pɑ⁵⁵	ɕi³¹	khuɛr⁵⁵	ɕi³¹
1137	弯(的)	tɤ³¹ ɣo³¹ me⁵⁵	pi⁵⁵ ɣ³¹	tv³¹ v³¹ v³¹	ʑiɑ⁵⁵ mɑ³³ tʉ³¹ kʉ³¹	wan²⁴	khɣ³³ nɔ³³	wa⁵⁵

1138	黑	na³³	na³³	na³³ ·	a³¹ na³³	xə³¹	xəʔ³³	xə³¹
1139	白	pa³³	pa³³	fv⁵⁵ ·	a³¹ phu⁵⁵	pə³¹	pɛʳ⁵³	pə³¹
1140	红	ni⁵⁵	ne⁵⁵	ɳi⁵⁵ vʔ³¹ nɛ³³	ɔ³¹ nɯ⁵⁵	xɔm³¹	tɕhiɛʳ³³	xɔm³¹
1141	黄	ɕɯ⁵⁵	sə⁵⁵	sʅ⁵⁵ vʔ³¹ nɛ³³	ɔ³¹ sʅ⁵⁵	xuan³¹	ɣɔ³¹³	xuaŋ³¹
1142	绿	ny⁵⁵	nɣ⁵⁵	ɳi⁵⁵ ma³¹ sa³³ nɛ³³	ɔ³¹ ɳi⁵⁵	lu³¹	lu³³	lu³¹
1143	紫	ni⁵⁵ su³³	ne⁵⁵ fu³¹ nɛ³³	ɳi⁵⁵ na³³ na³³	tɕe³¹ ɣɯ⁵⁵ sɛ³¹	tsʅ³³	tsʅ³¹	tsʅ³³
1144	灰（的）	phu⁵⁵ su³¹	phu⁵⁵ ɕy³¹ nɛ³³	phu⁵⁵ vʔ³¹ nɛ³³	ɔ³¹ phu⁵⁵	phu⁵⁵ sv⁵⁵ tɛ³¹	xui⁵⁵	xui³³
1145	亮（的）	liaŋ⁵⁵	pa³³ tɕhy³³ nɛ³³	pa³³ nɛ³³	ɔ³¹lɯ³¹	lian²⁴	liaŋ⁵³	liaŋ⁵⁵
1146	暗	na³³ xoŋ³¹ lɛ³³	na³³ mu³¹ xə³¹ tə³¹ tə³¹	na³³ mo³¹ xo³¹ nɛ³³	a³¹ na³³	ɣan²⁴	zin⁵⁵	ɣan⁵⁵
1147	重	tɕhɣ³³	tshu⁵⁵ tsa³¹	tʂhɣ³³	a³¹ tshʅ³³	tsɔm²⁴	tsɔŋ³³	tsɔm⁵⁵
1148	轻	pha⁵⁵	pho³¹ sa⁵⁵ nɛ³³	pha⁵⁵	a³¹ pha⁵⁵	tɕhin⁵⁵	tʂhiɛʳ⁵⁵	tɕhiŋ³³
1149	快	khue⁵⁵	tsha⁵⁵	sɣ³¹ nɛ³³	khue⁵⁵	khue²⁴	tɕi³³ tʂua⁵³	khue⁵⁵
1150	勤快	m⁵⁵ tsa³¹ nɔ⁵⁵	ŋə⁵⁵ tsa³¹ na³³	ɣo⁵⁵ tsa³¹ xo³¹ tɣ⁵⁵ɣ³³	la³¹ tsha⁵⁵	tɕhin³¹ lɔ³¹	tsu⁵⁵ ɳi⁵⁵ ʑia³³	tɕhiŋ³¹ khue⁵⁵
1151	慢	phi³¹	phi³¹	phi³¹	ɔ³¹ ʑiɔ³¹ la³¹	man²⁴	a³¹ tsɔ³¹ tsɔ³¹	phi³¹ /ma⁵⁵
1152	空闲	lo³³	lo³³ mi³³	lo³³	ɕiɛ³¹	ɕiɛ³¹	khɔ⁵⁵ ɕia⁵⁵	khɔm⁵⁵ ɕiɛ³¹
1153	早	na³¹	na⁵⁵	na³¹	na³¹	na³¹	tsə³³	tsɔ³¹
1154	迟	phi³¹ xɣ³³	phi³¹	phi³¹	phi³¹⁴	phi³¹	phi³¹ /me³³	phi³¹ /tshʅ³¹
1155	锋利	tɕo³³	tha³³	tha³³	tha³³	khue²⁴	zi³¹	khue⁵⁵
1156	钝	tɔŋ³¹	ma³¹ tha³³ /lu³¹	xa³¹ /ma³¹ tha³³	ma³¹ tha³³ /tshʅ³¹ ti³³	ten²⁴	tuɛ³¹	thu³¹
1157	清（的）	kɣ⁵⁵ ɕy³³	ko⁵⁵	sɣ⁵⁵	a³¹ tshʅ⁵⁵ tshʅ⁵⁵ ti³³	tɕhin⁵⁵ ɳi⁵⁵	tɕhiɛʳ⁵⁵	tɕhi⁵⁵
1158	浑浊	u⁵⁵ ti³³ ti³³	ɣw⁵⁵ ti³³	ɣw⁵⁵ ti³³ ti³³	a³¹ ti³³ ti³³	xuɛn³¹	tʂɣ³¹	xuɛ³¹ tsɔ³¹
1159	胖	tshu⁵⁵	tshu⁵⁵	tʂhu⁵⁵	a³¹ tshu⁵⁵ tshu⁵⁵	phan²⁴	pi³¹³	phaŋ⁵⁵
1160	（猪）肥	tshu⁵⁵	tshu⁵⁵	ʐa³¹ tʂhu⁵⁵	a³¹ tshu⁵⁵ tshu⁵⁵	fei³¹	pi³¹³	phaŋ⁵⁵ /fei³¹
1161	瘦	ko³³ xɛ³¹	ko³³ xɛ³¹ nɛ³³	ko³³ ɕi³¹ nɛ³³	a³¹ ki⁵⁵ ki⁵⁵	sə²⁴	zo³¹	sə⁵⁵
1162	（地）瘦	mi⁵⁵ sʅ⁵⁵	mi⁵⁵ sə⁵⁵ mi⁵⁵ ka³³	me⁵⁵ tʂha³¹ ma³¹ mu³¹	mi⁵⁵ tsha³³	sə²⁴	ʑio³¹	sə⁵⁵
1163	干	kw³³	kw³³	kw³³	ɔ³¹ kw⁵⁵	kan⁵⁵	kaŋ⁵⁵	kan³³

1164	湿	tɕɛ^{55}tshl̩^{31}	u^{55}tsa^{33}tsɛ^{55}	tsɛ^{55}	ɔ^{31}tsə^{55}	sl̩^{31}	mia^{253}	sl̩^{31}
1165	（粥）稠	tsha^{31}xa^{31}	xa^{33}tshu^{31}nɛ^{33}		ɔ^{31}ku^{33}	tsha^{31}	tʂhə^{313}	tsha^{31}
1166	（粥）稀	tɕhe^{55}tsha^{31}	pe^{33}	tshe^{55}phi^{33}	tsha^{31}pɛ^{33}	phər^{55}ʐ̩u^{31}	phər^{55}	ɕi^{55}
1167	（布）密	tshl̩^{55}	tɕi^{55}	tɕi^{55}	mi^{31}	tɕhi^{55}	mi^{31}	mi^{31}
1168	（头发）稀	kha^{55}	kha^{55}	kha^{55}	ɔ^{31}pɔ^{31}	ɕi^{55}	tɕhiaŋ^{31}	ɕi^{33}
1169	硬	xa^{33}	xa^{33}tshu^{31}nɛ^{33}	xa^{33}	a^{31}kha^{31}kha^{31}	ɣe^{24}	ŋer^{31}	ɣe^{55}
1170	软	nɔ^{31}	no^{311}sa^{33}nɛ^{33}	nu^{31}sɔ^{31}sɔ^{31}	a^{31}nə^{33}nə^{33}	zuɑ^{33}	phər^{55}	zua^{31}
1171	粘	mɔ^{31}	mo^{31}	mo^{31}	kɔ^{33}nu^{31}nu^{31}	tsa^{55}	to^{55}	tsa^{33}
1172	光滑	pu^{55}na^{31} / xua^{31}	ku^{31}li^{33}nɛ^{33}	xa^{33}tɕhi^{55}xua^{33}	nə^{31}ka^{31}la^{31}	kuɑn^{55}xuɑ^{31}	tsuɛ^{31}li^{33}li^{33}	xua^{31}
1173	粗糙	pe^{33}ɣo^{31}le^{23}	kɛ^{33}sa^{33}nɛ^{33}	tɕhi^{33}sa^{33}ŋɣ^{31}	mɔ^{31}tsho^{31}	tshu^{55}tsho^{24}	tshu^{53}tsho^{55}	tshu^{55}tsho^{55}
1174	（路）清	ka^{55}tsy^{33}tsy^{33}	ka^{55}ku^{31}ku^{31}	tɔ^{55}kɛ^{31}kɛ^{31}	ɔ^{31}tu^{31}tu^{31}	lu^{24}xuɑ^{31}	the^{33}tsuɛ^{31}	lu^{55}xua^{31}
1175	紧	the^{31} / ne^{31}	nie^{31}tse^{31}tse^{55}	tɕi^{31}	tə^{55}	tɕin^{31}	tɕin^{33}	tɕin^{33}
1176	松	phe^{31}sm̩^{33} / kɛ^{31}	kɛ^{31}su^{31}nɛ^{33}	ka^{33}pɛ^{31}	ma^{31}tə^{55}	sɔm^{55}	sɔŋ^{55}	sɔ^{55}
1177	脆	tshui^{55}	tshui^{55}	tshui^{55}	tshui^{55}	tshui^{24}	tshuɛ^{53}	tshui^{55}
1178	结实	khi^{55}	ki^{55}	tɕhi^{55}	khi^{55}	tsa^{31}sl̩^{31}（lɔ^{31}）	kɛ^{55}	lɔ^{31}（tɕi^{31}sl̩^{31}）
1179	乱	puɯ^{31}	pa^{31}	lua^{31}	lua^{314}	luan^{31}	luɛn^{55}	lua^{55}
1180	对	mu^{31}	xo^{31}	xo^{31}	xo^{31}	xo^{31} / tui^{24}	xɔ^{313}	tui^{55}
1181	（做）错	pa^{33}	pa^{33}	pa^{33}	tsho^{55}	tsu^{24}tsho^{24}	tsho^{33}	tsho^{55}
1182	真	tɕu^{55}	xo^{31}	tsɛ^{55}	tsen^{33}	tsɛn^{55}	tʂl̩^{55}	tsɛn^{55}
1183	假	tɕa^{31}	ma^{31}xo^{31}	tɕia^{33}	tɕia^{31}	tɕia^{31}	tɕia^{31}	tɕia^{31}
1184	生（食）	zo^{33}tsoŋ^{31}	zu^{33}tse^{31}	zo^{33}tɕo^{31}	a^{31}tɕie^{31}	sɛn^{55}ȵi^{55}	sɛn^{55}ȵi^{55}	sɛ^{55}ni^{55}
1185	新	zo^{33}ɕɯ^{31}	zu^{33}sə^{31}	a^{55}ʂɣ^{31}	a^{31}sl̩^{31}	ɕin^{55}ȵi^{55}	sin^{55}	ɕin^{33}
1186	旧	zo^{33}kɛ^{55}	zu^{33}ke^{55}	a^{55}kɛ^{55}	a^{31}ki^{55}	tɕie^{24}	kə^{31}	tɕi^{55}
1187	好	mu^{31}	mə^{31}	mu^{31}	mɔ^{33}	xɔ^{33}	xa^{33}	ɕx^{31}
1188	坏	ty^{55}	ma^{31}ma^{31}	ma^{31}muɯ^{31}	ma^{33}	xuɛ^{24}	kuɛ^{31}	xuɛ^{55}
1189	（钱）贵	a^{55}phy^{31}sa^{55}xa^{33}	phi^{31}	a^{31}phi^{31}khɑ^{33}		tɕia^{33}tɕhien^{31}kui^{24}	kɛr^{31}to^{31}	kui^{55}

序号	词							
1190	便宜	a⁵⁵ phɣ³¹ ʐa⁵⁵	a⁵⁵ phy³¹ ʐa⁵⁵	ma³¹ phi³¹	a³¹ phi³¹ ma³¹ kha³³	phiɛn³¹ zi²⁴	phiɛ⁵⁵ zi³³	ɕia³³ zi⁵⁵ / phiɛ³¹ zi⁵⁵
1191	（植物）老	zɛ³³ ta³¹	xa³³	xa³³	a³¹ kha³³	lɔ³³	kɣ̩³¹	lɔ³¹
1192	（植物）嫩	no³¹	no³¹	nua³¹ ʂa³¹ nɛ³³	ɔ³¹ na³³	nɛn²⁴	nɲ̩ia³¹³	nɛ⁵⁵
1193	年老	za³¹ mo³¹ mo³¹	za³¹ mo³¹ mo³¹	za³¹ mɣ³¹	ʑia³¹ mo³¹	nɲiɛn³¹ lɔ³³	kɥ³¹³	lɔ³³ nɲiɛ³¹ tɕi⁵⁵ ta⁵⁵
1194	年轻	za³¹ ku³¹	za³¹ nu⁵⁵	za³¹ mɣ⁵⁵	ʑia³¹ nɲ̩i⁵⁵	nɲiɛn³¹ lɔ³³	kɣ³¹³	nɲiɛ³¹ tɕi⁵⁵ tɕhi³³
1195	美	tsɣ³³ ka³¹ lɤ³³	tsy³³ ka³¹ lɤ³³	tsa³¹ sɛ⁵⁵	ka³¹	tɕɥiɔ²⁴ / mei³³	khaʐ³³	phiɔ⁵⁵ liaŋ⁵⁵ / mei³¹
1196	丑	pha³³ so³¹ me⁵⁵	na⁵⁵ pa³³	ma³¹ tsa³¹ sɛ⁵⁵	ma³¹ ka³¹	tshə³³ / nan³¹ tɕhiɔ³³	na³¹ ɛ³³	na³¹ tɕhiɔ³¹ / tshə³¹
1197	热	xɔŋ⁵⁵	lɔ⁵⁵	ɬo⁵⁵	ɔ³¹ lo⁵⁵ lo⁵⁵	zə³¹	ʂu⁵⁵	zə³¹
1198	冷	tɕhɤ³¹	ka³³	ka³³	a³¹ tshu³¹	len³³	kɥ⁵⁵	lɛ³¹
1199	（水）温	xɔŋ⁵⁵ pɣ³³ lɤ³³	a⁵⁵ tshu³¹ lɔ⁵⁵ tshe³³ nɛ³³	ɬo⁵⁵ tshe³³ tshe³³	nə³³ kɔ³³	wen⁵⁵ sui³³	ʔuɛ⁵⁵ / ʔuɛ⁵⁵ ɕɥi³³	sui³³ wuɛ⁵⁵
1200	冰冷	tɕhɤ³¹ thɣ³³ lɤ³³	tshɿ³¹ thə³³ nɛ³³	tshɿ³¹ kɥ⁵⁵	a³¹ ti³¹	tsa³¹ tɕi⁵⁵ tɕi⁵⁵	kɥ⁵⁵ tʂɿ³³ tʂɿ³³	pi⁵⁵ lɛ³³
1201	暖和	tɕhɤ³¹ xɔŋ⁵⁵ tsa³³	lɔ⁵⁵ mɛ³³ mɛ³³	ɬo⁵⁵ tshe³³	ma³¹ lɔ⁵⁵ ma³¹ tɕhɤ³¹	zə³¹ fu⁵⁵ fu⁵⁵ nɲ̩i⁵⁵	ʔuɛ⁵⁵	nua³¹ xɔ³¹
1202	凉快	tshoŋ³¹ sɿ³¹ lɤ³³	lia³¹ lia³¹ mɛ⁵⁵	sɣ³¹ lɣ³¹ nɛ³³	lia³¹ khuɛ	lian³¹ khuɛ	liaŋ³¹	lia³¹ khuɛ⁵⁵
1203	难	m̩⁵⁵ sa³¹ a⁵⁵ xɣ⁵⁵	tsu⁵⁵ sa³¹	ɣo⁵⁵ sa³¹	na³¹	nan³¹	na³¹³	na³¹
1204	容易	m̩⁵⁵ za³⁵ a⁵⁵ xɣ⁵⁵	sa⁵⁵	phv³¹ ʂa³¹ la³¹ nɛ³³	mi⁵⁵ ka³³ ma³	zɿɔm³¹ zɿ²⁴ / tɕiɛn³³ tan⁵⁵	zɿɔ⁵⁵ zɿ³³	tɕiɛ³³ ta³³
1205	（气）香	nm̩⁵⁵ sa⁵⁵ a⁵⁵ xɣ³³	ɕia³³	ɕia⁵⁵	ɕia⁵⁵	ɕian⁵⁵	ɕiɔŋ⁵⁵	ɕiaŋ³³
1206	臭	pɣ̩³¹	pu³¹	pl³¹ nv⁵⁵	pu³¹ nɲ̩i⁵⁵	tshə²⁴	tshu³¹	tshə⁵⁵
1207	（味道）香	khu⁵⁵ za³³	ɕia³³	ɕia⁵⁵	mi⁵⁵	ɕian⁵⁵ phen⁵⁵ phen⁵⁵ nɲ̩i⁵⁵	ʑia³³ ɕiɔŋ⁵⁵	ɕiaŋ³³
1208	酸	tɕhɤ⁵⁵	tshe⁵⁵	tshe⁵⁵	ɔ³¹ tshe⁵⁵	suan⁵⁵	ʂua⁵⁵	suɑŋ³³
1209	甜	tshy⁵⁵	tɕhy⁵⁵	tʂɿ⁵⁵	ɔ³¹ tsɿ⁵⁵	tien³¹	ka⁵⁵	thiɛn³¹
1210	苦	xa³¹	xa³¹	xa³¹	ɔ³¹ kha³¹	khu³³	khə³³	khu³¹
1211	辣	tshl⁵⁵	ɕi⁵⁵ tɕhi⁵⁵ tɕhi⁵⁵	tɕhi⁵⁵	phɿ⁵⁵	la³¹	tɕhin⁵⁵	la³¹
1212	咸	xa³¹	xa³¹	xa³¹	kha³¹ / nɲ̩i⁵⁵	ɕian³¹	tshoŋ³¹	ɕiɛ³¹
1213	（盐）浓	ɕo³³	tɕhi⁵⁵ tan⁵⁵ tan⁵⁵	ma³¹ tʂl⁵⁵	tshə³¹ miɛ³¹ ma³¹ lu³¹	tan²⁴ phiɛ³³ phiɛ³³ nɲ̩i⁵⁵	tshoŋ³¹	ta⁵⁵
1214	涩	phe⁵⁵	phe⁵⁵	phe⁵⁵	a³¹ phe⁵⁵ phe⁵⁵	sə³¹	pieʐ³¹	sə³¹
1215	腥	sa⁵⁵ xɣ³³ lɤ³³	sa⁵⁵ xə³³ nɛ³³	ʂo⁵⁵ nv⁵⁵	sa⁵⁵ nɲ̩i⁵⁵	ɕin⁵⁵ tɕhi²⁴	ɕiɔʐ⁵⁵	ɕiŋ³³

1216	鱼腥草	a⁵⁵sa⁵⁵la⁵⁵num⁵⁵	a⁵⁵sa⁵⁵na⁵⁵luɯ⁵⁵	ɣuɯ⁵⁵ṣa⁵⁵la⁵⁵nuɯ⁵⁵	khuɯ³¹sa⁵⁵ni⁵⁵kv³¹	pi³¹sə³¹tsʰɛ²⁴	khuaŋ³³ɕiar⁵⁵tsʰa³³	pi³¹sə³¹tsʰɛ⁵⁵
1217	腻	zɛ³¹	thu³³	tsa³¹zɛ³¹		ŋian²⁴	noʔ²³	nia⁵⁵
1218	闲	lo³³	lɔ³³	—	ɕiɛ³¹thɑ³¹	ɕiɛ³¹	ɕiaŋ⁵⁵	ɕie³¹
1219	忙	thɛ³¹	thɛ³¹	ma³¹lo³³	ma³¹	man³¹	maŋ³¹³	maŋ³¹
1220	富	ʐo³³xa³³	xa³³	xɑ³³	fv⁵⁵/ʂ1⁵⁵po³³	fu²⁴	ɔ⁵⁵lɔ³³	fu⁵⁵/ta fu⁵⁵
1221	穷	sa³¹/sa³¹ʑa³¹	ʑa³¹sa³¹	ṣa³¹	tɕhioŋ³¹	tɕhiom³¹	khui³³tʂoŋ³¹³	tɕhiom³¹
1222	丰富	na³¹	ma³¹	tʂa³³	mɔ³¹	fɔm⁵⁵fu²⁴	xɛn³¹ti⁵⁵	fɔm³³fu⁵⁵
1223	干净	ɕo⁵⁵	su⁵⁵	su⁵⁵ka³¹nɛ³³	so⁵⁵	kan⁵⁵tɕin²⁴	kaŋ⁵⁵tɕin³¹	ka³¹tɕin⁵⁵
1224	脏	su³¹xa³¹lɛ³³	ma³¹su⁵⁵	nɯ³³xa³¹	tsa⁵⁵lɔ⁵⁵/ma³¹so⁵⁵	tsan⁵⁵	tsaŋ⁵⁵	tsaŋ⁵⁵
1225	安静	tsh1⁵⁵ʑa³³lɛ³³	ʐu³³thɛ⁵⁵ma³¹ka³¹	tɕhi⁵⁵ɤɣ³³lɤ³³nɛ³³	a³¹tshi⁵⁵li⁵⁵	ɣan⁵⁵tɕin²⁴	an⁵⁵tɕin⁵⁵	ɣa³¹tɕin⁵⁵
1226	活（的）	tɛ³¹	tɛ³¹	ʑv³³ti³¹	tɛ³¹	xo³¹	xɛr⁵⁵kɛ³¹no³³	xo³¹
1227	死（的）	s1⁵⁵	ɕi⁵⁵	ʑv³³ʂ1⁵⁵	s1³³	s1³³	si³³no³³	s1³³
1228	清楚	lo³¹va⁵⁵	mi³¹	ɕi³¹tɕho⁵⁵	tɛ³³tv³³ka³¹	tɕhin⁵⁵tshu³³	mər³¹pər³³	tɕhi⁵⁵tshu³³
1229	好看	fv³³sa⁵⁵	fu³³sa⁵⁵	fv³³ṣɑ⁵⁵	ti³¹ka³³ma³³	xo³³kan²⁴	ɛ³³xɛ³³	xo³³khan⁵⁵
1230	难看	fv³³sa³¹	ma³¹fu³³sa⁵⁵	fv³³ṣɑ³¹	ti³¹sɑ³¹	nan³¹kan²⁴	na³¹ɛ³³	na³¹kan⁵⁵/na³¹tɕhiɔ³¹
1231	好笑	uɯ⁵⁵ɕi⁵⁵la⁵⁵	uɯ⁵⁵ṣ1⁵⁵luɯ⁵⁵	ɣo³³ʂ1⁵⁵luɯ⁵⁵	ka³¹s1⁵⁵	xo³³ɕiɔ²⁴	so³¹ɕiɔ³³	xo³¹ɕiɔ⁵⁵
1232	响	ky³¹	ɕy⁵⁵	mu⁵⁵	ka³¹luɯ⁵⁵	ɕian³³	mər³³	ɕiaŋ³¹
1233	慌张	thɛ³¹	nɯ³³ma³³ti⁵⁵ta³³	xua⁵⁵tsa³³	xua³³tsa³³	xuan⁵⁵tsan⁵⁵	xua⁵⁵tʂaŋ⁵⁵	xua⁵⁵tsa³³
1234	急忙	thɛ³¹thɛ³¹lɛ³³	thɛ³¹	tʂhua³¹tʂhua³¹nɛ³³	tɕi³¹ma³¹	tɕi³¹man³¹	tɕi³¹tʂua³¹	tɕi³¹ma³¹
1235	花（的）	kɤ³¹lɤ³¹kɤ³¹tshy³³mɛ⁵⁵	xua⁵⁵xua⁵⁵lu³¹lu³¹nɛ⁵⁵	ki³³li³³kɤ³³lɤ³¹	ka⁵⁵li³³tɔ⁵⁵pa³¹	xuɔ⁵⁵tan⁵⁵tan⁵⁵ni⁵⁵	xo⁵⁵no³³	xua⁵⁵
1236	聪明	khy⁵⁵	khy⁵⁵	ko⁵⁵	ka³³ʑi⁵⁵pha³¹	tshon⁵⁵min³¹	tɕi⁵⁵ɕiɔŋ⁵⁵	tshom³³miŋ³¹
1237	傻	tso³¹	zu³³pə³¹	ʑa³¹tɕɣ³¹/xa⁵⁵	tʃo³¹phɑ³¹	xan⁵⁵	ər³³tə³¹	xaŋ⁵⁵
1238	蠢	xa⁵⁵	ʑa³¹tso³¹tso³¹	—	tʃo³¹phɑ³¹	xan⁵⁵	a⁵⁵tər³¹	xaŋ⁵⁵
1239	狡猾	tɕio³³xua³¹	tɕio³³xua³¹	tɕio³³xua³¹	tɕio³³xua³¹	tɕio³³xua³¹	kaŋ⁵⁵tʃue³¹	tɕio³³xua³¹
1240	和气	tsa³³la⁵⁵khi³¹	xo³¹tɕhi⁵⁵	nv⁵⁵ṣa³¹lɑ³¹nɛ³³	xo³¹pa³¹	xo³¹tɕhi²⁴	xo³¹tɕhi³¹	xo³¹tɕhi³¹
1241	骄傲	tɕio⁵⁵ɣɔ⁵⁵	tɕio³³ɣɔ⁵⁵	a⁵⁵sɛ⁵⁵ɣɣ³³	ɣɔ⁵⁵tɕhi⁵⁵	tɕiɔ⁵⁵ɣɔ²⁴	tʂhoŋ³³ɕioŋ⁵⁵	tɕiɔ³³ɣɔ⁵⁵

序号	词							
1242	合适	tsa³³	tsa³³/ʂɿ³¹xɔ³¹	xua⁵⁵nɛ³³	sɿ³¹xɔ³¹	xɔ³¹sɿ²⁴	kɔ³³zɿ³³	xɔ³¹sɿ⁵⁵
1243	勇敢	zɔ³¹ɣɔ⁵⁵xɤ³³	ta³¹tsɿ³³xɔ³¹	xɛ³³	ziɔŋ³¹kaŋ³¹	ziɔm³³kan³¹/tɑ²⁴tan³³	ziɔŋ³³kaŋ³³	zɔm³¹kaŋ³¹
1244	客气	khɤ³¹tɕhi⁵⁵	khɤ³¹tɕhi⁵⁵	khɤ³¹tɕhi⁵⁵	ke³¹tɕhi⁵⁵	khɤ³¹tɕhi²⁴	khɤ³¹tɕhi⁵⁵	khɤ³¹tɕhi⁵⁵
1245	客啬	tshi³³xɤ³³	ɕiɔ³¹tɕhi⁵⁵	tʂhɣ³¹nʲi⁵⁵	ɕiɔ³¹tɕhi⁵⁵	ɕiɔ³³tɕhi²⁴	ɕiɔ³¹tɕhyi⁵⁵	ɕiɔ³¹tɕhi⁵⁵/tsa tɕin³³
1246	勤快	m⁵⁵tsa³¹xɤ³³	m⁵⁵tsa³¹nɛ³³zɿ³³	—	tɕhin³¹kue⁵⁵	tɕhin³¹khue²⁴	tsu⁵⁵nʲi⁵⁵ziɑ³³	tɕhin³¹khue⁵⁵
1247	懒汉	la³¹kui³¹	la³¹kui³¹	la³¹kui³³	la³³ku³³	lan³³kui³³	laŋ³¹tɕyi³³	laŋ³¹kui³¹
1248	(孩子)乖	na⁵⁵xa³¹na/kue xɤ³³	na⁵⁵xa³³na³³/na³³	na⁵⁵xa³¹tɔ³³	na⁵⁵tie³¹	kue⁵⁵wa³¹wa⁵⁵	xɔ³³tʂɔŋ³³ziɔŋ³³	kuɛ³³
1249	可怜	ɣui³¹sa³¹	ɣɔ³³sa³¹sa³³	ɣɔ³¹ʂa³¹ʂɔ³³ʂɔ³³ɣɔ³³	ku³¹sɑ³¹	kho³³liɛn³¹	xaŋ⁵⁵khui³³tʂɔŋ³³	kho³³lia³¹
1250	舒服	tɕo⁵⁵sa⁵⁵	tsu⁵⁵sa⁵⁵	tsɤ⁵⁵ʂa⁵⁵	tsu⁵⁵kɑ³³mɑ³³	su⁵⁵fu³¹	ku³¹xɔ³³lɔ³³	su⁵⁵fu³¹
1251	悲哀	sa³¹	ʂa⁵⁵ɕi⁵⁵kɛ³³	a³¹pi³³	pe⁵⁵ɣɛ⁵⁵	pei³³ɣɛ⁵⁵	nan³¹ku³³	pei³³ɛ³³
1252	爱(喜欢)	ɣui⁵⁵	ŋu⁵⁵ko³¹	ka³¹	kɑ³¹	ɛ²⁴	ɛ⁵³	ɛ⁵⁵
1253	熬(药)	na³³tshɿ³¹phu³¹	phu³¹	tʂha³¹	tshɿ³¹tsha⁵⁵	wei⁵⁵ziɔ³¹	xua⁵⁵ziɔ⁵⁵	ɔ³¹(tɕiɛ⁵⁵ʑiɔ³¹)
1254	拔(草)	xa⁵⁵sa³¹ɣɔ⁵⁵	xa⁵⁵mu³¹mu³¹	ɣɣ³³	(ɔ³¹pi⁵⁵)ko³¹⁴	pa³¹tsha³³	pia³¹(tsha³³)	pa³¹
1255	把(尿)	ɣ³¹tɕe⁵⁵tshɿ³¹tɕe⁵⁵	u³¹tse⁵⁵tshɿ³¹tshe⁵⁵	—	(i³¹tse⁵⁵)tshɿ³³tsɔ⁵⁵	tsan⁵⁵sui⁵⁵	ta³¹(sɔ⁵⁵)	pa³³sui⁵⁵
1256	耙(田)	xa⁵⁵tɛ³³kha³³	xa⁵⁵tɛ³³kha³³	kha³³	(ɣu⁵ziɑ⁵⁵)ka³³	pa⁵⁵thiɛn³¹	pɛr³¹(ti⁵³)	pa⁵⁵thiɛ³¹
1257	种(稻)	kha⁵⁵kha³³tsa³¹	tsa⁵⁵ɕi³¹kha³³	kha³³	kha³³	tsɛ⁵⁵/tsɔm²⁴	tʂɔŋ³¹	tsɛ³³
1258	掰开	xe³¹pha³³	la³¹	xe⁵⁵khɛ³³	pɔ³³pha³³	pan⁵⁵khɛ³³	paŋ⁵⁵khɛ³	pa³³khɛ³
1259	摆(齐)	u³³ɕo³¹	pa³¹sa⁵⁵	xe⁵⁵tɕhɛ³¹ɛ³³	ɣ³²to⁵⁵	fan²⁴tsen³¹tɕhi³¹	pɛ³³tʂɛ³¹a³³tie⁵⁵	pɛ³³tɕhi³¹
1260	摆动	mo³¹ni³³	mo³¹ŋɛ³³	xe⁵⁵ɬɔ³³	pa³¹thi⁵⁵khɛ³³	pɛ²³tɔm²⁴	ma⁵⁵thiɔ³³khu³³	pɛ³³tɔ⁵⁵
1261	败	su³³	su³³	su³³	pu⁵⁵tshe³¹	pɛ²⁴/su⁵⁵	pɛr³³	pɛ⁵⁵
1262	祭拜	tsa xɤ⁵⁵xɤ⁵⁵	tsa xɔ⁵⁵xɔ⁵⁵	a⁵¹phi³¹thɣ⁵⁵	v⁵⁵ta⁵⁵tsa³¹	kɔm²⁴/tɕi²⁴pɛ²⁴	kɔ³³	ɕiɛ⁵⁵/tɕi⁵⁵pɛ⁵⁵
1263	搬(家)	la³¹xɔ⁵⁵paŋ³³	a⁵⁵kho⁵⁵pa³³	pa³³	pha⁵⁵	pan⁵⁵tɕia⁵⁵	paŋ⁵⁵tɕia⁵⁵	pan³³tɕia³³
1264	搬(柴)	pa³¹	pa³¹	pa³³	tshɿ⁵⁵	the³¹/pan⁵⁵	piɛ³³tɕia³³	pan³³/the³¹
1265	绑	kha⁵⁵tho³¹	pha³³tho³¹	pha³³tho³³	kɔ⁵⁵phɑ³¹	suan⁵⁵(pan³³)	piɛ³³pu³¹khɤ³³	suan³³
1266	包(药)	kha³¹tshɤ³³/pa³¹ɣ³¹	pɔ³³ta³¹	phɑ³³tho³³	(tshɿ³¹)pɔ³³	pɔ⁵⁵ziɔ³¹	pɔ⁵⁵ziɔ³¹	pɔ⁵⁵
1267	剥(花生)	xɤ³¹	la³¹	ɬɣ³¹	la³¹	pɔ³¹	pɛ³¹³	pɔ³¹

序号	词						
1268	剥(牛皮)	po^{31}ȵiɛ^{31}phi^{31}	ɣɛr^{31}tʂe^{31}pɛ^{313}	(ȵiu^{31}ki^{55})la^{31}	nu^{31}kɯ^{55}ɬɤ^{331}	zʮ^{31}zo^{33}ka^{33}	zɛ^{31}zo^{33}
1269	保护	pɔ^{31}fu^{55}	pɔ^{33}fɣ^{55}	pɔ^{31}fɣ^{55}	pɔ^{33}fɣ^{55}	pɔ^{31}fu^{55}	pɔ^{33}fɣ̍^{55}
1270	饱	pɔ^{31}	pɔ^{33}	tsa^{33}pɣ^{314}	p^{33}a^{55}	pu^{33}	tɛ^{33}
1271	抱	pɔ^{55}	pɣ^{33}	a^{55}pɛ^{33}tshʮ^{31}	tsʮ^{33}	tɕhi^{31}	tshʮ^{31}
1272	刨	thui^{33}	thui^{55}thui^{55}	thui^{55}phi^{31}	thui^{55}	thui^{33}	thy^{55}phiŋ^{31}
1273	背(孩子)	pei^{55}wa^{31}wa^{55}	te^{55}tʂoŋ^{33}ȵiɔ^{33}	pa^{55}	a^{55}pi:^{33}te^{55}	te^{55}	ʑa^{31}ku^{31}te^{55}
1274	怀孕	xuɛ^{31}ʑin^{55}	tsɔ^{33}tʂoŋ^{33}ȵiɔ^{33}	xuan^{31}ʑin^{24}/xuan^{31}wa^{31}wa^{55}	a^{55}pɛ^{33}phi^{33}	a^{55}pi:^{33}phi^{31}	ma^{31}phi^{33}
1275	焙干	tsɔ^{33}ka^{55}/xɔ^{33}ka^{55}	pe^{55}kaŋ^{55}	lu^{55}kɯ^{33}	ɬu^{55}kɯ^{33}	u^{55}kə^{33}	fɣ^{55}kɯ^{33}
1276	背(书)	pei^{55}su^{55}	pɭ^{31}ʂu^{55}	pe^{314}	pe^{55}	pe^{24}su^{33}	su^{31}ɣa^{31}pe^{55}
1277	默写	mɔ^{31}ɕi^{31}	mɔ^{31}ɕi^{31}	mɔ^{314}ɕi^{31}	mɣ^{31}ɕi^{31}	mɣ^{31}ɕi^{31}	su^{31}ɣa^{31}ma^{31}pi:^{33}/fɣ^{33}mɛ^{55}tɕho^{33}
1278	进(出)	thiɔ^{55}tshu^{31}lɛ^{31}	pɛ^{33}tʂʮ^{33}lə^{33}	ta^{55}phɑ^{31}	ti^{55}pɛ^{31}tɣ^{33}	ti^{55}tu^{33}	ti^{55}to^{33}
1279	逼迫	pi^{31}phɔ^{31}	pi^{31}kɤ^{313}	pi^{31}phə^{31}	pi^{31}phɔ^{31}	ma^{31}tso^{55}ma^{31}na^{33}	xa^{33}tsa^{31}
1280	比	pi:^{31}	pi:^{33}	pi:^{31}sɛ^{314}	pi:^{31}	pi^{31}tsa^{33}tsa^{33}	pi:^{33}
1281	闭(口)	pi^{55}khɤ^{31}	(tsui:^{33})mu^{33}kɤ^{313}	ko^{55}tsʮ^{55}	mi^{33}/mi:^{33}kui:^{33}	mi:^{33}khu^{31}	m̩^{31}phi^{31}
1282	必须	pi^{55}ɕɣ^{33}	pi^{31}ɕɣɪ^{55}	ʑʮ^{31}iŋ^{55}	ʑi^{55}ne^{33}tsɔ^{55}	za^{55}ne^{33}tso^{55}	ma^{31}ŋɣ^{55}ma^{31}khi:^{31}
1283	编(辫)	tsa^{31}piɛn^{55}tsʮ^{31}	pi^{55}ta^{31}ma^{55}pi^{55}	phʮ^{31}	tsha^{55}phi^{31}phi^{31}	tsha^{55}phi^{31}phi^{31}	tshoŋ^{55}phe^{31}phe^{31}
1284	编(筐)	piɛn^{33}laŋ^{31}tsʮ^{33}	pi^{55}pɛ^{55}tɤ^{55}	tsɔ^{31}	tsɣ^{31}	pi:^{33}tsa^{33}tsa^{33}	la^{31}phe^{31}tɕɣ^{31}
1285	变化	piɛn^{55}xɛ^{55}	piɛr^{313}	piɛ^{55}phi^{33}	piɛ^{55}xua^{33}	piɛ^{55}xua^{24}	piɛ^{55}
1286	变大	piɛn^{55}ta^{55}	piɛr^{313}tɔ^{31}	piɛ^{55}xɣ^{31}	piɛ^{55}xɣ^{33}	piɛ^{55}xɣ^{33}	xɣ^{31}la^{55}
1287	变小	piɛn^{55}ɕiɔ^{33}	piɛr^{31}se^{33}	piɛ^{55}ȵi^{55}	piɛ^{55}pi:^{55}a^{31}	piɛ^{55}pi:^{55}ka^{33}ʑi^{55}	ȵi^{55}ʑi^{55}
1288	变黑	piɛn^{55}xə^{31}	piɛr^{313}xəʔ^{33}	piɛ^{55}na^{33}	piɛ^{55}na^{31}ɣɣ^{33}	piɛ^{55}na^{31}ɣɣ^{33}	na^{33}la^{31}li:^{33}
1289	变红	piɛn^{55}xɔm^{31}	piɛr^{313}tɕhiɛr^{31}	piɛ^{55}na^{55}	piɛ^{55}ȵi^{55}vʔ^{31}tshe^{31}	piɛ^{55}ȵi^{55}	ȵi^{55}zi^{55}
1290	压扁	ʑia^{31}piɛn^{31}	ʑia^{33}phi^{33}	ʑia^{314}pa^{33}	ʑa^{31}pa^{33}	za^{31}pie^{33}	tɛ^{31}pie^{33}
1291	病	piŋ^{55}	pɛ̄r^{31}	na^{55}lu^{55}	a^{55}na^{55}na^{55}	na^{55}lu^{55}	na^{55}
1292	补(衣)	pu^{31}ʑʮ^{55}saŋ^{55}	per^{33}ʮ^{55}	tu^{31}	—	—	kv^{31}thu^{55}

序号	词						
1293	搽（茶）	te^{31}ɕɛ^{33}	ɕi^{33}	ma^{31}	ma^{314}phi^{33}	tʂhu^{33}tso^{55}tsɿ^{33}	tsha^{31}
1294	猜（谜）	tsha^{31}	tsha^{31}	ni^{33}tʋ^{33}khi^{33}lɑ^{31}	tshe^{55}ti^{33}	tshe^{55}	tshe^{55}mi^{31}ʐy^{31}
1295	裁	phe^{33}	nɔ^{33}	nɔ^{33}	fɔm^{31}	tshe^{213}	tshe^{31}
1296	踩	nu^{31}	nu^{31}	kau^{33}	nə^{31}	luɛ^{33}	tshe^{31}
1297	刺痛	tsho^{33}na^{55}	tsho^{33}na^{55}	tsho^{33}nɔi^{55}	tsho^{31}then^{31}	tɕhiɛ^{33}soŋ^{33}	tshɿ^{55}thom^{55}
1298	藏（物）	xɛ^{55}ɣa^{31}	pa^{33}thu^{31}	xɛ^{55}tɕhoi^{55}	tshan^{31}tom^{55}ɕi^{55}	peŋ^{55}ɣoŋ^{31}tɕiɛ^{33}	tshaŋ^{31}tom^{33}ɕi^{33}
1299	插	tv^{31}thv^{55}	tsho^{33}khu^{31}	tsho^{33}ɣoi^{55}	tʂha^{31}phɛ^{31}tsɿ^{33}	tʂha^{33}pe^{55}phɛ^{313}	tsha^{31}phe^{31}phɛ^{31}
1300	差（钱）	ma^{31}lu^{33}	tsha^{33}	ma^{31}lɔ^{31}	tʂha^{55}	tʂha^{55}	tsha^{55}
1301	查（账）	tsha^{31}	tsha^{31}	tʂha^{31}	tsha^{31}tsan^{24}	tʂha^{55}tʂa^{33}	tsha^{31}tsa^{55}
1302	拆（衣）	thɣ^{31}phɛ^{55}	ɣu^{33}pha^{33}	pha^{33}	tsha^{31}zɿ^{55}san^{55}	the^{33}i^{55}	tsha^{31}
1303	塌毁	tɕɛ^{55}pɛ^{33}	ka^{33}pa^{33}	pɑ^{33}kɑ^{33}	tɔ^{33}tha^{31}	poŋ^{55}tu^{33}	tha^{31}
1304	搀扶	pa^{55}tɕhu^{55}	tso^{33}thɛ^{31}	pa^{55}tʂhɣ^{55}thɛ^{31}	fu^{31}（tɕhiɛn^{55}）	fɣ^{55}ka^{313}	tsha^{55}fu^{31}
1305	掺（水）	tsoŋ^{55}khɣ^{55}	xa^{55}tɔ^{33}	tso^{33}	tshan^{55}	paŋ^{55}/tyi^{31}	tsha^{55}
1306	缠（线）	khu^{55}phoŋ^{31}lɯ^{55}	xuɯ^{55}ɣo^{33}ɣo^{33}	lɣ^{33}	zɔ^{24}ɕiɛn^{24}	ni^{33}xu^{33}	tsha^{31}ɕiɛ^{55}
1307	好吃	khu^{55}ʑa^{33}	mɛ^{55}	tsa^{31}mɛ^{55}	xɔ^{33}tshɿ^{31}	ʑiɔ^{33}xa^{33}	xɔ^{31}tshɿ^{31}
1308	馋（嘴）	tsha^{31}	tsha^{31}	tʂha^{31}	tsui^{31}tshan^{31}	tsui^{33}tshaŋ^{313}	tsui^{33}tsha^{31}
1309	尝	tsa^{31}fɣ^{33}	tsa^{31}tsa^{33}tsa^{33}	tʂha^{55}	tshɿ^{31}tɕhiɔ^{31}	ʑiɔ^{33}xaŋ^{31}	tshaŋ^{31}
1310	唱	tsha^{55}	tsha^{24}	tʂha^{55}	tshan^{24}	tʂhoŋ^{31}	tshaŋ^{55}
1311	吵	tɛ^{31}ka^{33}	tɛ^{33}ka^{33}tsa^{31}	ka^{55}tɛ^{31}khɛ^{33}	zan^{33}	sa^{55}tʂər^{55}	tsho^{31}
1312	炒	fɣ^{55}	lu^{55}	dv^{55}	tsho^{33}tshɛ^{24}	tʂho^{31}	tsho^{31}
1313	称（粮）	sa^{33}	sa^{33}	sa^{33}	tshɛn^{55}	tɕhiyi^{55}kɔ^{313}	tshəŋ^{55}
1314	成（了）	phɣ^{31}ve^{55}	tso^{55}mu^{31}	tʂhɛ^{31}	tshɛn^{31}/xɔ^{31}	tʂər^{313}	tshəŋ^{31}
1315	盛（饭）	a^{55}xɔ^{31}ɣe^{33}ta^{33}	ŋ^{31}ka^{33}ɣe^{33}ta^{33}	ʑɿ^{33}ta^{33}	mi^{55}mɑ^{33}thɑ^{31} xɔ^{31}ki^{33}khi^{33}lɑ^{31}	thiɛn^{55}fan^{24} ka^{55}a^{55}zɿ^{31}	ʑiɔ^{33}/thie^{55}
1316	承认	zɛ^{55}tsa^{31}	zɛ^{55}tsa^{31}	zɛ^{55}	tshɛn^{31}zɛn^{24}	tshɛ^{31}zɛ^{55}	tshɛ^{31}zɛ^{55}
1317	吃	tsa^{31}	tsa^{31}	tsa^{31}	tshɿ^{31}	ʑiɔ^{33}	tshɿ^{31}
1318	舂	thoŋ^{31}	the^{55}	tho^{31}	tshom^{55}	taʔ^{31}	thom^{33}

序号	词						
1319	抽(出)	ɣɤ^{33}to^{33}	xɤ^{55}tv̩^{33}	tshʅ^{55}tv̩^{33}	tshʅ^{55}tshu^{31}	pia^{31}tʂhʅ^{33}	tsha^{55}tshu^{31}
1320	抽(烟)	sy̥^{33}	tv̩^{55}	ʑia^{33}khɔ^{31}to^{55}	tshʅ^{31}ʑiɛn^{55}	cŋ^{33}ʑia^{33}xua^{31}	tshə^{55}/ɕi^{31}ʑiɛ^{55}
1321	抽打	ti^{31}	tʅ^{31}	tsʅ^{31}	tshə^{55}ta^{33}	tɛɤ^{53}	tshə^{55}ta^{33}
1322	出产	to^{33}	tʂhu^{31}tʂha^{31}	tshu^{31}tsha^{31}	tshu^{31}tshan^{55}	tʂhʅ^{33}nɔ^{33}	tshu^{31}tshan^{31}
1323	出嫁	m̩^{55}tsa^{31}	ɣo^{33}tsa^{31}ʑi^{55}	mi^{55}tsɑ^{24}	tshu^{31}tɕia^{24}	xɛ^{31}tʂhʅ^{33}	tshu^{31}tɕia^{55}
1324	出(水痘)	a^{55}sʅ^{31}to^{33}la^{55}	tʂa^{55}sɛ^{55}sɛ^{55}	ka^{55}ka^{31}tu^{33}	tshu^{55}	tʂhʅ^{33}ʂui^{33}phu^{55}	tshu^{31}sui^{33}tə^{55}
1325	出去	to^{33}ʑi^{55}	to^{33}ʑi^{55}	tu^{33}ʑi^{55}	tshu^{31}khə^{24}	tʂhʅ^{33}ɣə^{55}	tshu^{31}khə^{55}
1326	出(太阳)	nu^{55}ma^{33}to^{33}	tv̩^{33}la^{55}	n̩^{55}mɑ^{33}tu^{33}	tshu^{31}the^{24}ʑian^{31}	n̩^{55}tʂhʅ^{33}lə^{33}	tshu^{31}the^{24}ʑiaŋ^{31}
1327	出来	to^{33}la^{55}	to^{33}la^{55}	tu^{33}la^{55}	tshu^{31}le^{31}	tʂhʅ^{33}lə^{33}	tshu^{31}le^{31}
1328	取出(钱)	tsy^{31}pa^{31}xɛ^{55}to^{33}	tʂhɤ^{31}fv̩^{33}	xi^{55}tv̩^{33}	tɕhi^{33}tshu^{31}	tɕhiə^{33}wua^{33}tʂhʅ^{33}lə^{33}	tɕhy^{33}tɕhie^{31}
1329	锄(草)	xa^{55}sa^{31}tsho^{33}	to^{33}	ɔ^{31}pe^{33}tsha^{31}	tshan^{33}tshə^{33}	tshuɛ^{33}tʂhə^{33}	tshan^{31}tshə^{31}
1330	穿(衣)	tɯ^{33}	nu^{31}	ko^{31}tshʅ^{31}tie^{33}	tshuan^{55}ʑi^{55}	ʔi^{31}i^{55}	tshuan^{55}ʑi^{55}san^{55}
1331	穿(鞋)	pha^{31}nɔ^{33}nu^{31}	ɕi^{55}ɣo^{55}	pha^{31}na^{33}tsʅ^{31}	tshuan^{55}xɛ^{31}	tʂo^{33}ɣɛ^{313}	tshuan^{55}xɛ^{31}tsʅ^{33}
1332	穿(针)	a^{31}ɣo^{31}sy^{55}to^{33}	ta^{31}la^{55}	kɛ^{31}sʅ^{55}kʅ^{31}	tshuan^{55}tsɛn^{55}	tʂhuɛ^{55}tsʅ^{55}	tshuan^{55}tsɛn^{55}
1333	传染	to^{31}	mɤ^{33}	tshua^{31}ʑia^{31}	tshuan^{31}zan^{33}	li^{33}taʔ^{21}	tshuan^{31}za^{31}
1334	吹(喇叭)	tɕhe^{33}pɛ^{33}po^{33}	pu^{33}/mɯ^{55}	li^{55}la^{33}tsʅ^{33}	tshui^{55}lə^{55}pɑ^{55}	phə^{55}xɔ^{33}	tshui^{55}xɔ^{55}
1335	吹(灰)	xa^{31}lɛ^{55}po^{33}	ti^{31}	khɑ^{31}lɑ^{55}tsʅ^{55}phʅ^{31}	tshui^{55}xui^{55}	phə^{55}su^{55}thə^{31}	tshui^{55}xui^{33}
1336	捶打	ti^{31}	tʂhua^{31}	tə^{33}tshʅ^{31}	tshʅ^{31}tɑ^{33}	tsa^{33}	tshʅ^{31}tsa^{31}
1337	传(开)	ku^{33}ka^{31}	sa^{31}ʂa^{55}	tɕia^{31}khe^{33}	tshuan^{31}khe^{55}	tʂhua^{31}khɛ^{55}	tshuan^{31}khe^{55}
1338	喘(气)	sa^{31}u^{55}	tho^{33}	(a^{31}sa^{31})khɔ^{55}	tshuan^{33}tɕhi^{24} (xuan^{24}tɕhi^{24})	tʂhua^{33}tɕhi^{55}	tshuan^{31}tɕhi^{55}
1339	藏	tsho^{33}	zɤ^{31}	tsa^{33}kɛ^{55}	tshɔ^{31}	tɕhyi	tshɔ^{31}
1340	搓(绳)	a^{55}tsha^{33}ɕy^{33}	pa^{33}	tɑ^{31}tshɔ^{33}sʅ^{33}	tshɔ^{55}	tʂhɤ^{33}	tshɔ^{55}
1341	错(了)	tsoŋ^{55}pa^{33}va^{55}	tshu^{55}ta^{33}	tshɔ^{314}	tshɔ^{24}	tsho^{33}	tshɔ^{55}
1342	搭(架子)	tɕa^{55}tɕa^{55}ti^{31}	thu^{31}la^{55}	tɕia^{55}tɕia^{314}ta^{31}khi^{33}	tɑ^{31}	ta^{33}(pe^{55}tɕia^{33})	ta^{31}tɕia^{31}tɕia^{55}
1343	答应	ʑɤ^{55}tsa^{31}		tɑ^{31}ʑi^{314}	tɑ^{31}ʑin^{21}	ta^{55}nie^{31}	ta^{31}ʑiŋ^{55}
1344	打(人)	tɕho^{55}ʑa^{31}a^{31}ti^{31}	tʂhu^{31}ʑa^{31}ti^{31}	(tshɔ^{55}tsɔ^{55})tə^{31}	tɑ^{31}zɛn^{31}/khɔ^{55}	tɛɤ^{53}(ʂʅ^{55}n̩^{33})	ta^{31}/khɔ^{55}ʑɛ^{31}

1345	打(手势)	a³¹la³¹tsoŋ⁵⁵mɛ³¹	tsɔ³³fu³³ti³¹	a³¹la³¹ɣɤ³³	a³¹la³¹ɣɤ³³	pi³³sǝ³³s̩⁵⁵	pi³³(sǝ³³s̩⁵⁵)	pi³³sǝ³³s̩⁵⁵
1346	打(针)	ta³³tsɛ⁵⁵ti³¹	ta³¹tsɛ³³ti³¹	tsɛŋ⁵⁵tǝ³¹	tsɛŋ⁵⁵tǝ³¹	ta³⁴tsɛn⁵⁵	tɛr⁵³(ts̩⁵⁵)	ta³¹tsɛn⁵⁵
1347	打(棍)	xa³¹tɤ⁵⁵ti³¹	ti³¹	ti³¹	ti³¹	ta³³kuɛn²⁴ts̩³³	(tʂoŋ³³kua³³)pǝ³³	ta³¹kuɛn⁵⁵ts̩³¹
1348	打(猎)	sa³¹ɣa³¹tsa³¹	ɲi⁵⁵tsa³¹pǝ³³	ʂa³¹ɣa³¹	sa³¹ɣa³¹tɤ⁵⁵	ta³¹li³¹	lǝ³¹(ʑi³³sɛ⁵⁵)	ta³¹li³¹
1349	打(枪)	mɛ³¹pɤ³³pɤ³³	mɛ³¹pɤ³³pǝ³³	pɤ³³	pɤ³³tsɔ³¹z̩³³	ta³³tɕhian⁵⁵	tɛr⁵³(tʂhoŋ³³)	ta³¹tɕhiaŋ⁵⁵
1350	打(中)	pɤ³³ʐo⁵⁵ve⁵⁵	pɤ³³ʐo³³	pɤ³³z̩³³	pɤ³³tsɔ³¹z̩³³	ta³³tsɔ³¹	tɛr⁵³(tʂɔ⁵³)	ta³¹tsɔ³¹
1351	打仗	tsa⁵⁵xɔ³¹ti³¹	tsa⁵⁵xɔ³¹ti³¹	tʂa⁵⁵xo³¹ti³¹	tsa⁵⁵xɔ³¹tɤ³¹	ta³³tsan²⁴	tɛr⁵³tʂa⁵³	ta³¹tsaŋ⁵⁵
1352	打架	ti³¹ka³³	ti³¹ka³³tsa³¹	ti³¹te³¹kɛ³³	tɤ³³tsha³³	kan²⁴tɕia²⁴	sa⁵⁵ka³¹/sa⁵⁵tɛr⁵³	ta³¹tɕia⁵⁵
1353	打散	ti³¹sa³³	ti³¹sa⁵⁵	ti³¹sa³³	tɤ³³xi³³	ta³³san²⁴	tɛr⁵³sa³¹	ta³³sa⁵⁵
1354	打倒	ti³¹phu³³	ti³¹xa³³	ti³¹lv³³ka³³	tɤ³³lo³³	ta³³tɔ³³	tɛr⁵³kuɛ³¹	ta³¹tɔ³¹
1355	打(水)	w⁵⁵tshv³¹pa³¹	a⁵⁵tshu³¹khu³¹	v⁵⁵tshv³¹pa³¹z̩⁵⁵	tshi⁵⁵z̩⁵⁵	ta³³sui³¹	ta⁵⁵ɕyi³¹/kǝ⁵⁵ɕyi⁵⁵	thiɔ⁵⁵sui³¹
1356	打(柴)	a³¹tsa³¹xɛ³¹	mi³¹tsa³¹xɛ³¹	mi³¹tsa³¹ɕi³¹	mi³¹tsa³¹khɤ³¹li³³	khan²⁴tshɤ³¹	tʂɔ³¹sin⁵⁵	kha³³tshe³¹
1357	打扮	ta³¹pa⁵⁵	ta³¹pa⁵⁵	ta³¹pa⁵⁵	ta³¹pa³¹⁴	ta³³pan²⁴/sǝ³⁵s̩⁵⁵	sǝ⁵⁵ʂ̩³³	ta³³paŋ⁵⁵
1358	打瞌睡	y³¹ɕy⁵⁵tɕɛ³³	zy³¹ɕy⁵⁵ka³³	ɣo³¹ʂ̩⁵⁵ne³³	ziɛ³¹ɲi³³	ta³³khɔ³¹sui²⁴/tshɔm²⁴khɔ³¹sui²⁴	ŋui⁵⁵tsue³¹	ta³³khɔ³¹sui⁵⁵
1359	打喷嚏	xa⁵⁵tɕhɤ³¹tɕhɤ³¹	xɛ⁵⁵tshɤ³¹tshǝ³¹	xa⁵⁵tshɤ³¹tshɤ³¹	xa³¹⁴tɕiu³¹	ta³³phen⁵⁵thi³¹	ɛ³¹tɕhɛ⁵⁵	ta³³phɛ³¹thi³¹
1360	打滚儿	mi⁵⁵tsha³¹lɛ³³	phu³³ɣa³³ɣa³³	ta³³kue³³ti³¹	lo³³phy³³lo³³tha³³	ta³³kuɛn³³	ta³³kue³³	ta³³kuɛn³¹
1361	打哈欠	a³¹xa⁵⁵ɕy⁵⁵	ɣa³¹xa³¹ui⁵⁵	a³¹ɬɛ⁵⁵ʂ̩⁵⁵	a³¹la⁵⁵phi³³	ta³³xɔ⁵⁵ɕiɛ²⁴	khɤ⁵⁵xa³¹	ta³³xa⁵⁵tɕhie³³
1362	打嗝儿	khɔ³¹nɔ³³nɔ³³	ɣɤ⁵⁵thǝ³³thǝ³³	xɤ⁵⁵thɤ³¹thɤ³¹	xɛ³¹⁴kɛ³¹kɛ³¹	ta³³kɛ⁵⁵tɤ³¹	sɛ⁵³ʑiɛ⁵⁵	ta³³kɛ⁵⁵tɤ³¹
1363	打饱嗝	xu⁵⁵thɤ³³thɤ³³	lɛ⁵⁵phu³³phu³³	ɣ³¹fv³¹kɛ⁵⁵	a³¹sa³¹ta³³	ta³³pɔ³³kǝ³¹	a⁵⁵ʑi³³sɛ⁵³	ta³³pɔ³³kǝ³¹
1364	打鼾	khɔ³¹xo³³xɔ³³	xɔ³¹ky³¹/ta³¹xa³³khǝ³³	khɔ³¹khɔ³¹nɛ³³mu⁵⁵	nɔ⁵⁵mɛ⁵⁵mo⁵⁵	ta³³xan⁵⁵	xɛŋ³¹ka³¹	ta³³xaŋ⁵⁵
1365	打开	tɛ³¹phoŋ³³	phoŋ³³	ɣɤ³³pho³³	ta³³pho³³/ɣo⁵⁵pho³³	ta³³khɛ⁵⁵	tɛr⁵³khɛ⁵⁵	ta³³khɛ⁵⁵
1366	打闪	m³¹ɲi³¹ɲi³¹	ɣǝ³¹lu⁵⁵mɛ³³	ɣo³¹kui⁵⁵tʂo³¹mi⁵⁵	tshi³³mie³¹khl³³	tshɤ³³san³³	xɛ⁵⁵tɕhia³³ʐuɛ³³	ta³³san⁵⁵
1367	打雷	m³¹ts̩³¹ts̩³¹	ɣɔ³¹tɕi³¹ts̩³¹tɕi⁵⁵	ɣo³¹ts̩³¹ts̩³¹ʂ̩³¹	mie³¹tsǝ³¹tsǝ³¹	ta³³lui³¹	xɛ⁵⁵mɛr³¹³	ta³³lui³¹
1368	带(钱)	xɛ⁵⁵	xɛ⁵⁵	tsɔ³¹	pi⁵⁵ki³³thǝ³¹	tɛ²⁴	tɛ⁵³	tɛ⁵⁵
1369	带(孩子)	za³¹ku³¹ɕɤ³¹	a⁵¹ɲi⁵⁵sǝ³¹	a⁵⁵piɛ³³ɕɤ³¹	ziɑ³¹ɲi⁵⁵khv⁵⁵	tɛ²⁴wa³¹wa⁵⁵	tʂɔŋ⁵⁵tʂɔŋ³³ɲiɔ³³	liŋ³¹wa³¹wa⁵⁵

序号	词	哈尼语①	哈尼语②	哈尼语③	哈尼语④	白语①	白语②	汉语①	汉语②
1370	带（路）	ka⁵⁵ma³³ɕɤ³¹	ka⁵⁵ma³³sə³¹	ʑia⁵⁵ma³³sə³¹	kka⁵⁵ma³³ɕɤ³¹	tsɔŋ⁵⁵thə³³	tʂɔŋ⁵⁵thə³³	te²⁴lu²⁴	te⁵⁵lu⁵⁵
1371	戴（帽）	ɣ³¹tshɔŋ³¹tshɔŋ³¹	u³¹tshɔ³¹tsho³¹	ɣ³¹loˀ⁵⁵khɤ³³	v³¹tɕhoˀ³¹tɕhoˀ³¹		ta³¹tɔ³¹mɔ³¹	te²⁴mɔ²⁴tsʅ³³	te⁵⁵mɔ⁵⁵tsʅ³¹
1372	戴（包头）	ɣ³¹tho³³tho³³	u³³³tho³³tho³³	ɣ³¹thie³³thie³³	v³¹ti⁵⁵tiˀ⁵⁵		ta³¹sɔ³³tɕin⁵⁵	te²⁴thə³¹tɕin⁵⁵	te⁵⁵thə³¹tɕin⁵⁵
1373	戴（手镯）	la³¹tɤ³¹to³¹	la³¹tu³¹to³¹	tɕi³¹tɤ³¹tsʅ³¹	la³¹to³¹to³¹		tɛ³³tiˀ³¹³/tʂɔŋˀ³¹tiˀ³¹³	te²⁴tsɔ³¹thə⁵⁵	te⁵⁵sə³³tsɔ³¹
1374	当（兵）	taŋ⁵⁵piŋ⁵⁵khɛ⁵⁵	ta³³	tan⁵⁵pin⁵⁵	tsha⁵⁵tɕi⁵⁵		tsu⁵⁵ (tɕɐyiˀ⁵⁵poˀ⁵⁵)	tan⁵⁵pin⁵⁵	tan³³pin³³
1375	挡（风）	a³¹ɕi⁵⁵thɔŋ³³	sɔ⁵⁵kha³¹	tsɔ³¹liˀ⁵⁵lan³¹	tɕa³¹ɕi⁵⁵ta³¹		taŋ³¹ (⁻piˀ⁵⁵)	tan³³fom⁵⁵	tan³³fom⁵⁵
1376	（墙）倒	ɣa³³phu⁵⁵lɯ³³pe³¹	pa³³kaˀ³³	tɕhia³¹kɐ³³lo³³	pa³³kɐ³³		(ɣɔŋˀ³³) kueˀ³¹	tɕhian³¹tɔ³³	tɔ³³
1377	弄倒	tɛ³¹pe³¹	tɛ³¹pa³¹	tɕhia³¹lo³³phu³³	tɛ³¹pa³¹kɐ³³		ma⁵⁵kueˀ³¹	tsɛn³³tɔ³³	tsɛn³³tɔ³³
1378	捣碎	thɛ⁵⁵nv³³/thɛ⁵⁵sɤ⁵⁵sy⁵⁵	thɛ⁵⁵nu³³nu³³	thiˀ⁵⁵liˀ⁵⁵	thv³¹no³³		tɛ³³mɔ³¹	tɔ³³sui²⁴	tsɔm³³sui⁵⁵
1379	倒（过来）	ɕi⁵⁵phu³³	pu³¹phu³³ta³³	loˀ³³phvˀ³³laˀ³¹	se⁵⁵fvˀ³³		kua³³taŋ³³lɐ⁵⁵	tɔ³³kɔ²⁴lɛ³¹	tɔ⁵⁵kɔ⁵⁵lɛ³¹
1380	（水）倒掉	ɕɛ³³tɔ³³/ɕɛ³³xa⁵⁵	xa⁵⁵tu³³	u⁵⁵tshvˀ³¹ɕɛˀ⁵⁵phiˀ³¹	ɕi³³xa⁵⁵		ɕɐyiˀ⁵⁵ɔ³³tuˀ⁵⁵	tɔ³⁴tiɔ²⁴sui³³	tɔ⁵⁵tiɔ⁵⁵
1381	到达	khɤ³³laˀ⁵⁵	to³³khɐ⁵⁵	khɐˀ³³	li³³khɤ⁵⁵		ʑiɐ³¹phia³³	khɐ²⁴tɔ²⁴	tɔ⁵⁵
1382	得到	ɣa³³laˀ⁵⁵	ɣa³³	ʑiɐˀ³³	xɛ⁵⁵zɔ³³		wua³³tɐ³³	tɔ³¹tɔ²⁴	tɔ³¹tɔ⁵⁵
1383	等待	sɔŋ⁵⁵thɛ³¹	xɔ⁵⁵to³¹	tɔ³³kho³³	ɕuo³³		tɐ³³kɐ³¹³	tɛn³³tɕ⁵⁵	tɛn³³tɕ⁵⁵
1384	地震	mi⁵⁵xu³³xu³³/ti⁵⁵tsɛ⁵⁵	mi⁵⁵lu³³lu³³/ti⁵⁵tsɛ⁵⁵	mɛ⁵⁵lɔ³³lɔ³³	me⁵⁵lɔ³³lɔ³³	mi⁵⁵lvˀ³³lvˀ³³/tiˀ³¹tsɛˀ³¹⁴	ti⁴⁴ʑiɐ³³	ti²⁴tsɛn²⁴	ti⁵⁵tsɛŋ⁵⁵
1385	滴（水）	tsa³³	tsa³³	tsa³³khɐˀ³³	tsa³³		kɛr³¹	tiɛn³³	ti³¹
1386	点	khɤ³¹to³¹	khu³¹to³¹	thiˀ³¹	khu³¹to³¹		tiɛˀ³³	tiɛˀ³¹	tiɛn³¹
1387	燃烧	khɤ³¹	to³¹ta³³	mi³¹tsaˀ³¹keˀ³³tsʅ³¹	to³¹ta³³		ni³³khu³³lo³¹	zan³¹sɔ³¹	sɔ⁵⁵tsɔ³¹
1388	点（灯）	ta³¹/tiɛ⁵⁵	khu³¹tvˀ³¹	thiˀ³¹	khu³¹tvˀ³¹		tiɛˀ³³	tiɛn³³	tiɛn³³
1389	垫	kɛ³¹thɛ³¹	tiɛ⁵⁵	tiˀ³¹⁴	tiɛ⁵⁵		phu⁵⁵	tiɛn²⁴/tsʅ⁵⁵	tiɛn⁵⁵
1390	叮	phu³³xoˀ³¹laˀ⁵⁵	pa³¹	thɐˀ³³thiˀ³³	pa³¹		taŋ⁵⁵	tiɔ⁵⁵/xan³¹	tiɔ⁵⁵
1391	掉（头）	tɕɛ³³kaˀ³³	tsua⁵⁵laˀ⁵⁵	ka³³phvˀ³³laˀ³¹	tsua⁵⁵laˀ⁵⁵		tʂua³³tɐ³³lɐ⁵⁵	tsuan²⁴/thiɔ³³thə³³	thiɔ³³thə³¹
1392	掉（下）	ma³³yu⁵⁵kaˀ³³	ka³³to³³lo³³	kaˀ³³khɐˀ³³	ka³³to³³lo³³		tɔ³³thə³³	tiɔ²⁴ɕia²⁴	tiɔ⁵⁵ɕia⁵⁵
1393	掉（泪）	phɛˀ³³tshə³¹taˀ³³	maˀ³³piˀ⁵⁵kaˀ³³to³³	maˀ³³piˀ⁵⁵kaˀ³³tvˀ³³	maˀ³³piˀ⁵⁵kaˀ³³to³³		kɛr³¹mi³³zʅ³³	tiɔ⁵⁵ʑien³³lui²⁴	tiɔ⁵⁵ʑie³¹lui⁵⁵
1394	吊	kha⁵⁵tɕhɤ³¹	tiɔ⁵⁵ta³³	koˀ⁵⁵tshaˀ³¹	tiɔ⁵⁵ta³³		tiɔ⁵³	tiɔ²⁴	tiɔ⁵⁵
1395	钓（鱼）	ɳa³¹sa³¹tiɔ⁵⁵	ɳa³¹ʂaˀ³¹tiɔ⁵⁵	ɳa³¹saˀ³¹thiˀ³¹⁴	ɳa³¹ʂaˀ³¹tiɔ⁵⁵		tiɔ⁵³ɔŋ⁵⁵	tiɔ²⁴ʑi³¹	tiɔ⁵⁵ʐɤ³¹

1396	跌倒	tɕɛ^{33} phu^{33}	tsɛ^{33} lɔ^{55} ʑi^{55}	lɔ^{33} kɑ^{33}	phv^{33} sʅ^{31}	kuan^{24} tɔ^{33}	kua^{44} tɔ^{31} piɛr^{55}	ti:^{31} tɔ^{33}
1397	叠（被）	tsɣ^{31}	tsə^{31} ta^{55}	tsɣ^{31}	tsə^{314}	tsə^{31}	tsə^{313}	tsə^{31}
1398	叮（蚊）	kɛ^{31}	khɔ^{31}	khɔ^{31}	thɑ^{31}	tin^{55}	ŋa^{33}	tiŋ^{55} / ʑiɔ^{33}
1399	钉（钉）	ti^{31}	ti^{33} khu^{31}	ti^{31}	ta^{33} tshʅ^{31}	tin^{24}	tɕiɛr^{55}	tiŋ^{55} tiŋ^{33} tsʅ^{31}
1400	丢失	ka^{33} po^{33}	ka^{33} pa^{55}	pv^{33} tsa^{31}	phʅ^{31} ʑi^{314}	ta^{33} sʅ^{31}	tsa^{31} ku^{31}	ta^{33} sʅ^{31}
1401	懂	lo^{31}	ɕi^{31} tsho^{55}	ɕi^{31} tɕhɔ^{55}	sʅ^{31} la^{31}	tɔm^{33} / ɕiɔ^{33} tɔ^{31}	sə^{33} lɔ^{31}	zɛ^{55} tə^{31}/tɔŋ^{31}
1402	冻（肉）	tɕhɛ^{31} khu^{33} / piŋ^{55} tɔŋ^{55} zu^{31}	pin^{33} tɔ^{55}	pi^{55}	pin^{55}		ku^{55} tɕia^{33}	tɔm^{55}
1403	冬眠	py^{31} thɔŋ^{31} thɔŋ^{31} / tɔŋ^{55} miɛ^{31} khe^{33}	py^{31} thɔ^{31} thɔ^{31}	tɔ^{55} mi^{31}	kɔ^{55} tɔŋ^{33}	lɛn^{33} tɔm^{33}	tɔŋ^{55} mi^{31}	tɔm^{55} min^{31}
1404	（虫）动	pi^{31} tsu^{31} ni:^{33}	ti^{31} tu^{33} la^{55}	ɖv^{33}	tɔ^{33}	tɔm^{55} miɛn^{31}	thiɔ^{53}	tɔm^{55}
1405	使动	mo^{31} nl^{31}	tɛ^{31} ŋe^{33} ŋe^{33}	pi^{33} lv^{33}	pi^{33} tɔ^{33} la^{55}	tsɛn^{33} tɔm^{33} tɕhi^{33} lɛ^{31}	thiɔ^{53} khu^{33} tɕ^{33}	tsɛŋ^{33} tɔm^{55}
1406	兜着	pho^{55} pɛ^{55} ta^{31}	ta^{31} xə^{55}	pɔ^{33} lv^{55}	pɛ^{33}	tɕ^{55} tsɔ^{55}	tɕia^{33} ke^{313}	tɕhi^{31}
1407	读	tu^{31}	tu^{31}	tsʅ^{55} ʑi:^{55}	tu^{31}	tu^{31}	tuɣ^{01}	tu^{31}
1408	赌博	tu^{31} tɕhe^{31} tv^{31}	tv^{31} tɕhe^{31} tv^{31}	tv^{31} tɕhe^{31} tv^{31}	tu^{31} tɕhie^{31} tu^{31}	tu^{33} po^{31}	tu^{31} tɕhie^{55}	tu^{31} po^{31}
1409	渡（河）	lɔ^{55} pɑ^{31} kɣ^{31}	kɔ^{24} xɔ^{31}	kv^{31}	lɔ^{55} pɑ^{31} kɣ^{31} li^{33}	tu^{24} xɔ^{31} /kɔ^{24} xɔ^{31}	kɔ^{31}	kɔ^{55} xɔ^{31} / tu^{55}
1410	断（气）	sa^{31} tɕhe^{33}	ky^{31} /tɕhi^{33}	sa^{31} tɕhi^{33}	a^{31} sa^{31} tɕhie^{33}	tuan^{24} tɕhi^{24}	tsɛ^{33} tɕhi^{33}	tuɑ^{55}
1411	弄断.	tsɔŋ^{55} tɕhe^{33}	tshə^{33} tɕhi^{33}	ɣɣ^{31} tɕhi^{33}	tɕhie^{33}	tuan^{24} tɕhi^{33} tuan^{24}	tɔ^{31} tsɛ^{33}	tsɛŋ^{33} tua^{55}
1412	断（棍）	tɕhe^{33}	xɛ^{31} tɕhi^{33}	tho^{33}	tɕhi^{33}	tuan^{24}	tsɛ^{53} tu^{55}	tua^{55}
1413	堆（草）	kɔŋ^{31}	kɔ^{31}	ka^{31}	tui^{33}	tuan^{24}	tui^{33} /ma^{33}	tui^{33} tshɔ^{31}
1414	蹲	tɔŋ^{31} tsɣ^{55} tsɣ^{55}	tsu^{55}	v^{33} tɕɣ^{55}	ka^{55} tsu^{55}	tui^{55}	tsu^{33}	tuɛn^{55}
1415	炖	tɣ^{55}	ta^{55} tsa^{31}	te^{55}	tɛŋ^{55} tsɔ^{31}	tuɛn^{55}	tsʅ$^{~55}$	tɛn^{55}
1416	躲藏	xo^{31} ɣa^{31}	khi^{33} thu^{31}	ɣo^{33} ʑi^{33}	ma^{33} tsu^{55}	tɛn^{24} / tuɛn^{24}	ta^{33} mi^{33} tʂɔŋ^{313}	tɔ^{31} tshaŋ^{31}
1417	剁（肉）	pɛ^{33} nɣ^{33}	sa^{31} piɛ^{33} piɛ^{33}	pi^{33} nɔ^{33}	tɔ^{314}	tɔ^{33} tshan^{31}	tɔ^{31} /kɛr^{313}	tɔ^{55} zu^{31}
1418	跺（脚）	tsho^{31} xo^{33}	nu^{31} fu^{33}	the^{55}	a^{31} khʅ^{55} tɔ^{33}	tɔ^{33}	tshɔ^{33} /kɔ^{33}	tshɔ^{33} /kɔ^{31}
1419	饿	mɛ^{31}	ŋ^{31} ka^{33} me^{31}	mi^{31}	miɛ^{31}	ɣɔ^{24}	ɣɔ^{24}	ɣɕ^{55}

序号	词							
1420	发生	fa³¹seŋ⁵⁵	ka⁵⁵ɛ³¹	fa³¹sɛn⁵⁵	ty̩³³	tu³³la⁵⁵	to³³la⁵⁵	to³³la⁵⁵
1421	发展	fa³¹tsan³¹	tʂhɿ³³	fa³¹tsan³³	mo³¹la⁵⁵	fa³¹tsa³¹	fa³¹tsaŋ³¹	fa³¹tsaŋ³¹
1422	发抖	fa³¹tɤ³³	fa³¹tsa³³	fa³¹tha³³	a³¹tsu³¹tsu³¹	ŋe³³ɣa³³ɣa³³	ŋe³³ni̩³³ni̩³³	tso³³ni̩³³ni̩³³
1423	发酵	fa³¹ɕiɔ⁵⁵	thə³¹khu³³	fa³¹ɕiɔ²⁴	fa³¹⁴la⁵⁵	fa³¹ɕiɔ⁵⁵	fa³¹ɕɔ⁵⁵	fa³¹ɕɔ⁵⁵
1424	发烧	fa³¹kɔ³³sɔ³³	yi̩³³	fa³¹sɔ⁵⁵	sɔ⁵⁵zə³¹	a⁵⁵phɑ³¹phɑ⁵⁵	u³¹tu³¹phɑ³¹	pha³¹/tha⁵⁵
1425	发芽	fa³¹ʑia³¹	su⁵⁵ŋi⁵⁵tha³³	fa³¹ʑia³¹	a³¹pl³¹pl³¹	thv³¹ta³³la⁵⁵	a⁵⁵tɕhy³³tɕhy³³	a⁵⁵tshy³³tshy³³
1426	(处)罚	fa³¹khuɑ³¹	pe⁵⁵ʧer³¹³	tshu³³fa³¹	fa³¹khua³¹	fa³¹khua³³	fa³¹khua³³	fa³¹khua³³
1427	翻(过来)	fan³³kɔ⁵⁵le³¹	fər³³ʑiɔ³³	fan⁵⁵kɔ²⁴le³¹	xɛ⁵⁵phv³³	fv³³ta la⁵⁵	fv³³ta³¹la⁵⁵	phu³³la⁵⁵
1428	翻(身)	fan³³sɛn⁵⁵	pɛ³³tʂhɿ⁵⁵kə³³	fan⁵⁵sɛn⁵⁵	ɔ³¹mv⁵⁵phv³³la⁵⁵	fv³³ta³³	zu³¹ɣɔŋ⁵⁵phu³³la⁵⁵	zu³¹ɣɔŋ⁵⁵phu³³la⁵⁵
1429	犯法	fa⁵⁵fa³¹	wuaŋ³³ʂɿ	fan²⁴fa³¹	fa³¹⁴fa³¹	fa⁵⁵fa³¹	fa²⁴fa³¹	fa⁵⁵fa³¹
1430	犯罪	fa⁵⁵tsui⁵⁵	fa⁵⁵tsui⁵⁵	fan²⁴tsui²⁴	ta³¹⁴tsui̩³¹⁴	fa⁵⁵tsui⁵⁵	fa²⁴tsui⁵⁵	fa⁵⁵tsy⁵⁵
1431	纺(纱)	fan³³ɕie⁵⁵	tsə³³phiɔ³¹	tsɿ³¹	khu⁵⁵mi̩³³tsv³³	sa³¹la³¹v̩³³	tsha³¹khɔ⁵⁵sə⁵⁵	tsha³¹khu⁵⁵ɕu⁵⁵
1432	放(水)	fa⁵⁵sui³¹	xɔ³¹ɕyi³³	fan²⁴su³³	phiɛ³¹ʑi⁵⁵	phe³³¹	a⁵⁵tshu³¹pɛ³¹	phe³¹tɔ³³
1433	放置	kɔ³¹tsɔ³³/fa³¹tsɔ³³	tʂɔŋ⁵⁵pɛ³¹kə³¹³	fan²⁴tsɔ⁵⁵	v̩³³thɑ³¹	xɛ⁵⁵tu⁵⁵	phe³¹tu⁵⁵	phe³¹to³³
1434	放(盐)	faŋ⁵⁵ɕie³¹	faŋ⁵⁵pi̩⁵⁵	fan²⁴ʑien³¹	tshɑ³¹miɛ³¹ke³³	phe³¹	ɛ³¹xa³¹phe³³	a³¹tɤ³¹phe³¹to³³
1435	放牧	faŋ⁵⁵mu⁵⁵	xɔ³³ʨə³¹ŋi⁵⁵mɛr³³	fan²⁴mɔ²⁴	v⁵⁵ŋiu³¹tʃhv³³	fv³³	a⁵⁵ŋiu³¹lu³¹	a³¹nm³¹xu³¹tsa³¹
1436	放火	faŋ⁵⁵xɔ³¹	xui̩³³su⁵⁵se⁵⁵	fan²⁴xɔ³³	tɕhiɛ³³tsɿ³¹	khu³³phe³¹	mi̩³¹tsa³¹kheə³³tɕhi³	a³¹tsa³¹khɤ³¹phe³¹
1437	放屁	fa⁵⁵phi⁵⁵	phi̩³¹phi̩³¹	fan²⁴phi²⁴	e³¹khɔ³¹khɿ³³tɤ³³	a³¹tɕhi³¹phe³¹	ɛ³¹xa³¹phe³¹	ɛ³¹xa³¹phe³¹
1438	放假	fa⁵⁵tɕia³¹	fa⁵⁵tɕia³¹	fan²⁴tɕia³³	fa⁵⁵tɕia³³	fa⁵⁵tɕia⁵⁵	fa⁵⁵tɕia⁵⁵	fa⁵⁵tɕia⁵⁵
1439	飞	fei̩³³	pu⁵⁵	fei̩⁵⁵	pi̩⁵⁵	pu⁵⁵	pu⁵⁵	pu⁵⁵
1440	分(物)	fɛn³³	p̃i̩⁵⁵	fɛn⁵⁵	pu⁵⁵tsɑ³¹	pi̩⁵⁵	pe⁵⁵tsa³¹	pɛ⁵⁵tsa³¹
1441	分(家)	fɛn³³	p̃i̩⁵⁵	fɛn⁵⁵tɕia⁵⁵	ʑi⁵⁵tɔ⁵⁵pu⁵⁵	pi̩⁵⁵	pe⁵⁵tu³³	ʑo³¹xo³¹pe⁵⁵tsa³¹
1442	疯	fɔm³³	v̩³¹³ŋi̩⁵⁵nə³¹³	fɔm⁵⁵	tshɔ⁵⁵ʑiu³¹ʑiu³¹	mu³³	(zu³¹mu³³)mu³³	zo³³m³³m³³
1443	缝	fɔm³¹	tse²³⁵⁵	fɔm³¹	kɤ³¹	kv³	kv³¹	ku³¹
1444	敷	pɔ³³	tʂɔŋ⁵⁵kɛ³¹³	fu³¹	pɔ³³ta³³	pɔ³³ta³³	pɔ³³ta³³	pa³¹v³¹
1445	孵	fu³¹	ʔyi̩³³	pɔ²⁴ɣɛ³¹/fu³¹	v̩³³	v̩³³	u³³	v̩³³

序号	词	1	2	3	4	5	6	7
1446	扶(杆)	fu³¹	fɣ⁵⁵/kɛ³¹laŋ³¹kaŋ⁵⁵	fu³¹	pu³³thie³¹	ka³³the³¹	tso³³the³¹	ni³¹the³¹
1447	趴	pha³¹	pɛr³¹³	pha³¹	pi⁵⁵tsʅ³¹	ʑo³³tɕho³¹	ʑa³³tu³³	o³¹pa³¹pa³¹ka³³
1448	符合	fu⁵⁵xɔ³¹	thiɔ³¹tɕie⁵⁵xɔ³¹lə³³	fu³¹xɔ³¹	fu⁵⁵xɔ³¹	xɔ⁵⁵a³¹	xɔ³¹	tsa³³lʅ³³khi³¹
1449	腐烂	fu³³laŋ⁵⁵	phar⁵⁵tʂhu³¹	fu³³lan²⁴	pɛ³¹⁴	pv³¹	pɛ³¹nɯ⁵⁵	pv³¹
1450	盖(房)	kɛ⁵⁵	pha³¹	kɛ²⁴fan³¹tsʅ³³	ʑi⁵⁵kho⁵⁵tshv⁵⁵	tshv³³/kɛ⁵⁵	a⁵⁵kho⁵⁵tshu³³	la³¹xɔ⁵⁵tɕho³³
1451	干(了)	kaŋ⁵⁵	kaŋ⁵⁵	kan⁵⁵	ku³³	ku³³	ku³³ta³³	ku³³ve⁵⁵
1452	晒干	sɛ⁵⁵kaŋ³³	xɔ³¹kaŋ⁵⁵	sɛ²⁴kan⁵⁵	le³³ku³³	ɬo³¹ku³³	lo³¹ku⁵⁵	xɔ³¹ku³³
1453	感冒	kaŋ³¹mɔ⁵⁵	kaŋ³³mɔ³¹	kan³³mɔ²⁴	tshʅ³¹na⁵⁵	tʂʅ³¹na⁵⁵	tɕhy³¹na⁵⁵kho³¹	tshy³¹na⁵⁵kho³¹
1454	赶集	kaŋ³¹kɛ³³	kan³³kɛ⁵⁵	kan³³kɛ⁵⁵	kɛ⁵⁵tsʅ³¹nə³¹	kɛ⁵⁵tsʅ³¹kɑ³³	kɛ⁵⁵tsʅ³¹ka³³	kɛ⁵⁵tsʅ³¹ka³³
1455	赶(牛)	kan³³/ʑiɔ⁵⁵	lə³¹	ʑiɔ⁵⁵niu³¹kɑ³¹	mo⁵⁵niu³¹kɑ³¹	v⁵⁵nv³¹lɛ³¹	a⁵⁵nu³¹lɛ³¹	a³¹nm³¹lɛ³¹
1456	赶(上)	nie³¹saŋ⁵⁵	lə³¹/la³¹tʂo³¹	tsui⁵⁵tsɔ³¹	the³³ko⁵⁵mi³³	lɛ³¹mi⁵⁵ta³³	lɛ³¹mi⁵⁵	lɛ³¹mi³³
1457	敢	kaŋ³¹	ka³¹tsu	kan³³	mi⁵⁵/kha³¹	ʑo³³phɤ³¹	tso⁵⁵phɤ³¹	tsɔŋ⁵⁵phɤ³¹
1458	干(活)	kaŋ³³	kaŋ³³	tsu²⁴/kan²⁴	ʑia⁵⁵/mi⁵⁵	mo³¹xa⁵⁵ʑo⁵⁵	mu³¹xa⁵⁵ka⁵⁵	ʑa⁵⁵xa⁵⁵m̩⁵⁵
1459	告诉	kɔ⁵⁵su⁵⁵	ʂua³³tsa³¹	kɔ²⁴sɔm²⁴	mi³¹pʅ³¹⁴	thv⁵⁵pi³¹	tɛ²³no²⁴	ɛ⁵⁵to³³
1460	告状	kɔ⁵⁵tsuaŋ⁵⁵	kɔ³³tʂuan⁵⁵	kɔ²⁴tsuan²⁴	kɔ³¹⁴tsua³¹⁴	kho⁵⁵ʑi⁵⁵	kɔ²⁴zhua²⁴	kɔ⁵⁵tsua⁵⁵
1461	割(肉)	kɔ³¹zu⁵⁵	kɔ³¹zɔ³¹	kɔ³¹zɔ²⁴	ʑi³³khɑ³³	a⁵⁵ti⁵⁵ʑʅ³¹	ʑi³¹	sa³¹tsʅ⁵⁵zɛ⁵⁵
1462	隔(河)	kɛ³¹	kar³³kɛ³¹	kɛ³¹	kho³¹	kau³³	kha³¹	xɤ³¹kha³¹
1463	给	kɛ⁵⁵	tsa³¹	kɛ³³	pi³¹	xɛ⁵⁵pi³¹	pi³¹	xɛ⁵⁵pi³¹
1464	够(长)	kɛ⁵⁵	lu⁵⁵	kɛ²⁴	lv̩³¹	lv³¹	lu³¹	lu³¹
1465	耕	li³¹thie³¹ti⁵⁵	tsu⁵⁵/tʂɔŋ³¹sə³³	ken⁵⁵	ʑia⁵⁵kho⁵⁵mi⁵⁵	tshe³¹	kha³³tsa³¹	xa⁵⁵tɛ³³tɕhe³¹
1466	(猪)拱	kɔm³¹	kɔm³³thu¹	kɔm³³thu³³	va³¹mi⁵⁵tsha³¹pi³¹	pi³¹	py³¹	mi⁵⁵tsha³¹py³¹
1467	钩	kɛ⁵⁵	kɛ⁵⁵	kɛ⁵⁵	kɛ⁵⁵	kɤ⁵⁵	kɛ³³the³¹	kɤ³³the³¹
1468	估计	ku³¹tɕi⁵⁵	(tɛ⁵³)pə³¹nɛ³¹³	ku³³tɕi²⁴	kv³¹tɕi³¹⁴	kv³³tɕi²⁴	ku³³tɕi²⁴	ny³¹fv³³fv³³/kv³¹tɕi
1469	故意	ku⁵⁵ʑi⁵⁵	pa⁵⁵ʑi⁵⁵	ku²⁴ʑi²⁴	pe⁵⁵ma⁵⁵	te³¹zɛ⁵⁵	tə³¹ʑʅ⁵⁵mɛ⁵⁵	pa⁵⁵pa⁵⁵/kv⁵⁵ʑi⁵⁵
1470	敷	ku³³	kə³³	ku³³	tsha⁵⁵la⁵⁵	ka³¹tsʅ⁵⁵	ka³¹tsʅ⁵⁵	xu³¹tu³¹
1471	雇	ku⁵⁵	kə⁵⁵	ku²⁴	khv⁵⁵	khv⁵⁵	ku⁵⁵	kv⁵⁵

1472	刮（毛）	ɕɤ³³	tshu³³	tshv³³	kua³¹⁴	kua⁵⁵	kua³¹	kua³¹
1473	刮（风）	phi³³	pu³³	pv³³	tʃɑ³¹ li⁵⁵ li⁵⁵	(p̃i⁵⁵) pɑɾ⁵⁵	kuɑ³¹	kuɑ³¹
1474	拄（住）	phe³¹ tɕhɤ³¹	phɛ³³ tshə³¹	kua⁵⁵	ko⁵⁵ tshə³¹	kua⁵⁵ khə³³	kuɑ²⁴	kua⁵⁵
1475	关（门）	kho³¹ the³¹	phi³¹	ti³³ phi³¹	ɣu⁵⁵ phi³¹	sɛ⁵³	kuan⁵⁵	kua⁵⁵
1476	关（羊）	kho³¹ lɔ⁵⁵	phi³¹ lɔ⁵⁵	ti³³ phi³¹	kua³³	lɔŋ³¹	kuan⁵⁵	kua⁵⁵
1477	关住	kua³³ lɔ⁵⁵	phi³¹ the³¹	kua⁵⁵ lv⁵⁵	kua³³ ma³³	lɔŋ³¹ khu³³	kuan⁵⁵ tsu²⁴	guan³³ tsu⁵⁵
1478	管	kua³¹	kua³³	kua³³	kua³³	kua³¹	kuan³³	kuɑ³¹
1479	脆	ɣ³¹ tɣ³¹ thoŋ³¹	phɑ³¹ tsh³¹ thô³¹	phu³¹ khu³³ ku³³	ɣ³¹ khi³¹ thɣ³³	tɕɣi³¹	kui²⁴	kui⁵⁵
1480	滚	le³³	le³³	kuɛ³³	lo³³ khɑ³³	kuɛ³³	kuɛn³³	kuɛn³¹
1481	过（年）	mɛ⁵⁵ ɕɤ³¹ tsa³¹	ma⁵⁵ sa³¹ tsa³¹	ma⁵⁵ sɣ³¹ tsa³¹	tsa³³ le³³ tsa³¹	ko³¹	ko²⁴	ko⁵⁵
1482	过（桥）	tɕho³¹ kɣ³¹ ʑi⁵⁵	tsa³³ ku³¹ ku³¹	kv³¹	tɕi³³ kv³¹ kv³¹	ko³¹	ko²⁴	ko⁵⁵
1483	过（两年）	ko⁵⁵	ko⁵⁵	ko⁵⁵	tsa⁵⁵ ʑi³¹	ko³¹	ko²⁴	ko⁵⁵
1484	共计	ʑi⁵⁵ tsoŋ³¹ me⁵⁵	tsoŋ³¹ koŋ⁵⁵	ʑi⁵⁵ tso³¹ ma³³ tʂha³¹	ʑi⁵⁵ tso³¹	kom²⁴ tɕi	ʂua³³ ka³³	ko⁵⁵ tɕi⁵⁵
1485	害羞	sa³¹ tu⁵⁵	sa³¹ to⁵⁵	ʂa⁵⁵ tu⁵⁵	sa³¹ to⁵⁵	xɛ²⁴ ɕia⁵⁵	xa⁵⁵ na³¹ si³³	xɛ⁵⁵ ɕiu⁵⁵
1486	怕	ko⁵⁵ za³³	ku³³	kv³³	khi³³	pha²⁴	kɛr⁵⁵	xɛ⁵⁵ pha⁵⁵
1487	喊（人）	kɣ⁵⁵	ku⁵⁵	ku⁵⁵	khɣ⁵⁵	tɕiɔ²⁴	kɣ⁵⁵	tɕiɔ⁵⁵
1488	焊	xaŋ⁵⁵	xa⁵⁵ tsa³¹	xaŋ⁵⁵	xaŋ³¹⁴	xan²⁴	xaŋ⁵⁵ khɣ³³ lɣ³³	tiɛn⁵⁵ xaŋ⁵⁵
1489	（天）旱	mi⁵⁵ kuɣ³³ kuɣ³³	mu⁵⁵ pa³³ kɑ³³	kuɣ³³	mi³¹ tha³¹ ɑ³¹ ku⁵⁵	thiɛn⁵⁵ kan⁵⁵	(xɛ⁵⁵) kaŋ⁵⁵	thiɛ³³ kaŋ⁵⁵
1490	雨水多	a³¹ zɛ⁵⁵ na³¹	ɣə³¹ zɛ⁵⁵ ma³¹	ɣo³¹ zɛ⁵⁵ mou³³	ɔ³¹ xo⁵⁵ ma³¹	zyi³³ ɣyi³³ ti⁵⁵	zɣ³³ sui³³ to⁵⁵
1491	喝	to⁵⁵	tu⁵⁵	tv⁵⁵	v⁵⁵ tshv³¹ to⁵⁵	ɔŋ³³	xo⁵⁵	xo³¹
1492	合上（书本）	pa³¹ phi³¹	te³¹ tɕɣ⁵⁵	ti³¹ phi³¹	ti³¹ phi³¹ kɑ³³ xɑ³³	v⁵⁵ lɔŋ³¹	phu³¹ kə⁵⁵	xo³¹
1493	后悔	xɣ⁵⁵ xui³¹	xə⁵⁵ xui³³	xɣ⁵⁵ xui⁵⁵	xɣ⁵⁵ xui⁵⁵	xo³¹ san²⁴	xə²⁴ xui³³	xɛ⁵⁵ xui³¹
1494	划（船）	xɣ³³	xa³³	xɣ³³	tsuan³¹ xua³¹	xuɑ³¹	xuɑ³¹ tshuan³¹
1495	还（账）	tɕɛ⁵⁵ tɕu³³ ɕu³¹	pi³¹ xu³¹	phei³¹ pi³¹	tsa⁵⁵ pi³¹	tsɛ⁵⁵ ʑiɛ²¹³	phe³¹ tsa⁵⁵	xuan³¹ tsan⁵⁵
1496	换	xɛ⁵⁵ phɑ⁵⁵	phɑ⁵⁵	xɛ⁵⁵ phɑ⁵⁵	xɛ⁵⁵ phɑ⁵⁵	ma³³	xuan²⁴	xuan⁵⁵
1497	回	xo³¹ la⁵⁵	fu³¹ la⁵⁵	xo³¹ lɔ⁵⁵	ti⁵⁵ la⁵⁵	ʑia³³	xui³¹	xui³¹

1498	回忆	ny³¹ to³³ xo³¹	ny³¹ tu³³ xu³¹	ɕia³³ xɑu³³	xui³¹ ʐi³¹⁴	xui³¹ ʐi²⁴	khaŋ³³ khw³³ lə⁵⁵	xui³¹ ʐi⁵⁵
1499	回答	ku³³ to³³	nu⁵⁵ tɛ³³	tho⁵⁵ pi³¹	mi³¹ pi³¹	xui³¹ ta³¹	ta⁵⁵ n̩ie³¹	xui³¹ ta³¹
1500	毁灭	tsoŋ⁵⁵ me³³	pha³¹ ki⁵⁵	mi³¹ ʐi⁵⁵	v⁵⁵ phi³¹ khe³³	xui³³ mie³¹	pə³³ si³³	xui³¹ mi⁵⁵
1501	会（写）	tɕho³³ khi³¹	tshu³³ khi³¹	tshv³³ tɕhi³¹	tsl̩⁵⁵ ɕi³¹ khe³¹	xui²⁴ ɕi³³	sə³³	xui⁵⁵（ɕi³¹）
1502	混合	tsoŋ⁵⁵ khɤ³¹	pa⁵⁵ khɤ³¹ khɤ³¹	xɛ⁵⁵ tso³¹	pan⁵⁵ loŋ³¹	xuɛn²⁴ xɔ³¹	paŋ⁵⁵ tɕia³³	xuɛn⁵⁵ xɔ³¹
1503	浑浊	w⁵⁵ ti³³³ ti³³	ɣɔ⁵⁵ tɕi³³ tɕi³³	ɣw⁵⁵ ti³³³	a³¹ tie³³ tie³³	xuɛn³¹ tsɔ³¹	tʂu³¹	xuɛn³¹ tsɔ³¹
1504	搅拌	xɤ³³ ti³³	xɤ³³ tɕi³³ tɕi³³	ɬa³³ ti³³	tɕia³¹ tie³³	tɕio³³ xuɛn³¹	paŋ⁵⁵ tʂu³¹	tɕio³³ xuɛn³¹
1505	活（了）	te³¹	ti³¹	ti³¹ ta³³	tie³¹ la⁵⁵	xɔ³¹ lə³³	xɛr⁵⁵	xɔ³¹
1506	获得	ɣa³³ la⁵⁵	ɣa³³	xɛ⁵⁵ ʐa³³	ziɑ³³ lə⁵⁵	xɔ²⁴ tɐ³¹	wua³³ tɐ³³	xɔ⁵⁵ tɐ³¹
1507	积（水）	pɔŋ³³ la⁵⁵	kɔ³¹ ta³³ la⁵⁵	tw³¹ ta³³	tɕi³¹⁴	tɕi³¹	tɕia³³	tɕi³¹
1508	挤（牙膏）	ni³¹ to³³	ni³¹ tu³³	ni³¹ tv³³	n̩i³³ tv³³	tɕi³³	tsuɛ³³	tɕi³³
1509	挤（脚）	the³¹	the³¹	tɕiŋ³¹	tɕi³¹	tɕi³³	ku⁵⁵	tɕi³³
1510	积攒	xɛ⁵⁵ ɣw³¹	xɛ⁵⁵ fu⁵⁵	xɛ³³ ʐ̩o³¹	tɕi³¹ tsan³³	tɕi³¹ tsan³³	tsa³³	tɕi³¹ tsan³³
1511	记录	tɕho³³ ta³³ tw⁵⁵	tɕi⁵⁵ the³¹	tsv³³ ka³³	tɕi⁵⁵ tsa³³	tɕi²⁴ lu³¹	wuɛr³¹ the⁵⁵	tɕi⁵⁵ lu³¹
1512	忌妒	nw³³ ma³³ na⁵⁵	nw³³ ma³³ na⁵⁵	nw³³ ma³³ na⁵⁵	nu³³ ma³³ na⁵⁵	tɕi²⁴ tu²⁴	xɔ̃⁵⁵	tɕi⁵⁵ tu⁵⁵
1513	系（腰带）	xa³¹ phi³³ pha³¹	la³¹ tɕhy³¹ pha³¹	tv³¹ tɕhi³¹ pha³¹	lo³¹ phi³¹ pha³¹	suan⁵⁵ ʑio⁵⁵ tɛ²⁴	kɐr³¹	tɕi⁵⁵
1514	夹（菜）	nɔ³³	nɔ³³ tsa³¹	nɔ³³	tshl̩³³ tsɑ³¹	tɕiɛn⁵⁵	tsɔ³³	tɕiɛn⁵⁵
1515	嫁（女）	pi³¹ tsa³¹	pi³¹	pi³¹	mi⁵⁵ tsɑ³¹	tɕia³³	tʂl̩³¹ khw³³ lə³³	tɕia⁵⁵
1516	捡	ɣo³³	u³³ ta³³	v³³ ta³³	ku³³ thu⁵⁵	tɕiɛn³³	wua³³ tu³³	tɕin³¹
1517	减	tɕɛ³¹ ka³³	tɕɛ³³	tɕɛ³¹ ka³³	tɕɛ³¹ sɔ³³	tɕiɛn³³	tsɛ³¹（tsɛ³¹ taŋ⁵⁵）	tɕiɛn³¹
1518	剪	nɔ³³	nɔ³³	nɔ³³	n̩ie³¹	tɕiɛn³³	ka³¹ tsl̩³¹	tɕiɛn³¹
1519	讲（故事）	tɕa³¹	tɕa³¹	tɕia³¹	tɕia³³	tɕian³³	tɕio³¹	tɕiaŋ³¹
1520	交（朋友）	ta³¹ tɕho³¹ tɕho³¹ tsa³¹	ta³¹ tshu³¹ tshu³¹	la³³ pia³³ tshu³¹	ma³¹ tshv³¹ mi⁵⁵	tɕio⁵⁵	phiɛr³³	tɕio³³
1521	浇（水）	pa³¹ ɕe³¹	pa³¹ sɛ³¹	pa³³ sɛ³¹	tɕio⁵⁵	tɕio⁵⁵	tɕio³³	tɕio⁵⁵
1522	（烧）焦	phw³³ khv⁵⁵	pɔ³³ khu⁵⁵	phw³³ khv⁵⁵	phi³³ tsh³¹	sɔ⁵⁵ fu³¹	su⁵⁵ tɕio³³	sɔ⁵⁵ fu⁵⁵
1523	借	pha⁵⁵	tɕi⁵⁵	tɕi⁵⁵	pha⁵⁵ / tɕi⁵⁵	tɕi²⁴	tɕiɛr³³ / tɕhiɛ⁵⁵	tɕi⁵⁵

1524	嚼	kɛ^{31}ni^{55}ɣa^{33}	u^{31}tsa^{31}	kuɯ^{31}	kɣ^{33}tsɑ^{31}		tsɔ^{31}ʑi^{55}	tɕiɔ^{31}
1525	教	ɛ^{55}to^{33}/mɛ^{31}	mɛ^{31}	mɛ^{31}	tɕiɔ^{55}	tɕiɔ^{55}	ka^{55}ʂu^{55}	tɕiɔ^{55}
1526	（公鸡）叫	tɛ^{55}	tɛ^{55}	tɛ^{55}	ti^{55}	tɕiɔ^{24}	kɔ^{55}	tɕiɔ^{55}
1527	（牛）叫	kɣ^{31}	muɯ^{55}	muɯ^{55}	mɔ^{55}	tɕiɔ^{24}	mɛɣ^{313}	tɕiɔ^{55}
1528	（狗）叫	a^{31}khuɯ^{31}tɕhe^{31}	a^{31}khɯ^{31}tɕhi^{31}	a^{31}khuɯ^{31}tshɿ^{31}	khuɯ^{31}lo^{55}	ka^{31+33}tɕiɔ^{24}	（khuaŋ^{33}）pia^{31}	tɕiɔ^{55}
1529	（羊）叫	a^{31}tshɿ^{31}muɯ^{55}	muɯ^{55}	a^{31}tshɿ^{31}muɯ^{55}	tshɿ^{31}mo^{55}	ʑian^{31}tɕiɔ^{24}	（ʑiɔŋ^{213}）mɛɣ^{313}	tɕiɔ^{55}
1530	（虎）叫	xa^{31}ʑuɯ^{31}kɣ^{31}	xa^{31}ʑɔ^{31}muɯ^{55}	xɑ^{31}ʑ̩^{31}tɕi^{33}	la^{31}mie^{31}mo^{55}	lɔ^{33}fu^{33}tɕiɔ^{24}	（lɔ^{31}）ɕia^{33}	tɕiɔ^{55}
1531	（名）叫	tɕhɔ^{55}mi^{55}kv^{55}	（tshu^{55}mɔ^{55}）ku^{55}	kv^{31}	tsho^{55}mi^{55}khu^{55}	tɕiɔ^{24}min^{31}tsɿ^{24}	kə^{55}（miɛɣ^{55}）	tɕiɔ^{55}
1532	结（果子）	（a^{55}sɿ^{31}）sɿ^{31}	ɕi^{31}	（a^{55}sɿ^{31}）sɿ^{31}	（ɔ^{31}sɿ^{31}）sɿ^{31}	tɕi^{31}（kɔ^{33}tsɿ^{55}）sɿ^{31}	tɕʂiɛɣ^{313}（pe^{55}kho^{33}）	tɕiɔ^{31}（ko^{33}tsɿ^{33}）
1533	结婚	xa^{31}mi^{31}ɕɣ^{31}	xa^{31}mi^{31}ku^{55}	xa^{31}mi^{31}ku^{55}	tɕiɛŋ^{31}tɕi^{55}/tɕi^{31}xuɛ^{55}	tɕi^{31}xuɛn^{55}	tsu^{55}kɛɣ^{33}	tɕiɔ^{31}xuɛn^{55}
1534	借（钱）	tsɣ^{31}pa^{31}pha^{55}	tɕiɔ^{31}pa^{33}tɕi^{55}	tɕi^{55}	tɕhiɛ^{31}pha^{55}	tɕi^{24}tɕiɛn^{31}	tɕiɛɣ^{33}（tɕhiɛ^{55}）	tɕiɔ^{55}tɕhiɛ^{31}
1535	借（物）	muɯ^{31}ku^{31}pha^{55}	tɕi^{55}	tɕi^{55}	ma^{31}ɲie^{31}tɕi^{55}	tɕi^{24}kɔm^{55}tɕi^{24}	tɕiɛɣ^{55}（kɔ^{33}tɕɣi^{55}）	tɕiɔ^{55}tɔm^{33}ɕi^{33}
1536	浸泡	tuɯ^{33}	tɔ^{33}	phɔ^{55}	tə^{33}	phɔ^{24}		phɔ^{55}
1537	进（屋）	tɔ^{33}la^{55}	tɔ^{33}	ɣo^{55}li^{33}	ɣo^{55}la^{55}	tɕin^{24}	kə^{31}	tɕin^{55}
1538	救	pa^{55}tsɣ^{55}ta^{33}	tsu^{55}	tɕɣ^{55}	tɕiɔ^{55}	tɕiɔ^{24}	ku^{31}	tɕiɔ^{55}
1539	居住	tsɔ^{55}	pa^{31}tshɛ^{33}ta^{33}	tsɣ^{55}	tsɣ^{55}thɑ^{31}	tsu^{24}	ku^{31}	tsu^{55}
1540	举（手）	pa^{31}tɕhe^{33}	ʑɿ^{31}	tʂɿ^{31}ta^{33}	a^{31}la^{31}ku^{55}thu^{55}	thɛ^{31}/tɕi^{33}	ma^{31}ɲi^{33}（a^{31}tɔŋ^{55}）	tɕɣ^{33}sə^{33}
1541	锯	sm^{55}ʑɛ^{31}ʑɛ^{31}	ʑi^{31}	ʑi^{31}	ki^{55}	tɕi^{24}	sɛɣ^{33}	tɕɣ^{55}
1542	聚齐	ɣuɯ^{31}la^{55}/luɯ^{33}	ka^{55}la^{55}tsu^{55}	tɕhi^{31}kɑ^{55}tsɣ^{55}la^{55}	tsɔ^{55}lɔŋ^{31}	tɕi^{24}tɕhi^{31}	ɣə^{31}ka^{31}lə^{33}	lɛ^{31}tɕhi^{31}
1543	卷（布）	lv^{33}	lu^{55}	lv^{33}ta^{33}	kɔ^{33}	kɔ^{55}pu^{24}	nie^{33}（phiɔ^{31}）	tɕɣɛ^{31}pu^{55}
1544	蜷缩	ɣɣ^{33}ti^{33}	ɣɣ^{33}fu^{33}fu^{33}	tv^{31}xɔ^{31}xɔ^{33}	sɔ^{314}	tɕiɛn^{33}sɔ^{31}	ɲie^{33}sɛ^{31}	tɕɣɛ^{33}sɔ^{31}
1545	卡住	mɣ^{31}kho^{31}	ma^{31}khu^{31}	ŋa^{33}the^{31}	ŋa^{33}sɿ^{55}	kha^{33}tsɔ^{31}	to^{55}kə^{313}	kha^{33}tsɔ^{31}
1546	开（门）	phɔŋ^{33}	phɔ^{33}	phɔ^{33}	（ʑɿ^{55}kv^{33}）tə^{33}khɛ^{33}	khɛ^{55}（mɛi^{31}）	khɛ^{55}（mɛ^{313}）	khɛ^{55}（mɛ^{31}）
1547	（水）开	u^{55}xɔŋ^{55}pu^{55}	phu^{55}	pu^{55}	u^{55}tshɣ^{33}tshɣ^{33}	sui^{33}khɛ^{55}	（ɕɣi^{33}）xua^{33}kha^{33}	sui^{33}tsa^{33}
1548	（花）开	a^{55}ʑɿ^{33}ʑɿ^{33}la^{55}	a^{31}ʑɿ^{33}ʑɿ^{33}	ʑɿ^{33}	a^{31}ʑɿ^{33}ʑɿ^{33}	xuɔ^{55}khɛ^{55}	（xɔ^{55}）kha^{55}	xua^{55}khɛ^{55}
1549	开（车）	tɕhi^{55}tshɣ^{33}khɛ^{33}	khɛ^{55}	tɕhi^{55}tʂhɣ^{33}khɛ^{33}	tshɣ^{55}tsɿ^{31}khɛ^{33}	khɛ^{55}tsə^{55}	khɛ^{55}tshə^{55}	khɛ^{55}tshə^{55}

1550	开始	khɛ⁵⁵ sɿ³¹	khɛ⁵⁵ sɿ³³	mi³³ khɛ³³	khɛ⁵⁵ sɿ³³	khɛ⁵⁵ sɿ⁵⁵	khɛ⁵⁵ sɿ³³	khɛ⁵⁵ sɿ³¹
1551	开（荒）	xa⁵⁵ ɕu³¹ tshɛ³¹ tsa³¹	xa⁵⁵ sə³¹ tshɛ³¹	xa⁵⁵ ʂɣ³¹ tʂhɣ³¹	khɛ³³ xua³³	khɛ⁵⁵ xuan⁵⁵	khɛ⁵⁵ （faŋ⁵⁵）	khɛ⁵⁵ xuaŋ
1552	砍（树）	a⁵⁵ pu⁵⁵ tɣ³¹ / thu⁵⁵	a⁵⁵ tsa⁵⁵ tə³³	a⁵⁵ nɑ⁵⁵ tɣ³³	sɿ³³ tsɿ⁵⁵ tɑ³³	kan³³ su²⁴	tʂɿ³³ tʂə³³	khaŋ³¹ su⁵⁵
1553	砍（骨）	sa³¹ ʑy³¹ tɣ³³	sa³¹ ʑy³¹ tə³³	sa³¹ ʑi³¹ tɣ³³	sa³¹ ʑi³¹ tɑ³³	kan³³ ku³¹ tə⁵⁵	tʂɔ³³ kua³³ tə³¹³	khaŋ⁵⁵ ku³¹ thə⁵⁵
1554	看	fv³³	fu³³	fv³³	tie³¹	kan²⁴	ɛ³³	tɕhiɔ³¹ / khan⁵⁵
1555	（给）看	（pi³³） fv³³	（pi³³） fu³³	（pi³³） fv³³	（pi³³） tie³¹	（kə³³） tɕhiɔ³¹	（tsa³¹） ɛ³³	（kə³³） tɕhiɔ³¹
1556	看见	mo⁵⁵ va⁵⁵	mu⁵⁵	mv⁵⁵	mo⁵⁵	tɕhiɔ³¹ tɕiɛn²⁴	ɛ³³ kɛ³¹	tɕhiɔ³¹ tɕiɛn⁵⁵
1557	看（病）	（na⁵⁵ ko⁵⁵） fv³³ tsa³¹	（na³³ tɕhi³¹） zʐ³³ li³³	（a⁵⁵ nɑ⁵⁵） fv³³ zi⁵⁵	（pin⁵⁵） tie³¹ zi⁵⁵	kan²⁴ / tɕhiɔ³¹ （pin²⁴）	xaŋ³¹ pɛr³¹ / ɛ³³ pɛr³¹	tɕhiɔ³¹ piŋ⁵⁵
1558	扛	pa³¹	pa³¹	tshɿ⁵⁵	tshɿ⁵⁵	thɛ³¹ / khan	taŋ⁵⁵	thɛ³¹
1559	烤（火）	a³¹ tsa³¹ xm⁵⁵	la³¹ la³¹ tɕhy³¹	ka³³ tʂuɣ³³	（mi³¹ tsɑ³¹） li⁵⁵	ɕian²⁴ / khɔ³³ （xɔ³³）	kɔŋ³¹ （fui³³）	khɔ³³ / ɕiaŋ⁵⁵ （xɔ³³）
1560	靠	khɔ⁵⁵	khɔ⁵⁵	khɔ⁵⁵	khɔ⁵⁵	kkɔ²⁴	khɔ⁵⁵	khɔ⁵⁵
1561	磕（头）	ɣ³¹ tɣ³¹ thoŋ³¹	u³¹ tu³¹ thə³¹	v³¹ tv³¹ tho³¹	ɣ³¹ khi³¹ thɿ⁵⁵	khɔ³¹ tha³¹	tɛn³³ （tɔ³¹ pɔ³¹³）	khɔ³¹ thə³¹
1562	咳嗽	ɣ³¹ tshɣ³¹ tshɣ³¹	la³¹ la³¹ tɕhy³¹	tshɿ³¹	tshɿ³¹ lɑ⁵⁵	khɔ³¹ sə²⁴	khɔ⁵⁵ sə³¹	khɔ³¹ sə⁵⁵
1563	渴	u⁵⁵ tshɣ³¹ sv³¹	a⁵⁵ tshu³¹ mi³¹	khɔ³¹	（v⁵⁵ tshu³¹） sɿ³¹	khɔ³¹	tɕia⁵⁵	khɔ³¹
1564	刻	khɣ³¹	kha³¹	khɣ³¹	kha³¹	kha³¹	kha³³	kha³¹
1565	肯	na³³	na³³	na³³	na⁵⁵ ti³¹	khɛn³³	khɛn³¹	khɛn³³
1566	啃	kɛ³¹	khɔ³¹	khɔ³¹	thɑ³¹	khɛn³³	ŋaʔ⁶³	khɛn³³
1567	抠	khɔ³³ / xɣ³¹	xɣ³¹	xɣ³¹ to³³	kha⁵⁵	ɣɣ⁵⁵ （khə⁵⁵）	khɔ⁵⁵	kha³¹
1568	扣（扣子）	（pho⁵⁵ phi³³） ni³¹ thm³¹	（phi³¹ ɕi³¹） khu³¹	（phi³³ sɿ³¹） ȵi³³ khɣ³³	（phɛ⁵⁵ phi³³） kha³¹	khɛ²⁴ （ȵia³³ tsɿ⁵⁵）	ɣa³¹ （ȵia³³ tsɿ⁵⁵）	khɛ⁵⁵ （ȵia³³ tsɿ³³）
1569	空闲	lɔ³³	lɔ³³	ȵi⁵⁵	ɕiɛ³¹	tə³¹ ɕiɛn³¹ / khɔm⁵⁵ ɕiɛ⁵⁵	khɔ⁵⁵ ɕia⁵⁵	khɔm⁵⁵ ɕiɛ³³
1570	哭	ny⁵⁵	ny⁵⁵	ɣa³¹ tɕi⁵⁵ tɕi⁵⁵	ȵi⁵⁵	khu³¹	khɔ³³	khu³¹
1571	困（倦/累）	toŋ³¹	ɣa³¹ tɕy⁵⁵ tɕy⁵⁵ / lui⁵⁵	ɣɣ³³	ko³¹ ki⁵⁵	khuɛn²⁴	li⁵⁵ tɕhi⁵⁵	huɛn⁵⁵
1572	拉	ɣɣ³³	ɣɣ³³	a³¹ tɕhi³¹ tɕhi³¹	tshɿ⁵⁵	la⁵⁵	ȵɛr³¹³	la³³
1573	拉（屎）	ɛ³¹ khi³¹ khi³¹	ŋ³¹ khi³¹ khi³¹	tɕhi⁵⁵	（ɑ³¹ khɿ³¹） khɿ³¹	ɣɔ⁵⁵ sɿ³³ （lɑ⁵⁵ sɿ³³）	i³³ （ʂɿ³³）	ɣɔ⁵⁵ sɿ³³
1574	落（遗失）	ka³³ pu³³	pa⁵⁵	ka³³ tv³³	phi³¹⁴	ta³³ sɿ³¹ / tie⁵⁵	tsɛ³¹ ku³¹	ta³³ sɿ³¹
1575	捞	pɣ³¹ ta³³	xa³³ ta³³	lɔ³¹ ta³³	lɔ³¹ tv³³	lɔ³¹	mɔ⁵⁵	lɔ³³

1576	老	za³¹ mo³¹ mo³¹	mu³¹	ʑa³¹ mv³¹ mv³¹	ʑio³¹ mo³¹ la⁵⁵	lɔ³³	ku⁵⁵	lɔ³¹
1577	勒	ɣɤ³³ ne³¹	ɣə³³ ŋie³¹	pha³³ the³¹	tshl⁵⁵ tɕin³¹	lɔ³¹	lɔ³³	lɔ³¹
1578	连接	kha⁵⁵ tsha³¹	pha³³ tsha³¹ tsha³¹	pha³³ tsha³¹	ko⁵⁵ pha³¹ tsha³¹	liɛn³¹ tɕhi³¹	tɕia³³ khu³³	liɛn³¹ tɕi³¹
1579	炼(铁)	kɤ⁵⁵	sə⁵⁵ ku⁵⁵	liɛ⁵⁵	ɕi⁵⁵ liɛ⁵⁵	liɛn²⁴ thi³¹	liɛ⁵⁵ the³³	liɛn⁵⁵ thi³¹
1580	(饭)凉	tɕhe³¹	tɕhi³¹	ka³³	xo³¹ a³¹ tɕhie³¹	lɛn³³	a⁵⁵ʑi³³ ku⁵⁵	fan⁵⁵ lɛ³³
1581	量	ɣɤ³³ tsa³³/liaŋ³¹	pi³¹ tsa³¹	lia³¹	lia³¹	lian³¹	liaŋ³¹³	liaŋ³¹
1582	晾(衣)	pe³¹ ɕo³¹	phɛ³¹ lɔ³¹	ɬo³¹	ll³³ tu³³	sɛ²⁴	xo³¹	sɛ⁵⁵/liaŋ⁵⁵
1583	聊天	khuaŋ³³ pɤ³¹	te³³ ne⁵⁵ ɣa³¹	sa³³ tʂl³¹ ɣa³¹	khua³¹ pə³¹	tɕian³³ pə³¹	tɕia³³ pɛr⁵³	khuə³³ pə³¹
1584	裂开	phu³³ pɛ³¹ ɣɤ³³ pe³¹/ɣɤ³³ pe³¹	ɣə³³ pi³¹	ti⁵⁵ pi²³¹	po³³ khe³³	li²⁴ khɛ⁵⁵	pɛ⁵⁵ kha⁵⁵	li³¹ khɛ³¹
1585	流(水)	zy⁵⁵	zy⁵⁵	le³¹	zi⁵⁵	lia³¹	ka³¹/tʂhoŋ³³	lia³¹
1586	流传	ku³³ tu⁵⁵	te³³ ka³¹	tho⁵⁵ ko³¹ la³¹	liu³¹ tshua³¹	liɛ³¹ tshuan³¹	liɛ³¹ tʂhua³¹	liɛ³¹ tshuan
1587	留(种子)	a⁵⁵ zy³¹ tha³¹	a⁵⁵ zy³¹ tha³¹/liu³¹	a⁵⁵ zi³¹ tha³¹	ɔ³¹ sl³¹ a³¹ tsl³³	liɛ³¹ tsom³³ tsl⁵⁵	pe⁵⁵ tʂom³³	lia³¹
1588	滤	tsoŋ⁵⁵ tɕhe⁵⁵	ɣu⁵⁵ tshe⁵⁵ tshe⁵⁵	tsɛ⁵⁵	ko³¹ li⁵⁵	li²⁴	li⁵⁵	ko⁵⁵ li⁵⁵
1589	聋	na³¹ pu³¹ pu³¹	pu³¹	pv³¹	nɑ³¹ po³¹ po³¹	lom⁵⁵	ku⁵⁵ lɛr³³	lom³¹
1590	弄乱	tsoŋ⁵⁵ pu³¹	tsɔ⁵⁵ pə³¹	ɣɤ³³ mv³¹	xi⁵⁵ luan⁵⁵	tsɛn³³ luan²⁴	ta³¹ lua	tsɛŋ³³ luan⁵⁵
1591	骂	tshɔ⁵⁵	tsho⁵⁵	v³¹/tshɔ⁵⁵	pe³³	tsho²⁴(ma²⁴)	mər⁵⁵	ma⁵⁵/tshɔ⁵⁵
1592	满(了)	poŋ³³	pe³³	po³³ ta³³	pə³³	man³³	ma³³	maŋ³¹
1593	满足	ny³¹ ɣa³¹	nu³³ ma³³ la⁵⁵	lv³¹	man³³ tsu³¹	man³³ tsu³¹	ma³³ tsu³¹	maŋ³³ tsu³¹
1594	梦	ma³³ tho³³ tho³³	ma³³ thu³³ thu³³	ma³³	ma³³ mi⁵⁵	mɔm²⁴	mə³¹ mɛ³¹	mɔm⁵⁵
1595	埋	kha³¹ɣ³¹/pa³¹ tv³¹	pa³¹ tu³¹/kha³³ u³¹	pa³³ tv³¹	tə³³ phu³¹	me³³	lo⁵⁵ ko³¹	me³¹
1596	买	u⁵⁵ tsa³¹	u⁵⁵	v⁵⁵	v⁵⁵ la³¹	mɛ³³	mɛr³¹	me³¹
1597	卖	ʑɔ³¹ tsa³¹	ʑɔ³¹	ʑo³¹	ʑo³¹ tv³³ khe³³	mɛ²⁴	ka³¹³	me⁵⁵
1598	冒(烟)	ta³³/tu³³	mo³¹ xo³¹ ta³³ la⁵⁵	tv³¹	tv³³	mɔ²⁴ʑiɛn⁵⁵	tshl³³ xui³³ ɕin⁵⁵	mɔ⁵²ʑiɛ³³
1599	没有	ma³¹ tsa³³	ma³¹ tsa³³	mɑ³¹ tsa³³	ma³³ tsa³³	mei³¹ ziɔ³³/pu⁵⁵ ziɔ³³/a³¹ ma³¹³	pu⁵⁵ ma³¹³/a³¹ ma³¹³	pu⁵⁵ ziɔ³¹/mɛ³¹ ziɔ³¹
1600	发霉	m̩³¹ tshl³³ tshl³³	xə³¹ tɕhi³³ tɕhi³³	pa³¹ ʑi³¹ kha³¹	tshi³¹ mɛ³¹	fa³¹/tɕhi³³ mei³¹	me³¹ a⁵⁵	fa³¹ mɛ³¹
1601	眯	ma³³ tshv³¹	ma³³ ɕi⁵⁵	ma³³ mi³³	ma³³ mie³³	mi⁵⁵	mi⁵⁵	mi⁵⁵

1602	(鸟)鸣	xa³¹ tsɿ⁵⁵ mu⁵⁵	xa³¹ tɕɕi⁵⁵ mu⁵⁵	tɛ⁵⁵	(ŋa³³ ʑiɑ³¹) mu⁵⁵	ɲiɔ³³ tɕiɔ²⁴	(tsɔ³³) mɛr³¹³	ɲiɔ³³ tɕiɔ⁵⁵
				miɔ³¹ tsui⁵⁵				
1603	瞄准	fv³³ to⁵⁵	fu⁵⁵ tsuɛ³³	ʂɿ⁵⁵	miɔ³¹ tsun³³	miɔ³¹ tsuɛn³³	miɔ³¹ tɕui³³	miɔ³¹ tsuɛn³¹
1604	灭(火)	sɿ⁵⁵	ɕi⁵⁵	ʂɿ⁵⁵	sɿ⁵⁵	miɛ³¹ xɔ³³	khɔ³¹ (xui³³)	mi⁵⁵ (xɔ³¹)
1605	明白	lo³¹ va⁵⁵	ɕi³¹ tsho⁵⁵	ɕi³¹ tɕho⁵⁵	mi³¹ pa³¹	min³¹ pa³¹	sɛ³³	mi³¹ pa³¹ / ɕiɔ³³ ta³¹
1606	摸	pha³³ fv³³	sa³³ pha³³	so³³	mo⁵⁵	mo⁵⁵	mɔ³³	mɔ⁵⁵
1607	磨(刀)	sɿ³¹	ɕi³¹	ɕi³¹	sɿ³¹	mo³¹	mo³¹³ (ɿ⁵⁵ taŋ⁵⁵)	mo³¹ (tɔ⁵⁵)
1608	磨(面)	ɣa³¹ ɕɣ⁵⁵ ki³³	tɕɕi³³	tɕi³¹	kɔ³¹ le⁵⁵ kɿ³³	mɔ²⁴	tɕi³¹ (miɛ⁵⁵)	mɔ⁵⁵ miɛ⁵⁵
1609	拧	zɣ³¹ tɕɛ⁵⁵	zɔ³¹ tsɛ⁵⁵	zɣ³¹	ɲiɑ³¹ tɕi⁵⁵	ɲiɑ³³	tsuɛ³¹³	ɲiɑ³¹
1610	拿	xɛ⁵⁵	xɛ⁵⁵	xɛ⁵⁵	xi⁵⁵	na³¹	wua³³ ka³¹³	na³¹
1611	挠(痒)	pha³³	pha³³	pha³³	pha³³	tsua⁵⁵ zian³³	tɕhie³³ (ʑiɔŋ³³)	tsua⁵⁵ ʑian³¹
1612	(花)蔫	ny³¹	nɛ³¹	nɔ³¹ kuɛ³³	a³¹ ʑiɑ³¹ ʑiɑ³¹	wei⁵⁵ (ɲiɛn⁵⁵)	(xɔ⁵⁵) khɔ⁵⁵ su³¹	wuɛ⁵⁵
1613	萍直	ɣɣ³³ tɕo³¹	xɛ⁵⁵ tsu³¹	xɛ⁵⁵ tsɿ³¹	khɛ³³ tsɔ³¹	tsɛn³³ tsɿ³¹	khɛ⁵⁵ tuɛn⁵⁵	tsɛŋ³³ tsɿ³¹
1614	呕吐	(o³¹ phɛ³¹) phɛ³¹	(ɛ³¹ phy³³) phy³¹	phi³¹	phi³³ tu³³	thu²⁴	ɛ³¹	ə³¹ thu⁵⁵
1615	拍(桌子)	ti³¹	ti³¹ fu³¹	ti³¹	tɔ³¹	pha³¹ (tsɔ³¹ tsɿ³³)	pɔ³³ (tsɔ⁵⁵ tsɿ³³)	pha³¹
1616	爬(树)	(a⁵⁵ pu⁵⁵) pha³³ ta³³	(a⁵⁵ tsɔ⁵⁵) pha³¹ ta³³	pɣ³¹	ta³³	pha³¹ (su²⁴)	tɕhie³³ (tsɔ³¹)	pha³¹
1617	排(队)	phɛ³¹ (tui⁵⁵)	phɛ³³ (thui⁵⁵)	phɛ³¹ (thui⁵⁵)	phɛ³¹ (tui³¹⁴)	phɛ³¹ (tui²⁴)	phɛ³¹ tui⁵⁵	phɛ³¹ (tui⁵⁵)
1618	跑	khi³³	tshu³¹	tʂhu³¹	tsho³¹	phɔ³³	ma³¹³	phɔ³³ pu⁵⁵
1619	泡(菜)	tu³³	tu³³	phɔ⁵⁵	tɔ³³	phɔ²⁴ (tshɛ²⁴)	ku⁵⁵ (tsha³¹)	phɔ⁵⁵ (tshɛ⁵⁵)
1620	捧	xɔ³³	xɔ³³ ta³³	xɔ³³	phɔŋ³¹	phɔm³³	phaŋ³¹	phɔm³¹
1621	碰撞	ti⁵⁵ thɔŋ³¹	thɛ⁵⁵ ka³³ tsa³¹	thɛ⁵⁵ khɔ³¹	phɔŋ³¹⁴	phɔm³³ tsuan²⁴	saŋ⁵⁵ tsɔ³¹	phɔm³¹ tsuan⁵⁵
1622	膨胀	tɕɯ³³ la⁵⁵	tsha³³	tʂɣ³¹ ta³³	pha³¹⁴ tsa³³	tshɛn⁵⁵ / phɔm³¹ tsan³³	tʂɿ³¹ pha³¹	phɔm³¹ tsaŋ³¹
1623	披(衣)	xɔ³¹ ɣɛ³¹ ɣɛ³¹	xɔ³¹ ɣɛ³¹ ɣɛ³¹	kua⁵⁵ tʂha³¹ ta³³	phi⁵⁵	phi⁵⁵	pɛ³¹ (ɿ⁵⁵)	phi⁵⁵
1624	劈(柴)	a³¹ tsa³¹ tɕhɣ³¹	tsha³¹	tʂhɣ³¹	tɕhie³¹	phi³¹ tshɛ³¹	phɔ³¹ sin⁵⁵	phɔ⁵⁵ tshɛ³¹
1625	泼(水)	xo³¹ ɕɛ³¹	xa⁵⁵ sɛ³¹	xo³¹	khɣ³³ tsha³¹	phɔ³¹	phiɛr³³ ɕɣɿ³³	phɔ³¹
1626	破(篾)	ɛ⁵⁵ nɛ³¹ nɛ³¹	xa³¹ nɛ³¹ nɛ³¹	tshɛ³¹	tɕhi³³ pha³³	phɔ²⁴ mi³¹	phɔ³¹ mi³¹³	phɔ⁵⁵
1627	(衣)破	ka³³ tsha³¹	pa³³	po³¹	pɛ³¹	phɔ²⁴ / lan²⁴	la³¹	phɔ⁵⁵

1628	（竿）破	ti⁵⁵ pε³¹	pi³¹ ʑi⁵⁵	pi³¹	pha³³	pho²⁴	pho³¹	pho⁵⁵
1629	打破（碗）	ti³¹ pε³¹	ti³³ pi³¹	ti³¹ pi³¹	tə³³ pε³¹	tɑ³³ lan²⁴/tɑ³³ phɔ²⁴	tsa³³ phɔ³¹（paʔ³³）	tɑ³³ laŋ⁵⁵
1630	剖	ʑɛ³¹ pɛ³¹	khɯ³¹ pha³³	ʑi³¹ pha³³	tə³³ pha³³	pho²⁴	phɛɹ³³ kha⁵⁵	pho³³
1631	铺	xo³¹ sa⁵⁵	fu³¹ ta³³	xo³¹ kɑ³³	phu³³	phu⁵⁵	phu³³ thə³³	phu⁵⁵
1632	欺骗	tsa³¹ kɛ³¹ kɛ⁵⁵	xa⁵⁵ lɛ⁵⁵ lɛ⁵⁵	tɕi³¹	tɕi⁵⁵ phiɛ³¹⁴	tɕi⁵⁵ phien³¹	ɕia⁵⁵ xoŋ³¹	tɕi³³ phiɛ⁵⁵
1633	砌	tshʅ³¹	tsa³¹	tɕi⁵⁵	tɕhi²⁴	tɕhi³¹ lɛ³¹	ʑiɕiʐ³³	tɕhi⁵⁵
1634	骑	tsʅ³¹	tsʅ³¹	mo³¹ tsʅ³¹	tɕhi³¹	tɕhi³¹ lɛ³¹	kɛ³¹³	tɕhi³¹
1635	起来	thɣ⁵⁵ la⁵⁵	phu⁵⁵ thu⁵⁵ la⁵⁵	thv⁵⁵ la⁵⁵	tɕhi³³ lɛ³¹	tɕhi³³ lɛ³¹	tsa³¹ khɯ³³ lə³³	tɕhi³³ lɛ⁵⁵
1636	生气	nɯ³³ su³³ su³³	nu³³ ma³³ su³³	nu³³ mɑ³³ tʂhv⁵⁵	sɛ⁵⁵ tɕhi³¹⁴	sɛn⁵⁵ tɕhi²⁴	sɛn⁵⁵ tɕhi⁵⁵	ʑʅ³¹ tɕhi⁵⁵/seŋ³³ tɕhi⁵
1637	牵（牛）	a³¹ nm³¹ tɕhu⁵⁵	tshə⁵⁵	mo⁵⁵ ɲiu³¹ tshʅ⁵⁵	tɕhien⁵⁵ ɲia³¹	tɕhien⁵⁵ ɲia³¹	khɛ⁵⁵ ʈə³¹³	la⁵⁵/tɕhiɛ⁵⁵
1638	欠（钱）	tsy³¹ pa³¹ tsha³³	tɕi³¹ pa³¹ tsha³³	fv⁵⁵ tsʅ³¹ tʂha³³	tsha⁵⁵ tɕhie⁵⁵	tsha⁵⁵ tɕhie⁵⁵	tʂha³³ tɕhie³¹	tsha³³ tɕhiɛ⁵⁵
1639	拍	tɕhɣ³¹	tshə³¹	tshɣ³¹	tɕhia³¹	tɕhia³¹	tsʅ³³	tɕhiɛ³¹
1640	抢	kho³¹ tsa³³	lu³³ tsa³³	lv³³	tɕhia³³	tɕhian³³	tsua³¹	tɕhiaŋ³¹
1641	嵌	ti³¹ xo³³	ti³¹ fu³³	tɕhɣ³¹	tɑ³¹	tɕhiɔ⁵⁵	tsa³¹	tɕhiɔ³³
1642	翘（尾巴）	ti⁵⁵ tɕhe³³	pa³¹ tshe³³ ta³³	ku⁵⁵	（to³¹ mi³¹）sua³¹	tɕhiɔ⁵⁵（wei³¹ pa⁵⁵）	（pe⁵⁵ mi³³）pha³³	tɕhiɔ⁵⁵
1643	犁	mo³¹ pe³³	ŋo³¹ pa³³	xɣ³¹	tɕhiɔ⁵⁵ khɛ³³	tɕhiɔ²⁴	tɕhiɔ⁵⁵ khɛ³³	tɕhiɔ⁵⁵
1644	刨（猪）	（ɣa³¹ mi³¹）tɕhɣ³¹	（ɣa³¹ tɕhy⁵⁵）tɕhy⁵⁵	（a³¹ ʑa³¹）tɕhɣ³³	（va³¹）tɕhiɔ³³	tɕhiɔ⁵⁵（tsu⁵⁵）	tɕhiu⁵⁵（tε⁵³）	tɕhiɔ⁵⁵（tsu³³）
1645	切（菜）	ʑɛ³¹	ʑi³¹	ʑɛ³¹	ʑi³³	tɕhi³¹ tshɛ²⁴	tʂhuan³³ tsha³¹	tɕhi³¹ tshɛ⁵⁵
1646	亲（小孩）	mɛ³¹ tshy⁵⁵ nu³¹	pa³¹ nu⁵⁵ tshu⁵⁵	tɕhi³³ pi³¹	na³³	ɕian³³/tɕhin⁵⁵	sɛ³¹（sɛ³³ xo⁵⁵）	tɕhin⁵⁵
1647	驱逐	lɛ³¹	lɛ³¹ tu³³	lɛ³³ v³¹	tə³³ tu³³	tsui⁵⁵ kan³³	la³¹ tu³¹³	tɕhy⁵⁵ kaŋ³¹
1648	赶（路）	a³¹ ti⁵⁵ tɣ⁵⁵	ʑu³¹ thɛ⁵⁵ thɛ³¹	ʑu³¹ thɛ⁵⁵ the³¹	（ʑiɑ³³ mɑ³³）ʑiɔ³³ tɕin³¹	kan³³ lu²⁴	tɕiɑ³³ kə³¹ ɲiɛɹ³¹³	ka³¹ lu⁵⁵
1649	取	xɛ⁵⁵ xo³¹ tsʅ⁵⁵	xɛ⁵⁵ tu³³	xɛ⁵⁵	sə³³ tu³³	wua³³	wua³³	tɕhy³¹
1650	取（名）	（tɕho⁵⁵ mi³¹）mi⁵⁵	（ʑa³¹ mi³¹）tɕhɣ³¹	（a³¹ mi⁵⁵）mi⁵⁵ la³¹	（a³¹ mi⁵⁵）mi⁵⁵ la³¹	kɛ³³ min³¹ tsʅ²⁴/tɕhi³³ min³¹ tsʅ²⁴	miɛɹ⁵⁵ miɛɹ⁵⁵	tɕhy³¹
1651	娶	xa³¹ mi³¹ ɕɣ³¹	xa³¹ mi³¹ ku⁵⁵	khv⁵⁵	（mɛ⁵⁵ mo⁵⁵）khu⁵⁵	thɔ³³ lɔ³³ phɔ⁵⁵/tɕhi³³ ɕi³¹ fu²⁴	piɛɹ³³	thɔ³³ lɔ³³ phɔ⁵⁵
1652	去	lʅ³³/ʑi⁵⁵	ʑʅ⁵⁵/li³³	ʑʅ⁵⁵/li³³	ʑʅ⁵⁵/li³³	kha²⁴/tɕhi²⁴	ɲiɛɹ³¹³	kha⁵⁵

1653	痊愈（病）	mɯ³¹/ʑo⁵⁵	ma³¹ʑi⁵⁵	mɯ³¹	ma³³	xɔ³³tiɔ²⁴lə³³	xə³³lo³¹	xɔ³³
1654	缺（口）	ka³³xa³¹	xa³¹	xɛ³¹ʑi⁵⁵	ta³¹tsha³¹	tɕhi³¹khɛ³³	khar³¹	tɕhy³¹
1655	阉（丁）	khɯ⁵⁵khɛ³¹	kʏ³¹	xa³¹ʑi⁵⁵	to³¹pa⁵⁵	pɛ⁵⁵	pɛ³³ko³³	pɛ³³tɕiɔ³¹
1656	染（布）	(xa³¹pha⁵⁵)tɛ³¹	(mo³¹pha³¹)tɛ³¹	xɔ³³	na³³	zan³³(pu²⁴)	zɛ³³(phiɔ³¹)	za³¹(pu⁵⁵)
1657	让（路）	khi³³zo³¹	ka⁵⁵tsɛ⁵⁵za⁵⁵	za⁵⁵	(ʑiɑ⁵⁵mɑ³³)ʑia⁵⁵	zan²⁴(lu²⁴)	za³³tha³³	za⁵⁵(lu⁵⁵)
1658	绕（道）	(ka⁵⁵tɕo³³)tɕo³³	(ka⁵⁵ɣo³³)ɣo³³	zɑ³¹	ʑi³¹	zɔ²⁴(tɔ²⁴)	zɔ³¹thɔ³³	zɔ³³(lu⁵⁵)
1659	热（饭）	pa³¹xɔŋ⁵⁵tsa³¹	pa³¹xɔŋ⁵⁵ɣɔ³³	ɬo⁵⁵	a³¹li⁵⁵	za³¹(fan²⁴)	ʔuɛ⁵⁵(a⁵⁵ʑi³¹)	zə³¹(fan⁵⁵)
1660	忍耐	zɛ³¹thɛ³¹tshoŋ⁵⁵	zɛ³³thɛ³¹tshoŋ⁵⁵	zɛ³¹nɛ⁵⁵	nɛ⁵⁵nɛ²⁴	z̩ɪn³¹to³³		zɛ³³nɛ⁵⁵
1661	认（字）	(tsʅ⁵⁵)lo³¹	ɕɛ³¹tshoŋ⁵⁵	zɛ⁵⁵(tsʅ⁵⁵)	zɛn⁵⁵(tsʅ²⁴)	sɛ³³		zɛn⁵⁵(tsʅ⁵⁵)
1662	认得	lo³¹va⁵⁵	ɕi³¹tshɔ⁵⁵	sʅ³¹tɕho⁵⁵	ɕiɔ³¹ta³¹/zɛn²⁴tə³¹	za³³lə³³		zɛn³³tiɔ⁵⁵
1663	扔	pɛ³¹to³³	pɛ³³tu³³	tsɛ³³	tɕiɛ³³tʏ³³	tsuɛ³³tiɔ⁵⁵	tə³³tɯ⁵⁵	zɛn³³tiɔ⁵⁵
1664	溶化	kɯ⁵⁵	kɯ⁵⁵	kɯ⁵⁵ka³¹	xua⁵⁵	pho²⁴xua²⁴	xua⁵³	xua⁵⁵
1665	揉（面）	(ɣa³¹ɕy⁵⁵)ni⁵⁵	nɛ⁵⁵	ɲi⁵⁵	zɨɛ³¹	za³¹(miɛn²⁴)	ɲiɔ⁵⁵(miɛ⁵⁵)	zə³¹(miɛ⁵⁵)
1666	洒（水）	ɕɛ³¹	sɛ³¹	xɔ³¹	khi⁵⁵tsha³¹	sa³³(sui³³)	phiɛr³³(ɕyi³³)	sa³¹(sui³³)
1667	撒谎	ma³¹ɻɯ⁵⁵mɛ⁵⁵kʏ³³	khə³¹kɛ³¹kɛ³¹	khɯ³¹tɕi³¹tɕi³¹	kɛ³¹khɛ³¹	so³¹pa³¹tsui³³	paɻ³¹tsui³³	so³¹xua³¹
1668	撒（尿）	ɣ̩³¹tɕɛ⁵⁵tɕɛ⁵⁵	ɣə³¹tsɛ⁵⁵tsɛ⁵⁵	a³¹tsɛ⁵⁵tsʅ⁵⁵	ʑiɛ³¹tsʅ⁵⁵tsʅ⁵⁵	sa³¹sui⁵⁵	sɔ⁵⁵sɔ⁵⁵	sa⁵⁵sui⁵⁵
1669	撒（种）	a⁵⁵ʑy³¹ɕɛ³¹	a⁵⁵ʑy³³sɛ³¹	ɕɛ³¹	ɕiɛ³¹	sa³³tsom³³	ʂa³³tʂom³³	sa³³tsom³³tsʅ⁵⁵
1670	塞（洞）	tɛ³¹tshy³¹	tɛ³¹tɕhy³¹	tɛ³³tʂʅ³¹	thu³¹tshʅ³¹	sɛ³¹tom²⁴	tsha⁵⁵khu³³	sə³¹tom³¹
1671	散开（鞋带）	ka³³phe⁵⁵	pɛ³¹ʑi⁵⁵	pɛ³¹tv³³	san²⁴khɛ⁵⁵	san²⁴khɛ⁵⁵	z̩ʅ³¹khə⁵⁵	tho³¹
1672	散步	tɣ⁵⁵ni⁵⁵ɣa³³	zu³¹nɛ⁵⁵ɣɔ³³	tɣ⁵⁵ni⁵⁵ɣo³³	san²⁴pu²⁴	san²⁴pu²⁴	sa⁵⁵pu⁵⁵	san⁵⁵pu⁵⁵
1673	扫	za³³	za³³	ʑa³³	kha⁵⁵	so³³ti²⁴	tʂʂɔ³³	sɔ³¹ti⁵⁵
1674	杀（鸡）	ɕɛ³¹	ɕi³¹	sʅ³¹	ʑiɑ³³sʅ³¹	sa³¹tɕi⁵⁵	ɕia³³(kɛ⁵⁵)	sa³¹
1675	晒（太阳）	(a³¹tsha⁵⁵)xɔŋ⁵⁵	(ɣə³¹tsha³³)nə⁵⁵	(a⁵⁵ʑian²⁴ʑian³)	sɛ²⁴(thɛ²⁴ʑian³)li⁵⁵	sɛ²⁴(thɛ²⁴ʑian³)li⁵⁵	taŋ⁵⁵(kɔ³¹ni³³)	khɔ³³/sɛ⁵⁵/ɕiaŋ⁵⁵
1676	伤（手）	tsoŋ⁵⁵na⁵⁵	tso⁵⁵na⁵⁵	u⁵⁵na⁵⁵	san⁵⁵(sə³³)	san⁵⁵(sə³³)	(ʂə³³)ʂa⁵⁵	saŋ⁵⁵
1677	商量	kɯ³³tsa³³	tso⁵⁵tsa³³	sa⁵⁵lia⁵⁵	san⁵⁵lian	san⁵⁵lian	ʂa⁵⁵liaŋ⁵⁵	saŋ⁵⁵liaŋ⁵⁵
1678	上（楼）	xo³¹tha³¹ta³³	ta³³li³³	ta³³ʑi⁵⁵	tshʅ³¹tha³¹ta³³	san²⁴lə³¹	tsoŋ³³(tʂə⁵⁵paɻ³¹)	saŋ⁵⁵

1679	上(肥)	hua⁵⁵ fei³¹ ɕɛ³¹	phɛ³¹ ta³³	tsɛ³¹ khɣ³¹ phɛ³¹	v⁵⁵ ta³³	san²⁴ fei³¹	ʂa³³ (xua⁵⁵ xui³¹³)	sๅ⁵⁵ fei³¹
1680	烧荒	ɣa³¹ xa⁵⁵ khɯ³¹ phɛ³¹	a³¹ tsa³¹ khɣ³¹ phɛ³¹	mi³¹ tsa³¹ khɣ³¹ to³¹	mi⁵⁵ʅv tɕhie phie³³	sɔ⁵⁵ xuan⁵⁵	su⁵⁵ pe⁵⁵ ti⁴⁴ / su⁵⁵ kɣ³¹ tʂɔŋ³¹	sɔ⁵⁵ xuaŋ⁵⁵
1681	射(箭)	kha³³ ma³¹ pɣ³³	pa³³	pɣ³³	po³³	sɔ⁵⁵ tɕiɛ⁵⁵	ʂɔ⁵⁵ tɕiɛ⁵⁵	sɔ⁵⁵ tɕiɛn⁵⁵
1682	生长	te³¹ la⁵⁵	ti³¹ la⁵⁵	ti³¹ ta³³ la⁵⁵	ma³³ la⁵⁵	sɛn²⁴ tsan³³	to³³ khɛ³³ lə³³	sɛŋ⁵⁵ tsaŋ³¹
1683	生疮	sa³¹ tʂๅ³¹ tʂๅ³¹ la⁵⁵	na⁵⁵ pa³³ pa³³	ma⁵⁵ pa³¹ pa³¹	ma³³ z̧ia to⁵⁵	sɛn tshuan³³	xɛ̄ɛ⁵⁵ tʂhɔŋ	sɛŋ⁵⁵ tshuaŋ⁵⁵
1684	生(孩子)	(za³¹ ku³¹) pu³³	(za³¹) pu³³	(a⁵⁵ pi³³ tʂɣ⁵⁵) tʂhɣ³³	(zid³¹ ɳi⁵⁵) sɛ³³	sɛ⁵⁵ (wa³¹ wa⁵⁵)	sɔ³³ (tʂɔŋ³³ ɳiɔ³³)	sɛŋ³³ (wa³¹ wa³³)
1685	剩	tɕhɛ³¹ la⁵⁵	ɣo⁵⁵ tsɛ³¹ tsɛ³¹	sɛ⁵⁵	sɛ³¹⁴ tə³¹	sɛn²⁴ ɕia²⁴	z̧ɔm³¹³	sɛŋ⁵⁵
1686	胜利	zin³¹ ve⁵⁵	zy³¹	sɛ⁵⁵ li⁵⁵	sɛ⁵⁵ li⁵⁵	sɛn²⁴ li²⁴	zin³¹³	zin³¹ / sɛn⁵⁵ li⁵⁵
1687	升起	ta³³ la⁵⁵ ve⁵⁵	ta³³ la⁵⁵	ta³³ la⁵⁵	thu⁵⁵ la⁵⁵	sɛn⁵⁵ tɕhi³³	khɯ³³ la³³	sɛŋ⁵⁵ tɕhi³¹
1688	失败	su³³ ve⁵⁵	su⁵⁵	sๅ³¹ pɛ⁵⁵	sๅ³¹ pɛ⁵⁵	sๅ³¹ pɛ²⁴	pɛ³³ / su³³	sๅ³¹ pɛ⁵⁵ / su⁵⁵
1689	使(他做)	pi³³ (m̩⁵⁵)	pi³³ (ka⁵⁵)	pi³³	(z̧io³¹ kho³¹) pi³³ (mi⁵⁵)	tɕio²⁴ (tha⁵⁵ tso²⁴)	tsɛ³¹ (pɔ³¹ tsu⁵⁵)	tɕiɔ⁵⁵
1690	使用	m̩⁵⁵ khi³¹	ɳɯ⁵⁵ khi³¹	ɣo⁵⁵	mi⁵⁵ mu³¹	sๅ³³ z̧iɔm²⁴	wua³³	sๅ³³ z̧iɔm⁵⁵
1691	释放	phɛ³¹ to³³	phɛ³¹ tu³³ xu³¹	phɛ³¹ to³³	sๅ³¹ faŋ⁵⁵	sๅ³¹ fan²⁴	xɔŋ³¹ tʂhๅ³³	sๅ³¹ faŋ⁵⁵
1692	试	tsɔŋ⁵⁵ fɣ³³	tso⁵⁵ tsa³³ tsa³³	fɣ³³ fa³¹	sๅ³¹⁴ tɕhio³¹	sๅ²⁴	sๅ³³	sๅ⁵⁵ sๅ⁵⁵
1693	是	ɳɯ⁵⁵	ɳɯ⁵⁵	ɳɯ⁵⁵	ɳɯ⁵⁵	sๅ²⁴	tso³³	sๅ⁵⁵
1694	收拾	o³³ lɯ³³	pa³³ su³¹	pa³¹ ɣ³³	sɛ⁵⁵ thu⁵⁵	sɛ⁵⁵ sๅ³¹	ʂɔ⁵⁵ ʂๅ³³	sɛ⁵⁵ sๅ³¹
1695	守卫	sɔŋ⁵⁵ tsa³¹	fu³³ the³¹	ɕo⁵⁵	pɔ³³ wei³¹	sɛ³³ wei²⁴	xaŋ⁵⁵ ka³¹³	sɛ³³ ɣui⁵⁵
1696	梳	kha³³	kha³³	kha³³	kha³³	sๅ³¹ te³¹	(tɔ³¹ pɔ³¹) su⁵⁵	su³³
1697	漱(口)	me³¹ tɕo³³ tɕo³³	tsu³³	su⁵⁵	khe³¹ la³³ tsu³³	su²⁴ tsui³³	tɕhyɛ³³ tsui³³ / tʂhu⁵⁵ (tsui³¹ pa³¹)	su⁵⁵ khe³¹
1698	坚立	ta³³ thu⁵⁵	li³¹ thu⁵⁵ ta³³	li³¹ thu⁵⁵	li³¹ thu⁵⁵	tsๅ³¹ li³¹	zi³¹ khu³³	su⁵⁵ li³¹
1699	撑倒	tɕɛ³³ phu³³	la³¹ sɔ³¹ pɛ³¹ ka³³	kɑ³³ lo³³	phu³³ sๅ³¹	kuan²⁴ tɔ³³	kua⁵⁵ kue³³	sua⁵⁵ tɔ³¹
1700	甩	tɕɣ³¹	tsɛ³¹	za³³	tsๅ³¹	suɛn³³	z̧ia³¹³	suɛ³¹
1701	闩(门)	ɣo³³ xɛ³¹ kho³¹ the³¹	khu³¹ to³³	xɛ⁵⁵ khɣ³¹	ma³¹ ɕiɔ³³ ɕiɔ³³	ɕiɔ⁵⁵ mei³¹	ma³¹ ɕiɔ³³ khu³³	ɕiɔ³³
1702	拴(牛)	kha³¹ tho³¹	pha³³ tho³¹	pha³³ tho³¹	mo⁵⁵ ɳiu³¹ ka⁵⁵ pha³¹	suan⁵⁵ ɳiɛ²⁴	la³¹ pu³¹ (ɳe³¹³)	sua⁵⁵ ɳiɛ³¹

1703	睡	zɣ31 tsa33	zɯ31 tsa33	v31 tʂa33	zɿ33 tsa33	sui24	tɕi31 mi55	sui55 tɕio55
1704	（使）睡	pi33 zɣ31 tsa33	pi33 zɯ33 tsa33	pi33 v31 tʂa33	pi33 zɿ33 tsa31	kə33 tha55 sui24	pu33 ʂue31	tɕio55 tha33 sui55
1705	睡着	zɣ31 sɿ55	zɯ31 ɕy55	ɣo31 tho31	zɿ33 tshɿ31	sui24 tso31	tʂue33 n̠i55	sui55 tso31
1706	吮	su33 / tshɣ31	tu55	a55 nɛ tʂhv31	tshu33 tv55	ɕi31 tshɿ31	ɔŋ33	ɕi31
1707	说	kɯ33	kɯ55 / the33 / hu55	tho55	pɛ33	so31	ʂua55	so31
1708	撕	ɣɤ33 tsha55	ɣɤ33 tsha55	ɣɤ33 khɣ31	tshɿ55 pɛ31	sɿ55	sɿ55	sɿ55
1709	死	sɿ55	ɕi55	sɿ55	sɿ55	sɿ33	si33	sɿ31
1710	算	sua55	sua24	sua55	sua314	suan24	sua33	suɑ55
1711	损坏	pɛ31 pa33	tsɿŋ55 pa33	tsɛ31 pa33	v55 pɛ31	tsɛn33 lan24 / sui33 xuɛ24	tə31 lan53	tsɛŋ31 laŋ55
1712	锁（门）	tsɣ31 kɯ55 n̠i31 phi31	n̠i33 khu31	n̠i33 khɣ31	tso31 kɯ55 n̠i31 tshɿ31	so33 mei31	tʂɔŋ33 mei313	so33 me31
1713	塌	lɯ31 pɛ31	pa31 kɑ33	pɑ33 kɑ33	tha31	tha31 / tɔ33	pɔŋ55	tha31
1714	踏	nu31	nu31 ta33	nu31	na31	tshe33 / tha31	luer33	tha31
1715	抬	pa31	pa31	pa31	tshɿ55	the31	taŋ55	the31
1716	贪心	nu33 ma33 mo55	nu33 ma33 xɤ31	—	taŋ55 ɕin55	ɕin55 xɤ24 / than55 ɕin55	ɕin55 kɤ33	ɕin33 xɤ55
1717	弹（棉花）	(tsha31 la31) ti31	(tsha31 la31) ti31	(ʂa31 la31) phɑ33	(sɑ31 lɑ31) phɑ33	than31 (miɛn31 xuɑ55)	ta313 (xo55 phu55)	than31 (miɛ31 xua55)
1718	弹（琴）	(ti55 xɔ31) ti31	(xɤ31) mu55	pɣ33	taŋ31	than31 (tɕhi31)	tha31 (tɕhiŋ313)	tha31 (tɕhin31)
1719	淌（泪）	ka33 to33	ka33 to33	lɛ31 to33	(ma33 pɿ55) tv33	than33	kɤr33 (mi33 ʐɿ33)	than31 / thio31
1720	躺	lɯ31	khɔ55	v31 tsa33	zɿ33 tsa33 tha31	sui24 (than33)	khɔ55	sui55 / than31
1721	烫（手）	xɔŋ55 / tha55	tha55	ta55	thaŋ55	than24 (sɤ33)	tha55 (ʂɤ33)	thaŋ55 (sɤ31)
1722	逃跑	khi33 ɣa31	khi33 ɣa31	liu55	khi31 tsho31	thɔ31 phɔ33	taŋ31 me313	thɔ31 phɔ31
1723	掏	pɣ31	pɣ31	pɣ31	tsha33 tv33	thɔ55	thi33	thɔ31 phɔ31
1724	讨（饭）	a55 xo31 sa55 tsa31	ŋ31 ka33 ʑa33 tsa33	ʂa55 tsa31	xo31 sa55 tsɑ31	thɔ33 fan24 / ʑio24	thu55 (ʑio33 a55 ʑi31)	thɔ33 fan55
1725	套（衣服）	(a55 xɔ31) thɔ55	ta33 to33	to33	thɔ55 ki33	thɔ24	i31 khu55 / i31 i55	tshuan55
1726	（头）痛	(ɣ31 tɣ31) na55	(u31 tu31) na55	nɑ55	na55	thɛn31 / thɔm24	(tɔ31 pɔ31) ŋa33	thɛŋ31
1727	疼（孩子）	ka31	ka31	ka31	kɑ31 ʑiɑ33	ɛ24	sin55 sɔŋ31（心疼）	thɛŋ31
1728	踢	phe33	phi33	phi33	tsuɑ31	tsuɑ31 / thi31	tɕhier33	thi31 / tsuɑ31

序号	汉语							
1729	提（篮子）	phe³¹	phe³¹	γɛ³³	sə³³	thi³¹	thu⁵⁵（pɛ³³ta⁵⁵）	thi³¹
1730	剃（头）	(γ³¹tγ³¹) tɕho³³	tshu³³	tʂha³³	tʃhu³³	thi²⁴（tha³¹）	tɕiɛr³³（tɔ³¹pɔ³³）	thi¹⁵⁵
1731	（天）晴	a³¹tsha⁵⁵tɕho³¹	m³¹pa⁵⁵sa⁵⁵	γo³¹tʂha⁵⁵tʃho³¹	a⁵⁵tsha⁵⁵tʃhu³¹	（thiɛn⁵⁵）tɕhin³¹	（xɛ⁵⁵tɕhi³³）xə³³	（thie⁵⁵）tɕhiŋ³¹
1732	（天）亮	(m³¹pa³³) pa³³	pa³³	pa³³	（mio³¹）ʃu³³	（thiɛn⁵⁵）lian²⁴	（mər³¹）per³¹	liaŋ⁵⁵
1733	（天）黑	(m³¹khi³¹) khi³¹	khi³¹	tɕhi³¹	（mie³¹khɛ³³）kho³¹⁴	（thiɛn⁵⁵）xə³¹	（xɛ⁵⁵）xəʔ³³a⁵⁵	xə³¹
1734	（天）阴	(m³¹mo³³) mo³³	（u³¹mo³³）mo³³	（γo³¹）ma³¹mu³¹	（mie³¹tha³¹）na³³	（thiɛn⁵⁵）ʑin³¹	（xɛ⁵⁵）ʔu³¹	ʑin³³
1735	填（坑）	pa³¹tsm̩³³ta³³	thie³¹	xɛ⁵⁵po³³	thie³¹pə³³	thiɛn³¹khɛn⁵⁵	thin³¹³	thie³¹
1736	舔	mγ³¹tsa³¹	ma³¹	mγ³¹	a³¹la⁵⁵mɑ³¹	thiɛn³³	tsʅ³³	thie³¹
1737	挑选	o³³tɕhɛ⁵⁵	u³³tshe⁵⁵	xɛ⁵⁵tshɛ⁵⁵	ku³³tu³³	thiɔ⁵⁵ɕiɛn³³	tsʅ³³tsʅ³³	thiɔ⁵⁵ɕye³¹
1738	挑（担）	pa³¹	pa³¹	tʂh̩⁵⁵	tshʅ³¹⁴	thiɔ⁵⁵tan²⁴	taŋ⁵⁵	thiɔ³³
1739	跳舞	thiɔ⁵⁵ʅ³¹thiɔ⁵⁵	γa³¹la³¹tsho³¹	thiɔ⁵⁵v³¹thiɔ⁵⁵	thiɔ⁵⁵ʋ̩³¹	thiɔ²⁴v³³	thiɔ⁵⁵ʋ̩³³	thiɔ⁵⁵ʋ̩³³
1740	跳（脉）	sa³¹kγ³¹ti⁵⁵	sa³¹ku³¹ti³³	ti⁵⁵	thiɔ³¹⁴	mɑ³¹thiɔ²⁴	（mɑ³¹³）thiɔ³³	thiɔ⁵⁵
1741	贴	mɔ³¹tɕhγ³¹	mɔ³¹ta³³	thi³¹	thie³¹	tsan⁵⁵ / thi³¹	thi³¹	thi³¹
1742	听	na⁵⁵xa³¹	na⁵⁵xa³¹	nɑ⁵⁵xɑ³¹	na⁵⁵ti³¹	thin⁵⁵	tɕhiɛr⁵⁵	thiŋ⁵⁵
1743	听见	ka³¹va⁵⁵	ka³¹la³³	kɑ³¹	kɑ³¹la⁵⁵	thin⁵⁵tɕiɛn²⁴	tɕhiɛr⁵⁵mi³¹³	thiŋ⁵⁵tɕiɛn⁵⁵
1744	停止	na³¹	na³¹	tʂγ⁵⁵na³¹	thie³¹	thin³¹tsʅ³³	tɔ³¹lɔ³¹（tʂaŋ³¹khu³³）	thiŋ³¹tsʅ³³
1745	（路）通	tɔŋ⁵⁵ / thɔŋ⁵⁵	tho⁵⁵	to⁵⁵	zɑ⁵⁵mɑ³³thɔŋ³³	lu²⁴thɔm⁵⁵	（thɔ³³）thɔŋ⁵⁵	thɔm⁵⁵
1746	通知	thɔŋ⁵⁵tsʅ⁵⁵	tɛ³³zɔ³³	thɔ⁵⁵pi³¹	thɔŋ⁵⁵tsʅ⁵⁵	thɔm⁵⁵tsʅ⁵⁵	thɔŋ⁵⁵tsʅ⁵⁵	thɔm⁵⁵tsʅ⁵⁵
1747	捅	tm̩³¹	tu³¹	tv³¹	to³¹	tɔ³¹（thɔm³³）	thɔ⁵⁵	thɔm³¹
1748	吞	mγ³¹tɔ³³	ma³¹to³³	mγ³¹γo⁵⁵	mu³³	thuɛn⁵⁵	ʔyi³¹	thuɛn⁵⁵
1749	偷	lo⁵⁵pi³¹xui³¹	xo³¹tsa³¹	xo³¹	khi³¹	tha⁵⁵	taŋ³¹	thɔ⁵⁵
1750	（湿）透	pu³¹lɔŋ³³	tsɛ⁵⁵tɕhi³¹	xa³³ti⁵⁵tsɛ⁵⁵	tsə³¹⁴	sʅ³¹tha²⁴	（mia³³）lo³¹	sʅ³¹tha⁵⁵
1751	吐（痰）	tshγxɛ³³mɛ³³tγ³³	me³³tu³³	xɑ³¹thi³¹thi³¹	tsʅ³³tu³³	thu³¹than³³	ɛ³¹（thɔ³¹pu³³）	thu³³thaŋ³¹
1752	涂（漆）	le³¹	sua³¹	sua³¹	tsha³¹⁴ta³³khe³³	thu³¹tɕhi³¹	saŋ⁵⁵（tɕhi⁵⁵）	sua³¹tɕhi³¹
1753	推	tɛ³¹	tɛ³¹	tɛ³¹	na³¹	nan³³（thui⁵⁵）	thui⁵⁵	thui³³
1754	退（后）	nɔ⁵⁵tγ⁵⁵	thui⁵⁵tu³³	thui⁵⁵	thui⁵⁵	xa²⁴thui²⁴	thui³³taŋ³¹	thui⁵⁵

1755	蜕(皮)	sa³¹ku⁵⁵ pha⁵⁵	le³¹	ka³³ka³³	thue³¹⁴	thuen²⁴ phi³¹	kɛʐ³¹(pɛʐ³¹³)	thui⁵⁵ phi³¹
1756	(头发)脱落	ka³³ to³³	ka³³ tu³³	ka³³ka³³	ka³³ kha³³	tho³¹ lɔ³¹	(ta³¹ ma⁵⁵) ɣo³¹	(thɛ³¹ fa⁵⁵) thiɔ⁵⁵
1757	脱(白)	thɔŋ³¹ to³³	li³³	tho³¹	tho³¹	tho³¹ tɕie²⁴	tʂʅ³³	tho³¹ tɕhie⁵⁵
1758	挖	tɕhe³¹/kha³¹	kha³¹	a³¹ xa⁵⁵ tʂhɣ³¹	tsha³¹	wa⁵⁵	tv⁵³	wa³³ ti⁵⁵
1759	弯	toŋ³¹ ɣo³¹	(pi⁵⁵ u³¹) u³¹	(to³¹ v³¹) v³¹	tu³¹ ku³¹	wan⁵⁵	khv³³	waŋ⁵⁵
1760	弯腰	to⁵⁵ tɕhɣ³³ pɣ³¹ ɣo³¹	ɣo³³ ka³³	v³¹ v³¹	tu³¹ ku³¹	wan⁵⁵ ʑiɔ⁵⁵	lɛʔ³³ i⁵⁵ kua³³	waŋ⁵⁵ ʑiɔ⁵⁵
1761	弄弯	no³¹ ɣo³¹	xɛ³³ v³¹	tsɛ³³ v³¹	khe³³ ku³¹	tsɛ³³ wan⁵⁵	paŋ⁵⁵ khu³³	tsɛŋ³³ waŋ⁵⁵
1762	玩耍	ni⁵⁵ ɣa³³	ne⁵⁵ ɣa³³	ɲi⁵⁵ ɣ³³	nu⁵⁵ kɑ³³	wan³¹	wuɛ³¹ tɕhia³³	waŋ³¹
1763	忘记	zɛ⁵⁵ pa⁵⁵	zʅ⁵⁵ pa⁵⁵	ɲi⁵⁵ pa⁵⁵	mi⁵⁵ ti⁵⁵	wan²⁴ tɕi²⁴	phe³³ ma³¹³	wan⁵⁵ tɕi⁵⁵
1764	喂/奶	a³¹ tshɣ⁵⁵ pi³³ to⁵⁵	pi³³ tu⁵⁵	a⁵⁵ nɛ⁵⁵ pi³³ tv⁵⁵	na⁵⁵ nu³³ pi³³ to⁵⁵	wei²⁴ nɛ³³	ɔŋ³³ paŋ³¹ ʂu⁵⁵	wui⁵⁵ nɛ³¹
1765	歪(丁)	i⁵⁵ khe³¹	i⁵⁵ khe³¹	xɔ³¹	ta³¹ pa⁵⁵	wue⁵⁵	ʔue⁵⁵(a⁵⁵)	ue⁵⁵
1766	闻/嗅	nɣ⁵⁵ fɣ³³	u³¹	vu³¹	xuɑ³³	vɛn⁵⁵	tʂhoŋ⁵⁵	vei³¹
1767	昊	v³¹	v³¹	vu³¹	vu³¹	ɣ³¹	ɣ³¹³	ɣ³¹
1768	问	na⁵⁵ xa³¹	nɑ⁵⁵ xɑ³¹	nɑ⁵⁵ xɑ³¹	na⁵⁵ tie³¹	vɛn²⁴	tɕhiɛʐ⁵⁵ piɛʐ³³	vei⁵⁵
1769	习惯	ɕi³¹ kua⁵⁵	ɕi³¹ kua⁵⁵	ɕi³¹ kua⁵⁵	ɕi³¹ kuɑ³¹⁴	ɕi³¹ kuan²⁴	ɕi³¹ kua⁵⁵	ɕi³¹ kua⁵⁵
1770	洗(衣)	a⁵⁵ xo³¹ lɛ³¹ tshʅ³¹	a⁵⁵ xo³¹ tɕhi³¹	tɕhi³¹	ko³¹ tshʅ³¹ tshʅ³¹	ɕi³³ ʑʅ⁵⁵ san³¹	se³³ i⁵⁵	ɕi³¹
1771	洗澡	zo³¹ ɣo⁵⁵ tɕɣ³¹	zɔ³³ ɣo⁵⁵ tɕhi³¹	a⁵⁵ ʈʂɣ³¹ tshʅ³¹	ɔ³¹ mo⁵⁵ tshʅ³¹	ɕi³³ tsɔ³³	se³³ tʂhʅ⁵⁵ kɔ³¹	ɕi³³ tsɔ³¹
1772	想	nɣ³¹	nɣ³¹	ɕiaŋ³³	ko³¹ ʑiɔ³³	ɕian³³	khaŋ³¹	ɕiaŋ³¹
1773	相信	tɕɣ⁵⁵	ɕia⁵⁵ ɕi⁵⁵	ɕi³³ ɕiŋ⁵⁵	ɕiaŋ⁵⁵ ɕin³¹⁴	ɕian⁵⁵ ɕin²⁴	ɕiaŋ³³ ɕin⁵⁵	ɕiaŋ³³ ɕin⁵⁵
1774	响	ky³¹	mu⁵⁵ la⁵⁵	mu⁵⁵	mu⁵⁵	ɕian³³	mɛʐ³¹³	ɕiaŋ³¹
1775	小心	ɕɔ³³ ɕi⁵⁵	nɣ³¹ kɔ⁵⁵	ɕiɔ³³ xin⁵⁵	tsu⁵⁵ ʑʅ⁵⁵	ɕian³³ ɕin⁵⁵	se³¹ sin⁵⁵	ɕiɔ³³ ɕin⁵⁵
1776	笑	ɣui⁵⁵	ɣa⁵⁵ i⁵⁵	ɣo⁵⁵ ʂʅ⁵⁵	ka³¹ sʅ⁵⁵	ɕi²⁴	so³¹	ɕiɔ⁵⁵
1777	写	tsʅ⁵⁵ tɕho³³	tsho³³	tsho³³	ɕie³¹	ɕi³³	wuɛʐ³¹	ɕi³¹
1778	污	o³¹ ma³³ ɕu³³	u³¹ ma³³ su³³	ʂɔ³³	(ɔ³¹ phu³¹) ɕi⁵⁵	la⁵⁵/ɕi²⁴	ŋɛʐ³¹³	la³³ tu⁵⁵ tsʅ³¹
1779	撑	(na⁵⁵ pɛ⁵⁵) ni³¹ ka³³	ɕi³³	sʅ³³	(na⁵⁵ pi⁵⁵) tsʅ³³	ɕin³³ (pi³¹ tsʅ³³)	xɔ⁵³ (pɛ³³ sɛ³³)	ɕiŋ³¹ (pi³¹ thi⁵⁵)
1780	(睡)醒	nɣ³¹ la⁵⁵	nɣ³¹ la⁵⁵	ɲie³¹ la⁵⁵	ɲie³¹ la⁵⁵	sui²⁴ ɕin³³	tsu⁵⁵ tʂhu³¹	sui⁵⁵ ɕiŋ³¹

序号	汉语							
1781	休息	ɣa³¹na³¹na³¹	ɣa³¹na³¹na³¹	a³¹nɑ³¹nɑ³¹	kɑ³¹nɑ³¹		ɕia³³ɕi³¹	ɕiɛ⁵⁵ɕi³¹
1782	修（鞋）	（pha³¹no³³）pu³¹	pu³¹	ko³³tsho³³	（pha³¹na³³）tv³¹	pu³³（xɛ³¹tsʅ³³）	ɕia³³（ɣɛ³¹³）	pu³³（xɛ³¹）
1783	绣（花）	（a⁵⁵ʑi³³）kɣ̩³¹ta³³	（a⁵⁵ʑi³³）thi⁵⁵	（a⁵⁵ʑi³³）ko³³	（a³¹zʅ³³）ku³¹	ɕia²⁴（xuɑ⁵⁵）	ɕia³¹（xo⁵⁵）	ɕiu⁵⁵（xuɑ³³）
1784	学	tɕo⁵⁵tsa³¹	tsu⁵⁵tsa³¹/ɕo³¹	tsv⁵⁵	ɕio³¹⁴	ɕo³¹	ɣə³¹	ɕo³¹ɕi³¹
1785	找	sa⁵⁵tɕho³³	sa⁵⁵phu³³	tɑ⁵⁵ʑi³¹	tɕi⁵³	tsɔ³³	tsɔ³³	tsɔ³¹
1786	压	ʑa³³	za³¹ta³³	za³¹ta³³	ʑia³¹⁴ta³³khʅ³³	ʑia³¹	ʑiaʔ³³	ʑia³¹
1787	腌（菜）	（ɣo³¹tɕhe⁵⁵）tɕhe⁵⁵	（u³¹tshe⁵⁵）tshe⁵⁵	tshe⁵⁵	（ku³¹tsha⁵⁵）tshe⁵⁵	ʑiɛn⁵⁵tshɛ²⁴	ku⁵⁵（ku⁵⁵tsha³¹）	ʑiɛn³³（suɑm³³tshe⁵⁵）
1788	研（药）	thɔ³¹nɣ³³	the⁵⁵nu³³	the⁵⁵no³³	ʑiɑ³³i̯⁵⁵khe³³	tshɔm⁵⁵（ʑiɔ³¹）	ɣɛ³¹（ʑiɔ³³）	tshɔm³³（ʑiɔ³¹）
1789	烨	tɕɣ³³	（a⁵⁵tso³³）tsə³³	tsʅ³³	（a³¹tsʅ³³）tsʅ³³	ʑian³³	ʑiɔŋ³³	ʑiaŋ³¹
1790	养（孩子）	（ʑa³¹ku³¹）tshɣ³³	tshu³³tsa³¹	tʃɣ³³tɕhv³³	（ʑiɑ³¹n̠i⁵⁵）tʃhu³³	ʑian³³	sɔ³³（tʂɔŋ³³n̠iɔ³³）	ʑiaŋ³¹
1791	咬	kɛ³³	kho³¹	kho³¹	thɑ³¹	ʑi³³	ŋa³³	ʑiɔ³¹
1792	舀（水）	（tɯ⁵⁵tsʅ³¹）khɣ̩³¹	khu³¹ta³³	kho⁵⁵pha³³	（u⁵⁵tshv³¹）khu³³thu⁵⁵	tɑ³³/ʑiɔ³³	ka⁵⁵（ɣyi³³）	tɑ³³（sui³³）
1793	要	m̩⁵⁵mo³¹	mo³¹	mo³¹	mi⁵⁵	ʑiɔ²⁴	n̠iɔ³³	ʑiɔ⁵⁵
1794	溢	zɣ⁵⁵xa⁵⁵	tu³³ʑi⁵⁵	pv³³ta³³	ʑi⁵⁵kha⁵⁵	pho³¹/ʑi³¹	sa³³/tshʅ³³	pho³¹
1795	迎接	soŋ⁵⁵thɛ³¹	sə³¹ʑi⁵⁵	ka⁵⁵tɯ³¹tɯ³³	tɕie³¹⁴	ʑin³¹tɕie³¹	n̠iɛn³¹tɕia⁵⁵	tɕie³¹
1796	引（路）	（ka⁵⁵ma³³）ɕɣ³¹mɛ³¹	（ka⁵⁵ma³³）sə³¹	ʂɣ³¹	sɣ³¹	tɛ²⁴（lu²⁴）	kaŋ³³tsa³¹（thɑ³³）	tɛ⁵⁵（lu⁵⁵）
1797	游泳	u⁵⁵ti³¹ti³¹	ɣə⁵⁵ti³¹ti³¹	ɣɯ⁵⁵phɑ³³phɑ³³	u⁵⁵tshɯ³¹nɯ⁵⁵kɑ³³	ɕi³³tsɔ³³/ʑia³¹ʑiɔm³³	ʑia³¹ʑiɔ³³	ʑia³¹ʑiɔm³¹
1798	有（钱）	（tsɣ³¹pa³¹）tsa³³/tso³¹	（tɕi³¹pa³¹）tsa³³	tsa³³	tɕie³¹⁴tsa³³	ʑia³¹（tɕhien³¹）	tsa³³（tɕhie⁵⁵）	ʑia³¹
1799	有（人）	（tɕho⁵⁵ʑa³¹）tɕo⁵⁵	（tshu⁵⁵a³¹）tshu⁵⁵	tsv⁵⁵	（tsho⁵⁵）tʃu⁵⁵	ʑia³³zɛn³¹	tsɛ³³tʂʅ⁵⁵n̠i³³	ʑiɛ³¹
1800	有（碗）	xo³¹ma³¹tsa³³	tsa³³	tsa³³	kha³¹ʑiɑ³¹tsa³³	ʑia³³wan³¹	tsɛ³³	ʑiɛ³¹
1801	有（水）	u⁵⁵tshv³¹tɯ³¹	tɯ³³	tɯ³¹	u⁵⁵tshu³¹tsa³³	ʑia³³sui³³	tsɛ³³	ʑiɛ³¹
1802	有（糖）	pho³¹tɣ³¹tso³¹	pho³¹tɣ³¹tso³¹	tso³¹	tha³¹³than³¹	ʑia³³than³¹	tsɛ³³（sɔ⁵⁵tɔ³¹³）	ʑiɔ³¹
1803	晕（头）	ɣ³¹tɣ³¹mɯ³³	mu³³	nɑ⁵⁵	u³¹khi³¹xui⁵⁵	tha³¹xuɛn⁵⁵	（tɔ³¹pɔ³¹）fe³³	xuɛn⁵⁵（ʑyn⁵⁵）
1804	栽（树）	a³¹pu⁵⁵thi⁵⁵	kha³³	kha³³	kha³³	tsɛ⁵⁵su²⁴	tsɔŋ³¹（tsə³¹）	tsɛ⁵⁵su⁵⁵
1805	在（家）	la³¹xo⁵⁵a³³tɕo⁵⁵	tsu⁵⁵	tʃv⁵⁵	ʑi⁵⁵kho⁵⁵a³³tso³³	tsɛ⁵⁵（pe⁵⁵pu³³tɔ³³）	tsɛ³³	tsɛ⁵⁵
1806	扎（刺）	tsho³³	tsho³³	tsho³³	（o³¹kɛ³³）tɕhie³³tshʅ³¹	tsho³¹	（tɕhi³¹³）tɕhie³³	tsho³¹

序号	词							
1807	眨（眼）	ma^{33} nɯ^{33} tsʋ^{31} mi^{33}	ma^{33} mi^{33} mi^{33}	ma^{33} thi^{33} thi^{33}	ma^{33} tsʅ^{33} tshʅ^{33} mi^{31}	tsa^{31} ʑiɛn^{33}	mi^{55}（ʈʂui^{33}）	tsa^{31}
1808	榨（油）	tshɛ^{55} ʑʋ^{31} tsa^{55}	liɛ^{55}	tʂa^{31}	zə^{31} tsʅ^{33} tshe^{55} tsa^{55}	tsa^{31} ʑiɛ^{31}	tsa^{55}（ɕioŋ^{55} ʑiɛ^{313}）	tsa^{55} ʑiɛ^{31}
1809	摘（花）	（a^{55} ʑi^{33}）tɕhʋ^{33}	tsha^{33}	tʂhʋ^{33}	tʃhɑ^{33}	tsə^{31}（xua^{55}）	tsɛ^{31}（xo^{55}）	tsə^{31}（xua^{33}）
1810	张（嘴）	（mɛ^{31} poŋ^{31}）phoŋ^{33} la^{55}	thu^{33} pɛ^{33}	ŋa^{33}	（a^{31} mie^{31}）ko^{55} ŋa^{31}	tsan^{55}（tsui^{33}）	kha^{55}（tsui^{33}）	tsaŋ^{33}
1811	长（大）	xɯ^{31} la^{55}	xə^{31} ta^{33} la^{55}	xʋ^{31} ta^{33} la^{55}	xɯ^{31} ta^{33} la^{55}	tsan^{33}（ta^{24}）	tɔ^{31} kha^{33}	tsaŋ^{33}（ta^{55}）
1812	胀（肚子）	（o^{31} ma^{33}）tɕhʋŋ^{33}	tsha^{33}	tshe^{33}	（a^{31} phu^{31}）ti^{31} lə^{55}	tshɛn^{55}（tu^{24} tsʅ^{33}）	（pu^{31} tɔ^{31}）tshɛŋ^{33}	tshɛŋ^{55}
1813	召集	kʋ^{55} ʋ^{31}	kɯ^{55} fu^{55}	kɯ^{55} zʋ^{31}	khɯ^{55} loŋ^{31}	tɕio^{24} lɔ^{33} / tso^{55} tɕi^{31}	kə^{55} ka^{33}	tso^{33} tɕi^{31}
1814	找（零钱）	（li^{31} tɕhɛ^{31}）tso^{33}	pu^{31}	tso^{33}	tso^{33} pʅ^{31}	tso^{33} lin^{31} tɕhiɛn^{31}	pə^{33} tɕhiɛ^{55}	tso^{31}
1815	(太阳) 晒	（a^{31} tsha^{55}）xoŋ^{55}	（ɣa^{31} tsha^{33}）nɯ^{55}	ɬo^{31}	（a^{55} tsha^{55}）lə^{31}	the^{24} ʑian^{31} sɛ^{24}	（ɲi^{55}）xo^{31}	sɛ^{55}
1816	(马蜂) 蛰	（pa^{31} ko^{31}）tɛ^{31}	（pa^{31} ku^{31}）tɛ^{31}	（pa^{31}）tɛ^{31}	（pa^{31} ma^{33}）tie^{31}	（ma^{33} fɔm^{55}）tin^{55}	（phɔŋ^{55}）tshɔ^{33}	tiŋ^{55}
1817	睁开（眼睛）	ma^{33} nɯ^{33} phoŋ^{33}	thu^{33} pɛ^{33} ta^{33}	phɛ^{33} ta^{33}	ma^{33} tsʅ^{33} ko^{55} ta^{31}	tsɛn^{55} khɛ^{55} ʑiɛn^{24} tɕin^{33}	（tɕui^{33}）khə^{55} lə^{33}	tsɛŋ^{55}
1818	蒸	sa^{31}	sa^{31}	sa^{31}	（xo^{31}）sa^{31}	tsɛn^{55}	tsər^{55}	tsɛŋ^{33}
1819	知道	lo^{31}	ɕi^{31} tshɔ^{55}	sʅ^{31} tɕho^{55}	sʅ^{31} la^{31}	tsʅ^{55} tɔ^{24}	sa^{33} lɔ^{31}	ɕio^{33} ta^{31}
1820	织	ɣa^{31}	ɣa^{31}	za^{31}	pha^{55} tɕhio^{55} ʑia^{31}	tsʅ^{31} pu^{24}	tsə^{33}	tsʅ^{31}
1821	种（麦）	kha^{33}	kha^{33}	kha^{33}	（ma^{31} tsʅ^{31}）kha^{33}	tsɛ^{55}（ma^{31} tsʅ^{33}）	tʂɔŋ^{31}（ma^{31} tsʅ^{33}）	tsɛ^{33}（ma^{31} tsʅ^{31}）
1822	肿	tɕɯ^{33} ta^{33} la^{55}	tsə^{33} ta^{33} la^{55}	tso^{55} ta^{33}	tso^{33}	tsɔm^{33}	tshɛŋ^{55}	tsom^{33}
1823	拄（拐棍）	（tsa^{31} ŋʋ^{31}）ŋʋ^{31}	（tsa^{31} ŋʋ^{31}）ŋə^{31}	（tsa^{31} ŋʋ^{31}）tʋ^{31}	（ti^{55} thu^{33}）thu^{33}	tshu^{33}（kuɛ^{33} kuɛn^{24}）	thɔŋ^{33}（zɿ^{31} tso^{33} mo^{33}）	tshu^{33}
1824	煮	tʂha^{33}	tʂha^{31}	tʂha^{31}	tʂha^{31}	tʂa^{33}	tʂa^{31}	tsu^{31}
1825	啄	tho^{33}	thʋ^{33} tsa^{31}	—	—	—	—	tso^{31}
1826	追	lɛ^{31}	lɛ^{31}	lɛ^{31}	the^{33} li^{33}	ɲiɛn^{33}（tsui^{55}）	lə^{31}	ɲiɛ^{31}（tsui^{55}）
1827	走	tʋ^{55}	zu^{31}	ʑo^{31}	ʑio^{31}	tsə^{33}	niɛr^{313}	tsə^{31}
1828	租（房）	tsʋ^{55}	tsu^{55}	tsʋ^{55}	tsu^{55}	tsu^{55} fan^{31}	tsu^{33}（xo^{31}）	tsu^{55} / pɔ^{33}（faŋ^{31}）
1829	醉	tɕo^{55}	tɕi^{55} pa^{31} puʔ^{33}	pʋ^{33} / mu^{33}	pʅ^{33}	tsui^{24}	tɕyi^{55}	tsui^{55}
1830	坐	tɕo^{55}	tsu^{55} ka^{33}	tɕɯ^{55}	ɲi^{55} tsa^{33}	tso^{24}	ku^{31}	tso^{55}
1831	做（生意）	tsɔŋ^{55} / m^{55}	（sɛ^{55} ʑi^{55}）tso^{55}	（sɛ^{55} ʑi^{55}）ɣo^{55}	（sɛ^{33} ʑi^{55}）mʅ^{55}	tsu^{24}（sɛn^{55} ʑi^{24}）	tsu^{55}	tso^{55}（sɛŋ^{32} ʑi^{55}）
1832	代表	tɛ^{55} pio^{31}	tɛ^{55} pio^{33}	tɛ^{55} pio^{33}	tɛ^{314} pio^{33}	tɛ^{24} pio^{33}	tɛ^{55} pio^{31}	tɛ^{55} pio^{31}

1833	模范	mo^{31} fa^{55}	mo^{31} fa^{55}	mo^{31} fa^{314}	mo^{31} fan^{24}	mo^{31} faŋ^{55}	mo^{31} fan^{55}
1834	英雄	ʑi^{55} ɕɔŋ^{31}	ʑi^{55} uiɔ^{31}	ʑi^{55} ɕiɔ^{31}	ʑin^{55} ɕiɔŋ^{31}	ʑin^{55} ɕiɔŋ^{31}	ʑi^{55} ɕiɔŋ^{31}
1835	民族	mi^{31} tshu^{31}	mi^{31} tshu^{31}	mi^{31} tʃhu^{31}	min^{31} tshu^{31}	mi^{31} tshu^{31}	mi^{31} tshu^{31}
1836	哈尼族	xa^{31} ɲi^{31} tshu^{31}	xa^{31} ɲi^{31} ɲi^{31} za^{31}	xa^{55} ɲi^{31}	xa^{31} ɲi^{31} tʃhu^{31}	xa^{55} ɲi^{31} tshu^{31}	xa^{55} ɲi^{31} tshu^{31}
1837	白族	la^{31} pɣ^{31}	la^{31} pə^{31}	ɕi^{55} lo^{55}	pə^{31} tshu^{31}	paɳ^{31} tsɿ^{33} / paɳ^{31} ɣo^{55} / pə^{31} tshu^{31}	la^{31} pə^{31} / pə^{31} tshu^{31}
1838	傈僳族	li^{31} su^{55}	li^{31} su^{55}	li^{31} su^{55} tʃhu^{31}	li^{31} su^{55} tshu^{31}	li^{55} su^{55} tshu^{31}	li^{31} su^{55} tshu^{31}
1839	拉祜族	la^{55} xu^{31}	la^{55} kv^{31} tshu^{31}	la^{55} ku^{55} tʃhu^{31}	la^{55} ku^{33} tshu^{31}	la^{55} ku^{31} tshu^{31}	la^{55} xu^{31} tshu^{31}
1840	苗族	mio^{31} tshu^{31}	mio^{31} tshu^{31}	mio^{31} tʃhu^{31}	mio^{31} tshu^{31}	mio^{31} tshu^{31}	mio^{31} tshu^{31}
1841	瑶族	ʑio^{31} ʑɛ^{31}	ʑio^{31} tshv^{31}	ʑio^{31} tʃhu^{31}	ʑio^{31} tshu^{31}	ʑio^{31} ʑɛ^{31} / ʑio^{31} tsɿ^{31} tshu^{31}	ʑio^{31} ʑɛ^{31} / ʑio^{31} tshu^{31}
1842	傣族	pa^{33} ʑi^{55}	pa^{31} ʑi^{33}	pi^{31} tɕhi^{31}	thɛ^{24} tshu^{31}	pɛr^{31} ʑi^{55} po^{55}	pa^{33} ʑi^{31} / thɛ^{55} tshu^{31}
1843	壮族	tsuaŋ^{55} tshu^{31}	tsuaŋ^{55} tshu^{31}	tʂua^{55} tʃhu^{31}	tsuan^{24} tshu^{31}	tʂuaŋ^{55} tshu^{31}	tsuaŋ^{55} tshu^{31}
1844	布依族	pu^{55} ʑi^{33} tshu^{31}	pu^{55} ʑi^{33} tshu^{31}	pu^{55} tʃhu^{31}	pu^{24} ʑi^{55} tshu^{31}	pu^{55} ʑi^{55} tshu^{31}	pu^{55} ʑi^{33} tshu^{31}
1845	纳西族	na^{55} ɕi^{33} tshu^{31}	na^{33} ɕi^{55} tshu^{31}	na^{33} ɕi^{55} tʃhu^{31}	na^{24} ɕi^{55} tshu^{31}	na^{55} ɕi^{55} tshu^{31}	na^{55} ɕi^{33} tshu^{31}
1846	景颇族	tɕiŋ^{33} pho^{55} tshu^{31}	tɕi^{55} po^{55} tshu^{31}	tɕi^{55} po^{55} tʃhu^{31}	tɕiŋ^{33} pho^{55} tshu^{31}	tɕi^{55} pho^{55} tshu^{31}	tɕiŋ^{31} pho^{55} tshu^{31}
1847	布朗族	pu^{55} laŋ^{31} tshu^{31}	pu^{55} la^{31} tshu^{31}	pu^{55} la^{55} tʃhu^{31}	pu^{24} lan^{31} tshu^{31}	pu^{55} laŋ^{31} tshu^{31}	pu^{55} laŋ^{31} tshu^{31}
1848	独龙族	tu^{31} loŋ^{31} tshu^{31}	tu^{31} loŋ^{31} tshu^{31}	tv^{31} lo^{31} tʃhu^{31}	thu^{31} lɔm^{31} tshu^{31}	tu^{31} lɔŋ^{31} tshu^{31}	tu^{31} lɔm^{31} tshu^{31}
1849	怒族	nu^{55} tshu^{31}	nu^{55} tshu^{31}	nv^{55} tshv^{31}	nu^{314} tʃhu^{31}	nu^{55} tshu^{31}	nu^{55} tshu^{31}
1850	佤族	wa^{33} tshu^{31}	wa^{33} tshu^{31}	wa^{31} tshv^{31}	wa^{31} tʃhu^{31}	wa^{55} tshu^{31}	wa^{31} tshu^{31}
1851	阿昌族	a^{55} tsha^{55} tshu^{31}	a^{55} tshaŋ^{55} tshu^{31}	a^{55} tʂha^{33} shv^{31}	a^{55} tsha^{55} tshu^{31}	a^{33} tshan^{55} tshu^{31}	a^{33} tsha^{33} tshu^{31}
1852	蒙古族	mu^{31} kv^{31} tshu^{31}	mu^{31} ku^{31} tshu^{31}	mɔ^{31} kv^{33} tshv^{31}	mɔŋ^{31} ku^{33} tshu^{31}	mɔŋ^{31} ku^{31} tshu^{31}	mo^{31} ku^{31} tshu^{31}
1853	托儿所	tho^{55} ɣ^{31} so^{31}	tho^{31} a^{31} so^{33}	tho^{31} a^{31} so^{33}	tho^{55} ɣɛ^{31} so^{55}	tho^{31} ar^{31} so^{33}	tho^{55} a^{33} so^{33}
1854	办公室	paŋ^{55} kɔŋ^{55} sɿ^{31}	pa^{55} kɔ^{55} sɿ^{31}	pa^{55} kɔ^{55} sɿ^{31}	pan^{24} kom^{55} sɿ^{31}	pan^{55} kɔŋ^{55} sɿ^{31}	paŋ^{55} kom^{55} sɿ^{31}
1855	政府	tseŋ^{55} fv^{31}	tse^{24} fu^{31}	tʂɛ^{55} fv^{31}	tseŋ^{314} fu^{31}	tsen^{24} fu^{33}	tseŋ^{55} fu^{31}
1856	因远镇政府	la^{31} pɣ^{31} tseŋ^{55} fv^{31} / ʑi^{55} ʑɛ^{31} tʂe^{55} tʂe^{55} fv^{31}	la^{31} pə^{31} tʂe^{55} fu^{31} / ʑi^{55} ʑɛ^{31} tʂe^{55} tʂe^{55} fu^{31}	ʑin^{55} ʑien^{31} tsen^{314}	ʑin^{55} ʑien^{31} tsen^{314}	ʑin^{33} ʑien^{31} tsen^{24}	ʑin^{33} ʑyen^{31} tseŋ^{55} fv^{31}
1857	政治	tseŋ^{55} tsɿ^{55}	tseŋ^{55} tsɿ^{55}	tʂe^{55} tʂɿ^{55}	tseŋ^{314} tsɿ^{314}	tseŋ^{24} tsɿ^{24}	tseŋ^{55} tsɿ^{55}

1858	公社	koŋ³³ sɣ⁵⁵	ko⁵⁵ sə²⁴	ko³³ sɣ⁵⁵	koŋ⁵⁵ sə³¹⁴	koŋ⁵⁵ sə²⁴	koŋ³³ sə⁵⁵
1859	大队	ta⁵⁵ tui⁵⁵	ta³¹ tui²⁴	ta⁵⁵ tui⁵⁵	ta³¹⁴ tui³¹⁴	ta²⁴ tui²⁴	ta⁵⁵ tui⁵⁵
1860	村委会	tshui⁵⁵ wui³¹ xui⁵⁵	tshui⁵⁵ wui³¹ xui²⁴	tshui⁵⁵ wui³¹ xui³¹⁴	tsui⁵⁵ wei³¹ xui²⁴	tshuɛn⁵⁵ wei³³ xui²⁴	tshuɛ⁵⁵ wui³¹ xui⁵⁵
1861	派出所	phe⁵⁵ tshu³¹ so³¹	phe²⁴ tshu³¹ so³³	phe⁵⁵ tshu³¹ so³³	phe³¹⁴ tshu³¹ so³³	phe²⁴ tshu³¹ so³³	phe⁵⁵ tshu³¹ so³¹
1862	共产党	koŋ⁵⁵ tsha³¹ ta³¹	ko²⁴ tsha³¹ ta³³	ko⁵⁵ tʂha³³ ta³¹	koŋ³¹⁴ tshan³¹ taŋ³¹	koŋ²⁴ tshan³³ taŋ³³	koŋ⁵⁵ tsha³¹ ta³¹
1863	共青团	koŋ⁵⁵ tɕhiŋ³³ thua³¹	ko²⁴ tɕhi⁵⁵ thua³¹	ko⁵⁵ tɕhi³³ thua³¹	koŋ³¹⁴ tɕhiŋ³³ thua³¹	koŋ²⁴ tɕhin⁵⁵ thua³¹	koŋ⁵⁵ tɕhiŋ³³ thua³¹
1864	人民	zɛ³¹ mi³¹	zɛ³¹ mi³¹	zɛ³¹ mi³¹	zɛ³¹ min³¹	zɛ³¹ min³¹	zɛ³¹ mi³¹
1865	工人阶级	koŋ⁵⁵ zɛ³¹ ke⁵⁵ tɕi³¹	ko⁵⁵ zɛ³¹ tɕe⁵⁵ tɕi³¹	ko⁵⁵ zɛ³¹ tɕɛ⁵⁵ tɕi³¹	koŋ⁵⁵ zɛ³¹ kɛ⁵⁵ tɕi³¹	koŋ⁵⁵ zɛn³¹ kɛ⁵⁵ tɕi³¹	kɔm²³ zɛ⁵⁵ kɛ⁵⁵ tsu³¹ ʑi³¹
1866	社会主义	sɣ⁵⁵ xui⁵⁵ tsu³¹ ʑi⁵⁵	sə⁵⁵ xui⁵⁵ tsv³¹ ʑi⁵⁵	sɣ⁵⁵ xui⁵⁵ tsv³¹ ʑi⁵⁵	sə³¹⁴ xui³¹⁴ tsu³³ ʑi³¹⁴	sə²⁴ xui²⁴ tsu³³ ʑi²⁴	sə⁵⁵ xui⁵⁵ tsu⁵⁵ ʑi⁵⁵
1867	经济	tɕiŋ³³ tɕi⁵⁵	tɕi³³ tɕi⁵⁵	tɕi³³ tsɿ⁵⁵	tɕiŋ⁵⁵ tsɿ³¹⁴	tɕin⁵⁵ tɕi²⁴	tɕiŋ³³ tɕi⁵⁵
1868	文化	vei³¹ xua⁵⁵	vei³¹ xua⁵⁵	vei³¹ xua⁵⁵	vei³¹ xua³¹⁴	vei³¹ xua²⁴	vei³¹ xua⁵⁵
1869	文化站	vei³¹ xua⁵ tsaŋ⁵⁵	vei³¹ xua⁵⁵ tsa⁵⁵	vei³¹ xua⁵⁵ tʂa³¹	vei³¹ xua³¹⁴ tsa³¹⁴	vei³¹ xua²⁴ tsan²⁴	vei³¹ xua⁵⁵ tʂaŋ⁵⁵
1870	教育	tɕo⁵⁵ zɣ³¹	tɕɔ²⁴ ʑiy³¹	tɕiɔ⁵² ʑiy³¹	tɕiɔ³¹⁴ ʑiy³¹	tɕiɔ²⁴ zu³¹	tɕiɔ⁵⁵ ʑiə³¹
1871	教育局	tɕɔ⁵⁵ zɣ³¹ tɕy³¹	tɕiɔ⁵⁵ ʑiy³¹ tɕy³¹	tɕiɔ⁵⁵ ʑiɛ³¹ tɕi³¹	tɕiɔ³¹⁴ ʑiu³¹ tɕi³¹	tɕiɔ²⁴ zu³¹ tɕi³¹	tɕiɔ⁵⁵ ʑiə³¹ tɕy³¹
1872	大学	ta²⁴ ɕo³¹	ta²⁴ ɕo³¹	ta²⁴ ɕo³¹	ta³¹⁴ ɕio³¹	ta²⁴ ɕio³¹	ta⁵⁵ ɕio³¹
1873	因远镇卫生所	la³¹ pɣ³¹ ʑi³³ ʑɛ⁵⁵	ʑi⁵⁵ ʑɛ³¹ tsɛ²⁴ wei²⁴ sɛ⁵⁵ ʑɛ²⁴	ʑi⁵⁵ ʑɛ³³ tʂɛ⁵⁵ wei⁵⁵ sɛ³³ ʑɛ²⁴	ʑin⁵⁵ ʑiɛn³¹ tsɛn³¹⁴ wei³¹⁴ sɛŋ⁵⁵ so³¹	ʑin⁵⁵ ʑiɛn³³ tsɛn²⁴ wei³¹⁴ sɛn⁵⁵ so⁵⁵	ʑin³³ ʑyen³¹ ʑi³³ ʑiɛ⁵⁵
1874	工厂	koŋ⁵⁵ tshaŋ³¹	ko⁵⁵ tsha³³	ko⁵⁵ tʂha³³	koŋ⁵⁵ tsha³³	koŋ⁵⁵ tshan³³	koŋ³³ tshaŋ³¹
1875	工业	koŋ⁵⁵ zɛ³¹	ko⁵⁵ zɛ³¹	ko⁵⁵ nie³¹	koŋ⁵⁵ ȵi³¹	koŋ⁵⁵ ȵie³¹	koŋ³³ ʑie³¹
1876	农业	noŋ³¹ zɛ³¹	nu³¹ nie³¹	no³¹ nie³¹	noŋ³¹ ni³¹	no³¹ ȵie³¹	nɔm³¹ ʑie³¹
1877	革命	kɣ³¹ mi⁵⁵	ka³¹ mi²⁴	kɣ³¹ mi⁵⁵	ka³¹ miŋ³¹⁴	ka³¹ min²⁴	ka³¹ mi⁵⁵
1878	政策	tseŋ⁵⁵ tshɣ³¹	tse²⁴ tsha³¹	tse⁵⁵ tʂhɣ³¹	tseŋ³¹⁴ tsha³¹	tseŋ²⁴ tsha³¹	tseŋ⁵⁵ tsha³¹
1879	思想	sɿ⁵⁵ ɕaŋ³¹	sɿ⁵⁵ ɕia³³	sɿ⁵⁵ ɕia³³	sɿ⁵⁵ ɕia³¹	sɿ⁵⁵ ɕian³³	sɿ³³ ɕiaŋ³¹
1880	觉悟	tɕɔ³¹ u⁵⁵	tɕio³¹ u²⁴	tɕio³¹ v⁵⁵	tɕio³¹ v³¹⁴	tɕio³¹ v²⁴	tɕio³¹ vu⁵⁵
1881	报告	pɔ⁵⁵ ko⁵⁵	pɔ²⁴ ko²⁴	pɔ⁵⁵ ko⁵⁵	pɔ³¹⁴ ko³¹⁴	pɔ²⁴ ko²⁴	pɔ⁵⁵ ko⁵⁵
1882	汇报	xui⁵⁵ pɔ⁵⁵	xui²⁴ pɔ²⁴	xui⁵⁵ pɔ⁵⁵	xui³¹⁴ pɔ³¹⁴	xui²⁴ pɔ²⁴	xui⁵⁵ pɔ⁵⁵ / fui⁵⁵ pɔ⁵⁵
1883	任务	zɣ⁵⁵ ɣ⁵⁵	zɛ³¹ u²⁴	zɛ³¹ v⁵⁵	zɛ³¹⁴ v³¹⁴	zɛn²⁴ v²⁴	zɛ⁵⁵ vu⁵⁵

1884	优点	ʑɤ⁵⁵ tie³¹	ʑu³³ ma³¹ / ʑɤ⁵⁵ tie³¹	ʑɤ⁵⁵ tie³¹	ʑiu⁵⁵ tie³¹	ʑiu⁵⁵ tie³³	xa³³ no³¹ / ʑia⁵⁵ tie³³	ʑia³³ tie³¹
1885	缺点	tshy³¹ tie³³	tɕhi³¹ tie³¹	tɕhi³¹ tie³¹	tɕhie³¹ tie³¹	tɕhie³¹ tien³³	tʂha³³ no³³ / tɕhue³¹ tie³³	tshy³³ tie³¹
1886	错误	tsho⁵⁵ v̩⁵⁵	tsho⁵⁵ v̩⁵⁵	tsho⁵⁵ v̩⁵⁵	tsho⁵⁵ y̩⁵⁵	tsho²⁴ v̩²⁴	tsho⁵⁵ y̩⁵⁵	tsho⁵⁵ vu⁵⁵
1887	态度	the⁵⁵ tu⁵⁵	the⁵⁵ tu⁵⁵	the⁵⁵ tv⁵⁵	the³¹⁴ tu³¹⁴	the²⁴ tu²⁴	the⁵⁵ tu⁵⁵	the⁵⁵ tu⁵⁵
1888	民主	mi³¹ tsu³³	mi³¹ tsu³³	mi³¹ tsv³³	min³¹ tʃu³³	mi³¹ tsu³³	mi³¹ tɕiu³³	mi³¹ tsu³³
1889	自由	tsʅ⁵⁵ ʑɤ³¹	tsʅ⁵⁵ ʑɤ³¹	tsʅ⁵⁵ ʑɤ³¹	tsʅ³¹⁴ ʑɤ³¹	tsʅ²⁴ ʑɤ³¹	tsʅ⁵⁵ ʑia³¹	tsʅ⁵⁵ ʑia³¹
1890	云南省	ʑɛ³¹ na³¹ sɛŋ³¹	ʑɛ³¹ na³¹ sɛ³³	ʑi³¹ na³¹ sɛ³³	ʑin³¹ na³¹ sɛŋ³¹	ʑin³¹ nan³¹ sɛn³¹	ʑyn³¹ na³¹ sɛ³³	ʑye³¹ na³¹ sɛŋ³¹
1891	元江县	xa³³ sa³³ / ʑɛ³¹ tɕaŋ⁵⁵ ɕɛ⁵⁵	ʑɛ³¹ tɕaŋ⁵⁵ ɕɛ²⁴	la³³ s̺o³³ / ʑɛ³¹ tɕaŋ⁵⁵ ɕɛ³³	ʑin³¹ tɕia³¹ ɕie³¹⁴	ʑie³¹ tɕian⁵⁵ ɕie⁻	ʑuɛ³¹ tɕia⁵⁵ ɕiɛ⁵⁵ / pi⁻⁵⁵ pa⁵⁵ tʂɛr³¹³	ʑie³¹ tɕaŋ³³ ɕie⁵⁵
1892	生产	sɛŋ⁵⁵ tshaŋ³³	sɛ⁵⁵ tsha³³	mo³¹ xo⁵⁵ / sɛ⁵⁵ tʂha³³	sɛŋ⁵⁵ tsha³¹	sɛn⁵⁵ tshan³³	sɛ⁵⁵ tsha³³	sɛŋ⁵⁵ tshaŋ³¹
1893	计划	tɕi⁵⁵ xua⁵⁵	tɕi²⁴ xua²⁴	tɕi⁵⁵ xua⁵⁵	tsin³¹⁴ hua³¹⁴	tɕi²⁴ xua²⁴	tɕi⁵⁵ xua⁵⁵	tɕi⁵⁵ xua⁵⁵
1894	建设	tɕɛ⁵⁵ sɤ³¹	tɕie²⁴ sɤ³¹	tɕɛ⁵⁵ sɤ³¹	tɕie³¹⁴ sɤ³¹	tɕie²⁴ sɤ³¹	tɕie⁵⁵ sɤ³¹³	tɕie⁵⁵ sɤ³¹
1895	提高	thi³¹ ko⁵⁵	thi³¹ ko⁵⁵	thi³¹ ko⁵⁵	thi³¹ ko³³	thi³¹ ko⁵⁵	thi³¹ ko⁵⁵	thi³¹ ko⁵⁵
1896	团结	thua³¹ tɕi³¹	thua³¹ tɕi³¹	thua³¹ tɕi³¹	thua³¹ tɕi³¹	thua³¹ tɕi³¹	thua³¹ tɕi³¹³	thua³¹ tɕi³¹
1897	商量	ku³³ tsa³³ / saŋ³³ liaŋ³³	sa⁵⁵ liaŋ⁵⁵	sa⁵⁵ liaŋ⁵⁵	sa⁵⁵ liaŋ⁵⁵	san⁵⁵ lian⁵⁵	saŋ⁵⁵ liaŋ⁵⁵	saŋ⁵⁵ liaŋ⁵⁵
1898	帮助	paŋ⁵⁵ tsu⁵⁵	paŋ⁵⁵ tshu²⁴	pa⁵⁵ tʃu⁵⁵	pa⁵⁵ tʃu³¹⁴	pan⁵⁵ tsu²⁴	sɛ⁵⁵ tɕi³¹	paŋ³³ tsu⁵⁵
1899	开会	khe⁵⁵ xui⁵⁵ khe³³	khe⁵⁵ xui⁵⁵	khe⁵⁵ xui⁵⁵	khe⁵⁵ xui³¹⁴	khe⁵⁵ xui³¹	khe³³ xui⁵⁵	khe⁵⁵ xui⁵⁵
1900	讨论	thoŋ³¹ lue⁵⁵	tho³³ lue²⁴	tho³¹ lua⁵⁵	tho³¹ luen³¹⁴	tho³³ luen²⁴	tho³³ lue⁵⁵	tho³¹ lue⁵⁵
1901	选举	ɕue³³ tɕy³³	ɕe³³ tɕi³³	ɕe³³ tɕi³³	ɕie³³ tʃi³³	ɕien⁵⁵ tɕi³³	ɕie³³ tɕyi³³	ɕye⁵⁵ tɕy³¹
1902	领导	tsy³¹ mo³¹ taŋ³³	li³³ to²⁴	li³³ to⁵⁵	li³³ to³¹⁴	lin³³ to³¹	li³³ to⁵⁵	liŋ³¹ tɔ⁵⁵
1903	宣传	ɕue⁵⁵ tshua³¹	ɕie⁵⁵ tshua³¹	ɕie⁵⁵ tshua³¹	ɕie⁵⁵ tshua³¹	ɕien⁵⁵ tshuan³¹	ɕye⁵⁵ tʂhuaŋ³¹³	ɕye⁵⁵ tshuɑ³¹
1904	拥护	ʑoŋ³¹ fy⁵⁵	ʑoŋ³¹ fu⁵⁵ / ʑioŋ⁵⁵ fu²⁴	ʑio⁵⁵ fv⁵⁵	ʑio⁵⁵ fu³¹⁴	ʑiom⁵⁵ fu²⁴	ʑioŋ³³ fu⁵⁵	ʑioŋ³³ fy⁵⁵
1905	表扬	pio³³ ʑaŋ³¹	pio³³ ʑaŋ³¹	pio³³ ʑaŋ³¹	pio³¹ ʑia³¹	pio³³ ʑian³¹	pio³³ ʑiaŋ³¹³	pio³³ ʑaŋ³¹
1906	解放	ke³¹ fa⁵⁵	tɕie³³ fa⁵⁵	tɕie³³ fa⁵⁵ / kɛ³¹ fa⁵⁵	kɛ³³ faŋ³¹⁴	kɛ³³ fan²⁴	kɛ²³ fa⁵⁵	kɛ³¹ fa⁵⁵
1907	胜利	ti³¹ ʑiŋ³¹	sɛŋ²⁴ li²⁴	sɛ⁵⁵ li⁵⁵ / ʑɛ³¹	sɛŋ³¹⁴ li³¹⁴	sɛn²⁴ li²⁴	sɛ⁵⁵ li⁵⁵	sɛŋ³³ li⁵⁵
1908	批评	tsho⁵⁵ pi³¹	phi⁵⁵ phi³¹	tsha⁵⁵ pi³¹	phi⁵⁵ phiŋ³¹	phi⁵⁵ phin³¹	phi⁵⁵ phi³¹³	phi⁵⁵ phiŋ³¹
1909	检查	tɕe³³ tsha³¹	tɕie³³ tsha³¹	tɕie³³ tsha³¹	tɕin⁵⁵ tsha³¹	tɕie²⁴ tsɑ³¹	tɕie³³ tʂha³¹³	tɕie³³ tsha³¹

序号	词	(1)	(2)	(3)	(4)	(5)	(6)	(7)
1910	反对	$fa^{31}tui^{55}$	$faŋ^{33}tui^{55}$	$fan^{33}tui^{24}$	$faŋ^{33}tui^{314}$	$fa^{33}tui^{55}$	$fa^{33}tui^{24}$	$fa^{31}tui^{55}$
1911	斗争	$tɤ^{55}tsɛ^{33}$	$tɤ^{55}tsɛ^{55}$	$tɤ^{24}tsɛn^{55}$	$tɤ^{314}tsɛŋ^{55}$	$tɤ^{55}tsɛ^{55}$	$tɤ^{24}tsɛ^{55}$	$tɤ^{55}tsɛ^{55}$
1912	立刻	$ma^{31}saŋ^{55}$	$li^{31}khə^{313}$	$li^{33}khə^{24}$	$li^{31}khə^{31}$	$mi^{33}khɛ^{33}$	$ka^{31}tɕi^{33}$	$na^{33}xo^{55}khɛ^{33}$
1913	更好	$keŋ^{55}xɔ^{31}$	$kɛ^{55}xɔ^{33}$	$ken^{24}xɔ^{33}$	$tsi^{33}mai^{33}/keŋ^{314}xɔ^{3}$	$zɑ^{55}mɤ^{31}tsɛ^{31}$	$a^{55}mɑ^{31}tsɛ^{31}$	$ɣa^{55}mu^{31}$
1914	都去	$tu^{55}kho^{55}$	$sɿ^{31}ȵiɛɾ^{313}$	$ma^{55}kho^{24}$	$ma^{55}zi^{55}$	$zi^{55}tʂo^{31}mɛ^{55}$	me^{55}	$mɛ^{55}zi^{55}$
1915	开头	$khɛ^{55}thɛ^{31}$	$khɛ^{55}thɛ^{31}$	$khɛ^{55}thɛ^{31}$	$khɛ^{55}thɛ^{31}$	$tɕhɤ^{33}phe^{33}$	$zu^{33}pɛ^{33}$	$zo^{33}pɛ^{33}$
1916	一定	$zɿ^{31}tiŋ^{55}$	$zɿ^{31}tiŋ^{55}$	$zɿ^{31}tin^{24}$	$zɿ^{31}tiŋ^{314}$	$i^{55}mi^{55}$	$xa^{55}nɛ^{33}$	$xa^{55}mɛ^{55}fv^{33}$
1917	另外	$liŋ^{55}wue^{55}$	$ko^{33}lɔ^{33}$	$lin^{24}wue^{24}$	$liŋ^{314}we^{314}$	$pa^{31}tsɛ^{55}$	$pa^{31}ɣa^{55}po^{33}$	$pa^{31}ɣa^{55}xa^{55}$
1918	仍旧	$tsɔ^{55}ʑiaŋ^{55}$	$po^{31}taŋ^{21}lai^{55}ɕi^{33}/faŋ^{55}nɔ^{31}$	$tsɔ^{55}ʑian^{24}$	$tsɔ^{55}ʑiaŋ^{55}$	—	$xa^{31}fu^{33}ʑi^{31}$	$xa^{31}fv^{33}ʑi^{33}$
1919	恰巧	$tɕhia\ xɔ^{31}$	$tɕhia^{31}tɕhia^{31}tu^{55}/tɕiɛɾ^{33}po^{31}$	$tɕhia^{31}tɕhio^{33}$	$tɕhia^{31}tɕhia^{31}$	$tɕhia^{31}tɕhia^{31}$	$za^{55}pha^{31}nɛ^{33}$	$phu^{31}thɑ^{31}lɛ^{33}$
1920	可以	$kho^{33}ʑi^{33}$	$kho^{33}ʑi^{33}mai^{31}ni^{33}/lɔ^{33}$	$kho^{33}ʑi^{33}$	$kho^{33}ʑi^{33}$	$kho^{33}ʑi^{33}$	$ma^{31}pə^{31}$	$ma^{31}pɣ^{31}$
1921	大约	$ta^{55}ʑio^{31}$	$ta^{55}khɛ^{55}$	$ta^{24}ʑio^{31}$	$ta^{314}khə^{314}$	$ta^{55}khɛ^{55}$	$ta^{55}khɛ^{55}$	$ta^{55}khɛ^{55}$
1922	而且	$ə^{31}tɕhi^{33}$	$tsi^{33}sɛ^{55}$	$ɛ^{31}tɕhiɛ^{33}$	—	—	$ma^{31}tɕhi$	$ə^{31}tɕhi^{33}$
1923	即使	$tɕi^{55}sɿ^{31}$	$si^{55}si^{31}$	$tɕi^{24}sɿ^{33}$	—	—	$tɕi^{31}sɿ^{33}$	$tɕi^{55}sɿ^{31}$
1924	不过	$pu^{31}kɔ^{24+55}$	$pi^{31}kɔ^{31}$	$pu^{31}kɔ^{24}$	$pu^{31}kɔ^{314}$	—	$pu^{31}kɔ^{24}$	$pu^{31}kɔ^{24+55}$
1925	实在	$sɿ^{31}tsɛ^{24+55}$	$si^{31}tsɛ^{313}$	$sɿ^{31}tsɛ^{24}$	$ke^{55}ma^{33}$	—	$a^{31}ti^{55}mɛ^{55}$	$sɿ^{31}tsɛ^{24+55}$
1926	究竟	$tɕie^{55}tɕin^{55}$	$tɕie^{55}tɕi^{55}$	$tɕie^{24}tɕin^{24}$	$tsɛŋ^{55}tsɛŋ^{55}$	—	$tsɛ^{33}nɛ^{33}/tɔ^{55}ti^{33}$	$tɕie^{55}tɕin^{55}$
1927	越…越…	$zɤe^{31}zɤe^{31}$	$zi^{31}lə^{33}ɣə^{313}zi^{31}lə^{33}$	$zi^{31}fai^{55}zi^{31}fa^{55}$	$zi^{33}tsɛ^{33}zi^{33}tsɔ^{33}$	$zɑ^{55}mu^{31}thɑ^{33}zɑ^{55}$	$ŋɛ^{31}ŋɛ^{55}ɛ^{55}$	$ŋɛ^{31}ɔ^{55}ŋɛ^{21}ɛ^{55}$
1928	又…又…	$zie^{55}kɔ^{33}ʑie^{55}ta^{55}$	$se^{55}/ʑio^{55}$	$ʑie^{24}ʑio^{24}$	$ʑie^{31}ʑie^{31}$	$zɣ^{55}zɣ^{55}$	$ŋɛ^{31}ŋɛ^{24}ɛ^{55}$	$ŋɛ^{31}ɔ^{55}ŋɛ^{24}ɛ^{55}$
1929	不	pu^{31}/pu^{55}	pi^{31}	pu^{55}	ma^{31}	$mɑ^{31}$	ma^{31}	ma^{31}
1930	别（去）	$pa^{31}khə^{55}$	$pa^{33}ȵiɛɾ^{313}$	$pai^{24}/pie^{31}khə^{24}$	$thə^{55}zie^{55}$	$thɑ^{31}ʑi^{55}$	$tha^{31}/xa^{31}zi^{55}$	$tha^{31}/xa^{31}zi^{55}$
1931	还（要）	xa^{31}	$sɛ^{55}$	$xɛ^{31}$	$sə^{31}$	si^{31}	$ɕi^{31}$	$sɿ^{31}$
1932	和	$xə^{31}$	$ni^{55}/sɛ^{55}$	$xə^{31}/tshan^{55}$	xe^{33}	$khɛ^{33}nɛ^{33}$	$khɛ^{33}/xɔ^{31}$	$ɕɣ^{33}$
1933	一样	$zɿ^{31}ʑiaŋ^{55}$	$a^{31}ʑio^{31}/sa^{55}tsɔ^{33}$	$zi^{31}ʑian^{24}$	$thə^{31}ʑiaŋ^{314}$	$tɕhi^{31}ʑa^{55}$	$tɕhi^{31}sə^{55}$	$thi^{31}ɕu^{55}$

1934	一起	thi³¹ka⁵⁵	tɕhi³¹ka⁵⁵	tɕhi³¹ka⁵⁵	ʑi⁵⁵tɕhi³¹	ʑi⁵⁵tɕhi³¹	a³¹tsɛ³¹³	ʑi⁵⁵tɕhi³¹
1935	一共	ʑi⁵⁵tsɔŋ³¹mɛ⁵⁵	ʑi⁵⁵tso³¹	ʑi⁵⁵tso³¹	i⁵⁵tso³¹ma³¹tsha³¹	ʑi³¹kom²⁴	tsa⁵⁵ko³¹	ʑi³¹kom⁵⁵
1936	或者	xo⁵⁵tsɤ³¹	tsu³¹ŋə⁵⁵/ma⁵⁵sl³¹	tsu³¹ŋə⁵⁵ɣ³³	xo³¹tsə³¹	xo²⁴tsə³³	ʑiə³³ə³³lɔ³³	xo⁵⁵tsə³¹
1937	如果	lɔ⁵⁵	nɔ⁵⁵/ʑu³¹ko³³	ka³³lɔ³³	—	zu³¹ko³³	zu³¹ko³³	zu³¹ko³¹
1938	因为	ʑin³³wei⁵⁵	ʑin³³wei²⁴	ʑi⁵⁵mi⁵⁵khe³³	ʑin⁵⁵wei³¹⁴	ʑin⁵⁵wei²⁴	ʑin³³wui⁵⁵	ʑin³³wei⁵⁵
1939	所以	so³³ʑi³¹	so³³ʑi³³	so³³ʑi³³	so³³ʑi³³	so³³ʑi³³	so³¹ʑi³³	so³¹ʑi³¹
1940	虽然	sui³³za³¹	sui⁵⁵ʑa³¹	—	—	sui⁵⁵zan³¹	—	sui³³za³¹
1941	但是	taŋ⁵⁵sl⁵⁵	ta²⁴sl²⁴	ta⁵⁵sl⁵⁵	tan³¹sl³¹⁴	tan²⁴sl²⁴	ta⁵⁵sl⁵⁵	taŋ⁵⁵sl⁵⁵
1942	否则	fə³¹tsə³¹	fə³³tsə³¹	fə³³tsə³¹	ma³¹mɛ⁵⁵	fə³³tsə³¹	—	fə³¹tsə³¹
1943	化肥	xua⁵⁵fei³¹	xua²⁴xui³¹/tsɛ³¹khə³¹	tsɛ³¹khɯ³¹/xua⁵⁵fei³¹	xua³¹⁴fei³¹	xua²⁴fei³¹	xua⁵⁵xui³¹	xuɑ⁵⁵fei³¹
1944	复合肥	fu³¹xo³¹fei³¹	fu³¹xo³¹fei³¹	fvɤ³¹xo³¹fei³¹	fu³¹xo³¹fi³¹	fu³¹xo³¹fei³¹	fu³¹xo³¹xui³¹³	fu³¹xo³¹fei³¹
1945	甲胺磷	tɕa³¹ɣaŋ⁵⁵liŋ³¹	tɕia³¹a⁵⁵li³¹	tɕia³¹ɣaŋ⁵⁵li³¹	tɕia³¹⁴lin³¹	tɕia³¹ɣan⁵⁵lin³¹	tɕia³¹ɣa⁵⁵li³¹³	tɕia³¹ɣaŋ⁵⁵liŋ³¹
1946	敌杀死	ti³¹sa³¹sl³¹	ti³¹sa³sl³³	ti³¹sa³¹sl³³	ti³¹sa³¹sl³³	ti³¹sa³¹sl²⁴	ti³¹sa³¹sl³³	ti³¹sa³¹sl³¹
1947	敌敌畏颗粒剂	ti³¹tu³¹kho⁵⁵li³¹tɕi⁵⁵	ti³¹tu³³khe⁵⁵li³¹tɕi²⁴	ti³¹tv³¹kho⁵⁵li³¹tɕi⁵⁵	ti³¹tu³¹kho⁵⁵li³¹tɕi²⁴	ti³¹tu³¹kho⁵⁵li³¹tɕi³¹⁴	ti³¹tu³¹kho⁵⁵li³¹tɕi²⁴	ti³¹tu³¹kho⁵⁵li³¹tɕi⁵⁵
1948	尿素	sui⁵⁵su⁵⁵	sy⁵⁵su²⁴	sui⁵⁵su⁵⁵	sui⁵⁵su³¹⁴	sui⁵⁵su²⁴	sui⁵⁵su	sui⁵⁵su⁵⁵
1949	普钙	phu³³ke⁵⁵	phu³³ke²⁴	phu³³ke⁵⁵	phu³³ke³¹⁴	phu³³ke²⁴	phu³³ke⁵⁵	phu³³ke⁵⁵
1950	碳氨	tha⁵⁵ɣa³³	ta²⁴a⁵⁵	ta⁵⁵ɣa³³	tha⁵⁵an³³	than²⁴ɣan⁵⁵	tha⁵⁵ɣa⁵⁵	tha⁵⁵ɣa³³
1951	烟叶站	zɛ⁵⁵ʑi³¹tsaŋ⁵⁵	zɛ⁵⁵ʑi³¹tsaŋ²⁴	zɛ⁵⁵ʑi³¹tʂa⁵⁵	zɛ⁵⁵ʑie³¹tsa³¹⁴	zɛ⁵⁵ʑi³¹tsan²⁴	zɛ⁵⁵ʑi³¹tsa⁵⁵	zɛ⁵⁵ʑi³¹tsaŋ⁵⁵
1952	信用社	ɕiŋ²⁴zɔŋ⁵⁵sɤ⁵⁵	ɕi²⁴zɔ³³sɤ²⁴	ɕi⁵⁵zɔ³³sɤ⁵⁵	ɕi⁵⁵ziɔŋ³¹⁴sə³¹⁴	ɕin²⁴ziɔm²⁴sə²⁴	ɕin⁵⁵ziɔŋ⁵⁵sə⁵⁵	ɕin⁵⁵zɔm⁵⁵sə⁵⁵
1953	旅社	li³¹sɤ⁵⁵	li³¹sɤ²⁴	li³³sɤ⁵⁵	li³³sə³¹⁴	li³³sə²⁴	li³³ʂə⁵⁵	li³¹sə⁵⁵
1954	计生站	tɕi²⁴seŋ⁵⁵tsaŋ²⁴	tɕi²⁴seŋ⁵⁵tsa²⁴	tɕi⁵⁵se⁵⁵tʂa⁵⁵	tɕi⁵⁵se⁵⁵pa³¹⁴	tɕi⁵⁵sen⁵⁵tsan²⁴	tɕi⁵⁵se³³tsa⁵⁵	tɕi⁵⁵seŋ³³tsaŋ⁵⁵
1955	曾医站	sɤ⁵⁵ʑi³³tsaŋ⁵⁵	sɤ²⁴ʑi⁵⁵tsa²⁴	sɤ⁵⁵ʑi⁵⁵tʂa⁵⁵	sɤ³¹⁴ʑi⁵⁵tsan³¹	sɤ²⁴ʑi⁵⁵tsan²⁴	sɤ⁵⁵ʑi³³tsa⁵⁵	sɤ⁵⁵ʑi³³tsaŋ⁵⁵
1956	水管站	sui³³kuaŋ³³tshaŋ⁵⁵	sui³³kua³³tsa²⁴	sui³³kua³³ʂa⁵⁵	sui³³kua³³tsan³¹⁴	sui³³kuan³³tsan²⁴	sui³³kuan³³tsa⁵⁵	sui³³kuɑŋ³³tshɑŋ⁵⁵
1957	因远中学	la³¹pɣ³¹tsoŋ⁵⁵sɣ⁵⁵	zi⁵⁵zɛ³¹tsɔ⁵⁵ɕio³¹	zi⁵⁵zɛ³³tsɔ⁵⁵ɕio³¹	zin⁵⁵ʑiɛn³¹tsɔŋ⁵⁵ɕio³¹	zin⁵⁵ziɛn³¹tsɔm⁵⁵ɕio³¹	zi³³zin³¹tsɔm³³ɕio³¹	zi³³zin³¹tsɔm³³ɕo³¹
1958	因远小学	la³¹pɣ³¹ɕo³³ɕo³¹	zi⁵⁵zɛ³³ɕiɔ³¹ɕo³¹	zi⁵⁵zɛ³³ɕiɔ³¹ɕo³¹	zin⁵⁵ʑiɛn³¹ɕiɔ³¹xo³¹	zin⁵⁵ziɛn³¹ɕiɔ³¹ɕio³¹	zi³³zin³¹ɕiɔ³³ɕio³¹	zi³³zin³¹ɕɔ³³ɕio³¹
1959	汽车站	tshɣ³³tsaŋ⁵⁵	tɕhi³¹tshə⁵⁵tʂa⁵⁵	tɕhi⁵⁵shɣ³³tʂa⁵⁵	tɕhi³¹⁴tshə⁵⁵tsan³¹⁴	tɕhi²⁴tshə⁵⁵tsan²⁴	tɕhi⁵⁵tshə³³tsa⁵⁵	tshə³³tsaŋ⁵⁵

序号	词	1	2	3	4	5	6	7
1960	汽车	tɕhi⁵⁵ tshɤ³³	tɕhi³¹ tshɤ⁵⁵	tɕhi⁵⁵ tshɤ³³	tɕhi³¹⁴ tshɤ⁵⁵	tɕhi²⁴ tsha⁵⁵	tɕhi⁵⁵ tʂha³³	tɕhi⁵⁵ tʂha³³
1961	农贸市场	noŋ³¹ mu⁵⁵ sĺ⁵⁵ tsha³¹	nu³¹ mo²⁴ sĺ²⁴ tsha³¹	nɔ³¹ mo⁵⁵ sĺ⁵⁵ tʂha³¹	nɔ³¹ mo³¹⁴ sĺ³¹⁴ tsha³¹	nɔ³¹ mo³¹ sĺ²⁴ tshan³³	nɔ³¹ mo⁵⁵ ʂĺ⁵⁵ tʂha³¹	nɔŋ³¹ mo⁵⁵ sĺ⁵⁵ tsha³¹
1962	厕所	ɛ³¹khi³¹ pɛ³³ zoŋ⁵⁵	tsha³¹ so³³	a³¹ tɕhi³¹ tɕhi³¹ tu³¹ / tshɤ³¹ so³¹	tsha³¹ so³¹	tsha³¹ so³³ / mɔ³¹ sĺ	tɕhi⁵⁵ toŋ³¹ / tshɤ³¹ so³¹	tsha³¹ so³¹ *
1963	晓梅餐厅	ɕiɔ³³ mei³¹ tsha⁵⁵ thiŋ⁵⁵	ɕiɔ³³ mei³¹ tsha⁵⁵ thi⁵⁵	ɕiɔ³³ mei³¹ fa⁵⁵ tie⁵⁵	ɕiɔ³³ ma³¹ tshan³¹ thi⁵⁵	ɕiɔ³³ mei³¹ tshan⁵⁵ thin²⁴	ɕiɔ³³ me³¹³ tsha⁵⁵ thi⁵⁵	ɕiɔ³³ mei³¹ tsha³³ thiŋ⁵⁵
1964	供销社	kɔŋ³³ ɕiɔ³³ sɤ⁵⁵	kɔ⁵⁵ ɕiɔ³³ sɤ²⁴	kɔ⁵⁵ ɕiɔ³³ sɤ⁵⁵	kɔ⁵⁵ ɕiɔ³³ sɤ³¹⁴	kɔm⁵⁵ ɕiɔ⁵⁵ sɤ²⁴	kɔ³³ ɕiɔ³³ sɤ⁵⁵	kɔm³³ ɕiɔ³³ sə⁵⁵
1965	三甲街	la³¹ pɤ³¹ kɛ⁵⁵ tsĺ³³	sa⁵⁵ tɕia³¹ kɛ⁵⁵	sa⁵⁵ tɕa³¹ kɛ⁵⁵	san⁵⁵ tɕia³¹ tɕhi³¹⁴	san⁵⁵ tɕia³¹ kɛ⁵⁵	the³³ ŋə³¹ kɛ⁵⁵	sa³³ tɕia³¹ kɛ⁵⁵
1966	单车	ta³³ tshɤ³³	ta⁵⁵ tshɤ⁵⁵	ta⁵⁵ tshɤ⁵⁵	ta⁵⁵ tshɤ⁵⁵	tan⁵⁵ tsha⁵⁵	ta³³ tʂha³³	ta³³ tsha³³
1967	铃子	liŋ³¹ taŋ⁵⁵	li³¹ taŋ⁵⁵	tɛ⁵⁵ le⁵⁵ / lĺ³¹ ta⁵⁵	li³¹ tsĺ³³	lin³¹ tan⁵⁵	ti⁵⁵ li⁵⁵	lie³¹ taŋ⁵⁵
1968	电视机	tie⁵⁵ sĺ³³ tɕi⁵⁵	tie⁵⁵ sĺ³¹ tɕi⁵⁵	tie⁵⁵ sĺ⁵⁵ ɕi³³	tie³¹⁴ sĺ³¹⁴ tɕi⁵⁵	tiɛn²⁴ sĺ²⁴ tɕi⁵⁵	tie⁵⁵ sĺ⁵⁵ tɕi⁵⁵	tie⁵⁵ sĺ⁵⁵ tɕi³³
1969	缝纫机	foŋ³¹ zɛ³³ tɕi⁵⁵	foŋ³¹ ʑi⁵⁵ tɕi⁵⁵	fɔ³¹ ʑi⁵⁵ tɕi⁵⁵	foŋ³¹ ʑi⁵⁵ tɕi⁵⁵	fɔ³¹ lɛn⁵⁵ tɕi⁵⁵	xɔ³¹ zɛ³³ tɕi⁵⁵	fɔn³³ zɛ³³ tɕi³³
1970	电影	tie⁵⁵ ʑiŋ³¹	tie²⁴ ʑi³¹	tie⁵⁵ ʑiŋ³³	tie³¹⁴ ʑiŋ³¹	tiɛn²⁴ ʑin³³	tie⁵⁵ ʑiŋ³¹	tie⁵⁵ ʑiŋ³¹
1971	电灯	tie⁵⁵ tɛŋ³³	tie⁵⁵ tɛ⁵⁵	tie⁵⁵ tɛŋ³³	tie⁵⁵ tɛŋ³³	tiɛn²⁴ tɛn⁵⁵	tie⁵⁵ tɛ³³	tie⁵⁵ tɛŋ³³
1972	电话	tie⁵⁵ xua⁵⁵	tie²⁴ xua²⁴	tie⁵⁵ xua⁵⁵	tie³¹⁴ xua³¹⁴	tiɛn²⁴ xuɑ²⁴	tie⁵⁵ xua⁵⁵	tie⁵⁵ xuɑ⁵⁵
1973	手机	sɤ³¹ tɕi⁵⁵	sɤ³¹ tɕi⁵⁵	sɤ³¹ tɕi⁵⁵	sɤ³³ tɕi⁵⁵	sɤ³³ tɕi⁵⁵	ʂɤ³³ tɕi⁵⁵	sɤ³¹ tɕi⁵⁵
1974	拖拉机	tho⁵⁵ la⁵⁵ tɕi⁵⁵	tho⁵⁵ la⁵⁵ tɕi⁵⁵	tho⁵⁵ la⁵⁵ tɕi⁵⁵	to⁵⁵ la⁵⁵ tɕi⁵⁵	tho⁵⁵ la⁵⁵ tɕi⁵⁵	tho⁵⁵ la³³ tɕi⁵⁵	tho³³ la³³ tɕi³¹
1975	摩托车	mo³¹ tho³¹ tshɤ⁵⁵	mo³¹ tho³¹ tshɤ⁵⁵	mo³¹ tho³¹ tʂhɤ⁵⁵	mo³¹ tho³¹	mo³¹ tho³¹ tsha⁵⁵	mo³¹ to³¹ tʂhɤ⁵⁵	mo³¹ tho³¹ tsha⁵⁵
1976	冰箱	piŋ³³ ɕaŋ³³	piŋ⁵⁵ ɕaŋ⁵⁵	piŋ⁵⁵ ɕaŋ⁵⁵	piŋ⁵⁵ ɕaŋ⁵⁵	pin⁵⁵ ɕian⁵⁵	pi⁵⁵ ɕian³³	pi³³ ɕian³³
1977	电炉	tie⁵⁵ lu³¹	tie²⁴ lu³¹	tie⁵⁵ lv³¹	tie³¹⁴ lu³¹	tiɛn²⁴ lu³¹	tie⁵⁵ lu³¹	tie⁵⁵ lu³¹
1978	电饭锅	tie⁵⁵ fa⁵⁵ ko³³	tie²⁴ fa²⁴ ko⁵⁵	tie⁵⁵ fa⁵⁵ ko³³	tie³¹⁴ fan³¹⁴ ko⁵⁵	tiɛn²⁴ fan²⁴ ko⁵⁵	tie⁵⁵ faŋ⁵⁵ ko⁵⁵	tie⁵⁵ fa⁵⁵ ko³³
1979	电视接收器	ko⁵⁵ kɛ⁵⁵	ko⁵⁵ kɛ²⁴	ko³³ kɛ⁵⁵	tɕhi³¹⁴ sɤ⁵⁵ tɕhi³¹⁴	tiɛn²⁴ sĺ²⁴ ko⁵ kɛ²⁴	ko⁵⁵ kɛ⁵⁵	ko⁵⁵ kɛ⁵⁵
1980	VCD	wei⁵⁵ ɕi⁵⁵ ti⁵⁵	vei⁵⁵ ɕi⁵⁵ ti⁵⁵	wei⁵⁵ ɕi⁵⁵ ti⁵⁵	vei⁵⁵ se⁵⁵ ti⁵⁵	wei⁵⁵ ɕi⁵⁵ ti⁵⁵	we⁵⁵ sĺ⁵⁵ ti⁵⁵	wei³³ ɕi³³ ti³³
1981	变电站	pie⁵⁵ tie⁵⁵ tsaŋ⁵⁵	pie⁵⁵ tie⁵⁵ tsa⁵⁵	pie⁵⁵ tie⁵⁵ tsa⁵⁵	pie³¹⁴ tie²⁴ tsan³¹⁴	piɛn²⁴ tiɛn²⁴ tsan⁵⁵	pie⁵⁵ tie⁵⁵ tsa⁵⁵	pie⁵⁵ tie⁵⁵ tsaŋ⁵⁵
1982	变压器	pie⁵⁵ ʑa³¹ tɕhi⁵⁵	pie⁵⁵ ʑa³¹ tɕhi⁵⁵	pie⁵⁵ ʑa³¹ tɕhi⁵⁵	pie³¹⁴ ʑa³¹ tɕhi³¹⁴	piɛn²⁴ ʑia³¹ tɕhi²⁴	pie⁵⁵ ʑa³¹ tɕhi⁵⁵	pie⁵⁵ ʑa³¹ tɕhi⁵⁵
1983	电费	tie⁵⁵ fei⁵⁵	tie⁵⁵ fei⁵⁵	tie⁵⁵ fei⁵⁵	tie³¹⁴ fei³¹⁴	tiɛn²⁴ fei²⁴	tie⁵⁵ xui⁵⁵	tie⁵⁵ fei⁵⁵
1984	碾米机	nie³³ mi³³ tɕi⁵⁵	nie³³ mi³³ tɕi⁵⁵	nie³³ mi³³ tɕi⁵⁵	nie³³ mi³³ tɕi⁵⁵	nia³³ mi³³ tɕi⁵⁵	nie³³ mi³³ tɕi⁵⁵	nie³³ mi³³ tɕi³³
1985	粉碎机	fɛ³¹ sui⁵⁵ tɕi³³	feŋ³³ sui⁵⁵ tɕi³³	fei³³ sui⁵⁵ tɕi³³	tɕi³³ sui³¹⁴ tɕi⁵⁵	fɛn³³ sui²⁴ tɕi⁵⁵	fɛ³¹ sui⁵⁵ tɕi⁵⁵	fɛ³¹ sui⁵⁵ tɕi³³

1986	磨面机	mo^{55} mie^{55} tɕi^{33}	mo^{33} mie^{33} tɕi^{33}	mo^{55} mie^{55} tɕi^{33}	mo^{314} mian^{314} tɕi^{55}	mo^{24} miɛn^{24} tɕi^{55}	mo^{33} mie^{33} tɕi^{55}	mo^{55} miɛ^{55} tɕi^{33}
1987	热水瓶	tha^{55} fv^{31}	tha^{55} fu^{31}	tha^{55} xv^{31}	zə^{31} sui^{33} piŋ^{31}	zə^{31} sui^{33} phin^{31}	ta^{55} fu^{31}	tha^{55} fv^{31}
1988	热水器	zɤ^{31} sui^{31} tɕhi^{55}	zə^{31} sui^{31} tɕhi^{55}	zɤ^{31} sui^{31} tɕhi^{55}	zə^{31} sui^{33} tɕhi^{314}	zə^{31} sui^{33} tɕhi^{24}	zə^{31} sui^{33} tɕhi^{55}	zə^{31} sui^{33} tɕhi^{55}
1989	铝盆	ly^{33} phe^{31}	lui^{31} phe^{31}	lui^{33} phe^{31}	lui^{33} pheŋ^{31}	lui^{33} phen^{31}	lui^{33} paŋ^{313}	lui^{33} phe^{31}
1990	洗衣粉	ɕi^{33} ʐi^{55} fei^{31}	ɕi^{33} ʐi^{55} fei^{31}	ɕi^{33} ʐi^{55} fei^{33}	ɕi^{33} ʐi^{55} fei^{31}	ɕi^{33} ʐi^{55} fen^{33}	ɕi^{33} ʐi^{55} fe^{33}	ɕi^{33} ʐi^{55} fe^{31}
1991	豆腐	tɤ^{24} fu^{33}	tə^{24} fu^{33}	tɤ^{55} fv^{31}	tə^{55} fu^{31}	tha^{24} fu^{33}	tə^{31} fu^{33}	tə^{31} xu^{33}
1992	网络	va^{31} pa^{33}	wa^{31} pa^{33}	va^{33} pa^{55}	va^{31} pha^{33}	va^{33} lo^{31}	wa^{33} lo^{31}	va^{31} pa^{33}
1993	开会	khe^{55} xui^{55} khe^{33}	khe^{33} xui^{55} khe^{33}	khe^{55} xui^{55} khe^{33}	khe^{55} xui^{314}	khe^{55} xui^{24}	khe^{33} xui^{55}	khe^{55} xui^{55} khe^{33}
1994	唱歌	tsha^{55} ko^{33} tsha^{55}	tsha^{55} ko^{55} tsha^{55}	tʂha^{55} ko^{55} tsha^{55}	tsha^{55} ko^{33} tsha^{55}	tshan^{24} ko^{55}	tʂha^{55} ko^{33}	tsha^{55} ko^{33} tsha^{55}
1995	跳舞	thio^{55} ɣ^{33} thio^{55}	thio^{55} u^{31} thio^{55}	thio^{55} v^{31} thio^{55}	thio^{55} v^{33} thio^{55} khe^{31}	thio^{24} v^{33}	thio^{55} ɣ^{31}	thio^{55,33} thio^{55}
1996	电焊	tie^{55} xaŋ^{55} xaŋ^{55}	tie^{55} xaŋ^{55} xaŋ^{55}	tie^{55} xa^{55} xa^{55}	tie^{55} xaŋ^{314}	tiɛn^{24} xan^{24}	tie^{55} xaŋ^{55}	tie^{55} xaŋ^{55}
1997	照相	tsɔ^{33} ɕa^{55} tsɔ^{55}	ɕia^{55} phie^{55} tsɔ^{55}	ɕia^{55} phie^{55} tsɔ^{55}	tsɔ^{24} ɕian^{24}	tsɔ^{24} ɕian^{24}	tsɔ^{55} ɕiaŋ^{55}	tsɔ^{55} tsɔ^{55}

四　调查日志

2008 年 2 月 17 日

　　白碧波、许鲜明自驾车到调查点因远镇政府,联络开展语言使用情况调查事宜。当天,我们受到了因远镇党委书记周龙武、镇长李茂林、副镇长张颖仙、宣传干事李红保等同志的热情接待。因远镇政府和镇党委为调查工作提供了大量的帮助。

2008 年 3 月 5 日

　　课题组成员白碧波、许鲜明、杨艳中午 12:25 自驾车从玉溪出发,下午 15:30 到达元江县城,与白居舟会合前往调查点因远镇。

　　下午 17:15,课题组抵达因远镇,镇长李茂林安排副镇长张颖仙和宣传干事李红保协助课题组开展调查工作。安排好食宿后,镇长李茂林向课题组介绍了因远镇的概况,并在晓梅餐厅设宴招待课题组。

　　晚餐后,课题组成员与镇长一同驱车到奔干村看望当地白族民间艺人——刻石匠李祖和先生。李先生家坐落在因远通往红河的公路边,是典型的白族民居建筑。课题组成员参观了李家的碑刻作坊,看到了一幅幅绿蛋石碑刻,书法精湛、图案精美,充分展现了李先生娴熟的雕刻技艺。听李先生说这些手艺都是他自学的,大家不由得对这位聪慧朴实的白族艺人肃然起敬。李先生的白语、哈尼语和汉语都很熟练,可以自如地交替使用。

2008 年 3 月 6 日

　　上午,李红保同志陪同课题组成员前往因远镇中心小学办公室,找到张校长。张校长亲自带我们找到管理档案的白忠老师,借出全镇 63 个村寨的《2007 年文化户口册》。接下来,许鲜明、杨艳、白居舟开始着手录入各村寨文化户口册的信息。同时,白碧波与乌龙村发音合作人宗福斗记录因远哈尼族白宏支系 2000 词汇。大家工作到凌晨 2:15 才休息。

2008 年 3 月 7 日

　　白碧波继续与宗福斗记录 2000 词汇,其他成员继续录入文化户口册资料,下午 15:25,玉溪师院外语学院大三学生黄海霞和黄金涛赶到因远,加入文化户口册录入工作,直到晚上 23:15 才休息。

2008年3月8日

　　白碧波与乌龙村村长王忠茂、村民宗福斗记录白宏方言2000词汇。许鲜明、杨艳、白居舟、黄海霞和黄金涛继续录入文化户口册资料。虽然是"三八"节,但大家从早忙到晚,直到深夜23:50。

2008年3月9日

　　午后13:00,许鲜明、杨艳、黄海霞和黄金涛带上未录入的30本文化户口册返回玉溪师院上课。许鲜明安排课题组成员季红丽、陈勰、杨琼英、肖黎等分头录入。同时,许鲜明还从上课的班级中挑选出了一些文字处理熟练的学生,进行培训,并请他们帮忙录入材料,至12日,全体成员完成文化户口册的录入工作。白碧波留在因远与王忠茂记音,白居舟继续录入资料,当天工作至深夜0:15。

2008年3月10日

　　白碧波、白居舟继续留在因远工作。许鲜明、杨艳返回玉溪上课。课题组其他成员:季红丽、陈勰、杨琼英、肖黎及10多位学生在学校录入并核对文化户口册数据。杨艳将核对过的文化户口册数据导入数据库。

2008年3月11日

　　白居舟上午准备访谈材料,下午和王忠茂一起校对白碧波记录的白宏方言音系词汇,一直工作至次日3:30。

　　许鲜明等继续在玉溪师院核对文化户口册数据,杨艳将核对过的文化户口册数据导入数据库。

2008年3月12日

　　白碧波整理白宏方言音系,白居舟午饭后到镇人大主席办公室拍元江县地图、因远镇地图,在《因远镇四十年统计年鉴》一书中找到了因远镇行政区划地图。

　　下午16:35,许鲜明和杨艳从玉溪返回因远镇继续调查工作,并带回了已经录入好的30本文化户口册、《墨江县志》、打印机等。

　　晚饭后许鲜明驾车前往安仁村,考察了白族古老村寨的面貌,拜访了原安仁村民小组长李江。与村中古井边闲坐的一些白族妇女聊了村子里的语言使用情况。安仁村是古老而悠久的因远白族八甲之一,坐落在富饶碧绿的因远坝松林山脚下,周围都是良田肥地,好似陶渊明笔下的世外桃源。

　　从安仁村回来,大家集中在因远镇工会活动室——镇政府为本课题组提供的临时办公场所,继续整理材料。晚上,白碧波与因远镇政府食堂炊事员白族妇女张桂仙记录安定白语词汇,并约定每天晚饭后继续记音,直至完成 2000 词的记音。

许鲜明按事先拟定的调查提纲,分配调查任务。根据文化户口册提供的信息,选出调查点,着手入户调查工作。一获得数据,就立刻建立数据库,筛选所需数据,一直工作到凌晨 2:15。

2008 年 3 月 13 日

适逢因远赶集天。白碧波、许鲜明、杨艳、白居舟到农贸市场分头进行问卷和非正式访谈。根据反馈信息不断调整调查计划。晚饭后白碧波与张桂仙继续记录安定白语词汇。许鲜明、杨艳、白居舟到红安进行入户调查,直到 23:57 才返回住地。

2008 年 3 月 14 日

上午,白碧波继续分析整理所记词汇。下午,与因远村龙彬记录汉语方言 2000 词汇。

许鲜明和杨艳到因远中心小学了解民族学生学习汉语、使用本民族语言的情况。

晚饭后,白碧波驾车,与杨艳、白居舟一起到安定白族村张桂仙家,进行语言态度问卷调查。张桂仙告诉我们说,哥哥张余增在东北当兵后安家落户至今已 20 多年,每次从东北打来电话都讲白语,只有讲母语,才有浓浓的亲情。

在安定,我们还采访了德高望重的白族离休教师李翔钧老人一家。李老师早年在安定小学毕业后到墨江县中学念书,读至初二参加了边纵十支队,元江战役结束后回当地从事小学教育工作。爱人是路同村的哈尼族,婚后一年就学会了白语。她说:"白族话不拐弯,好学,跟白族人在一起生活,慢慢就会了,没有刻意去学。平时跟老伴、家人和村民都讲白族话。"当她知道调查人员中也有哈尼族后,就用哈尼话谈起来。热心的李老师还送给我们一本因远白族学会成立时编印的《白族学研究》(创刊号)。李老师告诉我们,他家在安定已有 14 代、近 400 年的历史,祖先是明朝万历年间从江西梧州府柳树湾经商来到因远安定后融入白族的。现在,安定白族大多会讲白语。李老师很担心地说,由于白族没有通用的文字,随着社会经济的快速发展,人流、物流、信息流的飞速运转,白语将来有可能会慢慢失传。

离开安定村时已经过了晚上 22 点。上车时,只见满天星斗和一弯新月挂在宁静的乡村夜空。这美丽的夜色真让人陶醉,让人享受到远离尘嚣的清静。

2008 年 3 月 15 日

白碧波继续与乌龙村村长王忠茂记录白宏人讲汉语的 2000 词汇。许鲜明、杨艳到北泽、沙浦、马鹿村进行语言态度问卷调查、白语语言能力测试和入户调查。晚上,因远中心小学白忠老师在田园饭庄请调查组成员吃饭。饭后,杨艳与王忠茂进行 400 词哈、汉语言能力测试。

2008 年 3 月 16 日

上午 9：15，许鲜明和杨艳带着部分调查材料返回玉溪师院上课。白碧波继续与王忠茂记录白宏人讲汉语的 2000 词汇，工作到夜里零点。

2008 年 3 月 17 日

上午，白碧波与王忠茂核对语音。午饭后，白碧波与北泽村委会玉嘎村民李洋发开始记录因远哈尼族梭比支系哈尼语词汇。白居舟到因远镇各机关、学校、因远村进行访谈和问卷调查。

下午，镇政府召集全镇各村委会书记和护林员召开林权制度改革会议。课题组抓住时机跟各村来的干部了解哈尼族各支系的分布情况，认识了北泽村委会主任杨学文、浦贵村委会书记李福团。从他们那里，我们了解到一些哈尼族支系，如白宏、阿梭、梭比、碧约、西摩洛的分布情况：白宏支系又叫布孔，分布于大浦、麻栗寨、乌龙、布孔寨、龙潭、安木垤、乌布鲁初、拉哩、卡腊罗马、三合寨（一半是白宏，一半是汉族）等寨。梭比支系在清水河一带，分布于半坤、都贵、浦贵、路同、北泽、玉嘎、水桶、新寨、三〇三等寨。梭比内部分为 albilbilsol 和 albil bilnav（意为青梭比和黑梭比）。青梭比人穿裙子，服装颜色略黑；黑梭比穿半节裤，服装颜色较黑。语言没有多大区别。梭比支系与西双版纳、泰国阿卡支系哈尼族同属一支，其妇女所穿裙子、绑腿、服装都相同，语言、习俗相近。阿梭支系也叫豪尼或布都，分布于北泽、大甸所、新寨、大班碧、车垤、落戈、利当、车那号、梁子及安定小寨。碧约支系分布于北泽中寨和仓房。西摩洛支系分布于卡腊（一半是西摩洛和白宏，一半是汉族）。

2008 年 3 月 18 日

白碧波与李洋发记录梭比支系哈尼语词汇。午饭前，其他成员到因远镇农贸市场向生意人了解语言使用情况。肉摊的四川内江大妈告诉我们，她女儿 3 岁时就到了因远，当时在因远上幼儿园，跟白族小孩在一起就学会了白族话。女儿现在昆明医学院学医，今年就要大学毕业了，大妈希望女儿能考进医疗单位工作。大妈的儿子在元江县城，儿媳妇在重庆开农机公司，他们都会听白族话。内江大妈能听懂常用的哈尼话和白族话。

2008 年 3 月 19 日

白碧波继续与李洋发记音。

午饭后，白居舟与前来参加因远镇妇代会的 9 个村委会代表高兴兰、张金莲等进行访谈和问卷调查。晚饭后，白碧波和白居舟先后教妇女代表们学唱哈尼歌曲《Yalmiaq Miaq》。

下午 16：15，许鲜明、杨艳和云南民族大学的张宁教授，第三次返回因远调查。

2008 年 3 月 20 日

吃过早点,课题组驱车前往安定小学,采访了校长陈江海。在教务主任白老师的陪同下,到安定村委会找到了黄灿娟书记。在黄书记的热情帮助下,许鲜明和杨艳留在安定村进行入户调查。白居舟前往三合一小学,在王老师的帮助下,到哈尼族村大甸索、新寨进行了访谈和问卷调查。白碧波留在新寨村组长陈丁强家进行了近一周的哈尼豪尼支系 2000 词汇的记音。

2008 年 3 月 21 日

上午,许鲜明、杨艳和白居舟驱车前往补垤白族村和卡腊哈、汉族杂居村分别进行入户调查、语言能力 400 词测试、问卷和访谈。下午 13:30 返回补垤村吃午饭,受到了许鲜明姨爹李开利和姨妈李翠莲老人的盛情款待,吃到了好多年没吃到的田螺。饭后,继续工作,很晚才回到驻地。

2008 年 3 月 22 日

上午,许鲜明和杨艳继续到补垤作语言能力测试和问卷调查。白居舟到奔干村下车,访谈该村的白族工匠李祖和先生。下午,成员返回镇政府整理材料,讨论写作提纲。

傍晚,白居舟到白族一甲(安仁村),向正在路边建造新式烤烟电烤房的红河县三村乡哈尼族民工了解语言使用情况。其中有辍学的童工,他们用哈尼话、汉话与同伴交流。后来,白居舟碰到了在路边骑自行车玩耍的 6 年级学生陈红鲜、周玲和李宏伟等学生。他们会说汉话和白族话,他们最先跟父母学会白族话,上学后学会汉话。陈红鲜告诉白居舟,她父亲是哈尼族,她 4 岁时才到安仁村落户,她现在会讲汉话、哈尼话和白族话。她希望将来会 8 种语言,学会英语、日语等其他外语,她还说出几个英语单词考白居舟。

2008 年 3 月 23 日

上午 9:30,调查组完成了第一阶段的信息采集工作,离开因远镇返回元江,途经清水河瓦那热水塘温泉时,停车吃饭。饭后,正要往元江县城赶路时,途遇一辆农用车与一辆货车相撞而导致的塞车,等待了两个半小时。下午 15 点顺利抵达元江,白居舟下车回家,其余成员继续驱车返回玉溪。

2008 年 3 月 24 日至 4 月 15 日

课题组成员分头梳理材料、撰写各章节初稿。其间,互通信息,及时讨论,按质按量完成了承包到人的任务。

2008 年 4 月 16 日

工作转入第二阶段。上午,调查组成员白碧波、许鲜明和杨艳驾北京战旗吉普车前往因远镇。晚饭后,开始实地考察、信息采集、材料核实等工作。

2008 年 4 月 17 日

　　大清早,调查组成员许鲜明、杨艳一起先后前往三合寨、卡腊,与村长、村民进行入户调查。在三合寨村长、卡腊中心完小校长、教师们和卡腊村委会副主任杨沙波等同志的帮助下,入户调查、问卷、访谈和 400 词测试进行得非常顺利。还走访了布孔寨、拉哩村,向村长了解了村里的语言使用情况。回到因远镇政府时,已夜深人静。

2008 年 4 月 18 日

　　上午 10:15,白居舟从元江返回因远,继续参与第二阶段的调查工作。同时,云南民族出版社的杨羊就、绿春县文联朱客伊、陆建辉等哈尼族,也随同白居舟到了因远。忙中偷闲,白碧波引路,参观了因远坝东南山麓镶嵌于森林之中的乌龙水库,巧遇白碧波岳母李秀莲老师的弟兄姊妹,与他们一起分享因远颇有名气的凉米干、紫糯米饭、白族酸菜、卤腐、菠萝等水果。身临其境,白族人真是热情好客。

　　下午,白碧波在安定村委会的松鹤酒家,和几位哈尼族族人讨论了哈尼语的现状与面临的问题。晚饭后,白居舟到乌龙村进行入户调查,得到村长王忠茂一家人的热情协助。晚上21:25,顺利完成各项调查任务返回乡镇府。

2008 年 4 月 19 日

　　上午,许鲜明和杨艳到安定村入户调查。白居舟和白碧波教授在因远镇农贸市场进行语言使用情况调查。

　　下午,许鲜明带着大家到距因远镇 6 公里的马鹿白族村作各项调查。一路上,我们翻过层层茶山,穿过五彩缤纷的杜鹃花丛后,路经一片沙松林,才到坐落在山脚下的马鹿村。

　　据杨村长介绍,马鹿村白族于清代嘉靖、康熙年间从附近安仁村分流过来。因为马鹿村坐落在避风港湾般的因远坝南郊山窝,人们认为此地土地肥沃,就陆续搬迁过来。马鹿村与墨江县龙坝乡山水相连,两地民族因地缘而结亲。因此,马鹿村有不少龙坝乡的哈尼姑娘嫁入,还有部分哈尼男人应招入赘。这些哈尼人到了白族村后,很快就学会了白语。

　　在马鹿村,我们还听到一个关于马鹿村的来历的美丽的传说:

　　从前,有几个猎人追逐一对马鹿,追到马鹿村时,马鹿神秘地消失了,化作了两块巨石。公鹿石在河的东岸,母鹿石在河的西岸。后来,猎人发现马鹿石周围水肥草美,就决定在此安营扎寨。后来,子孙后代都比较富庶。因此,马鹿村人都对神奇的马鹿石特别敬畏。每当马鹿村人要到思茅、版纳、缅甸、老挝、泰国等地经商走坝子时,都会到马鹿石前虔诚的祭拜,以求生意兴隆。

2008 年 4 月 20 日至 25 日

　　20 日上午 8:00,许鲜明、杨艳返回玉溪师院上课。白碧波、白居舟驱车到仓房村、浦贵村进行入户调查,得到了当地村委会主任、妇女主任、村长的大力支持和协助。在他们的帮助下,课题组成员按时完成了各项调查任务并与以下人员进行了亲切的交流和访谈。

　　杨龙奔,女,72岁,文盲,一辈子讲哈尼语,不会其他任何语言,哈尼族民间歌手。

　　陈玉清,男,70岁,文盲,哈尼语熟练,不会汉话,哈尼族摩批。

　　陈批黑,男,56岁,文盲,哈尼语熟练,不会汉话,哈尼族摩批。

　　周开立,男,33岁,文盲,哈尼语熟练,不会汉语。

　　李成,男,25岁,小学毕业,哈尼语熟练,汉语会听不会说。

　　陈石芬,女,41岁,文盲,哈尼语熟练,略懂汉语。

　　朱夫界,女,39岁,文盲,哈尼语熟练,不懂汉语。

　　杨努批,女,41岁,文盲,哈尼语熟练,略懂汉语。

　　陈哈奔,女,66岁,文盲,绿春县大水沟乡人,哈尼语熟练,不会汉语。

　　白碧波到仓房后下车,住在陆村长家记录哈尼语碧约话2000词汇并作相关调查。

　　仓房是哈尼族爱国人士李和才的田园仓库,建造于新中国成立前。据说,李和才当年开垦了绵延数里的百亩梯田、台地,雇用的长工大多是邻近墨江县碧溪镇的哈尼族碧约人。因此,仓房主要居住的是碧约人,现归因远镇浦贵村委会。据发音合作人蔡凤英大妈说,她是18岁从墨江县碧溪镇嫁到仓房的,当时全村人口只有40人。李和才建的仓房共有两间,20世纪80年代都还很牢固,后来仓房毁于一场火灾,现只留下断壁残垣。

　　因远镇除仓房外,北泽中寨也有碧约人,利当和落戈村有几户散居的碧约人。他们讲的碧约话与墨江县碧溪镇的碧约话基本相同。年长的碧约人较好地保持着碧约话,但仓房年青一代的父母多教孩子说汉话。村长陆金发的两个孩子,村党组书记白光明的孙子都只说汉话,不会说碧约话。陆金发和白光明都认为:孩子们会在村里慢慢听会学会碧约话的,不用担心碧约话会失传。教孩子说汉话是为了让孩子入学时适应汉语教学。

　　仓房有34户,152人。村里有教堂,90%的农户信仰基督教。

　　尽管农忙,村民们忙着种烤烟、栽插,但是他们仍把我们的调查工作放在首位,积极协助直到完成。他们纯朴、奉献的精神让课题组成员非常感动。

　　25日,晚上9点半,课题组才回到因远驻地。

2008年4月26日

　　上午,整理材料。午饭后,白碧波和白居舟前往墨江,在墨江县水癸大寨与云南民大的实习生相遇。在墨江县哈尼族研究所所长黄俊荣的陪同下,参加了该村举行的祭寨神林仪式。寨神林位于村子对面的山冈上,植被茂密,被一道竹笆门和篱笆墙紧紧围住。水癸大寨的祭寨神林活动非常隆重。村子里要在神林里杀一头肥猪。村民们手提装有饭米、香柱、冥币等供品的竹篮,带着活公鸡或母鸡,经主祭师祭拜后,当场宰杀。煮熟后将祭品绕神林万年青树依次摆成一个大圆圈,上面插上麻栗树花或石榴花。主祭师安排参拜者在神树下磕头、烧香、焚纸,共同祈求全村五谷丰登、人丁兴旺、六畜成群。同时,打铓人敲响挂在祭场旁横树上的一对公母铓。场面庄严肃穆。

夕阳西下,告别了父老乡亲,课题组成员驱车返回墨江县城。第二天回到了因远。

2008 年 4 月 27 至 29 日

上午,整理材料。午饭后,白居舟随因远镇副镇长陈总和都贵村委会主任兼支书张克斗去半坤、都贵村委会收集材料。

下午 17:30,抵达半坤。半坤是因远镇最偏远的村委会,距因远镇政府驻地 63 公里,是因远镇东部清水河流域哈尼族聚居的村委会之一,海拔 1800 米,与羊街乡和那诺乡接壤。村中的阿波列山主峰是元江县的最高峰,海拔 2580 米。

在半坤村,我们访问了一些哈尼人。他们自称 Nuldei Haqniq colhaq(水冬瓜林哈尼人),他称 Saolbil bilnav(黑梭比),Nuldei 是半坤村的哈尼语村名。原来,这里长满了茂盛的水冬瓜林,这里的哈尼人因生活在水冬瓜林里而得名。

在半坤村委会主任李建华、副村长王哈者的帮助下,采访了半坤村小学的老师。学校现有 296 个学生,几乎全都是哈尼族。入学时都不会讲汉语,入学后经过来两个月的教学,可以听懂简单的教学用语和日常用语。大部分学生到 4 年级以上才能基本适应汉语教学。课堂上尽量用汉语教学,但是,为了让学生理解,也不得不用哈尼语进行解释。如果有语言障碍,学生不理解,教学进度就会慢下来。

在村里汉语熟练的人不多,而且只在特定场合,如开会、学习、与外族人交流时才使用。

29 日下午,完成调查任务后直接返回因远。

2008 年 4 月 30 日

许鲜明、杨艳上完课后从玉溪师院返回因远。晚上,不顾一路的辛劳,投入到因远村的调查工作中。白碧波、白居舟继续整理材料。

2008 年 5 月 1 日

白碧波整理白语、哈尼语、汉语音系。

一大早,许鲜明和杨艳到奔干村作入户调查。采访了白族古雕艺人李祖和,了解到他学习哈尼语的特殊经历。他幼年就父母双亡,随姐姐到过绿春县偏僻的大黑山嘎处村,学会了哈尼语。成家后,由于生活困难,他不得不多次去红河县打工或做点小生意,换点粮食养家糊口。因此,他能讲一口流利的哈尼话。我们还见到了其他村民,60 岁以上的人的经历都非常相似。

2008 年 5 月 2 日

白碧波整理白语、哈尼语、汉语音系。

一整天,许鲜明和杨艳到安仁村进行入户调查。了解白族使用汉语、白语的情况,作完了问卷和访谈。

2008 年 5 月 3 日

一整天,许鲜明、杨艳、白居舟到因远村进行入户调查。了解白族使用汉语、白语的情况,作完了问卷和访谈。

白碧波仍在镇政府办公室整理三个民族语的音系。

2008 年 5 月 4 至 6 日

许鲜明、杨艳返回玉溪上课。白碧波、白居舟仍在镇政府办公室整理音系、材料。

2008 年 5 月 7 日

许鲜明、杨艳从玉溪回到因远。晚饭后到红安村进行调查。

2008 年 5 月 8 日

上午,许鲜明、杨艳在安定小学教务主任的陪同下,驱车一起前往小班碧,走访了一些村民,进行了汉语使用情况的调查。小班碧村村民只会汉语,是一个只讲汉语的单语村。

下午,来到土塘村进行调查。结果和小班碧村相同。小班碧村离大班碧哈尼族比较近;土塘村离哈尼族村大甸索、新寨,白族村安定村和沙浦也比较近。但小班碧和土塘村土生土长的汉族都不会讲哈尼语或白语。据了解,是因为附近哈尼族村、白族村的汉语能力强,使得汉族不用学少数民族语言。

2008 年 5 月 8 日

上午,许鲜明、杨艳在卡腊中心小学万老师的陪同下,驱车前往安木垤、乌布鲁初、拉哩等村寨了解哈尼语使用情况,走访了一些村民。

下午,到龙潭、罗马村进行调查。直到晚上才返回因远。

2008 年 5 月 9 日

一整天,许鲜明、杨艳在因远镇中心小学李状红老师的陪同下,驱车前往水桶、玉嘎、三〇三进行哈尼语使用情况调查,走访了一些村民。夜幕降临之后才返回因远。

2008 年 5 月 10 日

上午,许鲜明、杨艳在安定村委会书记黄灿娟同志的陪同下,驱车前往大浦、新寨走访了一些村民,进行了哈尼语使用情况的调查,并了解到这些村寨的哈尼语活力都很强。

下午,回到北泽村进行调查,发现这个村寨的哈尼族,特别是年轻人,汉语都比较熟练。但他们在村子里多数场合还是使用哈尼语。

2008 年 5 月 11 至 6 月 26 日

全体调查组成员撤回玉溪,开始分析整理材料,完成各章节初稿,许鲜明完成统稿工作。许鲜明、杨艳、刘艳、杨琼英、肖黎、季红丽等进行一校、二校、三校工作。

2008 年 6 月 27 日至 2009 年 1 月

许鲜明、刘艳再次驱车前往因远核对材料,做数据的查缺补漏工作。统一体例,进行编辑统稿。

2009 年 3 月 1 至 31 日

许鲜明、刘艳又一次核对数据,四校、五校。

五 照片

1. 因远镇全景

2. 课题组成员录入因远镇63个自然村的户口信息

3. 杨艳老师和黄金涛、黄海霞同学参与语言调查并将数据录入电脑

4. 白居舟老师在大甸索进行访谈

5. 白碧波老师与新寨发音合作人记录豪尼话

6. 杨艳老师在安定村进
   行入户调查

7. 白碧波老师在安定村
   为李翔钧作问卷调查

8. 白碧波老师利用镇政府
   召开妇女会之余，教哈
   尼族妇女学习哈尼文

9. 许鲜明老师在安仁村
   进行补充调查

10. 许鲜明、刘艳老师在
    校对数据

11. 杨艳老师正在作入户
    调查

参 考 文 献

1. 艾伦著《汉语文对拉丁字母型少数民族文字的影响》,云南民族出版社,2005。

2. 白碧波、许鲜明《因远白族与周边少数民族的语言关系》,《云南师范大学学报》,2006 第 5 期。

3. 陈章太《论语言资源》,《语言文字应用》,2008 年第 1 期。

4. 戴庆厦主编《基诺族语言使用现状及其演变》,商务印书馆,2007。

5. 戴庆厦主编《语言关系与语言工作》,天津古籍出版社,1990。

6. 戴庆厦著《社会语言学教程》,中央民族大学出版社,1993。

7. 戴庆厦、白碧波主编《元江县羊街乡语言使用现状及其演变》,商务印书馆,2008。

8. 丁声树、李荣著《古今字音对照手册》,中华书局,1981。

9. 费孝通著《费孝通民族研究文集》,民族出版社,1988。

10. 胡安顺著《音韵学通论》,中华书局,2003。

11. 靳洪刚著《语言获得理论研究》,中国社会科学出版社,1997。

12. 李崇良《论白汉语言的渊源关系》,《白族学研究》,内部印刷,1997 年创刊号。

13. 李崇隆《元江白族先民的族源及其迁徙史事概说》,《白族学研究》,内部印刷,2006 年第 2 期。

14. 李临春(清)《因远赋》,《白族学研究》,内部印刷,1997 年创刊号。

15. 李平生主编《因远镇中心小学校志》,玉溪日报印刷厂,2006。

16. 王峰《白族语言文字研究的重要课题展望》,《大理文化》,内部印刷,2005 年第 5 期。

17. 王力著《汉语语音史》,中国社会科学出版社,1985。

18. 熊术新、苗民、孙燕著《中国云南两个少数民族村落影像民俗志》,云南大学出版社,2007。

19. 徐世璇《从南部土家语的特殊构词看语言接触的深层影响》,《东方语言学》,2007 年第 2 辑,上海教育出版社。

20. 徐世璇《论语言的接触性衰变》,《语言科学》,2003 年第 5 期。

21. 徐世璇《语言接触性衰变的阶段和标志》,《语言接触与语言比较》,学林出版社,2007。

22. 薛才德主编《语言接触与语言比较》,学林出版社,2007。

23. 杨世华、白碧波主编《玉溪哈尼族文化研究》,云南民族出版社,2003。

24. 玉溪地区民族事务委员会编《玉溪地区民族志》,云南民族出版社,1992。

25. 玉溪市地方志编撰委员会办公室编《玉溪市乡镇简志》,云南人民出版社,2006。

26. 元江哈尼族彝族傣族自治县人民政府编《云南省元江哈尼族彝族傣族自治县地名志》,内部印刷,1983。

27. 元江哈尼族彝族傣族自治县因远白族学学会编《白族学研究》,内部印刷,2006 年第 2 期。

28. 元江哈尼族彝族傣族自治县因远白族学学会编《白族学研究》,内部印刷,1997 年创刊号。

29. 元江哈尼族彝族傣族自治县因远镇统计站编《因远镇四十六年统计年鉴》,内部资料,1990。

30. 元江哈尼族彝族傣族自治县志编撰委员会编《元江哈尼族彝族傣族自治县志》,中华书局,1993。

31. 元江县统计局编《元江哈尼族彝族傣族自治县 2006 年统计年鉴》,内部资料,2007。

32. 袁焱著《语言接触与语言演变》,民族出版社,2001。

33. 郑张尚芳《白语是汉白语族的一支独立语言》,《中国语言学的新拓展》,香港城市大学出版社,1999 年。

34. Aikhenvald,A. Y. Language Contact In Amazonia,Oxford University Press,Oxford. 2002.

35. Merriam,S. B. Qualitative Research and Case Study Application in Education,Jossey-Bass Publisher,San Francisco. 1998.

后　记

国家社科基金立项资助项目:《民族杂居区的语言关系研究——元江县因远镇语言使用现状及其演变》(批准号04BYY038,结题证书号20090435),经过踩点、选点、入户调查、收集数据、分析整理、写作、结题验收、修改和编辑出版等阶段,终于和读者见面了。

借此机会,我们衷心感谢元江县因远镇镇长李茂林、书记周龙武、赵德福、副镇长张颖仙等同志以及镇政府的全体干部职工,对本项目调研工作的鼎力相助、精心安排、热情协调和生活上无微不至的关心;在几次集体调查期间,因远镇政府领导把我们安排在镇政府接待室住下,在食堂跟他们一起用餐,这不仅保证了我们的工作、生活和休息,而且增进了彼此的了解、建立了深厚的感情。

感谢宣传干事李红保、李状红等同志对整个调查工作的沟通和协调;感谢因远镇9个村委员会主任和书记在农忙季节,抽空协调村长、村民与我们配合完成各项调查任务;感谢发音合作人王忠茂、宗福斗、李向荣、陈丁强、李洋发、杨学文、蔡凤英、龙彬等村民,在农忙时节,不惜放下家里的农活,抽出宝贵的时间,为语言本体记录发音;感谢安定村委会书记黄灿娟同志,忙前忙后,自始至终把我们的调查工作当做她的本职工作,认真对待,一丝不苟。他们淳朴、协作、无私奉献的精神令课题组的全体成员非常感动。没有他们的帮助,我们根本无法完成项目。

此外,我们要感谢项目结项专家们对此书提出的宝贵意见,在专家们的帮助下,我们不断修改完善书稿;我们还要特别感谢中央民族大学戴庆厦教授自始至终对该课题的技术指导,帮助我们克服了项目实施过程中的难点,顺利完成了这一项目,他不辞辛劳地审订书稿,提出了宝贵的修改意见。我们要感谢中央民族大学"985工程"中国少数民族语言文化教育与边疆史地研究创新基地,给予出版资助;感谢玉溪师范学院对此项目的重视和经费上的支持,使我们在实施项目培训、田野调查、学习提高等过程中有了经费补充和保障。感谢玉溪师范学院外语学院05级学生黄金涛、黄海霞等十几位同学,利用课余时间帮助课题组录入各家各户的家庭信息,参与语言使用情况调查,减轻了我们的工作量。

我们还要感谢商务印书馆的责任编辑王丽艳,不辞辛苦、精心编校,为本书的出版作了大量的编辑校正工作。

最后,我们要向所有关心、帮助、支持该项目的人们,表示最诚挚的谢意!

三年来,我们28次走进因远镇,走遍了白族、哈尼族、汉族聚居和杂居的村村寨寨,与村民们进行了广泛的交流,了解他们母语、二语、三语的使用情况。在他们的热情帮助下,我们不仅获得了宝贵的第一手材料，而且还建立了深厚的感情。

由于我们水平有限，加之经验不足，此书稿中肯定还存在着许多疏漏和不妥之处，敬请业界专家和学者不吝赐教。

白碧波

2009 年 3 月

于玉溪师范学院